Das Erbe der Götter

Das Erbe der Götter

Auf „kosmischen Spuren" rund um die Welt

ERICH VON DÄNIKEN

(Hrsg.)

Bechtermünz

Genehmigte Lizenzausgabe
für Weltbild Verlag GmbH, Augsburg
Copyright © 1997 by Wilhelm Goldmann Verlag
in der Verlagsgruppe Bertelsmann GmbH, München
Umschlaggestaltung: Georg Lehmacher, Friedberg (Bayern)
Umschlagmotiv: PhotoDisc, Hamburg/Seattle; Corel
Gesamtherstellung: Presse-Druck Augsburg
Printed in Germany
ISBN 3-8289-3414-5

2004 2003 2002 2001

Die letzte Jahreszahl gibt
die aktuelle Lizenzausgabe an.

Inhaltsverzeichnis

II. Mythen

III. Bilder und Niederschriften

IV. Artefakte

V. Monumente

Vorwort

von Erich von Däniken

Ein Thema geht um die Welt. Unbestreitbar und eindeutig. Ich erlebe dies tagtäglich. In meinem Büro ist keine ruhige Arbeit mehr möglich. Schier ununterbrochen will irgendwer irgendetwas von mir, eine Faxrolle reicht gerade noch für einen Tag, und aus dem Internet drängeln Stöße von Papier. Wer hat vor Jahren gesagt, das Zeitalter der elektronischen Vernetzung würde das Papier überflüssig machen?

Das Thema, das so viele Gehirne rund um den Globus beschäftigt, ist auch das Thema dieses Buches. Außerirdische – gibt es sie? Sind wir tatsächlich nicht allein in den Weiten des Universums? Unerhört gar der Gedanke, Außerirdische könnten der Erde schon zu Olims Zeiten einen oder mehrere Besuche abgestattet haben. In jenen sagenhaften Zeiten, als unsere Vorfahren gerade in der Steinzeit steckten oder in der sogenannten Megalithzeit, wann immer das war (Mega = groß, Lithos = Stein). Und überhaupt, wie sollen denn diese Außerirdischen aussehen, weshalb sind sie – wenn schon! – aufgekreuzt, und wie haben sie die Lichtjahre überwunden?

Unseren Wissenschaftlern, die dauernd davon reden, die Distanzen im Universum seien unüberbrückbar, die Lichtjahre seien eine natürliche Grenze und außerirdische Lebensformen niemals menschenähnlich, diesen Wissenschaftlern fehlt der Bezug zur Realität. Ihre Egozentrik hindert sie daran zu merken, was offensichtlich ist. Es wimmelt von Leben dort draußen, und auf erdähnlichen Planeten existieren menschenähnliche Wesen. Schlicht und einfach deshalb, weil sie alle Ableger einer Ur-Spezies sind, über die sich (vorerst) nicht groß philosophieren läßt.

Dieser Gedanke ist nicht neu, nur scheint er kaum einen Astronomen oder gar Wissenschaftsjournalisten zu interessieren. Bereits Ende des vorigen Jahrhunderts hatte der schwedische Chemiker und Nobelpreisträger Savante August Arrhenius (1859–1927) postuliert, das Leben sei ewig und damit stelle sich die Frage nach dem Ursprung nicht. Natürlich habe auch ein Kreis irgendwo einen Anfang, meinte Arrhenius, doch sobald die Kreislinie geschlossen sei, stelle sich die Frage nach ihrem Anfang nicht mehr; sie werde deshalb belanglos, weil sie unbeantwortbar sei. Man müsse, so Arrhenius, an den Anfang des Kreises mit allem Respekt einen Schöpfer setzen oder eben das, was man allgemein mit GOTT bezeichne. Dem kann ich mich nur bescheiden anschließen.

Vom selben Forscher Arrhenius stammt auch die »Panspermia-Theorie« [1]. Danach breiten sich die Lebenskeime überall im Kosmos aus. So automatisch und selbstverständlich, wie sich Staub über die gesamte Erde ausbreitet. Prof. Dr. Sir Fred Hoyle und das Mathematikgenie, der indische Professor N. C. Wickramasinghe, untersuchten die Panspermia-Theorie und belegten blitzsauber, wie sich Lebenskeime über Meteoriten im gesamten Universum verteilen [2]. Jeder Astrophysiker weiß, daß im Universum schier ununterbrochen irgendwelche Planetensplitter oder Kometen auf irgendwelchen Planeten einschlagen. Der Effekt? Neue Planetensplitter. Durch den Einschlag eines Meteoriten auf der Erde wird beispielsweise irdisches Gestein ins All geschleudert, schlicht und einfach deshalb, weil die Wucht des Einschlags so massiv sein kann, daß die kleineren Brocken aus der Erdanziehung herauskatapultiert werden. Und was enthalten diese Felsbrocken? Selbstverständlich auch Lebenskeime. Die Ausbreitung interstellarer Lebenskeime begann bereits vor Jahrmilliarden, und wer sich dieser Einsicht verschließt, wird wohl das berühmte Brett vor dem Kopf haben.

Prof. Dr. Francis Crick, immerhin Nobelpreisträger und damit wohl auch nicht gerade ein Phantast, ging noch einen Schritt weiter. Er

fügte hinzu, eine fremde Zivilisation hätte bereits vor Jahrmilliarden mit Hilfe von Raumschiffen Mikroorganismen ins Weltall
schießen können und letztlich das ganze Universum damit infiziert
[3].

Nach der NASA-Verkündigung vom Jahr 1996, man habe primitives Leben in einem Meteoriten vom Mars entdeckt, kam plötzlich
die Frage auf, ob es nicht vielleicht umgekehrt gewesen sei. Ob möglicherweise vor Jahrmilliarden ein Erdsplitter durch einen Meteori-
teneinschlag zum Mars gelangt sei und damit den Mars erst mit irdischen Lebensbausteinen infiziert habe. »Sind wir vielleicht die
Marsianer?« griffelten kecke Journalisten.

Die Fragerei ist typisch menschlich – es muß *bei uns* begonnen haben – und bringt die Fragesteller nur noch mehr in die Klemme.
Wenn die Erde das universelle Leben hervorgebracht hätte, müßte
dies bereits vor vier Milliarden Jahren gewesen sein, weil sonst der
Mars logischerweise nicht mit einem vier Milliarden Jahre alten Ge-
steinsbrocken von der Erde »infiziert« worden wäre. Und wäre der
Mars infiziert worden, so könnte dies auch auf anderen Planeten geschehen sein. Dementsprechend hätten wir – wenn auch unwissent-
lich – *unsere* Basisbausteine ins All geschossen und die Frage, wieso
Außerirdische »irdisch« sein können, wäre vom Tisch (gleicher Ursprung). Diese Art von Ratespiel ist aber schon deshalb hirnrissig,
weil es nicht bei uns begonnen haben *kann*. Wie Hoyle und Wickramasinghe unwiderlegbar bewiesen, reichte die Zeit dafür nicht aus.
Hätte die Erde trotz aller Widersprüche tatsächlich primitives Leben hervorgebracht und den Mars *nicht* infiziert, so würde dies andersherum bedeuten, daß sich Leben zweimal unabhängig voneinander gebildet hätte: auf dem Mars und bei uns. Wenn dies in einem
kleinen Sonnensystem wie dem unsrigen gleich zweimal geschehen
konnte, muß es in den Weiten unserer Milchstraße millionenfach
passiert sein. Eine andere Logik kann nicht gelten.

Jetzt ist die Erde, verglichen mit der Milchstraße, ein junger Planet.
Ergo muß es auf Welten, die Jahrmilliarden älter sind als wir und die
dementsprechend viel mehr Zeit hatten, komplizierte Lebensformen heranzubilden, von intelligentem Leben nur so wimmeln. Da

jene älteren Lebensformen wiederum ein Interesse daran hatten, ihre eigenen Lebensbausteine im Universum zu verbreiten, sind wir ihnen oder sie uns ähnlich. So oder so, ob Panspermia-Theorie oder Ausbreitung durch intelligente Außerirdische: Wir sind nie und nimmer allein im Weltall!

Wie die Fachliteratur belegt, sind all dies nicht die Träumereien eines abgehobenen Einzelgängers [4–8]. Bereits vor zwanzig Jahren berechnete der Astronom James R. Wertz, daß Außerirdische unser Sonnensystem problemlos in Abständen von 7,5 mal 10^5 Jahren besucht haben könnten; das bedeutet, in den vergangenen 500 Millionen Jahren durchschnittlich 640mal [9]. Und Dr. Martin Fogg von der Universität London machte zehn Jahre später darauf aufmerksam, die gesamte Galaxis sei vermutlich schon besiedelt gewesen, als unsere Erde gerade zur Welt kam [10].

Und die integren und klugen Astronomen, die stets wieder fragen, ja wo sind denn diese Außerirdischen, wenn es sie angeblich gibt, die sollten den ETs eher dankbar sein, daß sie sich nicht aufdringlich zeigen.

Während ich dieses Vorwort schreibe, verkündet die Weltpresse, der Vatikan habe, wenn auch mit hundert Jahren Verspätung, Charles Darwins Evolutionstheorie anerkannt. Noch im Jahre 1950 hatte der damalige Papst Pius XII. in der Enzyklika »Humani generis« (vom Ursprung der Menschheit) dargetan, Darwins Evolutionslehre sei nur als Hypothese zu betrachten. Jetzt richtete Papst Johannes Paul II. eine Botschaft an die Päpstliche Akademie der Wissenschaften, in welcher Darwins Evolutionstheorie auch den kirchlichen Segen erhielt. Erstaunt liest man: »Neue Erkenntnisse bringen uns dazu, in der Evolution mehr als nur eine Hypothese zu sehen.« Einschränkend vermerkte der Papst, die Evolutionslehre gelte nur für den Leib: »Die Seele wird unmittelbar von Gott geschaffen« [11].

Nach dieser kirchlichen Lesart bestand der göttliche Plan darin, daß »chemische und physikalische Vorgänge ihren Lauf nahmen« [12]. Der Sekretär der Schweizerischen Bischofskonferenz, Herr Nicolas Betticher, präzisiert dies: »Gott sorgte für den Urknall, er schuf Sterne, Wasser, Luft und Sonne. Daraus ergaben sich die ersten Zel-

len, welche sich zu Amöben, Tieren und schließlich Menschen wei-
terentwickelten. Der Unterschied zwischen Mensch und Tier besteht darin, daß Gott in die Evolution eingriff, dem Menschen seinen Geist einhauchte und ihn nach seinem Ebenbild schuf.«
Die superklugen Theologen der römischen Kirche scheinen nicht ge-
merkt zu haben, daß sie damit das Fundament der biblischen Schöp-
fungsgeschichte zerschlugen. Was bleibt von der im Paradies ver-
brochenen »Erbsünde«, wenn die Entwicklung doch nach darwin-
schem Muster ablief? Und wozu braucht's denn noch eine
»Erlösung« durch den eingeborenen »Sohn Gottes«, nachdem die
»Erbsünde« nie stattgefunden hat?
Übrigens war es nicht Gott, der den Menschen »nach seinem Eben-
bilde schuf«, sondern »die Götter« – in der Mehrzahl. So steht es
auch im hebräischen Original des Ersten Buches Mose. (Das Wort
»Elohim«, welches an dieser Stelle im Ersten Buch Mose verwendet
wird, ist ein Pluralbegriff.) Wird jetzt noch das Wörtchen »Götter«
durch »Außerirdische« ersetzt, so sitzt der Nagel richtig. Doch diese
Erkenntnis wird wohl erst eingestanden, wenn ETs auf dem Petersplatz eine Feier zu Ehren der unendlichen Schöpfung zelebrieren.
Dann folgt die Enzyklika »Ad honorem extraterrestris« (zu Ehren
der Außerirdischen).
In diesem Buch werden Mythen, Artefakte und Dokumente behandelt, die Hinweise auf Außerirdische enthalten. Nicht auf ETs der
Gegenwart, UFOs also, sondern auf Außerirdische, die vor langer,
langer Zeit ihre indirekten Spuren auf der Erde zurückließen. Bei allen Autoren möchte ich mich für ihre Recherchen und ihre Mitarbeit bedanken. Dieser Dank gilt in besonderer Weise dem Natur-
wissenschaftler Dr. Johannes Fiebag, der die Redaktion besorgte.
Dies ist übrigens der vierte Band einer Serie, die für phantastischen
und geistreichen Gesprächsstoff sorgt. Die Welt steht nicht still, und
die Geschichte ist nie zu Ende, denn die Zukunft hat immer Saison!

Erich von Däniken

I.
Voraussetzungen und Grundlagen

Charles Hoy Fort –
Der Chronist des Unerklärlichen

WALTER-JÖRG LANGBEIN
UND HANS-WERNER SACHMANN

Charles Hoy Fort wurde am 9. August 1874 in Albany, New York, geboren. Er zeigte recht früh ein Interesse an den Naturwissenschaften, machte aber nie Anstalten zu studieren. 1891 wurde er Reporter

und zog 1892 nach New York City. Er war dort Redaktionsmitarbeiter der Zeitung BROOKLYN WORLD. Als diese eingestellt wurde, reiste Fort zwei Jahre lang um die Welt.

1896 heiratete er, konnte seiner Frau aber nur ein ärmliches Leben bieten. Trotzdem begann er zu dieser Zeit, jedes Buch und jeden Artikel zu lesen, der ihm Ungewöhnliches verraten konnte. Er sammelte rund fünfundzwanzigtausend Notizen merkwürdiger Nachrichten, von denen er zwischendurch allerdings etliche wieder

Charles Hoy Fort, zeitgenössische Fotografie. (Foto: Archiv Walter-Jörg Langbein)

verbrannte (»weil sie nicht das waren, was ich wollte«), so auch seine Manuskripte »X« und »Y«, deren Informationen damit unwiederbringlich verloren sind.

1909 veröffentlichte er seinen Roman THE OUTCAST MANUFACTURERS; aber eine Vielzahl weiterer Werke blieb unveröffentlicht. 1916 machte Fort eine Erbschaft. Er war nun finanziell unabhängig und widmete sich ausschließlich der Erforschung des Unbekannten.

Im Dezember 1919 erschien, dank der Unterstützung durch Theodore Dreiser, Forts erstes und wichtigstes Werk: THE BOOK OF THE DAMNED (*Das Buch der Verdammten*). Weitere Bücher folgten: NEW LANDS *(Neue Länder)* 1923, LO! (*Sieh an*!) 1931 und WILD TALENTS (*Wilde Talente*), 1932. Worum es Fort ging, machte er gleich zu Beginn von THE BOOK OF THE DAMNED deutlich: »Eine Prozession der Verdammten. Damit meine ich die Ausgeschlossenen. Wir werden eine Prozession von Daten erleben, die von der Wissenschaft ausgeschlossen worden sind« [1, S. 3].

Immer wieder kritisierte Fort die Wissenschaftler (was auf Gegenseitigkeit beruhte, da sie ihn als »Spinner« bezeichneten): »Ich kenne natürlich keinen Unterschied zwischen Wissenschaft und christlicher Wissenschaft – die Haltung beider gegenüber dem Unwillkommenen ist die gleiche: das gibts nicht!« [1, S. 23].

Damit deutete Fort bereits an, wie zahlreiche Wissenschaftler auf Funde reagieren würden, die nicht in gängige Konzepte passen. Die Batterien von Bagdad? Flugzeugmodelle aus Ägypten und Ecuador, Jahrtausende alt? Gibt es nicht! Fort wußte: »Alle Phänomene werden erklärt im Sinne der jeweils vorherrschenden Meinung« [1, S. 306].

Nach Forts Tod im Jahr 1932 versuchten die Medien auch weiterhin, ihn zu diffamieren. Aber seine Überlegungen, von denen wir im folgenden eine kleine, für uns relevante Auswahl vorstellen möchten, leben weiter – auch in den Reihen der Ancient Astronaut Society (AAS).

Panspermie und andere Welten

Lange Jahre galt es in der Wissenschaft als »bewiesen«, daß das Leben als Ergebnis einer Verkettung schier unglaublicher Zufälle auf der Erde entstanden sei und sich dann langsam weiterentwickelt habe. Der Astronom Sir Fred Hoyle erregte Anfang der achtziger Jahre Aufsehen, als er erstmals öffentlich die Auffassung vertrat, das Leben sei sozusagen als Ergebnis »kosmischer Umweltver-schmutzung« auf die Erde gelangt. Francis Crick, Nobelpreisträger von 1962 für die Entdeckung der DNS, ging sogar einen Schritt wei-ter: Er führte die »gelenkte Panspermie« in die Diskussion ein, wo-nach eine höhere Zivilisation bewußt Lebenssporen mittels »Son-den« im Universum verteilt haben könnte. Derlei Überlegungen fin-den sich bei Erich von Däniken bereits 1972 in AUSSAAT UND KOSMOS.

Doch schon Jahrzehnte zuvor hatte Charles Fort sowohl Ideen hin-sichtlich einer zufälligen als auch einer gezielten Panspermie ent-wickelt: »Evolution … Aber die Evolution auf dieser Erde wurde durch äußere Einflüsse bestimmt, die Evolution auf dieser Erde war vielleicht ein Prozeß der … Einwanderung oder Bombardierung« [1, S. 98]. Fort spekulierte darüber, ob die ersten Einzeller vielleicht von einem fernen Planeten kamen: »… oder Menschen oder menschen-ähnliche Wesen waren vor den Amöben hier … Vielleicht gab es auf einem fernen Planeten Evolution, aber die Evolution auf dieser Erde wurde von außen bestimmt …« [1, S. 98].

Fort fand in alten Zeitungsberichten Hinweise auf frühe UFO-Sich-tungen: »Eine erstaunliche Anzahl leuchtender Körper oder Kugeln in der Luft … Boulogne, Frankreich, 7. Juni 1779« [1, S. 244]. Oder: »Skeninge, Schweden. Am 16. Mai 1808 um 4 Uhr nachmit-tags nahm die Sonne plötzlich eine dunkelrote Farbe an. Zu dieser Zeit erschien am Horizont im Westen eine große Zahl runder Kör-per, dunkelbraun. Sie überflogen die Beobachter und entschwanden gen Osten. Enorme Prozession. Dauerte zwei Stunden … Oft, wenn sie sich der Sonne näherten, schienen sich diese Körper miteinander zu verbinden, wobei sich nie mehr als acht Objekte zusammenta-ten« [1, S. 283].

Und an anderer Stelle: »Höchst ungewöhnliches und einzigartiges Phänomen … Nordwales, 26. August 1894. Eine Scheibe mit oran-gefarbenem Auswuchs in Gestalt eines in die Länge gezogenen Platt-fisches … Zeuge: Admiral Ommaney« [1, S. 287].

»Ich biete zur Anerkennung an, daß jenseits der Erde andere Länder sind, von denen Objekte/Dinge kommen wie von Amerika nach Eu-

ropa« [1, S. 24]. »Oder eine Luftschlacht im interplanetarischen
Raum vor etlichen Jahrhunderten ...« [1, S. 27]. »Angenommen, es
gibt interplanetarische Schiffe, die dieser Erde nahe kommen ...« [1,
S. 28]. »Dann denke ich an eine enorme Konstruktion, die oft zur
Erde gekommen ist, die in den Ozean eintauchte und eine Weile un-
tertauchte, dann wieder fortging ...« [1, S. 143]. »Ich akzeptiere,
daß, wiewohl man uns gewöhnlich meidet, vielleicht aus morali-
schen Gründen, diese Erde von Forschern besucht wurde. Ich
denke, die Vorstellung, daß in vorgeschichtlichen Zeiten außerirdische Besucher nach China kamen ... Ich akzeptiere, daß auf manch
anderen Welten die Bedingungen ähnlich wie auf der unseren sind.
Ich denke an andere, wo sie (die Bedingungen) verschieden sind. So
daß Besucher von ihnen hier nicht leben könnten, nicht ohne künstliche Anpassung ... Masken. Masken sind in alten Lagern gefunden
worden, die meisten aus Stein, es sollen zeremonielle Gegenstände
von Wilden gewesen sein« [1, S. 144].
Fort stellte also vor achtundsiebzig Jahren – 1919! – die Hypothese
auf, daß Außerirdische in früheren Zeiten zur Erde kamen, wegen
ungewohnter atmosphärischer Verhältnisse, die sich vom Heimatplaneten unterschieden, Atemmasken tragen mußten und daß diese
Masken als »zeremonielle Gegenstände« imitiert wurden ...
»Bewohner anderer Welten sind gekommen ... alleine oder in großer
Zahl, gelegentlich oder periodisch, zum Jagen, Handel treiben, um
ihren Harem aufzufüllen, um Bergwerke zu betreiben ... haben Ko-
lonien hier errichtet, sind hier verschollen ...« [1, S. 164]. »Wir denken an Riesen als gelegentliche Besucher dieser Erde ...« [1, S. 165].
Vage angedeutet: ein riesiges »Raumschiff«, hunderttausend Meilen
lang, spindelförmig, sei zur Erde gekommen [1, S. 168].

Außerirdische Relikte

»Da sind Dinge gefunden worden oder auch nicht, die vom Himmel
fielen oder die von außerirdischen Besuchern auf dieser Erde
zurückgelassen wurden« [1, S. 132]. »Eine Kristallinse ist in einem

Schatzhaus in Niniveh gefunden worden. Das Ding ist lebendig be-
graben im Herzen der Schicklichkeit ... im Britischen Museum« [1,
S. 134]. »Carpenter gibt in THE MICROSCOPE AND ITS REVELATI-
ONS zwei Zeichnungen davon wieder. Er argumentiert, daß es unmöglich sei, zu akzeptieren, daß optische Linsen jemals in vorgeschichtlichen Zeiten gemacht worden sein könnten. Niemals wäre
ihm wohl der Gedanke gekommen, ein Außerirdischer ... habe sie
... verloren« [1, S. 134]. »Dies sagt Carpenter nicht zu, er sagt, die
Linse muß ein Schmuckstück gewesen sein. Nach Brewster war es
kein Schmuckstück, sondern eine wirkliche optische Linse. In diesem Falle wurde in den Ruinen einer alten Zivilisation auf dieser
Erde ein verfluchtes Ding gefunden, das nicht das Produkt einer einheimischen irdischen Zivilisation war« [1, S. 134].
Fort verwies auf den biblischen Elias und seine Entführung ins All.
Er hoffte, »... daß ein Rad oder etwas anderes zurückblieb, von was
auch immer es war, mit dem er gen Himmel fuhr ...« [1, S. 254].
Immer wieder bringt Fort in THE BOOK OF THE DAMNED folgende
Grundthesen zum Ausdruck:

1. Die Erde erhielt oftmals Besuch von Außerirdischen. Manche der
   Besucher kamen und gingen wieder, manche konnten die Erde
   nicht mehr verlassen, blieben auf unserem Planeten verschlagen:
   »Erforscher von irgendwoher und ihre Unfähigkeit, zumindest zu
   kommunizieren. Und wenn ihnen das gelang?« [1, S. 152]. »Wir
   denken an Botschaften, die auf die Erde gesandt wurden, und an
   Botschaften, die in Erdhügeln auf dieser Erde eingebettet wurden
   ... Eines Tages werde ich mich damit beschäftigen, daß die selt-
   sam geformten Erdhügel von Forschern von irgendwo gebaut
   wurden, die nicht zurückkehren konnten, konstruiert in der Absicht, die Aufmerksamkeit von einer anderen Welt anzulocken«
   [1, S. 157]. »Wir werden ... oder auch nicht ... akzeptieren, daß
   es eine verlorene Kolonie oder Expedition von irgendwoher auf
   dieser Erde gegeben haben mag und außerirdische Besucher, die
   nie zurückkehren konnten, und andere außerirdische Besucher,
   die wieder gegangen sind« [1, S. 159].

2. Dieser Planet wurde wiederholt von Außerirdischen besucht, die schließlich die Erde als ihren Besitz betrachteten: »Eines Tages werde ich mir alte Geschichten von Dämonen ansehen, die auf dieser Erde erschienen sind. Mir schwebt der Gedanke vor, daß wir oft unerwünschte Besucher von anderen Welten hatten!« [1, S. 67]. »Ich denke, wir sind Besitz. Ich denke, ich sollte sagen, wir gehören jemandem. Daß irgendwann diese Erde Niemandsland war und daß andere Welten forschten und kolonisierten, untereinander um den Besitz (der Erde kämpften) und daß jemandem diese Erde gehört ...« [1, S. 163].

In AAS- und UFO-Forscherkreisen wird auch über die Frage diskutiert, warum die Außerirdischen ihre Präsenz nicht eindeutiger klarstellen. Fort dazu: »Würden wir, wenn wir könnten, Schweine, Gänse, Vieh erziehen und weltklug machen? Wäre es weise, diplomatische Beziehungen mit der Henne aufzunehmen, die jetzt funktioniert, zufrieden, weil sie etwas erreicht?« [1, S. 163].

Offenbar meinte Fort, daß wir im Vergleich zu den Außerirdischen wie Vieh und Getier im Vergleich zum Menschen sind. Aber auch ganz obskure Äußerungen finden sich in seinem Repertoire: »Ich habe nun die Theorie, daß die Pyramiden von Poltergeistmädchen gebaut wurden. Die Chinesische Mauer ist nicht mehr mysteriös. Dann und wann konstruiere ich eine neue Wissenschaft. Ich werde vielleicht die Neo-Archäologie eines Tages aufnehmen« [2, S. 1033].

Mimikry-Hypothese bei Fort?

Die Mimikry-Hypothese von Dr. Johannes Fiebag [3] besagt, daß sich die Außerirdischen in Form von Projektionen dem Verständnis der Menschen anpassen (etwa in ihrem äußeren Erscheinungsbild). Fort hat eine solche Idee bereits vor vielen Jahrzehnten in ähnlicher Weise formuliert: »Wenn es sich dabei um fremde Wesen handelt, deren Technologie der unseren weit überlegen ist, dann könnten sie vielleicht Abbilder von sich selbst auf die Erde projizieren. Oder sie waren früher schon einmal hier und wurden für Dämone und Phan-

tome gehalten. Da Erscheinungen dieser Art bereits eine lange Ge-
schichte haben, könnten viele davon Wesen und Objekte sein, die
die Erde schon einmal besucht hatten – nicht von einer geistigen
Existenz aus, sondern aus der Tiefe des Alls« [4].
Bei Fort gibt es noch eine andere »Mimikry-These«. Freilich ist diese
Mimikry-These ein Gegenstück zu Darwins Evolutionstheorie.
Nach Darwin entwickelte sich aus primitiven Einzellern über den
Umweg »Tiere« der Mensch als »Krone der Schöpfung«. Bei Fort
ging es andersherum: Demnach war der Mensch nicht der Endpunkt
der Schöpfung, sondern in gewisser Weise deren Ausgangspunkt:
»Ich habe nun eine Theorie, daß sich der Mensch niemals aus nie-
deren Tieren entwickelt hat. Vielleicht erschien in früheren Zeiten
ein menschliches Wesen von irgendwo auf dieser Erde, und viele Arten von Tieren nahmen ihn als Modell und imitierten sein Erscheinungsbild in grober und grotesker Form. So daß heute, obwohl Go-
rillas im Kongo und in Chicago nur Karikaturen sind, einige von uns
Restlichen ganz passable Imitationen menschlicher Wesen sind« [3].
Fort schreibt oft komplex, er läßt sich nicht einfach übersetzen. So
stellt er Überlegungen an, daß gegenwärtig Versuche Außerirdischer
laufen könnten, mit uns zu kommunizieren: »Ich begann mit der Vorstellung von einer anderen Welt, von der Objekte und Substanzen auf
diese Welt gefallen sind, einer Welt, die bevormundendes/schützen-
des Interesse an dieser Welt hatte und in geringem Maße hat, einer
Welt, die jetzt versucht, mit dieser Welt zu kommunizieren … eine andere Welt versucht nicht jetzt zu kommunizieren, sie tat das schon,
über Jahrhunderte, mit einer Sekte vielleicht oder einer Geheimge-
sellschaft oder gewissen Esoterikern dieser Erde« [1, S. 136].
Und resümierend stellt Fort schließlich fest: »Wir sind zu beschäftigt … aber wenn Rom, zum Beispiel, niemals von irdischen Barbaren zerstört wurde, wenn wir uns auch nicht gut vorstellen können,
daß Apachen Chicago einnehmen, so mag es immer wieder vorge-
kommen sein, daß außerirdische Besucher auf diese Erde herab-
stießen, und sie werden vielleicht wieder herabstoßen, und es mag
ein Trost für uns sein, daß wir, irgendwann einmal, bei unserem letzten Atemzug seufzen können, daß wir davon gesprochen haben.«

Fremde Welten unter fernen Sonnen

*Auf der Suche nach außerirdischen Lebensformen
in unserer Galaxis*

KLAUS RICHTER

Die Entdeckung wahrscheinlicher fremder Planetensysteme schreitet geradezu unglaublich rasch voran. Ende 1995 waren bei neun Sternen planetare Begleiter ausgemacht worden [1], zum Zeitpunkt der Niederlegung dieser Arbeit im Frühjahr 1997 bereits dreißig! Darunter befinden sich acht Systeme, in denen jupiterähnliche Planeten als wahrscheinlich ausgemacht werden konnten, sowie elf Systeme, in denen ein Stern von einem Braunen Zwerg umkreist wird. Der Platz würde nicht reichen, auf alle einzeln einzugehen, doch sollen einige besonders interessante Systeme kurz vorgestellt und auf einige in diesem Zusammenhang immer wieder auftauchende Fragen soll eingegangen werden.

Planeten kreisen naturgemäß um Sterne – oder um das, was davon übriggeblieben ist. Sterne sind, wie allgemein bekannt ist, Sonnen; manche kleiner als die unsere, manche größer, manche heißer, manche kälter. Hier soll jetzt keine allgemeine Einführung in die Stellarastronomie erfolgen, dafür gibt es eine ganze Reihe guter Einführungsliteratur [2]. Auf *ein* Merkmal von Sternen soll aber doch kurz eingegangen werden: Man ordnet Sterne mit einer Kombination von Buchstaben- und Zahlenreihen ein, zum Beispiel: G0V-, G5V- oder F9V-Sterne. Diese Kürzel stehen für den jeweiligen Spektraltyp eines Sterns, wobei man mit Spektrum das mit Hilfe eines Prismas in seine einzelnen, sowohl für das menschliche Auge sichtbaren wie unsichtbaren Komponenten zerlegte Licht bezeichnet [3]. Auch das Licht der Sonne und der Sterne kann auf diese Weise »gebrochen« werden. Da das Spektrum eines Sterns abhängig ist von dessen Zusammensetzung und der Verteilung der einzelnen Elemente in den unterschiedlichen Bereichen solcher Himmelskörper, verraten sie dem Fachmann etliches über die Eigenschaften der Sterne. So kann beispielsweise festgestellt werden, wie sich die Atmosphäre eines bestimmten Sterns zusammensetzt, denn die Atome von Elementen wie Eisen oder Kalium »verschlucken« das Licht bestimmter Frequenzen. Das erzeugt Absorptionslinien im Spektrum eines Sterns. Das Vorkommen verschiedener Elemente in den Sternatmosphären ermöglicht eine klare Aussage über Temperatur und Farbe eines Sterns [4]. Die kältesten Sterne sind dunkelrot, die heißesten dunkelblau. Spektraltypen wurden zur Klassifikation eingeführt, gekennzeichnet sind sie durch einen Buchstaben: W, O, B, A, F, G, K, M, R, N und S. Um sich diese verwirrende Buchstabenfolge besser merken zu können, gibt es eine lustige Gedächtnisstütze: »**W**ow! **O**h **B**e **A** **F**ine **G**irl **K**iss **M**e **R**ight **N**ow **S**weetheart« [5]. Die heißesten Sterne haben das Spektrum »W«, die kältesten das Spektrum »S«. Sterne der Spektralklasse »G« sind sonnenähnlich, d. h. sie haben eine Oberflächentemperatur von etwa fünftausend bis sechstausend Grad Celsius und leuchten in gelbem Licht [6].

Neue Entdeckungen seit Mitte 1996

Welche besonderen, neuen Entdeckungen haben die Astronomen seit Mitte 1996 auf ihrer Jagd nach anderen Planetensystemen gemacht? Detailliert soll hier das System des zum Spektraltyp G2, 5V gehörenden Sterns *16 Cygni B* stehen. Das Besondere an diesem etwa 72 Lichtjahre entfernten System, das sich im Sternbild »Schwan« befindet, ist, daß es sich bei *16 Cygni* um ein Doppelsternsystem handelt, das aus den Komponenten *16 Cygni A* und *B* besteht, die sich in einem Abstand von 700 AU umkreisen (1 AU = 1 Astronomische Einheit, Entfernung Sonne – Erde).

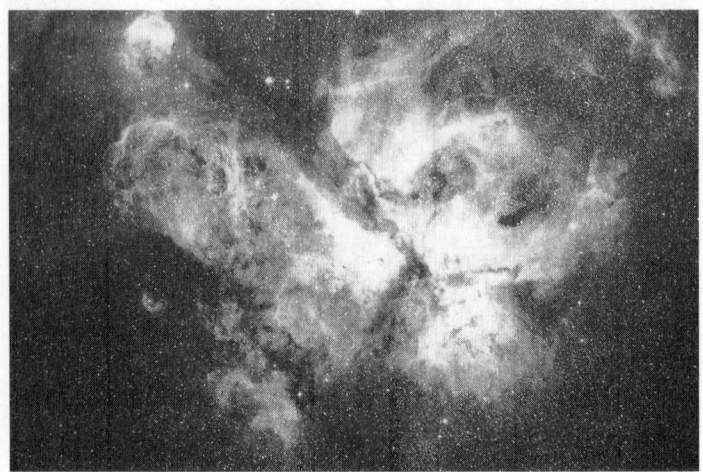

Der neuntausend Lichtjahre entfernte Carina-Nebel (Durchmesser dreihundert Lichtjahre): Brutstätte neuer Sterne und Planetensysteme. (Foto: David Malin)

Damit ist bewiesen, was schon seit einiger Zeit angenommen wurde: Auch Doppelsterne können ein Planetensystem haben [7]. Da sich sehr viele Sterne in Doppel- oder Mehrfachsternsystemen aufhalten, dürfte somit die Wahrscheinlichkeit, Planetensysteme in unserer Galaxis zu finden, erheblich gestiegen sein.

Der Planet von *16 Cygni* hat etwa das Eineinhalbfache der Jupitermasse und umkreist *16 Cygni B* in durchschnittlich 804 Tagen [8]. Damit ist er weiter von seinem Zentralgestirn entfernt als der Planet Mars mit einer Umlaufzeit von 1,88 Jahren [9]. Obwohl seine Umlaufbahn stark exzentrisch ist und ihn bis auf 0,6 AU an seine Sonne heranbringen kann, dürften weder er noch seine Monde für organisches Leben auf Kohlenstoffbasis geeignet sein.

Und noch drei weitere Entdeckungen ließen die Fachwelt aufhorchen: So konnten Astronomen bei dem Doppelsternsystem *BD +31 643* eine Staubscheibe ähnlich der um den Stern *Beta Pictoris* nachweisen. Beide Sterne gehören dem Spektraltyp B5V an. Es sind sehr heiße, massereiche blaue Sterne, deren Sonnenwind so stark ist, daß er womöglich die gesamte Staubscheibe zerstört haben wird, bevor sich Planeten bilden können [10].

Bei der zweiten Entdeckung handelt es sich um einen Planeten von etwa einer Jupitermasse, der den fünfzig Lichtjahre entfernten Stern *Rho Corona Borealis* (= *HD 143 761*) in einem Abstand von 0,23 AU umkreist [11]. Die dritte Entdeckung schließlich betrifft den hellsten Stern im Sternbild »Stier«, den etwa 76 Lichtjahre entfernten *Aldebaran* (*Alpha Tauri*). Man vermutet hier einen Planeten von etwa elf Jupitermassen, der den im orangenen Licht leuchtenden *Aldebaran* in etwa 654 Tagen umkreist. Diese Beobachtung muß jedoch noch bestätigt werden.

Manch anderes System, das entdeckt wurde, gleicht dem des Planetensystems *51 Pegasi*: ein jupiterähnlicher Planet umkreist sein Zentralgestirn in weniger als 0,5 AU, eine Entfernung, in der es theoretischen Berechnungen zufolge eigentlich keine derartigen Planeten geben dürfte [12]. Trotzdem wurden solche Systeme bei den Sternen *Ypsilon Andromedae* (F7V, 54 Lichtjahre entfernt), *Tau Bootes* (F6IV, 49 Lichtjahre entfernt) und *55 Cancri* (G8V, 44 Lichtjahre entfernt) entdeckt [13]. Der massereichste Planet, den man bisher gefunden hat, umkreist den Stern *HD 114 762* (F9V, 91 Lichtjahre): es handelt sich um ein Objekt von etwa zehn Jupitermassen, das sein Zentralgestirn in einer Entfernung von 0,3 AU umkreist [14]. Aus welchem Grund diese Systeme allen bisherigen Modellen zur Planetenentstehung widersprechen, ist bisher nicht geklärt.

Die Astronomen gehen davon aus, daß die größte Masse, die ein Planet erreichen kann, bei etwa dreizehn Jupitermassen liegt. Alles, was sich darüber befindet, ist ein substellares Objekt, ein »Brauner Zwerg«. Diese Himmelskörper sind zwar schon so massereich, daß sie Hitze in ihrem Inneren erzeugen, so daß sie möglicherweise dunkelrot glühen, es reicht aber dennoch nicht für einen stellaren Kernfusionsprozeß [15].

Hier wurden innerhalb des vergangenen Jahres zahlreiche Objekte entdeckt, von denen aber keines für organisches Leben in Betracht kommen dürfte. Anders sieht es möglicherweise mit Monden aus, die diese »Braunen Zwerge« höchstwahrscheinlich besitzen. So ist durchaus vorstellbar, daß der »Braune Zwerg«, der den Stern *HD 217 580* (K4V, 59 Lichtjahre entfernt) in einer Entferung von etwa 1 AU umkreist, einen oder sogar mehrere Monde hat, die erdähnliche Bedingungen aufweisen. Vergleichbares könnte für hypothetische Begleiter der »Braunen Zwerge« gelten, die bei den Sternen *HD 110 833* (K3V, 55 Lichtjahre entfernt) und *HD 140 913* (G0V, Entfernung unbekannt) gefunden wurden, denn auch hier beträgt die Entfernung zum Zentralgestirn etwa 1 AU [16].

Doch all dies ist Spekulation, und trotz der vielen »Fahndungserfolge« der astronomischen Ermittler darf nicht vergessen werden, daß bei den bisher untersuchten hundertzwanzig sonnenähnlichen Sternen nur acht Planetensysteme definitiv nachgewiesen werden konnten (die »Braunen Zwerge« einmal nicht mit einbezogen). Demnach würden nur um etwa fünf Prozent dieser Sterne Planeten kreisen – vergleichsweise wenig [17]. Das muß nicht bedeuten, daß die übrigen Sterne keine Planeten haben, denn unsere bisher verwendeten Instrumente sind zu schwach, kleinere Planeten oder jupiterähnliche Welten mit längeren Umlaufzeiten zu finden (obwohl letzteres für den Stern *Lalande 21 185* angenommen wird) [18]. Es wird noch lange dauern, bis wir in der Lage sind, erdähnliche Planeten bei fernen Sonnen zu entdecken.

Und außerirdisches Leben?

Bisher konnte, was ferne Sternsysteme betrifft, noch kein Beweis für außerirdisches Leben erbracht werden. In unserem Sonnensystem sieht es jedoch möglicherweise anders aus, denn die Entdeckung einer NASA-Wissenschaftlergruppe um Dr. David McKay im August 1996, wonach es einst und möglicherweise noch heute an bestimmten Stellen des Mars Leben geben könnte, hat die Wahrscheinlichkeit erhöht, daß biologische Prozesse nicht nur auf der Erde ablaufen [19]. Ein weiterer Kandidat für eine außerirdische Biologie ist möglicherweise der Jupitermond Europa, von dem die Raumsonde

GALILEO Bilder übermittelte, die vermuten lassen, daß es unter seinem Eispanzer einen Ozean aus Wasser gibt [20].

Dennoch häufen sich die Indizien, daß die Erde nicht nur in ferner Vergangenheit von Außerirdischen Besuch erhalten hat, sondern dies auch heute noch der Fall ist.

So hat Lutz Gentes anhand der epischen Literatur Indiens detailliert nachgewiesen, daß spätestens gegen Ende des vierten Jahrtausends v. Chr. in Indien und Pakistan zwischen außerirdischen »Göttern« und »Dämonen« vernichtende Schlachten mit modern anmutenden Waffen und Flugmaschinen stattfanden [21]. Und für die moderne Zeit haben die Forschungen von Joachim Koch und Hans-Jürgen Kyborg zu dem Ergebnis geführt, daß die sogenannte Betty-Hill-Sternenkarte, die an die berühmte Entführung von Betty und Barney Hill am 19. September 1961 erinnert, nicht die Sterne in unmittelbarer Nachbarschaft der Sonne zeigt, sondern unser Sonnensystem zum fraglichen Zeitpunkt [22]. Diese Ergebnisse sind wirklich sensationell, und sie fügen sich auch in die Beobachtung anderer Anomalien im Sonnensystem nahtlos ein. So führte eine in der Karte angegebene Route zum Mars. Diese scheint sogar Priorität zur Erdroute zu haben. Besteht hier möglicherweise ein Zusammenhang zum »Marsgesicht«, den »Pyramiden von Elysium« und der »City« in der Cydonia-Region? [22]. Eine Route führt auch zu dem Asteroiden *16 Psyche*. Unwillkürlich muß man dabei an die These von Dr. Wolfgang Feix denken, in die mathematische Konfiguration des Steinzeitmonuments von Stonehenge könnte eine Botschaft über eben diesen Asteroiden eingetragen sein. [23].

Extrem-Biologie

SVEN NÄTHER

Am 7. August 1996 ging die Nachricht durch die Weltpresse: Erstmals wurde mit einer an Sicherheit grenzenden Wahrscheinlichkeit auf einem anderen Himmelskörper Leben nachgewiesen. Die kleinen bakterienförmigen Strukturen im Marsgestein stellen eine wissenschaftliche Sensation ohnegleichen dar. Aber ist der Nachweis von Leben auf anderen Himmelskörpern wirklich so überraschend? Gibt es nicht auch auf der Erde Leben, das nach unseren herkömmlichen Vorstellungen gar nicht existieren dürfte? Sind vielleicht diese unvorstellbaren Lebensbedingungen denen auf anderen Himmelskörpern ähnlich?

Immer wieder stoßen Forscher bei der Untersuchung von geologischen Besonderheiten durch Zufall auf neue, extremen Bedingungen angepaßte Lebensformen. So fand man zum Beispiel in den nach unseren Vorstellungen äußerst lebensfeindlichen Geysiren Bakterienarten, sogenannte *Archaea*, die im bis zu hundert Grad Celsius heißen Wasser leben. Dieses Wasser ist säurehaltig und mit einem hohen Schwefelgehalt versehen. Aber dieses schwefelige Wasser stellt die ideale Lebensgrundlage der dortigen Mikroben dar. Treten diese nämlich an die Wasseroberfläche und kommen mit dem für den Menschen lebensnotwendigen Sauerstoff in Berührung, sterben sie ab. Bemerkenswert ist ebenfalls, daß die *Archaea* unterhalb von sechzig Grad Celsius in eine Art »Kältestarre« verfallen, ein für uns unglaublich erscheinender Umstand, denn die meisten Bakterien auf der Erde sterben bei etwa siebzig Grad Celsius ab.

Ebenfalls von Schwefelwasserstoff leben Mikroben an der Schwarzmeerküste. In der Abgeschiedenheit einer Karsthöhle schufen sie ein einzigartiges Ökosystem, in dem nicht nur sie, sondern auch etwa 48 weitere Arten, zum Beispiel Regenwürmer, Spinnen und Insekten, existieren. Wissenschaftler der Universität von Cincinnati schätzen, daß etwa Dreiviertel der dort vorhandenen Arten nur in dieser Karsthöhle vorkommen.

Das Bärtierchen (*Tardigrade*) ist wohl eine der resistentesten Lebensformen auf diesem Planeten. Seine Widerstandsfähigkeit gegenüber Kälte, Hitze und Trockenheit übertrifft in gewaltigem Maße alle Schwankungen von Temperatur und Feuchte, die im irdischen Klima auftreten. Es überlebt über Jahre einen Aufenthalt in flüssiger Luft bei minus zweihundert Grad Celsius, aber auch null Prozent Luftfeuchtigkeit tötet es nicht. Es übersteht Röntgenstrahlung, die tausendmal stärker ist als die für den Menschen tödliche Dosis. Selbst einen Aufenthalt im Vakuum überlebt es. Noch ist nicht geklärt, ob unter diesen extremen Bedingungen der Stoffwechsel völlig eingestellt wird. Selbst die Tatsache, daß das Bärtierchen den Aufenthalt in reinem Wasserstoff, Stickstoff, Helium, Kohlendioxid und Schwefelwasserstoff erträgt, beweist nicht, daß gar kein Stoffwechsel stattfindet. Es gibt über dreihundertfünfzig Arten von Bärtierchen. Einige von ihnen werden bis zu 1,2 Millimeter lang, die meisten sind jedoch kleiner als 0,5 Millimeter. Sie leben in Wüsten, der Antarktis und in Hochgebirgen bis zu 6600 Meter.

Erst in den letzten zehn Jahren wurde ein Lebensraum untersucht, der steril wirkte und aufgrund seiner schmirgelnden Aktivität lange Zeit als nicht bewohnbar galt: der Sandstrand! Robert Higgins und Marie Wallace untersuchten in den letzten Jahren den Sand, auf dem Badegäste ihren Urlaub genießen. Was sie unter ihren Elektronenmikroskopen entdeckten, war unglaublich. In einem Fazit sagten sie: »Man kann ohne weiteres behaupten, daß hier mehr Spezies zu finden sind als im Regenwald des Amazonas.«

In einer Handvoll nassem Sand findet man an die zehntausend

bizarre Kleinstwesen. Ihre Formenvielfalt ist unvorstellbar. Da schlängeln sich auf der Suche nach Freßbarem unaufhörlich kleine Tierchen zwischen den Sandkörnern hindurch. Andere bewegen sich mit einer Art »Propeller« durch den unwirtlichen Lebensraum. Surrealistisch anmutende Formen klammern sich an »ihrem« Sandkorn fest, um die über ihnen zusammenschlagenden Wellen zu überleben.

Obwohl man sich kaum vorstellen kann, wie in dem von Wellen bewegten Sand mit seiner ständig reibenden Wirkung Überleben möglich ist, tobt unter den Mikrotierchen ein harter Kampf. Forscher haben beobachtet, wie dolchartige Gebilde in einen fremden Körper gestoßen wurden, um ihn auszusaugen. Und selbst bei dieser Größenordnung von Mikrometern bis zu wenigen Millimetern fand man noch kleinere Parasiten, die bis heute nicht identifiziert worden sind.

Selbst im geheimnisvollen schottischen Loch Ness stieß man bei der Untersuchung von möglichen Nahrungsquellen für das sagenumwobene Seeungeheuer Nessie überraschend auf neue Lebensformen. Bislang gingen Wissenschaftler davon aus, daß in der Tiefe und Dunkelheit des Sees kaum organisches Leben existieren kann. Regenwasser spült seit Jahrtausenden Torf von den umliegenden Berghängen in den See. Dadurch ist es bereits in zehn Metern Tiefe so dunkel, daß man mit unserem menschlichen Auge nicht einmal mehr die eigene Hand vor Augen sieht.

Bisherige Untersuchungen brachten zwei große Überraschungen: Zum einen fand man mehrere hundert Arten von *Nematoden*, den kleinsten Lebensformen im See, darunter eine bis dahin weltweit völlig unbekannte Gattung. Zum zweiten nahm man bislang an, daß die Saiblinge, eine Lachsart, bei der Dunkelheit mit offenem Maul durchs Wasser schwimmen, um Nahrung zu sich zu nehmen. Überraschenderweise stellte man aber im Mageninhalt nur eine einzige Sorte Beute fest, und die war im See ausgesprochen rar. Bislang wissen die Forscher noch nicht, mit welchem unbekannten Sinnesorgan diese Art von Saiblingen die Nahrung lokalisieren kann.

Fast noch unglaublicher ist die Entdeckung von Bakterien, die in

heißen Vulkanquellen in dreitausend Metern Tiefe im Ozean nachgewiesen wurden. In den von diesen Quellen erzeugten porösen
Schloten (den sogenannten »Schwarzen Rauchern«) fanden Wissenschaftler zu ihrer Verblüffung Mikroben, die sich bei dreihundert
Grad Celsius reger Lebensaktivität erfreuen. Auch sie existieren völlig ohne Sauerstoff.

In diesem Zusammenhang seien die sogenannten Methanbakterien
erwähnt. Sie verarbeiten Fettsäuren, Alkohole und verschiedene
Kohlenstoffverbindungen zu Kohlendioxid. So gesehen ähnelt der
Stoffwechsel den anderen uns bekannten Lebewesen. Jedoch ver-
brennen diese Kohlenstoffverbindungen zu Kohlendioxid und Wasser. Für diesen Prozeß benötigen sie Sauerstoff aus der Luft, der jedoch für Methanbakterien tödlich ist. Daher leben sie in einer nach
unseren Vorstellungen lebensfeindlichen, sauerstofffreien Umgebung, beispielsweise in sumpfigen Böden oder im Darm von Rindern. Dort produzieren sie Kohlendioxid und Methan, das ihnen
den Namen gab.

Selbst im Weltall wurden organische Moleküle entdeckt, die sich bei
−263 Grad Celsius bilden. Aus diesen können Aminosäuren entstehen, die Grundbausteine des uns bekannten Lebens. Glycin beispielsweise wurde bereits im Zentrum unserer Milchstraße nachgewiesen.

Angesichts der Tatsache, daß die Grundbausteine des Lebens im gesamten Weltall verstreut sind und sich unter vermeintlich schlechten
Bedingungen in bestimmten Zonen unseres Planeten Leben entwickelt hat und existiert, ist die Wahrscheinlichkeit, daß dies auch
auf anderen Himmelskörpern unseres Sonnensystems geschehen
könnte sein, sehr hoch. Wir sollten also nicht so sehr darauf gespannt sein, *ob* dort Lebensformen gefunden werden – sondern
welche!

Woher kommen wir? –
Wohin gehen wir?

Dr. Peter Rüegsegger

Die Grundthesen der *Ancient Astronaut Society* werden wie folgt formuliert:
a) Die Erde erhielt in prähistorischer Zeit Besuch aus dem Weltall. Oder:
b) Die gegenwärtige technische Zivilisation auf unserem Planeten ist nicht die erste. Oder:
c) a und b kombiniert.

Allein durch Analogieschlüsse ist es nun möglich, zu ganz ähnlichen Folgerungen zu kommen. Jedes Lebewesen wiederholt in seiner individuellen Entwicklung (= Ontogenese) die ganze Stammesentwicklung (= Phylogenese). Kurz: die Ontogenese rekapituliert die Phylogenese. So hat es um die Mitte des vorigen Jahrhunderts der Zoologe Ernst Haeckel als »Biogenetisches Grundgesetz« formuliert. Jedes Lebewesen vollzieht folglich von seiner Zeugung bis zum Tod als Muster im kleinen die ganze Evolution jeweils auf der Stufe seiner Art quasi im Zeitraffertempo.

Da nun die Evolution längst nicht abgeschlossen ist, kann meines Erachtens am Leben eines einzelnen Wesens extrapolierend auf den weiteren Verlauf der Evolution geschlossen werden, das heißt in die Zukunft blickend. Wenn dem so ist, kann Haeckels Satz wie folgt ergänzt werden: Die Ontogenese rekapituliert und *antizipiert* die Phylogenese.

Als Beispiel für unsere »Analogie-Akrobatik« betrachten wir die Ontogenese des Menschen, weil er wohl die Spitze der bisherigen Evolution auf der Erde darstellt und uns zudem am meisten betrifft. Die folgende tabellarische Zusammenstellung (Seite 38) soll die Übersicht über die analogen Gegenüberstellungen erleichtern.

Das »Flüggewerden« der Menschheit ist wie eine zweite Geburt und stellt wohl die endgültige Nabelschnurdurchtrennung dar - abgenabelt von Mutter Erde, womöglich unter Durchtrennung der »Religion« als Rückverbindung zu den himmlischen Mächten, also eine neue Desillusionierung nach langer Illusionsphase, ähnlich wie im frühen Kindesalter die Sprengung der Dualunion mit der Mutter.

Dieser Quantensprung in der phylogenetischen Entwicklung wurde bereits vor fünfhundert Jahren durch Kopernikus eingeleitet. Aber noch vor fünfzig Jahren hätte sich jeder Wissenschaftler lächerlich gemacht – heute steht bereits schon fast jeder auch öffentlich zu der Meinung, daß außerirdisches Leben so gut wie sicher sei, und zwar millionenfach in jeder Galaxis, nur fehle einfach der Beweis.

So nehmen wir langsam aber sicher Abstand von unserem Mittelpunktswahn – wir werden zu analogem Denken fähig, welches uns das Erkennen und Überblicken großer Zusammenhänge und Gesetzmäßigkeiten möglich macht, nämlich, daß rein *per analogiam* mit planetarischen Schritten die Gesetze der phylogenetischen Sexualität sich durchsetzen werden, quasi als Fortsetzungsprogramm unserer Gene.

Rückblickend erkennen wir, daß irdisches Leben auf der Stufe der Hominiden durch außerirdische Eingriffe (Einmischung) veredelt oder zumindest aufgefrischt wurde, wodurch ein zweiter Quantensprung der irdischen Evolution ausgelöst worden war (der erste war die Einmischung von Viren aus dem Lebensvorrat des Universums in der frühen Phase der Lebensentstehung auf unserem Planeten).

Dies erklärt uns das »Missing link«-Phänomen, den enormen Unterschied zwischen Mensch und Tier, bei neunundneunzig Prozent Übereinstimmung der genetischen Basis: Der Mensch steht zwischen Tier und »Gott«, seit *Elohim* (= die »Götter«) beschlossen hatten: »Lasset uns Menschen machen nach unserem Bilde.« Bald

Zeit (in Jahren)	Entwicklung des Lebens auf der Erde (Phylogenese)	Entwicklung eines Individuums – Mensch – (Ontogenese)	Zeit (in Jahren)
3,5 bis 0,5 Milliarden	Fusion irdisch entstandener Prokaryoten (primitive Zellen) mit außerirdischen Viren (anfänglich parasitärer Umgang, der allmählich symbiotisch wird). Evolution von Einzellern zu Mehrzellern in der Ursuppe	Zeugung: Fusion der weiblichen Eizellen mit außerhalb (im männlichen Organismus) entstandenen Spermien. Embryonalentwicklung: Wachstum des so neu gemischten Lebewesens vom Einzeller zum Vielzeller durch fortlaufende Zellteilung	– 0,75
vor ca. 300 Mio.	Übertritt des Lebens aus dem Wasser an Land und Luft. Amphibien/Säuger	Geburt (Abnabelung v. d. Plazenta, Lungenatmung) Säuglingsphase (Muttermilch)	0 bis 1
vor 3 bis 1 Mio.	Hominiden, Homo erectus	Gehenlernen, aufrechter Gang	1 bis 2
vor 0,5 Mio.	Homo sapiens, erste primitive Werkzeuge	Spracherwerb	2
vor ca. 100 000 bis 50 000	Homo sapiens sapiens	Bewußtseinserwerb	3 bis 4
	Animistische Phase des Frühmenschen (Höhlenmalereien, Bestattungen)	Magische Phase	4 bis 6
5 000 (historische Zeit)	Zivilisationsentwicklung (differenzierte Werkzeuge, Lernen von Lehrmeistern/ Göttern, Schrift)	Schulzeit (Real-Alter)	7 bis 15
1 400 bis 1 600 n. Chr.	Kopernikus, Kolumbus (Weltumsegelungen, Kolonisation); Buchdruck	Pubertät (Geschlechtsreife, Ende des Wachstums; Vermehrung und Verknüpfung des gelernten Wissens)	12 bis 16
1 900 bis 2 000 n. Chr.	Hochdifferenzierte Werkzeuge: Atomkraft, Computer, Flugzeuge, Raketen, Verlassen der Erde, Aufbruch in den Weltraum (Mondlandung 1969)	Berufsausbildung, Selbständigwerden, Flüggewerden, Mündigwerden (Verlassen des Elternhauses, Aufbruch zur Partnersuche, Liebesbeziehungen)	16 bis 20
2 000 bis 3 000 n. Chr. und weiter	Gründung von Weltraumkolonien, Besiedlung fremder Planeten (= Ende einer phylogenetischen Generation)	Familiengründung (Kinder der nächsten Generation entstehen, alles beginnt von vorn)	20 bis 30

werden wir, die Kinder »Gottes«, erwachsen sein und ausschwär-
men auf der Suche nach einer Partnerschaft ... Und »Gott« wird
Großvater werden.

Da gibt es nun wirklich eine Lektion zu lernen: die biblischen und
anderen Menschheitsmythen endlich ernst zu nehmen, Übersetz-
ungsfehler und Fehlinterpretationen auszumerzen, die oft entstell-
ten Berichte früher Augenzeugen, die wie Kinder die Fakten nicht
verstehen konnten, zu enträtseln, sie zu entmythologisieren, statt sie
mythisch zu verbrämen. Mit anderen Worten: da kamen *wirklich*
»Götter« vom Himmel herab und »machten« Menschen als ein Fu-
sionsprodukt aus Erdenwesen und ihrem eigenen genetischen Po-
tential durch Manipulationen, die wir eben erst zu erahnen vermögen, seit wir uns anschicken, Versuche in ähnlicher Richtung durchzuführen.

So wird sich auf der großen phylogenetischen Ebene das ontogene-
tische Prinzip der Sexualität in analoger Weise erfüllen: in einem ersten Schritt bekam das seßhafte irdische Ei Besuch von außerirdi-
schem Samen und wurde befruchtet (die letzte Hoch-Zeit, aus der
alle religiösen Traditionen der Menschen dieser Erde hervorgegan-
gen sind), und es entwickelte sich ein »Kind«, der Mensch, der nun
geschlechtsreif geworden ist, um als beweglicher »männlicher Ga-
met« auf der Suche nach einem fernen, anderswo seßhaften »Ei«
auszufliegen, das er befruchten könnte ...

Eins und eins addieren lernen

Logik und der Kontakt mit den ETs

Ulrich Dopatka

Von der Wissenschaft zur Science-fiction ist nicht nur eine Brücke geschlagen – Wissenschaft *ist* Science-fiction. Tollkühne Spekulationen sind nicht nur erlaubt, sondern zwingend notwendig geworden. Forscher aller Kategorien beziehen ihre Zielvorstellungen und ebenso konkrete Anregungen nicht zuletzt aus einem Ozean der Phantasie – Science-fiction-Autoren hingegen können noch so irrsinnige Storys aus dem Labyrinth der Imagination ans Licht der Leserschaft bringen: Sie werden von der Wirklichkeit übertroffen werden.

Das um so mehr, je tiefer wir in die Zukunft eindringen. Jeder Stillstand ist Rückschritt, jedes Greifen nach Übermorgen ein Schritt ins Morgen. Eine geradlinige, überschaubare Evolution zum technischen und – hoffentlich – auch humanen Fortschritt, könnte man denken. Aber die Verhältnisse im Kosmos sind komplizierter, als wir meinen. Außerirdische oder extraterrestrische Zivilisationen mit enormem technologischem Vorsprung prägen vielleicht seit Jahrmillionen unsere Galaxis.

Es bestehen, von der breiten Masse bislang nicht realisiert, Wechselwirkungen zwischen kosmischen Kulturen in ungeahntem Ausmaß. Flüchtige Kontakte, Konfrontationen und ein- oder gegenseitige zivilisatorische Befruchtungen in ein Schema zu bringen wird heute noch ein unlösbares Problem sein. Die Antwort der Skeptiker: »Diese Spekulation entbehrt jeglicher Logik« – Ein pauschales Gegenargument, dem wir uns stellen.

Ohne eine unanfechtbare Logik als Basis kann eine Theorie dieser Tragweite Gefahr laufen, als Wunschvorstellung abgetan zu werden. Solche logischen Fundamente sind vorhanden. Wenn man sie begreift, wird man gezwungen werden, die Entwicklung unserer Menschheit nicht mehr isoliert, sondern in einem kosmischen Zusammenhang zu sehen.

Lebensformen im Weltall sind heute für Biologen keine Grundsatzfrage mehr. Nachdem bereits in den frühen sechziger Jahren Experimente gelangen, aus molekularen Bausteinen die hochkomplexen Grundsubstanzen des Lebens herzustellen, muß man mit diesem Prozeß auf jedem fremden erdähnlichen Planeten rechnen. Bis heute orientiert man sich an diesen Zahlenwerten. Die Neugründung einer speziellen Wissenschaft, der Exobiologie, mag den Wandel von der Theorie zur Praxis dokumentieren.

Eine Vielzahl fremder Zivilisationen

Spekulativer erscheint es, die Frage nach außerirdischen Zivilisationen zu stellen. Doch auch das geschah schon 1961 auf der bekannten Green-Bank-Konferenz. Demnach können wir mit einer Zahl von maximal fünfzig Millionen technischen Zivilisationen in unserer Galaxis rechnen. Die Perspektiven, die sich damit auftun, sind noch gar nicht abzuschätzen. Bezeichnend für die Konferenz war die Rechnung mit negativen Wahrscheinlichkeitswerten für das Vorhandensein außerirdischen Lebens auf irdischer Basis. So sehr man auch mit Grenzwerten gegen null rechnete – man kam immer auf einen positiven Wert, im niedrigsten Fall auf vierzig Zivilisationen. Die Mauern engstirniger Philosophien und Religionen begannen damit zu bröckeln ... Die Zeit war reif für die Gedanken eines Erich von Däniken.

Die Tatsache, daß es außerirdische Kulturen geben *muß*, läßt auch auf eine große Anzahl sehr unterschiedlicher Entwicklungszustände dieser Kulturen schließen. Unsere Erde brauchte Milliarden Jahre, um Lebewesen hervorzubringen. Ein Zeitraum, bei dem eine Mil-

Die »Vision« eines »Gotteswagens«: Begegnungen, wie sie Henoch hatte, werden von vielen bekannten Gestalten der hebräischen Mythologie beschrieben. (Foto: Archiv Peter Krassa)

lion Jahre nur ein »Augenzwinkern« bedeuten. Und was sind eintausend Jahre verglichen mit einer Million? Tausend lange Jahre – und dennoch brauchte der Mensch nur knapp einhundert Jahre, um einen so rapiden technisch-wissenschaftlichen Aufschwung zu nehmen, daß er heute immerhin den Mond- und Marsflug beherrscht. Exakt kann wohl niemand die Frage beantworten, wie unsere Zivilisation beschaffen wäre, wenn die Menschheit die doppelte oder zehnfache Evolutionszeit überstanden hätte. Wir müssen jedoch damit kalkulieren, daß fremde Kulturen womöglich hundert-, tausend-, oder millionenfache Epochen überdauerten. Diesen kosmischen Verwandten sollten und müssen wir zubilligen, daß sie das entscheidende Problem in den Griff bekamen: interstellare Raumfahrt!

Mit der gleichen Bestimmtheit, wie Exobiologen außerirdisches Leben mit einer Wahrscheinlichkeitsrechnung aufzeigen, können wir mit einer ebenso hohen Wahrscheinlichkeit die Lösbarkeit dieses technischen Problems (zum Beispiel mit sogenannten Generationenraumschiffen) annehmen. Vergessen wir dabei auch nicht, daß wir uns – das alte Spiel der Relativität – verglichen mit der Zukunft als Großväter, Vor-Vorfahren und »Primitivlinge« verstehen müssen. Die Existenz kosmischer Zivilisationen, wobei die meisten uns weit überlegen sein könnten, verbunden mit deren interstellaren Exkursionen, läßt einen Kontakt mit der Erde der Vergangenheit möglich erscheinen. Zwingend wird sich eine solche Konfrontation abspielen, wenn wir mit einer großen Anzahl von Zivilisationen bzw. von Ablegern rechnen. Vergessen wir außerdem nicht, daß angenommene tausend Zivilisationen nicht unbedingt mit nur tausend Raumschiffen gleichzusetzen sind. Jede dieser Kulturen könnte Millionen von ihnen auf die Reise schicken.

Die mehr als berechtigte Annahme also, daß die Erde in den Jahrmillionen ihres Bestehens im Kreuzfeuer galaktischer Raumflüge entdeckt und besucht wurde, kann als der erste Beweis für die Logik der Theorie der Präastronautik oder Paläo-SETI-Forschung angenommen werden.

Wenn aber Besuche stattgefunden haben sollen, dann müßten wir unter Umständen, als Folge davon, auf der Erde Spuren finden. Diese Spuren sind vorhanden! Selbstverständlich könnte man auch umgekehrt argumentieren: Die Spuren, die wir auf dem Felde der Archäologie und Mythologie finden (zum Beispiel technologisch nicht in die jeweilige Epoche passende Artefakte, Mythen mit High-Tech-Informationen etc.), deuten auf Besuche fremder Intelligenzen hin. Aber gleich, wie man es betrachtet, ein Berg von Rätseln, die uns die Vergangenheit aufgibt, bleibt zu deuten. Die Fakten, die auf die Aktivität von Außerirdischen hindeuten, lassen sich in verschiedene Gruppen einteilen. Je nach ihrer Qualität könnte man von undeutlichen Spuren, klarer umrissenen Indizien und echten Beweisen sprechen. Wären es nur wenige, vereinzelt auftretende Hinweise, stünde die Paläo-SETI-Forschung auf wackeligen Beinen. Aber es ist ein Indizienberg, ein Indiziengebirge, mit dem wir uns auseinanderzusetzen haben.

Die ungeheure, weltweit Verbindungen aufzeigende Vielfalt archäologischer und mythologischer Phänomene, die auf den Besuch fremder Astronauten hindeuten, kann als zweiter Beweis für die Existenz der Götter-Astronauten gelten.

Bei diesem »Indizien-Beweis« sind einige der Indizien so eindeutig, daß man ohne zu Zögern von Fakten sprechen kann. Pyramidenbauten in allen Teilen der Welt, Steinmonumente, die auch wir mit den heutigen technischen Mitteln kaum erstellen könnten, kilometerlange, verschlungene Stollen und ebenso lange und ausgedehnte Bodenzeichnungen mit Bildern für die Götter, Gegenstände aus purem Gold, die einwandfrei Flugkörper und keine Vögel darstellen – aus der Archäologie sind eine Fülle derartiger ungelöster Rätsel bekannt.

Exakte Mythologien

Ebenso verhält es sich mit der Mythologie, den weltweiten Überlieferungen. Auch damit setzt sich die Präastronautik auseinander; man könnte speziell von einer Astro- oder Techno-Mythologie sprechen. Wenn im Gilgamesch-Epos, der Bibel, beim Propheten Ezechiel, im Mahâbhârata und anderen indischen und chinesischen Sagen konkret von Entführungen in höhere Welten berichtet wird, dann – wie selbstverständlich – nur mit allen notwendigen technischen Details. Eherne Maschinen, »Silbervögel«, waren dazu notwendig. Man spricht unumwunden vom Rückstoß-Antrieb und vom Gefühl der »scheinbar zunehmenden Schwere«.
Aber die Götter kamen auch zu den Menschen. Sie versuchten, ih-

nen etwas nahezubringen, was wir heute unter Kultur und Technologie einordnen. Augenzeugenberichte dieses Kontaktes sind uns in
derart klaren Aussagen überliefert, daß man nur staunen kann. Das
Menschenähnliche dieser Götter in ihrem Äußeren, aber auch in
ihrem Verhalten, überrascht ebenfalls. Beim ersten Studium der
Überlieferungen könnte man an einen sogenannten Anthropomor-
phismus, an eine Übertragung menschlicher Wunschvorstellungen
und Verhaltensweisen auf die Götter, glauben. Das scheidet jedoch
aus, wenn man Details dieser Berichte beleuchtet. Da ist von Gerätschaften der Götter die Rede, deren Funktion die Beobachter überliefern konnten, deren Konstruktion aber nur von uns Heutigen,
von technikgewohnten Zeitgenossen, nachvollzogen werden kann.
Strahlenwaffen, Röntgenapparate, atomares Fallout, Atemgeräte
und Overalls und natürlich wieder und wieder die »fliegenden Wagen«.
Wir sprechen heute von »unbekannten Flugobjekten«, da wir Flugkörper selber konstruiert und in unsere Gedankenwelt integriert haben. Für uns sind das keine fliegenden Wagen. Diesen Begriff ge-
brauchten aber häufig Kulturen, die vor unserer Epoche existierten.
Sie sahen in ihnen etwas Technisches und identifizierten es nicht als
Himmelsvögel.
Diesen Begriff wiederum wandten primitive Kulturen an, wenn sie
Fahrzeuge ihrer Götter beschreiben wollten. Jede Kulturstufe hatte
also entsprechend ihres Entwicklungsstandes eine Beschreibung.
Der Verdacht liegt nahe: für Dinge eines gemeinsamen Ursprungs.
Mythologen und Exegeten der »alten Schule« tun sich schwer, derartige Beschreibungen zu definieren. Ihre Rettung: die Phantasie
oder »visionäre Kraft« der Erzähler.
Das kann und will die Präastronautik nicht abstreiten. Durch die
Jahrhunderte, vielleicht Jahrtausende, sind Textstellen verfälscht,
ausgewechselt und hinzugefügt worden. Gäbe es auch nur wenige
derartiger Legenden, könnte man an einen Zufall glauben. Doch
wir finden sie in Massen mit fast identischen Inhalten und Einzelheiten auf weit voneinander entfernten Kontinenten.

Die eindeutige Aussagekraft bestimmter archäologischer Funde und mythologischer Texte allein und im Einklang mit den beiden vorhergehenden Beweisen (Tatsache interstellarer Raumfahrt und Netzwerk archäologischer und mythologischer Phänomene) ergibt den dritten Trumpf der Präastronautik.

Die Unzweideutigkeit alter Überlieferungen sollte an dieser Stelle einmal an einem Beispiel erläutert werden. Wenn wir die Sagen und Legenden hier zu Wort kommen lassen wollen, so deshalb, weil sie uns dramatischer und plastischer einer phantastischen Vergangenheit näherbringen als die Beschreibung eines archäologischen Indizes. So unheimlich und rätselhaft beeindruckend Kolossalbauten und kultische Gegenstände für uns heute auch sind – es ist schwer, sich die Ereignisse der damaligen Zeit anhand solcher Zeugen im einzelnen auszumalen. Die Texte und ihre Kernaussagen, die wir bei unserer Expedition ins Reich der Mythologie im Auge behalten müssen, lassen vergangene Welten wieder auferstehen. Unser zur Verfügung stehender Fahrplan ist gewaltig. In welche Überlieferung wollen wir einsteigen? Die Exkursion wird uns staunen lassen, auch wenn wir ahnen, was uns erwartet. Die Auswahl fällt schwer. Jede einzelne Quelle und noch mehr Sagen, die als nicht namentlich fixierte Mythologien gelten, halten Überraschungen bereit.

Der Wert der Henoch-Bücher

Wählen wir deshalb einen Komplex aus, der von ähnlicher Tragweite und Deutlichkeit ist wie die Berichte des Propheten Ezechiel (den jedermann in der Bibel nachlesen kann): Ich meine jene als »apokryphe Literatur« eingestuften Texte, die als *Henoch-Bücher* bekannt sind. Wie fast durchweg bei überlieferten Texten ist uns auch im Falle der Henoch-Apokryphen der eigentliche Verfasser unbekannt. Ob eine Person, die mit der Hauptfigur Henoch identisch ist, direkt das Geschehen miterlebte, bleibt dahingestellt.

Der Genesisstelle 4, 17 nach war Henoch ein Sohn Kains, in der Priesterschrift Genesis 5, 18 Sohn des Erzvaters Jared – Widersprüchliches also! Auch sein Lebensalter, das mit 365 Jahren beziffert wird, die Anzahl der Tage des Jahres, wird kultische Erfindung sein. Bleibt noch die »Entrückung«, sprich Entführung Henochs zu seinem Gott. Die Parallelen, die eine solche Himmelfahrt zu anderen Bibelstellen und Mythologien hat, liegen auf der Hand. Fast identisch mit der Gestalt Henoch und dessen »Visionen«, wie sie die Theologie versteht, ist die Person des babylonischen Enmeduranki. Die Henoch-Schrift selbst ist nur dank der äthiopischen Kirche überliefert worden. Auf diesen »äthiopischen Henoch« gehen der slawische und der hebräische Henoch zwar nicht zurück (alle sind Übersetzungen einer griechischen Urquelle), doch unterlag gerade diese Vision den geringsten Verfälschungen. Kennt man einige Passagen dieses Textes, wird man sich vielleicht nicht mehr fragen, warum diese Schrift nicht in den Kanon der Bibel aufgenommen und unter dem Einfluß des Kirchenvaters Hieronymus beiseitegeschoben wurde.

Der Hauptteil des Henoch-Buches war – als religiöse Schrift äußerst mißverständlich – wissenschaftlicher und technischer Natur. Man vermochte, vereinfacht gesagt, der Detailfreudigkeit Henochs nicht mehr zu folgen. Man spürte vielleicht, daß die Zentralfigur der Schrift mit etwas konfrontiert wurde, das, obwohl es von Gott und den Engeln kam, ganz und gar nichts mit religiösen Unterweisungen zu tun hatte. Ahnte man vielleicht irgendwie die wahre Natur der himmlischen Wesen …?

Gerade die Details, die Henoch bei seinen Entführungen erfuhr, sind für uns heute in jeder Hinsicht aufschlußreich. Er lernt Art und Weise der Klassifikation von Sterntypen kennen, unterscheidet Raumstationen von Landeschiffen und beschreibt Overalls und technische Geräte der göttlichen Engel. Doch versetzen wir uns selbst in Henoch, der mit dem bescheidenen Wissen seiner Zeit eine gewaltige Konfrontation verkraften mußte.

(14) ... *Siehe, Wolken luden mich ein im Gesicht,*
und ein Nebel forderte mich auf;
der Lauf der Sterne und Blitze trieb und drängte mich,
und Winde gaben mir Flügel im Gesicht
und hoben mich empor.

Von den folgenden konkreten Beobachtungen ausgehend, müssen wir an ein reales Ereignis glauben. »Das Gesicht«, von dem Henoch spricht, wird von der Theologie als *Vision* gedeutet. Für unsere moderne Sicht dieser Kapitel drängt sich jedoch die Vermutung auf, Henoch sei durch das für ihn unfaßbare Geschehen an den Rand des Verzweifelns gebracht worden. Wie sollte er auch einen Gott verstehen, der ihn – wie wir hören werden – in einem »Haus« in den Himmel nimmt. Sah er nur eine Vision, ein »Gesicht«? Folgen wir weiter seinen Beschreibungen:

(14) ... *Sie trugen mich hinein in den Himmel.*
Ich trat ein, bis ich mich einer Mauer näherte,
die aus Kristallsteinen gebaut und von feurigen Zungen
umgeben war;
und die begann mir Furcht einzujagen.

Diese Kristallmauer begegnet uns in ähnlicher Form, zuweilen auch als Verbindung von Kristall mit ehernem Material (also Metall) bei Moses, Ezechiel und in der Offenbarung des Johannes. Von der eindeutigen Interpretation und Rekonstruierung der Geschichte Ezechiels durch die Untersuchung des Ex-NASA-Ingenieurs Josef F. Blumrich ausgehend, lassen sich notwendig auch Rückschlüsse auf ähnliche Textstellen anderswo ziehen. Wie weiter oben (dritte Beweisführung) angeführt, werten solche Detailbeweise – und dazu rechnen wir auch die Abhandlung Blumrichs – alle anderen parallelen Indizien auf. Doch lassen wir wieder Henoch sprechen:

(14) ... *Ich trat in die feurigen Zungen hinein und*
näherte mich einem großen,

aus Kristallsteinen gebauten Hause.
Die Wände jenes Hauses glichen
einem mit Kristallsteinen getäfelten Fußboden,
und sein Grund war von Kristall.
Seine Decke war die Bahn der Sterne und Blitze,
dazwischen feurige Cherube [engelartige Wesen oder
lebewesenartige Mechanismen],
und ihr Himmel bestand aus Wasser.

Wieder flüchtet der Beobachter bei seinen Beschreibungen zu Gleichnissen. Das »Wasser« kann eine Decke aus blauem, durchscheinendem Material gewesen sein, durch die man das All bewundern konnte. Der Phantasie sind keine Grenzen gesetzt. Und wir vermuten richtig in jenem Haus einen festen Körper – eben ein »Haus« – vor uns zu haben, dazu in der Lage, Henoch und eine Besatzung außerirdischer Raumfahrer in den Himmel zu tragen. Was anderes als ein Flugkörper sollte hier gemeint sein?

Beschreibung einer Raumstation

(14) *... Ein Feuermeer umgab seine Wände,*
und seine Türen brannten vor Feuer.
Ich trat ein in jenes Haus, das heiß wie Feuer
und kalt wie Schnee war.
Da war keine Lebenslust vorhanden;
Furcht umhüllte mich, und Zittern erfaßte mich.
Da ich erschüttert war und zitterte,
fiel ich auf mein Angesicht und schaute folgendes im Gesichte:
Siehe, da war ein anderes Haus, größer als jenes;
alle seine Türen standen vor mir offen,
und es war aus feurigen Zungen gebaut ...
Sein Boden war von Feuer,
seinen oberen Teil bildeten Blitze und kreisende Sterne,
und seine Decke war loderndes Feuer.

Ich schaute hin und gewahrte darin einen hohen Thron.
Sein Aussehen war wie Reif; um ihn herum war etwas,
das der leuchtenden Sonne glich und das Aussehen von
Cheruben hatte.
Unterhalb des Thrones kamen Ströme lodernden Feuers
hervor,
und ich konnte nicht hinsehen.
Die große Majestät saß darauf;
sein Gewand war glänzender als die Sonne
und weißer als lauterer Schnee.
Keiner der Engel konnte in dieses Haus eintreten ...
Da rief mich der Herr mit seinem Mund und sprach zu mir:
»Komm hierher, Henoch, und höre mein Wort.«
... Ich aber senkte mein Antlitz.

Ist die Schilderung, ist die Beschreibung des Entsetzens Henochs noch zu übertreffen? Ganz folgerichtig wird der biblische Patriarch aus dem Landeschiff, in dem er sich zuerst befand, in ein größeres »Haus« gebracht – wir müßten es als eine Art Raumstation, als die Kommandozentrale der Expedition verstehen. Tore oder Schleusen waren für ankommende Fähren von der Erde geöffnet, andere Räume scheinen tabu gewesen zu sein. Hören wir eine weitere Passage:

(17) ... Sie nahmen mich fort und versetzten mich an einen
Ort,
wo die dort befindlichen Dinge wie flammendes Feuer sind,
und wenn sie wollen, erscheinen sie wie Menschen.
Sie führten mich an den Ort des Sturmwinds und auf einen
Berg,
dessen äußerste Spitze in den Himmel reicht.
Ich sah die Örter der Lichter,
die Vorratskammern der Blitze und des Donners ...

Ein folgender Grundlehrgang in Naturkunde führt Henoch in fast alle Winkel unseres Planeten, die Flammenwesen, die aussehen kön-

nen wie Menschen, dürften in Zusammenhang mit seinen Begleitern, den Engeln, stehen.

(43) ... *Abermals sah ich Blitze und die Sterne des Himmels,*
und ich sah, wie sie mit einer gerechten Waage gewogen
werden
nach ihrer Lichtstärke, nach der Weite ihrer Räume
und dem Tag ihres Erscheinens,
und wie ihr Umlauf Blitze erzeugt;
ich sah ihren Umlauf nach der Zahl der Engel,
und wie sie sich untereinander Treue bewahren.
Da fragte ich den Engel, der mit mir ging und mir das Ver-
borgene zeigte:
»Was sind diese?«
Er sagte zu mir: »Ihre sinnbildliche Bedeutung
hat dir der Herr der Geister gezeigt,
dies sind die Namen der Heiligen,
die auf dem Festlande wohnen und
an den Namen des Herrn der Geister immerdar glauben.«
Noch anderes sah ich in bezug auf die Blitze,
zum Beispiel wie einige von Sternen aufsteigen,
zu Blitzen werden und ihre neue Gestalt
nicht aufgeben können.

Das Klassifizieren der Sterntypen scheint universell zu sein. Niemand kann bestreiten, daß Henoch hier von etwas rein *Physikali-*
schem spricht.

(57) ... *Darnach sah ich wiederum eine Schar von Wagen,*
in denen Menschen fuhren,
und sie kamen auf Windesflügeln
von Osten nach Westen zum Süden.
Man hörte das Gebrüll ihrer Wagen,
und als dieses Getümmel entstand,
da bemerkten es die Heiligen vom Himmel her,

> *und die Grundpfeiler der Erde*
> *wurden von ihrem Platze bewegt,*
> *und man hörte das Gelärm von einem Ende*
> *des Himmels zu dem anderen einen ganzen Tag hindurch ...*

Ganze Invasionen prähistorischer »UFOs« müssen zeitweilig über der Erde aufgetaucht sein. Beachtenswert ist hierbei die Beschreibung einer Flugrichtung: Die »Wagen« scheinen eine Kurve geflogen zu sein. Wiederum eine exakte Beobachtung und keinesfalls eine in Trance »empfangene« Vision.

> (71) *... Darnach war mein Geist verborgen*
> *und stieg in den Himmel auf.*
> *Ich sah die Söhne der heiligen Engel*
> *auf Feuerflammen treten;*
> *ihre Kleider waren weiß*
> *und ihr Gewand und Antlitz leuchtend wie Schnee.*
> *Ich sah zwei Feuerströme,*
> *und das Licht jenes Feuers*
> *glänzte wie Hyazinth ...*
> *Da entrückte der Geist den Henoch in den Himmel der Himmel,*
> *und ich sah dort in der Mitte jenes Lichts*
> *einen Bau aus Kristallsteinen*
> *und zwischen jenen Steinen Zungen lebendigen Feuers.*
> *Mein Geist sah, wie ein Feuer rings um jenes Haus lief ...*

Henoch bei den »Himmlischen«

Die Berichte der verschiedenen Stationen Henochs gleichen sich im folgenden. Ein weiteres Indiz für die Richtigkeit der Aussagen. Auch Ezechiel begegnet mehrmals seinen Raumfahrern. Auch er sieht im Abstand von vielen Jahren das gleiche oder ein ähnliches Flugmodell vor sich. Decken sich auch Visionen bis ins Detail? Henoch, sein Name bedeutet soviel wie »der Einsichtige«, »der Kundige«, scheint demnach als eine Art auserwähltes Experimentierobjekt für fortgeschrittenere Individuen gedient zu haben. Er sollte als Mittelsmann nicht nur zwischen Menschen und »Göttern«, sondern auch zwischen den »Göttern« selbst tätig werden. Von all diesen Ereignissen hatten die Zeitgenossen Henochs noch wenig erfahren, denn im 12. Kapitel heißt es:

(12) ... *Vor diesen Begebenheiten war Henoch verborgen,*
und niemand wußte, wo er war, wo er sich aufhielt
und was mit ihm geworden war.
Alles, was er während seines Lebens unternahm,
geschah mit den Wächtern und den Heiligen.

Henoch war bei den »Himmlischen« – und er bringt selbst den Beleg dafür:

(75) ... *12 Tore sah ich am Himmel,*
an den Enden der Erde, aus denen Sonne,
Mond und Sterne und alle Werke des Himmels
im Osten und Westen hervorgehen.
Viele Fensteröffnungen sind zur Linken und
zur Rechten davon,
und ein Fenster erzeugt zu seiner Zeit die Wärme,
entsprechend jenen Toren, aus denen die Sterne hervorgehen,
so wie er es ihnen befohlen hat,
und in welchen sie untergehen nach ihrer Zahl.
Ich sah Wagen am Himmel in der Welt laufend,
oberhalb von jenen Toren,
in denen sich die Sterne bewegen, die nie untergehen.
Einer von ihnen ist größer als alle übrigen,
und er umkreist die ganze Welt.

Die früheste Beschreibung einer Raumbasis, eines Mutterschiffes? Die Henoch-Bücher halten auch sonst noch allerlei pikante Hinweise für den Astromythologen bereit, etwa im Zusammenhang mit der Sintflut und der Noahgeschichte. Daß auch bei Henoch das Sintflutepos auftaucht, kann bei der weltweiten Verbreitung dieses Stoffes nicht verwundern.

Ebenso nachdenklich muß die Geschichte um Lamech stimmen. Henoch berichtet darüber eingehend, so daß wir ohne Unterbrechung dem Geschehen folgen können:

(106) ... *Nach einiger Zeit nahm mein Sohn Methusalah*
für seinen Sohn Lamech ein Weib;
sie wurde schwanger von ihm und gebar einen Sohn.
Sein Leib war weiß wie Schnee und rot wie Rosenblüte;
sein Haupthaar war weiß wie Wolle,
und seine Augen waren wie die Sonnenstrahlen.
Indem er seine Augen öffnete,
erhellten sie das ganze Haus wie die Sonne,
so daß das ganze Haus sehr hell wurde.
Darauf richtete er sich zwischen den Händen der Hebamme
auf,
öffnete seinen Mund und betete an den Herrn der
Gerechtigkeit.
Da fürchtete sich sein Vater Lamech vor ihm,
floh und kam zu seinem Vater Methusalah.
Er sagte zu ihm: »*Ich habe einen merkwürdigen Sohn ge-*
zeugt;
er ist nicht wie ein Mensch,
sondern gleicht den Kindern der Engel des Himmels.
Seine Natur ist anders, und er ist nicht wie wir;
seine Augen sind wie die Sonnenstrahlen, sein Antlitz ist
herrlich.
Es scheint mir, daß er nicht von mir,
sondern von den Engeln stammt, und ich fürchte,
es wird in seinem Zeitalter ein Wunder auf der Erde
geschehen.

Und nun, mein Vater, bin ich da, um dich flehentlich
zu bitten,
daß du zu unserem Vater Henoch gehst,
um von ihm die Wahrheit zu erfahren,
denn er hält sich bei den Engeln auf ...«

Genetische Kompabilität

Wie selbstverständlich wird hier von einer Verbindung der Götter bzw. Engel mit Menschen gesprochen. Ein augenscheinlicher Unsinn, der das ganze Gebäude der Paläo-SETI-Astromythologie einstürzen läßt? Doch eine einfache logische Überlegung, fast eine gedankliche Spielerei, läßt dieses »Ding der Unmöglichkeit« Wirklichkeit werden, obwohl fraglos durch normale geschlechtliche Verbindung außerirdischer Wesen mit irdischen Lebensformen keine Nachkommen gezeugt werden können. Denn die Wahrscheinlichkeit, daß

1) die Struktur der Körper gleich,
2) die Ausbildung der entsprechenden Genitalien mit denen eines irdischen Partners ähnlich ist und schließlich vor allem
3) die Zahl und Art der Chromosomen identisch ist,

kann als unendlich gering angenommen werden. Dieses (scheinbare) Hindernis kann jedoch

a) durch künstliche Genmanipulation oder
b) dadurch ausgeschaltet werden, daß beide Raumrassen dem gleichen Stamm entspringen und sich in ihrer Evolution noch nicht zu weit auseinanderentwickelt haben.

Beide Möglichkeiten scheinen in bezug auf die Aktivitäten der Astronauten auf der Erde Anwendung zu finden. Künstliche Genmanipulation? Solche Manipulationen brauchen nicht unbedingt die Schaffung eines vollständig neuen Lebewesens oder eines Mutanten hervorrufen. Andere, weit interessantere Aspekte lassen sich nur erahnen. So vielleicht die programmierte, in gewissen Zeitintervallen vor sich gehende Eskalation der Intelligenz. Der Zeitpunkt, an dem mit einer hochintelligenten und vollzivilisierten Menschheit zu rechnen wäre, ließe sich so mit einem gewissen Spielraum vorausberechnen. Ein solcher Zeitpunkt ist vielleicht der Moment, an dem die Rückkehr der kosmischen Intelligenzstifter stattfinden soll.

Ein weiterer Punkt hinsichtlich der Deutung geschlechtlicher Beziehungen zwischen Göttern und Menschen muß in Betracht gezogen werden. Da zum Teil ohne Umschweife und in allen Farben vom direkten Geschlechtsverkehr berichtet wird, könnte man auch davon ausgehen, daß beide tatsächlich anatomisch wie genetisch zueinander paßten. Da die Wahrscheinlichkeit einer zufälligen biologischen Identität jedoch, wie wir gesehen haben, gleich Null ist, bleibt nur die Möglichkeit einer tatsächlichen Verwandtschaft, einer »kosmischen Verwandtschaft«.

Wir erwähnten am Anfang die Ausbreitung intelligenter Wesen im Kosmos. Jede Welt, die dazu in der Lage ist, wird beständig Expeditionen ins All ausschicken und nicht erst auf die Rückkehr einer Besatzung warten. Die Aufgabe solcher Expeditionen wird aber auch nicht in allen Fällen die Erforschung eines Planeten und die anschließende vollständige Rückkehr zum Heimatplaneten sein. Ganz abgesehen von den Raum-/Zeitproblemen, die eine solche Strategie hätte – die Ergebnisse solch gigantischer Unternehmungen könnten bei der Rückkehr zum Heimatplaneten längst überholt sein. Man käme dem Sinn der Raumfahrt, nämlich das Wissen sinnvoll zu vermehren, nicht befriedigend nach.

Diesen Drang zur Vermehrung des Wissens auch bei anderen Zivilisationen anzunehmen, ist berechtigt. Keine denkende Kultur wird sich, selbst wenn sie den eigenen Planeten bis hin zum letzten Atom erforscht hätte, zur Ruhe setzen. Der Raum ist und muß das nächste Ziel sein. Dieses Ziel wird wahrscheinlich, wie bei uns Irdischen, bereits angesteuert, wenn die eigenen planetaren Probleme längst noch nicht gelöst sind. Die einzig richtige und einer logischen Konsequenz entsprechende Strategie wäre eine Art gestaffelte Besiedlung des galaktischen Nachbarraumes. Jede dieser dann errichteten Welten würde ihre eigene Zivilisation aufbauen und daraufhin mit ihren Nachbarn wieder in Kontakt treten. Spätestens bei diesem Kontakt wird sich eine verblüffende Verwandtschaft zeigen, denn man wird erkennen, nur gemeinsame Ableger der gleichen Urrasse zu sein.

Wir sprachen immer von Humanoiden, also »Menschenähnlichen«, und finden wirklich unsere Definition in der Mythologie bestätigt. Die Beobachtungen unserer Vorfahren lassen sich auch am Musterbeispiel der Henoch-Bücher demonstrieren.

> (87) ... *Da erhob ich abermals meine Augen gen Himmel*
> *und sah im Gesichte, wie aus dem Himmel Wesen,*
> *die weißen Menschen glichen, hervorkamen;*
> *einer von ihnen kam aus jenem Ort hervor und drei mit ihm.*
> *Jene drei, die zuletzt hervorgekommen waren,*
> *ergriffen mich bei der Hand,*
> *nahmen mich von dem Geschlechte der Erde hinweg*
> *und brachten mich hinauf an einen hohen Ort*
> *und zeigten mir einen Turm hoch über der Erde,*
> *und alle Hügel waren niedriger ...*

In solchen Schilderungen Einbildungen und halluzinative Störungen zu vermuten ist angesichts der exakten Beschreibungen unsinnig. Auffällig und unsere Hypothese einer »Menschenähnlichkeit« bestätigend ist die Tatsache, daß Henoch (und neben ihm auch andere Kontaktpersonen des Altertums) die Fremden nicht direkt mit Menschen gleichsetzt, sondern sie nur mit solchen vergleicht: Die Götter, Engel, die Himmlischen, waren ja konsequenterweise nicht mit unseren Vorfahren *identisch*. Ihr Auftreten in göttlichen Wagen und Fahrzeugen, ihre Kleidung, die vielleicht das Gesicht verdeckte, die für die damaligen Menschen unbekannten Waffen und nicht zuletzt die Art und Weise ihres Erscheinens selbst mußten die auf einer weit niedrigeren Kulturstufe stehenden Menschen früherer Zeiten zwangsläufig verwirren.

Gottessöhne auf der Erde

Neben der Frage, wie denn eine Verbindung von irdischen und außerirdischen Menschen möglich ist, stellte uns die lange »Lamech-Passage« aber noch weitere interessante Fragen. So ist dort unter anderem von einem Konflikt unter den Göttern die Rede, als »einige von den Engeln des Himmels das Wort des Herrn übertraten«. Diese Auseinandersetzungen unter den Himmlischen bestätigen nur die Vermutung, es mit durch und durch »menschlichen« Wesen zu tun zu haben. Wenn in einer zukünftigen hochentwickelten Menschheit auch Emotionen sich vielleicht verändern oder sogar absterben, wird es doch wahrscheinlich immer Meinungsverschiedenheiten über strittige Fragen geben. Von diesem speziellen Vorfall wird leider in der bekannten Bibel nur wenig (Genesis 6, 2) berichtet, im Gegensatz zur fast »vertuschten« Henoch-Apokryphe.

(6) ... *Als aber die Engel, die Himmelssöhne, die*
[Menschentöchter] sahen,
gelüstete es sie nach ihnen,
und sie sprachen untereinander:
»Wohlan, wir wollen uns Weiber
unter den Menschentöchtern wählen
und uns Kinder zeugen.«
Semjasa aber, ihr Oberster, sprach zu ihnen:
»Ich fürchte, ihr werdet wohl diese Tat
nicht ausführen wollen,
so daß ich allein eine große Sünde
zu büßen haben werde.«
Da antworteten ihm alle und sprachen:
»Wir wollen alle einen Eid schwören
und durch Verwünschungen uns untereinander
verpflichten, diesen Plan nicht aufzugeben,
sondern dies beabsichtigte Werk auszuführen.«

Da schwuren alle zusammen und verpflichteten sich
untereinander durch Verwünschungen dazu.
Es waren ihrer im Ganzen 200 ...

Diese so harmlos erscheinende Gesetzesübertretung zog der Überlieferung zufolge dramatische Konsequenzen nach sich: Disziplin
scheint bei den »Himmlischen« oberstes Gebot gewesen zu sein.
Von regelrechten Kriegen der Götter ist in anderen Mythologien
und Sagen (speziell im indischen Kulturkreis) die Rede. Solche Ge-
walttätigkeiten müssen sich den Texten nach – das entnehmen wir
den subjektiven Beobachtungen der ursprünglichen Verfasser der Legenden – zwischen Göttern gleicher und ungleicher Art abgespielt
haben. Natürlich bezogen die Menschen solche Aktivitäten auf sich
selbst, glaubten, ihre Fehler und »Sünden« seien Grund dafür.
Die Archäologie wird von messerscharfen Fragen gequält und mit
rätselhaften Funden überschwemmt. Die Mythologie liefert Hinweise auf die Lösung dieser Rätsel. Sie spricht in ihren Kernaussagen – und um diese geht es! – von der »göttlichen« Abstammung des
Menschen, von Götterkriegen, von den teilweise fremden, aber immer menschenähnlichen Göttern und von ihren Flugschiffen, mit
denen sie aus den Fernen des Alls zu uns kamen, aber auch Menschen von der Erde mit sich nahmen. Henoch ist an dieser Stelle wiederum nur ein Beispiel:

(17) ... sie nahmen mich fort
und versetzten mich an einen Ort,
wo die dort befindlichen Dinge
wie flammendes Feuer sind,
und wenn sie wollen, erscheinen sie wie
Menschen.

(39) ... In jener Zeit rafften mich eine Wolke
und ein Wirbelwind von der Erde hinweg
und setzen mich am Ende der Himmel nieder.

*(52) ... Ich war nämlich durch einen Wirbelwind
entrückt und nach Westen geführt worden.*

Es kann im Grunde nicht verwundern, daß diese und andere Legenden verschleiert, verstellt, ignoriert, verkannt oder total verschwiegen wurden. Ihre Auslegung meist religiöser Art ist ebenso verständlich – wie anders sollte man mit derartigen Texten auch umgehen? Die Interpretationsform der modernen Präastronautik war in alten Zeiten noch nicht denkbar. Erst heute, nachdem wir die technischen Möglichkeiten und evolutionären Eskalationen langsam zu begreifen beginnen, ist ein solcher Erkenntnisweg gangbar. Einem Besucher aus dem Mittelalter oder des Altertums von den Besuchen fremder Intelligenzen zu erzählen und ihm begreiflich zu machen, daß diese Wesen dank ihrer unglaublichen Möglichkeiten als Götter angesehen wurden, wäre ein hoffnungsloses Unterfangen.

»Götterflugzeuge« aus Stroh

Dabei können wir heute noch (!) auf unserem Globus Orte finden, an dem dieses Symptom beim Aufeinandertreffen unterschiedlich hoch entwickelter Zivilisationen zu beobachten ist. Papua-Völker auf Neu-Guinea zum Beispiel versuchten, einen der »Göttervögel« der australischen Verwaltung nach seiner Landung geschlechtlich zu bestimmen. Die aus der Luft Geschenke abwerfenden weißen »Götter« hingegen wurden nach ihrem Verschwinden noch auf ganz andere Art geehrt. Man heiligte einige der zurückgelassenen Geräte und – baute ein Funkgerät nach: aus Bambus und Stroh! Äußerlich war es mit allen Details eines echten Walkie-talkie ausgestattet, doch vom »Innenleben« eines solchen Gerätes war natürlich nichts bekannt. Dennoch glaubten die Insulaner, damit eine Verbindung zum Herkunftsort der weißen Wesen herstellen zu können. Mehrmals hatten sie mit angesehen, wie auf diese Weise fremde Stimmen angerufen wurden – warum sollte es ihnen nicht auch gelingen?

Phänomene wie diese werden mit dem Begriff Cargo-Kult bezeichnet. So stellte die ebenso angesehene wie umstrittene amerikanische Anthropologin Margaret Mead fest, daß auf den Inseln des Bismarck-Archipels nach dem Zweiten Weltkrieg Modelle verehrt wurden, die echten Kampfflugzeugen nachgebildet waren. Ähnliche Erfahrungen machte der dänische Reiseschriftsteller Arne Falk-Rönne bei den Angehörigen des Stammes der Kukukukus. Aus Lianen und Holz nachgebaute Flugzeuge! Australische Aborigenes dagegen versuchen, mit einem Schwirrholz die »Stimme ihres Stammvaters« nachzuahmen. Das Motorengeräusch früherer Fluggeräte? Die Kaiato vom oberen Xingu des Amazonasgebietes tragen zur Erinnerung an ihre Götter Masken, die Astronautenhelmen und -anzügen mehr als ähnlich sind. Die Kayapos vom Rio Fresco fertigen ein Ritualgewand an. Auch dies erinnert frappant an Astronautenkleidung, und in der Tat soll es den »göttlichen« Kulturbringer Bep-Kororoti darstellen. An der Küste von Kuamoto in Japan wird alljährlich am 1. August eine Zeremonie abgehalten, die an das unbekannte Feuer erinnern soll, mit dem die Menschen von den Sternen kamen. Kleine rote Lichter werden dazu auf das Meer getrieben.

Die Liste solcher und ähnlicher Cargo-Kult-Fälle ließe sich fortsetzen. Wir haben hier ein in unseren Tagen noch existentes, ein lebendes Phänomen vor uns. Und wir können davon ausgehen, daß das gleiche Symptom auch in der Vergangenheit Gültigkeit besaß. Archäologische Funde und mythologische Berichte, die in den Zeiten dieser Funde wurzeln, ergänzen sich reibungslos. *Dadurch ist das Phänomen des Cargo-Kultes auch als vierter Beweis für die Richtigkeit der Theorie der Präastronautik einzustufen.*

Dem Sohar, dem ältesten, vielleicht ursprünglich selbständigen, Kapitel der jüdischen Kabbala ist bekannt, daß die Henoch-Bücher »von Generation zu Generation bewahrt und voller Ehrfurcht überliefert wurden«. Genauso erging es den meisten anderen Überlieferungen, sofern sie nicht wahnsinnigen Schriftenzerstörern zum Opfer fielen. Neben den knapp fünfzehntausend Kriegen und kriegerischen Auseinandersetzungen, die bis heute registriert wurden (dabei kamen insgesamt, so schätzt man, mehr als drei Milliarden Menschen um), gehören diese Wissensvernichtungen, etwa organisierte Bücherverbrennungen, zu den finstersten Punkten in der Geschichte der Menschheit.

Was übrigblieb, ist nur ein winziger Prozentsatz der ursprünglichen Vielzahl an Überlieferungen und Mythen jeglicher Art. Angesichts des dennoch deutlichen und aussagekräftigen Inhalts dieses restlichen Erbschatzes läßt sich nur erahnen, welche Erkenntnisse noch auf eine Entdeckung warten (oder aber auch gänzlich verloren sind). Trotzdem konnte mit diesen wenigen mythologischen, archäologischen und kulturhistorischen Resten ein logisch begründetes Denkmodell aufgebaut werden, das den Besuch außerirdischer Intelligenzen in der Vor- und Frühgeschichte der Menschheit wahrscheinlich macht, vielleicht inzwischen sogar beweist. Die Paläo-SETI-Forschung wird das Netz dieser »Beweise für das Unmögliche« in Zukunft mit Sicherheit noch dichter knüpfen!

Das Mimikry-Verhalten der »Anderen«

Dr. Johannes Fiebag

Seit ich in der Juli/August-Ausgabe 1990 von Ancient Skies den Beitrag »*Die Mimikry-Hypothese*« [1] veröffentlichte, sind fast sieben Jahre vergangen. Damals, als ich die Idee dazu erarbeitete und schließlich publizierte, konnte ich nicht ahnen, welch eine Auswirkung sie haben würde. Ich konnte nicht wissen, zu welch heftigem Disput es kommen und wie die einen sie als »grandios« feiern oder als zumindest überlegenswert akzeptieren und andere sie als unsinnig ablehnen würden.

Wie auch immer – mein Anliegen war und ist es, mit dieser Hypothese einige jener Unstimmigkeiten, Widersprüche und Wirrungen in den Griff zu bekommen, die sich uns durch die Präsentation extraterrestrischer Phänomene über die Jahrtausende hinweg zeigen. Freilich können diese Unstimmigkeiten auch auf andere Weise erklärt werden, und die Mimikry-Hypothese erhebt – wie jede andere vernünftige Hypothese auch – keinen Anspruch auf absolute Wahrhaftigkeit. Es mag sein, daß sie sich eines Tages tatsächlich als falsch erweist, aber ich denke doch, daß wir – zumindest im Moment – damit ein sehr wertvolles Instrument in der Hand haben, um eine ganze Reihe rätselhafter Ereignisse in Vergangenheit und Gegenwart zu erklären.

Die Idee zu dieser Hypothese war mir im Rahmen meiner Beschäftigung mit dem Phänomen der Marienerscheinungen gekommen. 1991 veröffentlichten mein Bruder Peter und ich unser Buch Him-

MELSZEICHEN [2], in dem wir uns intensiv mit solchen Manifestationen auseinandersetzten und – wie ich glaube, letztlich doch sehr
eindrucksvoll – belegen konnten, daß Marienerscheinungen nichts
anderes sind als Offenbarungen einer außerirdischen Intelligenz,
angepaßt dem Verständnis der kontaktierten Personen.
Wenn man die häufigsten Beobachtungen beim Auftreten von UFOs
in Relation setzt zu dem, was sich uns bei Marienerscheinungen
zeigt, dann erkennt man sehr schnell die deutlichen Übereinstimmungen, die sich bei beiden Phänomenen ergeben. Die Vielzahl dieser Übereinstimmungen ist aber nicht mehr zufällig – jedenfalls
nicht nach allen Gesetzen der Zufallsrechnung und Statistik –, und
wir müssen deshalb hinter beiden den gleichen Verursacher annehmen: religiöse Verbrämung dort, wo es nötig ist. Maskierung, den
sozio-kulturellen und gesellschaftlichen Bedingungen angepaßt.
Rückgriff auf die Phantasien und Vorstellungen der Menschen selbst.
Tarnung unter einem Deckmantel dessen, was wir selbst zu sehen
wünschen. Das ist nichts anderes als ein ausgeprägtes Mimikry-Verhalten.

Mimikry: Optimale Anpassung und Tarnung

Was heißt das Wort *Mimikry* überhaupt? Es kommt aus der Biologie und ist laut Duden-Lexikon in seiner ersten Bedeutung die
Schutztracht wehrloser Tiere, die in Färbung oder Gestalt wehr-
hafte oder ungenießbare Tiere nachahmen, und in der davon abge-
leiteten zweiten Bedeutung »Anpassung« und »Tarnung«.
Und genau das ist es: Anpassung. Diese fremde, außerirdische Intelligenz paßt sich uns an: unserem Verständnis, unseren Vorstellungen, unseren Phantasien, Ängsten und Hoffnungen. Und in kaum
einem anderen Aspekt wird dies so deutlich wie im Phänomen der
Marienerscheinungen.
Im Grunde machen ja auch wir nichts anderes, wenn wir – sofern
wir keine ausbeuterischen Interessen haben – uns einem neuent-
deckten Stamm in der Südsee oder in Afrika zuwenden. Unsere Eth-

nologen reisen in dieses Gebiet – eben *nicht* ausgerüstet mit Hubschraubern und allem möglichen technischen Brimborium, sondern als Menschen, die sich bewußt auf das Niveau der Einheimischen begeben, ihre Sitten und Gesetze befolgen und nachahmen und so in ihrer Gemeinschaft verstanden und akzeptiert werden, ein Forscherverhalten, das man heute als »teilnehmende Beobachtung« bezeichnet. Man könnte diese als Vorstufe zu einem weit höher entwickelten Mimikry-Verhalten betrachten, wie es Außerirdische uns gegenüber offensichtlich an den Tag legen.

Was besagt die Mimikry-Hypothese nun genau? Ich habe 1990 geschrieben:

> *Uns zu besuchen fähige außerirdische Intelligenzen besitzen einen so hohen technologischen (»magischen«) Standard, daß sie ihr Erscheinen dem jeweiligen intellektuellen Niveau der Menschen unterschiedlicher Zeiten und unterschiedlicher Kulturen anpassen können. Gleichzeitig vermögen sie künftigen, Raumfahrt betreibenden Generationen – d. h. in diesem Falle uns, die wir beginnen, ihre Spuren zu entdecken und dadurch auf einen Kontakt vorbereitet werden – Hinweise auf ihre Existenz, ihre Besuchstätigkeit und ihre Möglichkeiten zu geben.*

Beispiele für eine derartige, sich kontinuierlich dem jeweiligen in Raum und Zeit spezifizierten Kulturkreis und seiner Vorstellungswelt anzupassen, gibt es unzählige, etwa:

- die *biblischen Gotteserscheinungen*, die zum einen ausgezeichnet die dahinterstehende Technologie erkennen lassen (*Raumschiff* und *Tempel des Ezechiel, Manna-Maschine*), zum anderen auf die Hebräer wie göttliche Offenbarungen wirken mußten [3-5];
- die *indischen bzw. indianischen Göttererscheinungen*, die sich gleichfalls diesem Kulturkreis und seinen religiös-mystischen Auffassungen anpaßten und darüber hinaus heute exakte technologische Interpretationen erlauben (*Vimanas*, Militärtechnologie etc.) [6-9];

- die während des Mittelalters beobachteten *Himmelserscheinungen*, die jeweils dem damaligen Vorstellungshorizont entsprachen (»fliegende Schilde«, »Feen«, »Zwerge« etc.), heute aber Parallelen zu antiken und aktuellen Kontakten aufzeigen lassen [10];
- das *Luftschiffphänomen* im ausgehenden 19. Jahrhundert, bei dem Objekte beobachtet wurden, die zwar allgemein dem Verständnis der damaligen Menschen entsprachen, andererseits aber jenseits des konkreten technologischen Standards lagen [10];
- die *Marienerscheinungen* der vergangenen Jahrhunderte bis heute, die in solchen Fällen zum Tragen kamen oder kommen, in denen katholisch geprägte Bevölkerungsgruppen einer Observierung oder Manipulation unterliegen sollten [2];
- schließlich das UFO-Phänomen unserer Tage: UFOs und die damit verbundenen »CE-III-Kontakte« und »Entführungen« entsprechen sehr gut *unseren* Vorstellungen außerirdischer Raumschiffe, ihrer Insassen und deren Verhaltensmodi. Sie mögen gerade deswegen nichts anderes repräsentieren als die dem ausgehenden zwanzigsten Jahrhundert angepaßte Reflexion eben dieser Vorstellungen einer extraterrestrischen Technologie. Sie bilden somit eine Synthese zwischen einer tatsächlich existierenden außerirdischen Kraft und unseren eigenen Imaginationen [10-14].

Die *Mimikry-Hypothese* verbindet auf diese Weise auch jene Argumente, die bislang von seiten der »psychologisch« orientierten UFO-Forscher vorgetragen wurden (also UFOs als Phänomen des Unbewußten) mit der gängigen Hypothese materieller Objekte. UFOs wären demnach – genauso wie Marienerscheinungen, die Luftschiffe des letzten Jahrhunderts, die fliegenden Schilde des Mittelalters und die »Götter«- und »Gotteserscheinungen« des Altertums – nichts anderes als die unserer jeweiligen Vorstellungswelt angepaßten Tarn-Projektionen einer außerirdischen Intelligenz, die mit diesem Mimikry-Verhalten ihre eigenen Pläne durchsetzt und uns gleichzeitig Informationen über die dahinterstehende Struktur ihrer

Eingriffe vermitteln kann. Mit anderen Worten: Wir hätten es mit einer hoch komplexen, von langer Hand geplanten und im Grunde auf uns Menschen am Beginn des Raumfahrtzeitalters abgestimmten Strategie zu tun – eben mit der von Erich von Däniken bereits vor Jahren so treffend titulierten »Strategie der Götter«.

Was ist Realität?

Ein nicht ganz unberechtigter Einwand gegen diese Vorstellung ist folgender: Wenn es sich bei alldem im Grunde nur um mehr oder weniger geschickte Illusionen handelt – gehören dann auch so konkret beschriebene Objekte wie das Ezechiel-Raumschiff oder die Manna-Maschine oder was auch immer dazu?

Ich glaube, wir müssen uns über zweierlei klarwerden. Zum einen bedeutet Projektion, so wie ich den Begriff verwende, nicht das, was wir heute unter einer dreidimensionalen Laserprojektion verstehen. Projektion in unserem Falle bedeutet eine *totale* Anpassung an die gegebenen Bedingungen, d. h. eine räumlich und zeitlich absolut konstante, dreidimensionale und materielle Schöpfung.

Zum anderen ist das Ganze mit Einschränkungen weniger eine Frage nach der Realität einer Manna-Maschine oder eines Ezechiel-Raumschiffes. Es ist vielmehr die Frage nach der Realität unserer gesamten Welt. Wie real ist überhaupt das, was wir als Wirklichkeit betrachten? Es gibt heute einige interessante Vorstellungen, die in der Welt, wie wir sie wahrnehmen, nur einen Schatten der wirklichen Wirklichkeit sehen.

Der Physiker Prof. David Bohm und der Biologe Prof. Karl Pribram etwa haben mit ihrer Idee vom »holographischen Universum« ein inzwischen fast als klassisch zu bezeichnendes Modell in dieser Hinsicht vorgelegt [15]. Demnach ist es unser Gehirn, das, so Bohm und Pribram wörtlich, »auf mathematischem Wege eine objektive Realität durch die Interpretation von Frequenzen erzeugt, die letztlich Projektionen aus einer anderen Dimension sind, einer tieferen Seinsordnung, die sich jenseits von Raum und Zeit erstreckt. Das Gehirn ist ein Hologramm, das sich in einem holographischen Universum verhüllt.«

Hologramme kennt inzwischen fast jeder: scheinbar dreidimensionale Bilder. Aufgenommen mit Spezialkameras unter Zuhilfenahme eines Lasers, wird das fotografierte Objekt auf eine Platte gebannt – auf der man außer einigen schillernden Ringen überhaupt nichts sieht. Erst wenn man unter einem bestimmten Winkel wieder eine starke Lichtquelle auf diese Platte richtet, erscheint das aufgenommene Objekt: dreidimensional und scheinbar lebensecht, aber letzlich doch als Illusion, denn wenn wir unsere Hand ausstrecken, greifen wir allen scheinbaren optischen Eindrücken zum Trotz ins Leere.

Unser Universum, so glauben Pribram und Bohm, ist auf die gleiche Weise strukturiert. Unser Gehirn oder besser unser Bewußtsein ist der Lichtstrahl, in dem wir das illusionäre Bild der Welt erkennen, das von einem viel subtileren, für uns nicht wahrnehmbaren Frequenzmuster erzeugt wird. Die »Fotoplatte« und die darauf eingetragenen Strukturen der wirklichen Wirklichkeit erkennen wir nicht. Wir können sie nicht erkennen, weil unser Gehirn gar nicht dazu in der Lage ist. Es ist nicht nur an die Illusion, die es umgibt, gewöhnt, es würde vollkommen versagen, gäbe es diese Illusion plötzlich nicht mehr. Es stünde in einem grenzenlosen, unglaublich verwirrenden, komplexen Etwas, das sich mit nichts vergleichen ließe, was wir kennen.

Wie – um auf unsere Problematik zurückzukommen – würde sich denn eine sehr weit entwickelte Intelligenz in Anbetracht dieser Situation verhalten? Welche Möglichkeiten hätte sie, in unserer Welt, in unserer Wirklichkeit zu agieren? Nehmen wir einmal an, sie hat nicht nur Erkenntnis über die internen Zusammenhänge der Realität, sondern auch Mittel und Wege gefunden, über die *tieferen*, für uns *unsichtbaren* Strukturen der Wirklichkeit Eingriffe vorzunehmen?

Whitley Strieber, jener amerikanische Schriftsteller, der – wie viele andere – seit seiner Kindheit im Bannkreis der *Anderen* steht, hat einmal geschrieben [16]: »Wenn Außerirdische hier sind, dürfen wir annehmen, daß sie äußerst fremdartig sind – ganz buchstäblich fremdartiger als alles, was wir uns überhaupt vorstellen können.« Und genau das ist unser Problem: wir können uns nicht *vorstellen*, wie eine unsagbar fortgeschrittene, uns um Jahrhunderttausende, ja vielleicht Jahrmillionen überlegene Intelligenz strukturiert ist, wie sie handelt, nach welchen Motivationen sie plant und vorgeht. Viele von uns können sich ja nicht einmal vorstellen, daß es eine solche Intelligenz überhaupt *gibt*.

Eine Analogie: Cyberspace-Simulationen

Ich habe in meinen letzten Büchern versucht, die Welt, wie wir sie kennen, als *eine Art* »Cyberspace« zu beschreiben. Mit Cyberspace bezeichnet man künstlich geschaffene Räume, ja ganze Universen, die im Grunde nur in der Software hochgezüchteter Computer existieren. Aber der Cyberspace und die Virtuelle Realität (VR) haben den Vorteil, daß man sie nicht nur auf einem Bildschirm beobachten, sondern daß man in sie »hineinsteigen« kann.

Mit Spezialbrillen, die dreidimensionale Bilder vermitteln, mit Datenhandschuhen oder sogar Ganzkörperanzügen ausgerüstet, kann der Cybernaut sich in diesem Universum seiner Wünsche frei bewegen. Er erlebt dort eine andere Realität, eine fremde Wirklichkeit. Was wir im Moment in bezug auf die Weiterentwicklung der VR erleben, ist aber nur der Anfang. Ich bin sicher, in wenigen Jahrzehnten werden Brillen und Datenhandschuhe längst zum »alten Eisen« gehören, wird sich das Gehirn selbst mit dem Computer »verdrahten« lassen und die Vorstellung, in einer völlig anderen Welt zu agieren, perfekt sein. Was ist dann *wirklich* Wirklichkeit? Was ist Illusion?

Der amerikanische Mathematiker und Indologe Dr. Richard Thompson [8] vergleicht die Weltsicht der alten Inder mit den Eindrücken, die wir in der Virtuellen Realität gewinnen. Die Fähigkeiten der Götter, die in den vedischen Schriften beschrieben werden, der Aufbau des Alls, die Vorstellungen über die »Schaltzentralen«

im Universum – all das sei im Grunde identisch mit dem Konzept einer Virtuellen Realität.

Weder Thompson noch ich behaupten, daß unsere Welt tatsächlich in einem riesenhaften Computer existiert. Aber im Cyberspace finden wir eine ausgezeichnete Analogie dafür, wie unsere Welt und das, was wir davon wahrnehmen, strukturiert zu sein scheint: Was wir erkennen, ist nur die Oberfläche, eine glänzende, glitzernde, spiegelnde Oberfläche, die uns den Blick auf das, was dahinterliegt, verwehrt.

Der amerikanische Astrophysiker Prof. Timothy Ferris denkt in seinem neuen Buch darüber nach, ob außerirdische Intelligenzen nicht ein galaxienweites Netzwerk untereinander kommunizierender Sonden installiert haben könnten [17]. Wenn wir annehmen, irgendwann vor Jahrmillionen habe eine intelligente Spezies damit angefangen, in jedem erreichbaren Sonnensystem eine solche Sonde zu installieren, die beständig Daten aufnimmt und an die Heimatzivilisation zurücksendet, könnte heute in der Tat das gesamte Weltall durch ein solches Netz verbundener Sonden und damit verbundener Intelligenz miteinander verknüpft sein.

Diese Sonden – ich möchte sie der Einfachheit halber *Ferris-Sonden* nennen – würden natürlich nicht nur schöne Fotos und Messungen aus der Atmosphäre der beobachteten Planeten zurückschicken, sondern ein absolut umfassendes Bild. So umfassend, daß man auf dem Heimatplaneten (oder was immer diese Intelligenzen dann als ihre Heimat bezeichnen mögen) diese Daten zu einem Cyberspace-Modell umrechnen kann.

Dies gäbe den Wesen dort eine ganz interessante Möglichkeit an die Hand: sie könnten nämlich – befände sich eine solche Ferris-Sonde zum Beispiel in unserem Sonnensystem – einfach in diese künstlich erzeugte Cyberspace-Erdsimulation einsteigen. Völlig gefahrlos, völlig ohne Risiken. Sie könnten durch das Brandenburger Tor spazieren oder Kletterpartien am Mount Everest machen. Sie könnten sich in irdische Krisengebiete begeben und eine Messe auf dem Petersplatz mitfeiern. Und säßen doch in Wirklichkeit daheim in ihrem Sessel (oder was immer sie statt dessen haben mögen).

Unmöglich? Die amerikanische Firma Luna-Corp hat 1993 einen

kleinen Mondrover entworfen. Nach ihren Vorstellungen soll er irgendwann in den kommenden Jahren gestartet werden und dann auf dem Mond, angetrieben von Solarzellen, mehr oder weniger unbegrenzt herumfahren können. Nichts Neues? Doch, denn dieser und ähnliche Mondrover sollen jedermann zur Verfügung stehen. In den großen amerikanischen Vergnügungsparks will man die Zentralen einrichten, von denen aus die Luna-Corp-Rover über den Mondboden gesteuert werden können. Von jedem, der sich das zunächst sicher nicht ganz billige Vergnügen leisten kann.

Der Gag an der Sache: die von dem Rover auf dem Mond aufgenommenen Bilder werden auf der Erde zu einem Cyberspace-Modell umgerechnet. Der Pilot sitzt also irgendwo in Disney-World, hat eine Cyberspace-Brille vor den Augen – und glaubt tatsächlich, auf dem Mond zu fahren. Und selbst das ständige Rucken und Wackeln des Rovers wird über Signale zur Erde geschickt und auf den Pilotenstuhl übertragen.

Dies ist im Grunde nichts anderes als eine primitive Ferris-Sonde. Und von diesen Ferris-Sonden aus ist es nur ein kleiner Schritt zu meiner Vorstellung, daß nämlich fremde Intelligenzen in unserer Wirklichkeit selbst agieren und diese *Wirklichkeit* als »Cyberspace« nutzen. Das könnte - um ein simples Modell durchzuspielen – über weiterentwickelte Ferris-Sonden geschehen.

Denn die nächste Stufe einer solchen Sonde wäre ihre Nutzung als Transmitter: nicht direkt für diese Wesen, aber für ihr Bewußtsein. Es könnte ihnen die Möglichkeit schaffen, gefahrlos hierherzukommen, von ihrer Welt zu unserer Welt, gefahrlos in den »Cyberspace-Aspekt« einzutauchen und einzugreifen, den wir unsere Wirklichkeit nennen.

Der Physiker Prof. Michael Swords hält ein solches Szenario nicht nur für möglich, er hält es auch für vereinbar mit dem UFO-Phänomen [18]. Implantate zum Beispiel würden nach dieser Sichtweise mikro-miniaturisierte Ferris-Sonden sein, die einzelnen Betroffenen eingesetzt werden und durch die die Fremden tatsächlich unter uns weilen – auch wenn sie sich in Wirklichkeit Lichtjahre entfernt in ihrer Heimatwelt aufhalten.

Etwas ist da ...

Das mag so sein oder auch nicht. Vermutlich sind viele verschiedene Modelle realisiert, weil viele unterschiedliche Intelligenzen an diesem »Projekt Menschheit« beteiligt sind, das wiederum nur ein Unterprojekt eines größeren Projekts eines größeren Projekts eines etc. sein dürfte. Es ist diese Komplexität, die uns verwirrt und die sich in nichts deutlicher ausdrückt als in dem, was wir »das UFO-Phänomen« nennen, vielleicht besser aber »Besucher-Phänomen« nennen sollten.

Dieses Phänomen konfrontiert uns nämlich mit genau dieser »anderen Welt«. Es zeigt uns in all seiner (allerdings nur für uns existierenden) Verworrenheit, wie irreal unsere Vorstellungen von der Realität sind. Es stößt uns durch seine bizarre Existenz förmlich mit der Nase darauf, wie zerbrechlich all das ist, was wir als die Säulen der Wirklichkeit betrachten: unsere Welt, unser Universum und uns selbst.

Denn »Wirklichkeit« ist nicht unbedingt gleich »Wirklichkeit«. Sie hat viele Schattierungen – Seiten, die wir kennen und Seiten, die wir nicht kennen. Unser Gehirn, konditioniert aufgrund einer fast viereinhalb Milliarden Jahre währenden Evolution, kann ja überhaupt nur bestimmte Facetten der Wirklichkeit wahrnehmen. Und darum erlaubt uns der eingeengte Realitätstunnel, in dem jeder von uns lebt, immer nur ein paar Meter Sicht. Was darüber hinausgeht, nehmen wir nicht zur Kenntnis. In der Regel interessiert es uns nicht einmal. Aber nichts ist von größerer Unsicherheit als die Sicherheit, in der wir uns wiegen. Und die Begegnung mit dem »Unmöglichen« kann schneller über uns hereinbrechen, als wir im Moment glauben. Etwas ist da, etwas ist um uns. Etwas nimmt Einfluß auf uns. Es wird dort konkret, wo wir es nicht erwarten. Es lauert in den Wäldern und über einsamen Landstraßen, in den Wolken genauso wie in den Zimmern unserer eigenen Häuser. Die fremde Intelligenz, die dahintersteht, *muß* uns um vieles voraus sein, vielleicht um Jahrmillionen. Sie scheint gelernt zu haben, in die Realität selbst einzugreifen. Oder besser gesagt: Im Gegensatz zu uns weiß sie, daß es *die* Realität gar nicht gibt. Wirklichkeit ist nur ein Konstrukt unseres Gehirns. Wer hinter das Geheimnis dieses Sachverhaltes gekommen ist, kann das, was wir Wirklichkeit nennen, beliebig manipulieren. Wann und wo und wie immer er es will.

Einige der von den Fremden »Entführten«, die den Mut und die Kraft dazu fanden, im Angesicht ihrer »Entführung« die Frage nach dem Sinn zu stellen, die Frage danach, warum dies geschieht, bekamen meist die stereotype Antwort: »Es ist unser Recht!« – »Ihr« Recht? Warum? Wer gibt ihnen das Recht dazu? In einem anderen Fall, den Prof. David Jacobs zitiert [19], erzielte eine »Entführte« eine überaus erschrockene Reaktion der Gestalten, als sie ihnen an den Kopf warf: »Ihr seid Formwandler!«

Denn genau das sind sie: Formwandler. Sie sind nicht das, was sie für uns zu sein scheinen. Ihr Mimikry-Verhalten verdeckt, was sich dahinter verbirgt. Und wer oder was verbirgt sich dahinter? Welche Antworten wir auch immer finden mögen, welche Erklärungen sich auch immer anbieten – sie sind vermutlich falsch. Dieses gesamte Szenario stellt sich, je tiefer wir versuchen, in es einzudringen, um so komplizierter und verwirrender dar. Aber eines ist sicher: irgend etwas passiert, irgend etwas geschieht. Es geschah in fernster Vergangenheit und geschieht hier und heute, es geschieht mitten unter uns. Wenn es überhaupt eine annähernd erklärende Antwort auf all das gibt, dann vielleicht, daß uns diese Ereignisse deutlich machen, wie sehr *wir alle* Teil eines unglaublichen, atemberaubenden, in all seiner Komplexität nicht nachvollziehbaren kosmischen Dramas sind. Das, wovon wir glauben, es sei die Welt, das, wovon wir annehmen, es sei Wirklichkeit, ist nichts anderes als das Maya der alten Inder, ist Illusion, ist Täuschung, ist nur eine gigantische Maske, sind Requisiten in einem Theaterstück, das sich »Das Universum« nennt. Es ist ein großer, schillernder Spiegel, in den wir blicken und von dem das Besucherphänomen nichts anderes ist als ein kleiner Teil. Die wahren Dinge stehen dahinter.

Die Menschheit ist ein Mitglied im Theaterensemble. Wir selbst sind seit den allerersten Tagen ein integraler Aspekt davon, eingebunden in ein organisch reagierendes Netz aus verschiedensten Bewußtseinsformen und Intelligenzen aus dem All, aus anderen Zeiten, aus Parallelwelten und fremden Dimensionen. Das Besucherphänomen, vor allem aber das darin eingegliederte »Entführungs«-Phänomen, zeigt uns die filigrane Struktur dieses Netzes. Es zeigt uns, daß wir teilhaben an einem großen kosmischen Szenario, es zeigt uns, daß »etwas« passieren wird ...

Der amerikanische Wissenschaftspublizist Dr. Keith Thompson legt in seinem Buch über ENGEL UND AUSSERIRDISCHE [20] eine Auffassung dar, die exakt der meinen entspricht: »Kurz gesagt, *nicht* losgelöst von der Debatte, ob UFOs echt seien oder nicht, sondern exakt in ihrem fruchtbaren Zentrum tut das UFO-Phänomen, was seine unabdingbare Pflicht zu sein scheint: in der kollektiven Psyche der Menschen die Erwartung eines unbestimmten, aber unvermeidlichen ›Kontakts‹ zwischen der Menschheit und einem unfaßbaren Andersartigen zu nähren. Und weil die Beschaffenheit dieses ›Kontakts‹ und dieses Andersartigen nicht näher beschrieben wird und deshalb unbegrenzten Mutmaßungen offensteht, entwickeln die symbolischen Dimensionen des Phänomens einen immer größeren Reiz.«

Was mit den »Entführten« geschieht, ist vielleicht nur der Anfang, der Beginn einer globalen Veränderung, ist eine Transmutation des Bewußtseins, die mehr und mehr Menschen erfassen wird. Schätzungen aus den USA gehen davon aus, daß bereits jetzt etwa zwanzig Prozent aller Amerikaner vom »Entführungs«-Syndrom betroffen sind, ich selbst würde den Anteil aufgrund meiner Arbeiten zu meinem neuen Buch über »Entführungen« in Deutschland, Österreich und der Schweiz ähnlich hoch ansetzen. Aber zwanzig Prozent – das ist weit mehr, als jede simple Hypothese zu erklären vermag. »Vielleicht«, hat der Harvard-Psychologe Prof. John Mack geschrieben [21], »vielleicht sind *wir alle* Entführte – auf die ein oder andere Weise.«

Ich bin sicher: irgend etwas geschieht um uns, irgend etwas geschieht *mit* uns, seit ewigen Zeiten. Jene Intelligenz, die hinter dem UFO-Phänomen steht, bereitet etwas vor. In allen Mythen, in allen

Religionen haben die Götter versprochen, zurückzukehren. Ich kann mich des Eindrucks nicht erwehren, daß genau dieses Ereignis auf uns zukommt. Vermutlich nicht mehr in unserer Generation, aber möglicherweise schon bald danach.

Wir sollten darauf vorbereitet sein. Was immer geschieht – es betrifft letztlich uns alle. Uns alle: Das bedeutet aber, teilzuhaben an einem Geschehen, von dem wir noch immer so gut wie nichts wissen. Ich finde, es ist an der Zeit, zumindest darüber nachzudenken. Und – gibt es tatsächlich etwas Bedeutsameres, etwas Wichtigeres, etwas Notwendigeres als *genau das* ...?

II.
Mythen

Maskentanz und Stammeskult

*Rätselhafte Riten bei Naturvölkern
und ihre Deutung
im Sinne der Paläo-SETI-Forschung*

REINHARD HABECK

> » *Wissen Sie, Doktor, ich habe mich jahrelang
> mit der Wirklichkeit herumgeschlagen,
> und ich bin froh, sagen zu können,
> daß ich sie endlich überwunden habe.* «

Helmut Lohner als Elwood, der im Theaterstück »Mein Freund
Harvey« Zwiegespräche mit einem unsichtbaren Hasen führt und
deshalb von der Gesellschaft für verrückt erklärt wird.

Es gibt kaum einen Kulturkreis, der *nicht* seinen Anteil an okkultem
Glauben, überirdischen Wesen, himmlischen Besuchern, Sagen und
Mythen hat. Viele Überlieferungen künden von erstaunlichen
Kenntnissen und fremdartigen Attributen, über die einst die »Göt-
ter« verfügt haben sollen. Erinnerungen an das Erscheinen fremder
Himmelsboten sind uns durch alte Traditionen, Kulte und Bräuche
erhalten geblieben – zum Teil heute noch bei den Naturvölkern in
Form von *lebendiger Mythologie* und *Cargo-Kulten*. Beim genaue-
ren Studium zeigt sich, daß diese fast vergessenen Traditionen keinesfalls als »primitive Kunst« abgetan werden können, sondern daß
wir es vielmehr mit Phänomenen zu tun haben, die im Sinne der
Paläo-SETI-Hypothese interpretiert werden können.

Was zeigen die »Geisterfiguren« aus Oenpelli in Nordaustralien? Welche Bedeutung haben rituelle Tänze und die Masken der Dogon? Welches Geheimnis verbirgt sich hinter den aus dem Kongo stammenden Holzfiguren, die im Aussehen auffällig an jene Geschöpfe erinnen, von denen UFO-Entführungsopfer berichten? Welche ursächliche Bedeutung steckt hinter rätselhaften Grabbeigaben, wie der fünftausend Jahre alte Kultgegenstand aus Sakkara, der an eine Luftschraube erinnert? Was war die Vorlage dafür, und welchem Verwendungszweck diente er?

Im Dschungel Brasiliens wurden kürzlich die Reste einer wenigstens zwölftausend Jahre alten Kultur entdeckt, die alle Theorien über die Besiedlung des amerikanischen Kontinents auf den Kopf stellen. Woher stammen die Ureinwohner? Bisher steht in den Geschichtsbüchern, daß die ersten Menschen von Asien kommend in Alaska eingewandert sind und nach und nach – über Jahrtausende – den ganzen Kontinent besiedelten. Die hochentwickelten Amazonas-Indianer passen nicht in dieses Bild. Sie waren Zeitgenossen und nicht Nachfahren der mammutjagenden Vorzeitmenschen. Welche Kultur kam als erste nach Amerika? Felsbilder mit kopfstehenden Figuren und strahlenförmigen Schädeln gleichen den vierzigtausend Jahre alten Bildwerken der Aborigines. Was stellen sie dar? Haben sie gemeinsame Wurzeln?

Was stimmt nicht mit den zeitlichen Datierungen? Laufend müssen Altersbestimmungen nach rückwärts korrigiert werden. Geologische Untersuchungen machen deutlich, daß Bauwerke wie die ägyptischen Pyramiden oder das Steinheiligtum von Stonehenge wesentlich älter sind als bisher angenommen. Nach jüngsten Untersuchungen der Universität von Kalifornien sind die im Jahre 1921 entdeckten Knochenreste des *Peking-Menschen* – dem Vorläufer des heutigen *Homo sapiens* – nicht zweihunderttausend, sondern wenigstens vierhunderttausend Jahre alt.

Wieso findet sich das altägyptische Symbol der *Flügelsonne* ebenso in völlig anderen Kulturkreisen, etwa bei den nordamerikanischen Kwakiutl-Indianern? Welches Mysterium offenbart sich hinter den rituellen Deformierungen von Schädeln, die man in Chile gefunden hat, aber ebenso in Ägypten, der Türkei oder Österreich? Imitierten unsere Ahnen die Schädel und das fremdartige Aussehen ihrer »Götter«? Viele Ungereimtheiten und offene Fragen, die sich durch die ganze menschliche Geschichte ziehen.

Der »Kuhstall Gottes«

Ein ungewöhnlicher Hinweis, der meines Wissens in Kreisen der Paläo-SETI-Forschung noch nicht näher behandelt worden ist, führt zu den wenig erforschten Zeremonien der rund zwanzig Dinka-Stämme, die in der weiten, offenen Savanne des südlichen Sudan beheimatet sind, dem größten Sumpfgebiet der Welt. Im Leben der im Körperbau auffallend großgewachsenen Dinka (sie gelten als die größten Menschen der Erde) hat das *Rind*, das sie seit Urzeiten als Mittler zwischen Menschen, »Geistern« und ihrem Schöpfergott verehren, eine zentrale Stellung. Erstaunlich ist, daß dies in einer Art und Weise geschieht, bei der mit Rindern in einem Zusammenhang stehende Wortbegriffe praktisch das gesamte Denken und die Sprache der Dinka beherrschen. Dies geht bis hin zu Vorstellungen und Methoden, die Welt zu verstehen und zu beschreiben.

All das übertrifft den praktischen Nutzen von Rindern bei weitem. Folglich muß es eine besondere Bewandtnis mit diesem Tier haben. Und tatsächlich: An einem einsamen und unheimlichen Ort, einige Kilometer außerhalb ihres Stammesgebietes, liegt das wichtigste Heiligtum der Dinka, der sogenannte »*Kuhstall Gottes*«. Mit einer Unterkunft für Tiere hat diese runde, zwölf Meter durchmessende Hütte (für Dinka-Maßstäbe ein großes Gebäude) jedoch nichts zu tun. Dem englischen Autor John Ryle wurde 1976 während einer Sudan-Reise die Ehre zuteil, das Dinka-Heiligtum zu betreten. In seinem Buch DIE KRIEGER DES NILS beschreibt er sein Erstaunen, als die Wächterinnen die Türen der Kultstätte öffneten: »Wir bemerkten«, schreibt Ryle verwundert, »daß das Gebäude völlig leer war, mit Ausnahme einer heiligen Trommel und eines Fischspeers,

Nicht nur die Dinka führen ihren kulturellen Ursprung auf göttliche Wesen zurück: Die westafrikanischen Dogon wollen ihr erstaunliches astronomisches Wissen ebenso von übernatürlichen Besuchern erhalten haben, die einst mit ihren »himmlischen Archen« herabstiegen. (Foto: Bryan Alexander / Archiv Reinhard Habeck)

den Dinka-Symbolen der geistigen Autorität, deren religiöse Bedeutung aber in grauer Vorzeit verlorenging.«

Welches Geheimnis sich hinter dem Begriff *Fischspeer* verbirgt, bleibt rätselhaft, da die Dinka vor allem ein Hirtenvolk sind, das von der Viehzucht lebt. Genauere Studien könnten vielleicht klären, ob es Verbindungen zu *Dogon*-Mythen und der *Oannes*-Legende des Nahen Ostens gibt. Diese Überlieferungen berichten bekanntlich von *Fischmenschen*, die einst mit himmlischen Barken zur Erde kamen.

Die Dinkas selbst sehen sich als *direkte* Nachfahren ihres Stammvaters *Mayual*. Dieser sei vor vielen Generationen mit einem Haus vom Himmel zur Erde herabgestiegen. Gott Mayual nahm sich ein Dinka-Mädchen zur Frau, und sie empfing ein Kind. Doch bevor das Kind geboren wurde, kehrte Mayual mit Feuer und Rauch wie eine göttliche Schlange zum Himmel zurück und wurde zum *Regenbogen*. Sein Sohn, dessen Name *Cikom* war, wurde schließlich Häuptling eines Lagers und beschloß, zu Ehren des himmlischen Gottes, seines Vaters, ein Heiligtum zu errichten.

Dies geschah genau an der Stelle, von wo Mayual zu den Sternen zurückkehrte. Dieser Ort, den man nach der Paläo-SETI-Hypothese als »Startplatz eines außerirdischen Raumschiffes« auffassen könnte, ist identisch mit dem zuvor erwähnten »Kuhstall Gottes«. Er wird heute ebenso verehrt wie vor Hunderten von Jahren. Die Stammesführer, die Nachfahren des göttlichen Mayual, nennen sich seither *»Häuptlinge des Fischspeers«*.

Die Dinka-Legende, und das ist ein weiterer erstaunlicher Aspekt, deckt sich mit vielen Überlieferungen völlig anderer Kulturkreise. So heißt es beispielsweise fast gleichlautend vom polynesischen Gott *Oro*, dieser sei auf einem *Regenbogen* nach Bora Bora herniedergefahren, um hier ein Erdenmädchen zur Frau zu nehmen.

Als weitere Erinnerung an den Besuch von »oben« feiern die Dinka einmal im Jahr zweitägige Opferzeremonien rund um den »Kuhstall Gottes«. Ein *Stier* wird rituell getötet und in eine bestimmte Himmelsrichtung gelegt. Durch Bittgesänge an »Geister« dient das Stieropfer als Vermittler zu Gott Mayual. Bei solchen Festen soll es

Berühmt sind die Maskentänze der westafrikanischen Dogon. Wurde ihre Kultur von außerirdischen Besuchern beeinflußt? (Foto: Silvestris/Hoa-Qui/Archiv Reinhard Habeck)

immer wieder vorkommen, daß Teilnehmer in Trance fallen und zu Boden stürzen; ihre Augen verdrehen sich, Arme und Beine zucken unkontrolliert, sie murmeln wirr vor sich hin. Wenn ein Stammesangehöriger in Trance fällt, sagen die Dinka, sei er »vom Schöpfer besessen« oder stehe in »Kontakt mit überirdischen Wesen«; seine normale Persönlichkeit tauche unter, und in seinem Körper würden die »Geister« seiner Ahnen wach. Bestimmte auffällige Begebenheiten werden von den Dinka, ebenso wie von anderen Naturvölkern, allgemein als göttliche Offenbarung ausgelegt.

Die Kunst der alten Völker

Es kann kein Zufall sein, daß wir hier mit den noch heute lebendigen Mythen eines Volksstammes konfrontiert werden, der seinen Ursprung in den Sternen sieht, ganz ähnlich den westafrikanischen Dogon, den Hopi-Indianern im westlichen Nordamerika oder den brasilianischen Kajapo-Stämmen. Daß diese Überzeugung in Form lebendiger Mythologie bis heute aufrechterhalten wird, ja sogar der Start- und Landeplatz der »Gottes«-Erscheinung präzise benannt werden und durch bestimmte Kulte über viele Generationen in Erinnerung gehalten werden kann, sollte Geschichtsforschern zu denken geben.

Meines Erachtens wäre es notwendig, verschiedenste Stammeskulte in aller Welt genauer unter die wissenschaftliche Lupe zu nehmen, miteinander zu vergleichen, *mythologisch* und *technologisch* zu filtern und Gemeinsamkeiten aufzuzeigen. Stier-Kulte etwa finden sich bei vielen Völkern der Erde. Ihre wahre Bedeutung ist oft unklar. Nicht immer haben Tieropfer mit Fruchtbarkeitsriten zu tun. Mit dem »*Himmelsstier*« der alten Ägypter beispielsweise ist den Pyramidentexten zufolge ein *Transportmittel* der »Götter« gemeint, das an die *Phönix*-Legende und die Vorstellung vom fliegenden »*Benben-Stein*« anknüpft.

Dieses Beispiel aus dem Leben der Dinka veranschaulicht deutlich den *übernatürlichen* Charakter vieler Stammeskulte. Die überwiegende Mehrheit der in alten Texten beschriebenen Orakel, mystischen Praktiken und Verehrungen »heiliger Gegenstände« sowie heute noch bestehender Riten und Maskentänze sind nach wie vor in ihrem Ursprung weitgehend unerforscht. Fachgelehrte suchen zwar nach Lösungen, begnügen sich aber allzugerne mit Symbolik, sprechen von »Götterverehrungen«, lediglich entstanden aus irgendwelchen *Naturmythen*, verweisen auf »Ahnenkulte« und »Geisterwesen«, ohne daß deren eigentliche Ursache und Sinn plausibel erklärt werden könnten.

Kultgegenstände, die so gar nicht in das gewohnte Bild der Lehrmeinung einzuordnen sind, werden als »dekorative Kunst« und »Symbolismus« abqualifiziert. Eigentlich unverständlich, wenn man berücksichtigt, daß Kunstwerke in unserem Sinn (nämlich angefertigt zur Betrachtung und dem rein ästhetischen Genuß zuliebe) vielen alten Kulturen und noch heute lebenden Naturvölkern fremd sind. Indessen wird deutlich, daß die meisten Kulte und Traditionen auf die Personifizierung himmlischer Wesen und legendäre Überlieferungen zurückgeführt werden können.

Für die Paläo-SETI-Forschung sind vor allem jene als »Kunstwerke« mißverstandenen Relikte von Interesse, die sich direkt auf die Verehrung von »Göttern« beziehen. Beispiele hierfür finden sich besonders in Polynesien und in den amerikanischen Hochkulturen. Kultgegenstände und Masken haben bei Naturvölkern heute noch übernatürliche Funktion, zeigen eine Verbundenheit mit der überirdischen Sphäre, zumal sie auch ihre Macht von den ihnen dem Glauben nach innewohnenden übernatürlichen Kräften beziehen. »Auf dieser Stufe«, so gesteht der Anthropologe H. Reads freimütig ein, »liegt die Schwierigkeit in der Trennung von Kunst und Religion.« Und sein Kollege I. Bernal erkannte folgerichtig: »Die Kunst besteht in der Erinnerung an die Götter.«

Trotzdem wehrt sich die Fachwelt mit Händen und Füßen dagegen, Stammeskulte, rituelle Maskentänze und über viele Generationen weitergegebene Überlieferungen als Erinnerungen an eine *erlebte Wirklichkeit*, also als *Tatsachenberichte*, anzuerkennen. Bezogen auf die »göttliche« Bedeutung der Stammeskulte erklärt zum Beispiel der Autor und Forscher Georg Lukács: »In diesen Kunstwerken spiegelt sich jedoch nicht die objektive Wirklichkeit wider, sie drücken nicht die tatsächlichen Verhältnisse der Natur und Gesellschaft aus, sondern sind irrtümliche Vorstellungen.«

Irrtümliche Vorstellungen?

Wirklich erklärt wird damit natürlich nichts. Irrtümliche Vorstellungen? Woher will man das wissen? Niemand von uns war tatsächlich beim ursprünglichen Auslöser eines späteren Heiligenkultes oder einer religiösen Mythenbildung dabei. Ich meine, vieles spricht dafür, daß Masken, Höhlenzeichnungen und Kultobjekte tatsächliche Anhaltspunkte für das Aussehen oder Verhalten der »Götter« liefern, die gemäß der Paläo-SETI-Hypothese Besucher aus dem Kosmos waren.

Viele Ureinwohner fassen heute eine Maske oder eine Statue nicht als Symbol, Darstellung oder Porträt der überirdischen »Götter« auf, sondern sehen darin entsprechend ihrer Glaubensvorstellung die »tatsächliche Präsenz des Übernatürlichen in der sichtbaren und tastbaren Form«, schreibt der Ethnologe A. A. Gerbrands. Er führt auch zwei Beispiele an: »In der Großen Maske der Dogon wohnt die Njama«, die Seele eines göttlichen Ahnen in Form einer unsichtbaren Schlange. Und bei den Priestern der Dan in Liberia »sind die Ahnen durch ihre Masken in der Hütte des Schamanen wirklich anwesend«.

Wenn die »Götter« *Astronauten* waren, könnten diese Rituale durchaus als Cargo-Kulte aus ferner Vergangenheit interpretiert werden, die über viele Generationen traditionell weitergegeben wurden, um die Erinnerung an himmlische Wesen wachzuhalten. Mißverstandene Technologien also, die durch bestimmte magische Praktiken wieder zum »Leben« erweckt werden sollen. Bei den brasilianischen Kajapo-Indianern, die sich zum Gedenken ihres Kulturbringergottes *Bep-Kororoti* in Ritualgewänder aus Stroh hüllen, wird dies besonders deutlich. Das optische Erscheinungsbild der in Maskentänzen dargestellten »Götter« erinnert verblüffend an die Astronautenkleidung unserer Tage und deckt sich mit der Legende vom Kajapo-Gott, der in einem »fliegenden Haus« unter gewaltigem Donner, Beben, Rauch und Feuer zurück in den Himmel verschwand.

Vergleichbare, heute noch wirksame Rituale zu Ehren himmlischer Lehrmeister verkörpern die rhythmischen Maskentänze der westafrikanischen Dogon, die Winterzeremonien der nordamerikanischen Haida- und Kwakiutl-Indianer, die religiösen Mysterienspiele tibetischer Bergvölker, Maskentänze aus Neuguinea, Opferkulte auf Sulawesi oder die »Geistermasken« der brasilianischen Karaja-Kultur.

In unserem Kulturkreis begegnen wir ebenfalls Maskengestalten, die an die Ritualgewänder der Kajapo-Indianer erinnern. So findet in der Obersteiermark (Österreich) Jahr für Jahr das auf heidnischen Ursprung zurückzuführende »Perchtentreiben« statt: Seltsame Geistergestalten, in Stroh gehüllt und mit meterlangen »Fühlern« auf dem Kopf, kehren mit Peitschenknallen symbolisch den Weg für die »Götter« frei.

Zu den bekanntesten und eindrucksvollsten Zeremonien zählen jene der Hopi-Indianer in Arizona und anderen Pueblo-Stämmen des südwestlichen Nordamerika. Zu bestimmten Zeiten beschwören Männer in Verkleidung die Götter. Akteure dieser heiligen Tänze sind die *Kachinas*, die als göttliche Beschützer der Hopi verehrt werden. Holzgeschnitzte Puppen in Kachinagestalt sollen die enorme Vielfalt der Hopi-»Götter- und Geisterwelt« begreifen und unterscheiden lernen. Die Holzfiguren sind Abbilder der Himmelsboten, die Masken und ihre Träger bei den rituellen Tänzen stellen hingegen die *leibhaftige* Verkörperung der überirdischen Wesen dar. Viele der Kulthandlungen, aber ebenso Gegenstände, Kunstformen und Dekorsymbole legen eine Deutung im Sinne der Paläo-SETI-Hypothese nahe.

Dazu ein Beispiel: Auf einem Tongefäß ist eine vermeintliche »Regenwolke« abgebildet, die dem Aussehen nach mit einer solchen aber nichts gemein hat. Der Hopi-Legende nach können die Kachinas, die im Leben eine Maske besessen haben, in Geistform zu den Lebenden zurückkehren – und zwar in der Maske eines lebenden Tänzers. Jeder Bewohner des Kachinadorfes kann in einer solchen »Geisterwolke« vom Himmel zur Erde zurückkehren. Die sogenannte »Wolke« dient demnach als *Transportmittel* von einer

fremden in unsere Welt. »Wer niemals im Leben an den Tänzen teil-
genommen oder zugesehen hat«, heißt es, »wird allein im Himmel
sein, eine ›lügende‹ Wolke, die keinen Regen bringt.« Auffallend bei
dieser Darstellung ist die Ähnlichkeit mit jenem Gefährt, das der
biblische Prophet Ezechiel eindrucksvoll beschreibt. Dem ehemaligen NASA-Ingenieur Josef Blumrich gelang es nachzuweisen, daß
Ezechiels Schilderung realitätsbezogen ist. Zeigt die fliegende »Wol-
kenspinne« der Hopi-Indianer dasselbe Raumfahrzeug-Motiv?

Selbst wenn in vielen Zeremonien nur die Ahnen, also Verstorbene,
gemeint sein mögen, kann man bei den Stammeskulten und Riten
gewiß nicht von abstrakten und unwirklichen Vorstellungen sprechen. Wir brauchen uns nur alte Felsmalereien näher betrachten.
Wir erkennen genaue Wiedergaben von Jagdszenen sowie Menschen und Tiere. Von Symbolschaffung keine Rede. Eine Rinder-
herde beispielsweise wurde von den Künstlern der Vorzeit mit all
ihren Attributen naturgetreu auf Felswänden wiedergegeben. Kein
Altertumsforscher käme auf die Idee, dahinter etwas anderes als
eben diese Tiere zu vermuten. Nur bei Motiven mit offensichtlich
fremdartigen »Raumfahrtelementen« spricht man unseren Vorfahren den Sinn dafür ab, Geschautes naturgetreu, in Stein geritzt oder
in traditionellen Riten, nachgestellt zu haben. Da redet man plötzlich von »Geistern«, »irrtümlichen Vorstellungen« und einer »Ver-
menschlichung des Göttlichen«.

Kopfzerbrechen bereitet manchem Forscher auch die geographische
Uniformität einerseits und die interdisziplinäre Vielschichtigkeit
kultureller Mysterien andererseits. Gleich aus welcher Region sie
auch stammen – oft aus voneinander weit entfernten und abge-
schiedenen Gegenden –, jene Sagen und Zeremonien über »kosmische Besucher« und »übernatürliche Mächte« ähneln einander in
verblüffender Weise. Manche Legenden und Kulthandlungen scheinen über Kontinente und Ozeane hinweg eine *gemeinsame* Urquelle
zu besitzen. Schon deshalb liegt der Verdacht nahe, daß hinter all
dem sehr wohl ein *reales* Geschehen vermutet werden darf.

Die Masken der Götter

Viele Schriftzeugnisse und Kulturgüter, die weitere wichtige Indizien für »kosmische Eingriffe« hätten geben können, wurden im Laufe der Jahrhunderte und Jahrtausende vernichtet, man denke nur an die Bibliothek von Alexandria oder die Aufzeichnungen der Maya, Inka und Azteken. Die noch vorhandenen Überlieferungen sind dennoch aussagekräftig genug, um Hinweise für eine außerirdische »Visite« zu geben. Gleiches gilt für das Wissen der Naturvölker, etwa die erstaunliche Kosmologie der bereits erwähnten Dogon. Sie könnte im wesentlichen dem Handbuch eines modernen Astrophysikers entnommen sein.

Gott sei Dank waren die Missionare bei ihrer Christianisierung nicht ganz so erfolgreich, wie sie es gerne gehabt hätten. Jene Bekehrer, die beispielsweise im Kielwasser der spanischen Eroberer nach Mexiko und Südamerika reisten, scheuten keine Anstrengung, um die Indianer in den eroberten Gebieten zum Christentum zu bekehren. Tatsächlich kam es aber nicht zu der beabsichtigten Übernahme, sondern zu einer *Vermischung* christlicher und indianischer Glaubenselemente. Vor der Eroberung durch die Spanier verehrten die indianischen Völker viele »Götter«, die den Legenden nach einst vom Himmel gestiegen waren. Als sie sich zum Christentum bekehrten, gaben sie diese Verehrung nicht auf. Sie verliehen ihren alten Göttern lediglich die neuen Namen christlicher Heiliger und verehren sie an kirchlichen Feiertagen. Mit anderen Worten: sie bauen auch weiterhin auf ihre himmlischen Urväter und »Kulturbringer« und beschwören diese zum Teil heute noch mit magischen Ritualen. Alte Traditionen und »Götter«-Kulte sind zwar vielfach erhalten geblieben, wurden aber im Laufe der Geschichte verändert und verfälscht, ihr Zweck und Sinn wurde vergessen. Im LEXIKON DER AFRIKANISCHEN MYTHOLOGIE heißt es dazu unter anderem: »In den Museen Europas und Nordamerikas wurden früher viele Statuen als Götzen oder Ahnenbilder bezeichnet, bis Anthropologen herausfanden, daß sich hinter jenen geschnitzten Bildwerken eine Fülle von

Mythologie verbirgt, die in vielen Fällen nicht mehr bekannt ist. Ein Großteil der Mythologie wurde von den Missionaren verurteilt, so daß die Bedeutung der Statuen in Vergessenheit geriet.«

Für eine wissenschaftliche Paläo-SETI-Forschung ist es daher nicht einfach, an die Quellen mythologischen Ursprungs zu gelangen. Dies um so mehr, da der ursprüngliche Grundgedanke vieler Riten und Kulte, obwohl etliche nach wie vor gebräuchlich sind, inzwischen bei den Naturvölkern selbst zunehmend verlorengeht. Das ist bei unseren christlichen Bräuchen nicht anders. Fragt man mich nach dem ursächlichen heidnischen Ursprung unseres Christbaum-Kults, kann ich darauf keine Antwort geben. Einige Forscher glauben, den licht-hell strahlenden Baum von den *Muttergottes-Visionen* ableiten zu können. Ob dem wirklich so ist, vermag ich nicht zu sagen.

Faktum ist, daß Erinnerungen und Informationen, manchmal auch erstaunliche Kentnisse, von Generation zu Generation aufgrund verschiedener Ursachen verlorengehen können. Es ist wie beim Spiel mit der »stillen Post«: Person A flüstert Person B etwas ins Ohr, diese sagt es C weiter, die es wiederum D erklärt usw. Am Schluß, vielleicht hundert »Ohren« später, kommt etwas ganz anders heraus als ursprünglich gemeint war. Es wäre also notwendig, die alten kulturellen Traditionen neu zu hinterfragen, ebenso die Mythen und textlichen Überlieferungen, wobei eine Auslegung im Sinne Erich von Dänikens, also einer technischen, phantastischen Vergangenheit, zumindest in Betracht gezogen werden müßte.

Eine Untersuchung dieser Phänomene wird durch die Vermischung verschiedenster Begriffe erschwert – wie der Vorstellung von »Dämonen«, »Ahnengeistern«, »Totenbeschwörungen«, »Fruchtbarkeitsriten«, »Trancezuständen«, »religiösen Schauspielen« und den vielzitierten Huldigungen an himmlische »Götter«. Oberflächlich betrachtet scheinen diese Umschreibungen allesamt mit dem *Jenseitsglauben* verknüpft zu sein, woraus Kritiker der Paläo-SETI-Forschung den Schluß ziehen, daß darin eben nichts Außerirdisches, sondern nur Wiedergeburts-Glaube zu erkennen sei.

Aber dies scheint mir voreilig zu sein, denn die Naturvölker nehmen zwar Gemeinsamkeiten zwischen »Götter-« und »Ahnenkult« wahr, machen aber andererseits doch deutliche Unterschiede. Der wesentlichste dieser Unterschiede ist, daß ein »Geist«, mag er auch noch so mächtig sein, nicht angebetet wird. »Geister« werden günstig gestimmt, besänftigt, sogar auf magische Weise gezwungen, im Namen von Priestern und Medizinmännern zu handeln, aber sie werden nicht *angebetet*.

Der Grund für die Vermischung von »Göttern« und »Geistern« liegt wohl darin, daß die christlichen Missionare (und in Afrika auch die islamischen Gelehrten) sich weigerten anzuerkennen, daß die als »Götter« verehrten Wesen der sogenannten Heiden das Attribut »göttlich« verdienen. Bei der Übernahme heidnischer Bräuche war man bekanntlich weniger penibel. Noch ein Unterschied fällt auf: Die sogenannten »Götter« werden als viel bedeutender angesehen. Sie sind erhabener, mächtiger, allumfassender und vielseitiger als »Geister«. Die »Ahnengeister« werden hingegen, ähnlich den Engelvorstellungen unseres Kulturkreises, als Mittler zwischen Mensch und »Gott« bzw. »Göttern« betrachtet.

Eine weitere Hürde für eine gewissenhafte Untersuchung geben auffällige Berührungspunkte mit anderen Phänomenen und Fachrichtungen, darunter Bereichen der Parapsychologie, des Spiritismus, der Magie, des Schamanismus, von Botschaften aus dem Unterbewußtsein, der Reinkarnation und des Jenseitsglaubens bis hin zur modernen UFO-Forschung, der Entführungs-Problematik und der Vorstellung von parallelen Universen. Täuscht der Eindruck, daß sich hinter diesen Erscheinungsformen ein und derselbe Ursprung verbirgt?

Mimikry-Verhalten

Bringt man die Mimikry-Hypothese von Dr. Johannes Fiebag ins Spiel, könnte sich hinter diesen Mysterien eine uns unbekannte hochentwickelte Intelligenz verbergen, die uns vielleicht schon seit Jahrtausenden beeinflußt. Die in ihrer Fremdartigkeit zwar ähnlichen, aber letztlich doch verschiedenartigen Gestalten von Götterfiguren, Masken und Statuen könnten demnach Ausdrucksformen *eines* Phänomens sein, das in unmittelbarer Wechselwirkung mit uns selbst steht, mit unseren Vorstellungen, Ängsten und Phantasien. Fiebag nennt dieses Verhalten der Fremden Mimikry, weil sich das Phänomen uns anpassen kann und sich die Urheber perfekt dahinter verbergen können.

Tatsächlich finden sich nicht nur in der modernen UFO-Forschung und in den europäischen Legenden von Kobolden und Elfen Indizien für diese Überlegung, sondern ebenso in alten Texten aus vorbiblischer Zeit. So heißt es beispielsweise im sumerischen *Gilgamesch-Epos*: »Kein Sterblicher kommt auf den Berg, wo die Götter wohnen. Wer den Göttern ins Angesicht schaut, muß vergehen.« Oder in *Exodus* 33, 20, wo die »Herrlichkeit des Herrn« zu Moses spricht und mahnt: »Du kannst mein Angesicht nicht schauen, denn kein Mensch bleibt am Leben, der mich schaut ... und wenn ich dann meine Hand weghebe, darfst du mir nachsehen, aber mein Angesicht kann niemand schauen.«

Warum hatten die Götter des Altertums solch große Angst, von den Menschen erkannt zu werden? Wäre im Falle der Erkenntnis ihrer wahren Identität, dem Fallen ihrer Masken, der Mythos vom überirdischen Wesen zerstört worden? Oder diente die Maskerade dem Schutz der Erdlinge? Liegt die dahinter verborgene Wahrheit jenseits all unserer irdischen Vorstellungen?

Die Mimikry-Hypothese, wonach eine fremde Intelligenz durch Anpassung unsere Mythen kontrolliert und somit auf einer tiefenpsychologischen Ebene Einfluß nimmt in unseren Glauben und unsere Vorstellungen, ist sicherlich ein wertvoller Lösungsansatz. Es gibt eine Vielzahl von Hinweisen, die deutlich machen, daß die UFOs der Neuzeit nur die Fortsetzung der fliegenden Götterwagen des Altertums sind. Demnach hätten wir es gestern wie heute mit ein und demselben Phänomen zu tun, welches sich uns in verschiedenen Facetten offenbart. Andererseits können wir nicht ausschließen, daß wir es doch mit verschiedenen, unabhängigen Phänomenen gleichzeitig zu tun haben, zumal wir heute noch nicht mit Sicherheit sagen können, was UFOs wirklich sind. Die außerirdische Herkunft ist zwar eine wahrscheinliche, aber eben nicht die einzige Möglichkeit.

Welche Methoden müßten angewandt werden, um einen möglichen Eingriff hochentwickelter fremder Intelligenzen zu beweisen? Wie kann man die These vom Besuch aus dem All überprüfen? Dies ist grundsätzlich ein Problem, das gewissermaßen alle Phänomene aus dem Bereich des Unerklärlichen betrifft: die Frage der Verifizierbarkeit bzw. Falsifizierbarkeit. Nach Sir Karl Popper muß eine Hypothese an der Realität scheitern können, also falsifizierbar sein. Wenn ich etwa behaupte, Sonnenfinsternisse entstünden bei Bedeckung der Sonne durch den Mond, so ist diese Hypothese falsifizierbar. Ich kann sämtliche Sonnenfinsternisse unter diesem Aspekt »durchchecken« und werde, eben weil die Hypothese *richtig* ist, keinen Fall finden, in dem sich eine Sonnenfinsternis ereignete, *ohne* daß der Mond die Sonne verdunkelte. Bei der Überprüfung der Mimikry-Hypothese, so faszinierend sie auch sein mag, tut man sich schon schwerer.

Dennoch meine ich, daß wahrheitssuchende Wissenschaftler eine Untersuchung außerirdischer Phänomene nicht deshalb kategorisch ablehnen sollten, »weil bisherige Erkenntnisse ausschließen, daß solche Dinge existieren.« Was sagt das schon? Man glaubt nur zu gerne an die Wissenschaft und alles, was sich als Wissenschaft darstellt. Man glaubt an nichts, was keine wissenschaftliche Bestätigung besitzt. Selbst die eigene Existenz muß man mit Mitteln der historischen Wissenschaft – mit Dokumenten – beweisen. Wenn ich, Reinhard Habeck, mich nicht mit Paß oder Geburtsurkunde ausweisen kann, existiere ich nicht, selbst wenn ich tausendmal mit dem Finger auf den eigenen Körper zeige; *solch* ein unwissenschaftliches Argument nimmt niemand zur Kenntnis. Die einzigen, die nicht ohne weiteres an wissenschaftliche Offenbarungen glauben, sind die Wissenschaftler selbst, die sich nämlich in vielen Belangen völlig uneins sind. Ein Blick in die Geschichte der Wissenschaft und großer Entdeckungen zeigt, daß sich wissenschaftliche Theorien ständig ändern und das sicherlich auch weiterhin tun werden.

Heute noch praktizierte traditionelle Riten, Tranceerlebnisse und

Kulthandlungen von Naturvölkern zeigen, analog zu den UFO-Er-
lebnissen und PSI-Phänomenen, daß unsere derzeitigen Realitäts-
modelle unzulänglich sind. Eine phantastische Reise zu unseren mythologischen Ursprüngen macht deutlich, daß ein Wandel in unserem westlichen wissenschaftlichen Grundrahmen überfällig ist.
Diese Forschungsreise zu den Wurzeln einer anderen, uns bisher verborgenen und verdrängten Wirklichkeit hat gerade erst begonnen.
Wir können vielleicht nur erahnen, welche tiefgreifenden Erkenntnisse und Überraschungen noch auf ihre Entdeckung warten. Wie
heißt es doch so treffend in einer alten afrikanischen Prophezeiung:
»*Der Traum, der uns träumt, ist noch nicht ausgeträumt!*«

Das Sirius-Rätsel – Für und Wider

GOTTFRIED BONN
UND HANS-WERNER SACHMANN

Manchmal kann es bei der Untersuchung von Überlieferungen alter Kulturvölker geschehen, daß ein Forscher völlig überraschend astronomische Kenntnisse über Sterne und ihre mit bloßem Auge unsichtbaren Begleiter findet; Kenntnisse, deren Zustandekommen ohne die Zuhilfenahme optischer Instrumente nur schwerlich erklärbar ist. Wie bekannt sein dürfte, existiert ein solches Wissen bei den Dogon, einem zentralafrikanischen Stamm in Mali. So war den Dogon beispielsweise ein Trabant des Sirius bekannt, den sie *Digitaria* nennen. Dieser heute als *Sirius B* bezeichnete stellare Begleiter ist für das bloße Auge unsichtbar und umkreist den Hauptstern *Sirius A* alle fünfzig Jahre.

Die gesamte Religion der Dogon rankt sich um Sirius. Zeremoniell äußert sich dies im sogenannten »Sigui-Fest« (Reis-Fest), das entsprechend der Umlaufperiode von Sirius B alle fünfzig Jahre begangen wird. Hinsichtlich ihrer Jenseitsvorstellungen glauben die Dogon, die Seelen ihrer Verstorbenen würden zum »Stern Po« (Sirius) wandern. Dieser interessante Aspekt weist Parallelen zu Glaubensvorstellungen der alten Ägypter auf, wie wir noch zeigen werden.

Doch woher nahmen die Dogon ihre Kenntnisse über den Sirius, Kenntnisse, in deren Besitz sie aufgrund fehlender optischer Instrumente eigentlich gar nicht hätten gelangen können? Immerhin gibt es neben den Dogon noch andere Stämme mit einem erstaunlichen astronomischen Wissen. So bezeichnen z. B. die Ituri-Pygmäen den

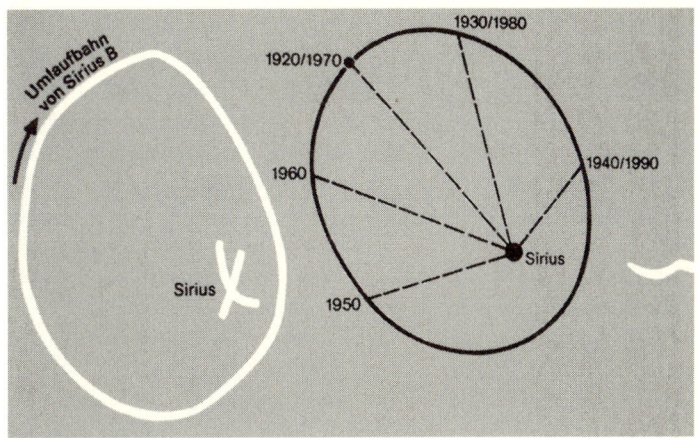

Darstellung der Umlaufbahn von Sirius B um Sirius A: links eine Skizze der Dogon, rechts die Position des Sirius-Begleiters im Zeitraum zwischen 1920 und 1990. (Foto: Archiv J. Fiebag)

Saturn seit Urzeiten als »Stern der neun Monde«. Ein Aspekt, den als erster der französische Anthropologe Jean Pierre Hallet entdeckte, nachdem er achtzehn Monate bei den Ituri lebte.

Interessant ist, daß der neunte Saturnmond erst 1899 von dem Amerikaner W. H. Pickering gefunden wurde. Seit dem Jahr 1966 sind zehn Monde des Saturn bekannt, seit den *Voyager*-Missionen sogar siebzehn, aber diese sind allesamt sehr kleine, unregelmäßig geformte Gesteinsbruchstücke. Für einen angeblich primitiven Pygmäenstamm ist die Kenntnis von den neun (großen) Monden ohne die Zuhilfenahme eines optischen Instruments erstaunlich genug. Auch die Maori (Neuseeland) kann man als frühe Astronomen bezeichnen. Aus den Beobachtungen Reisender geht hervor, daß sie, genauso wie die Dogon, einen Planeten namens »Parearu« kannten, den sie »von einem Ring umgeben« wußten. Die Ringe des Saturn sind jedoch ohne Fernrohr nicht zu erkennen [1].

Der englische Schriftsteller Robert K. G. Temple, der das geheimnisvolle Wissen der Dogon publizierte [2], ist der Meinung, die Dogon hätten ihre Informationen vielleicht von außerirdischen Intelligenzen erhalten, die in früher Vorzeit auf unserem Planeten landeten. Dem ist – wie nicht anders zu erwarten – heftig widersprochen worden. So sollen es nach Auffassung des deutschen Astronomen Dr. Dieter B. Hermann von der Archenhold-Sternwarte in Berlin christliche Missionare gewesen sein, die im vorigen Jahrhundert ins Stammesgebiet der Dogon gelangten und dort möglicherweise das Verlangen spürten, den Einheimischen neben christlicher Verhaltensethik auch Kenntnisse über Astronomie beizubringen.

In seinem Buch [3] und in Vorträgen, die er zur Zeit hält, behauptet Hermann, daß das astronomische Wissen der Dogon nichts enthalte, was der Astronomie bis heute nicht schon bekannt sei. Um seine Thesen zu untermauern, macht Hermann auf angebliche astronomische Fehler in der Dogon-Mythologie aufmerksam. So schreibt er, die Dogon würden behaupten, Saturn grenze unser Sonnensystem »gegen die Milchstraße« hin ab.

Diese Angaben sind unkorrekt. Temple stellt nämlich bereits klar, daß es sich dabei lediglich um eine *Annahme jener Ethnologen* handelte, die die Mythologie der Dogon untersuchten. Er schreibt: »Saturn ist für sie ein ›Stern, der‹ – in irgendeinem Zusammenhang mit der Milchstraße – ›den Platz begrenzt‹. Was das heißen soll, ist unklar, und die Ethnologen meinen, man müsse der Sache weiter nachgehen. Allerdings neigen sie wohl zu der Auffassung, man habe damit ausdrücken wollen, daß Saturn unser Sonnensystem gegen die übrige Milchstraße hin ›abgrenzt‹, zu der er selbst freilich gehört. Saturn sei der äußerste, sonnenfernste Planet, von dem in der Dogon-Überlieferung die Rede ist; so gäbe die Formulierung, daß Saturn etwas ›begrenze‹, einen Sinn.« Es ist also eine im Grunde wenig abgesicherte Interpretation der Forscher selbst und nicht eine Behauptung der Dogon, die Hermann hier zur Stützung seiner Argumentation fälschlicherweise anführt.

In den Überlieferungen der Dogon heißt es, Jupiter habe vier Monde. Heute wissen wir, daß es in Wahrheit achtzehn sind, was Hermann Temple ankreidet. Aber auch Temple wußte dies natürlich und weist sogar ausdrücklich darauf hin, daß die in modernen

Zeiten aufgefundenen Jupitermonde winzig und im Gegensatz zu den vier großen Satelliten unbedeutend seien.

Der »rote« Sirius

Sehr interessant an Hermanns Ausführungen ist, daß die Dogon den Sirius als »rot« bezeichneten. Nun ist Sirius allerdings ein weißer bzw. blauweißer Stern. Grund genug für Hermann, die Beschreibung der Dogon als eine aus uralten Überlieferungen übernommene Fehlinterpretation zu bezeichnen. Er schreibt: »… man möchte annehmen, die afrikanischen Priester seien farbenblind. Zugegeben, dasselbe müßte man jedoch auch jenen Siriusbeobachtern nachsagen, die diesen Stern in ihren Berichten aus dem 1. Jahrtausend vor unserer Zeitrechnung erwähnen. In babylonischen Texten (7. Jahrhundert v. u. Z.) wird er nämlich als kupferfarben bezeichnet. Bei Horaz ist vom ›rubra canicula‹, dem ›roten Hund‹, die Rede. Seneca schildert seine Röte stärker als die des Mars, und der zweifellos sachkundigste antike Autor, Claudius Ptolemäus, benennt die Farbe des Sirius mit denselben Worten, die er auch für Aldebaran im Stier, Beteigeuze im Orion oder Arktur im Bärenhüter verwendet – als »rote Sterne«. In späteren Aufzeichnungen ist von einem roten Sirius dann keine Rede mehr. Der arabische Gelehrte Al Sufi (10. Jahrhundert) kennzeichnet zwar die bei Ptolemäus aufgeführten roten Sterne ebenfalls als rot, jedoch mit Ausnahme des Sirius.«
Daß der Sirius vor zweitausend Jahren vielleicht rot gewesen sei, verneint Hermann damit, daß derartig kurzfristige Entwicklungen bei Sternen nicht möglich seien. Folglich hätten unsere antiken Vorfahren gelogen! Oder etwa doch nicht?
Man mag ja als Astronom etwas von den harten und unwiderlegbaren Fakten visueller Sternbeobachtungen verstehen, aber von den teilweise religiös geprägten Interpretationen unserer Vorfahren in bezug auf Sterne und Sternbilder dennoch verstandesmäßig Lichtjahre weit entfernt sein. Der antike Mensch sah nämlich die Dinge zwar genau so, wie wir sie heute auch sehen, betrachtete sie jedoch

häufig in einem buchstäblich anderen Licht. In diesem Zusammenhang konnte ein Stern durchaus rot erscheinen, wenn ihm eine mit den Attributen dieser Farbe versehene Eigenschaft zugewiesen wurde, und dennoch in Wahrheit eine weiße Ausstrahlung besitzen. Als Beispiel sei erwähnt, daß bei den Griechen das Wort »kyanos« blau bedeutet. Der Schriftsteller Artur Zajonc schreibt hierzu jedoch [4]: »Obwohl die Zuordnung plausibel erscheint, widerlegen entsprechende Textstellen bei Homer diese Deutung. Im Zorn und Kummer über den Verlust seines Freundes Patroklos erschlug Achill Hektor, durchbohrte die Fersen des edlen Sohnes von Priamos und entehrte seinen Leichnam, indem er ihn zwölf Tage über die Ebenen von Troja schleifte. ›Da war um den Geschleiften ein Schwall von Staub, seine (kyanos) Haare fielen auseinander.‹ Sollen wir das so verstehen, daß Hektor blaues Haar hatte? Um dieser sinnlosen Entwürdigung eines edlen Prinzen und Kriegers Einhalt zu gebieten, schickt Zeus Iris zu Achills unsterblicher Mutter Thetis auf den Grund des Meeres. Die ›windfüßige‹ Iris springt ins Meer, sucht Thetis auf und bittet sie, sich zu Zeus zu begeben. Diese, verlegen, sich unter die Götter zu mischen, nimmt einen (kyanos) Umhang – ›kein schwärzeres Gewand gab es als dieses‹ – und folgt Iris zum Olymp.« Warum hatte das Gewand eine schwarze Farbe, wenn es doch als *kyanos* (= blau) bezeichnet wurde? Ganz einfach deshalb, weil die Griechen blau mit Dunkelheit assoziierten und kein anderes Wort dafür kannten. Desweiteren verglichen sie die Farbe Grün mit »feucht«, »frisch« und »lebendig« und sprachen daher von grünen Tränen. Heute sprechen wir beispielsweise davon, daß jemand grün hinter den Ohren sei und umschreiben damit natürlich nicht die tatsächliche Farbe, sondern nur den unerfahrenen Zustand des Betroffenen.

Mit den Gestirnen verhält es sich genauso. Der Mars wurde aufgrund seiner roten Farbe mit dem Gott des Krieges gleichgesetzt. Auch die alten Ägypter verglichen Rot mit Leben, Tod und Gewalt. Vor allem wurde Feuer als rötlich interpretiert. Die Geburt der Göttin Sothis (= Sirius) sah man als flammende Geburt und deshalb rot. Die Gottheit Seth wird mit roten Augen und roten Haaren beschrieben. Dem Gott Osiris opferte man Menschen »mit rötlicher Hautfarbe« [5]. Es liegt nahe, daß die Dogon den Sirius deshalb als rot betrachteten, weil sie dies aus altägyptischen und anderen Überlieferungen so kannten. Was Hermanns Widerlegungsversuch in dieser Hinsicht betrifft, so erweist er sich als Fallstrick, denn die »rote Farbe«, mit der die Dogon den Sirius belegen, ist ja unzweideutig ein Hinweis auf eine *sehr alte* Überlieferung. Zumindest dieser Teil des »Sirius-Wissens« müßte dann in historische Zeiten zurückverlegt werden (oder will er uns glauben machen, christliche Missionare hätten im letzten Jahrhundert ausgerechnet die antike Auffassung eines roten Sirius weitervermittelt?). Es gibt keinen Grund dafür, die anderen Teile der Überlieferung davon zu trennen und als nicht authentisch zu betrachten.

Cargo-Kulte und die Dogon

Ein weiteres Indiz seiner »Widerlegungshypothese« sieht Hermann ausgerechnet im »Cargo-Kult« (was uns zum Schmunzeln bringt, bedient er sich damit doch genau der gleichen Argumente, die die Präastronautiker verwenden). Unter »Cargo-Kult« versteht man das Verhalten von Naturvölkern bei einem Kontakt mit hochmoderner Technologie. Hermann weist auf einen Fall aus dem Zweiten Weltkrieg hin: Viele Südseeinseln wurden damals von den Amerikanern als Basen für ihre Flugzeuge verwendet. Nach dem Ende des Krieges begannen die Insulaner mit dem Bau von Strohflugzeugen, um damit die von ihnen als »fliegende Götter« interpretierten Flugmaschinen zur Wiederkehr zu animieren.

Hermann meint nun, die Fehler im astronomischen Wissen der Dogon sprächen dafür, daß sie ihre Kenntnisse im Laufe der letzten Jahrhunderte von astronomisch geschulten Missionaren vermittelt bekamen, diese Informationen jedoch nicht richtig verstanden und (wie im Cargo-Kult üblich) in ihr religiöses Weltbild integrierten. Gerade die *Fehler* in den astronomischen Fakten (z. B. der rote Sirius) sind es jedoch, die für eine viel ältere Herkunft des Sirius-Wissens sprechen, als Hermann es annimmt. Astronomisch geschulte Missionare hätten es doch sicher besser wissen müssen! Aus ihrem Blickwinkel heraus wäre Sirius niemals rot erschienen. Darum ist es um so erstaunlicher, daß diese gelehrten Männer andererseits so weitsichtig waren, den Dogon Fakten über einen bis heute noch *unbekannten* zweiten Sirius-Begleiter, *Sirius C*, zu vermitteln (was übrigens auch die Auffassung Hermanns widerlegt, die Dogon hätten nur Kenntnisse über astronomische Daten, die wir heute auch haben). Wie und warum sollten Missionare unterentwickelten Völkern Kenntnisse vermitteln, die ihrem eigenen Wissensstand entsprechend noch gar nicht bekannt waren bzw. bis heute nicht bewiesen werden konnten? Sollte man jemals auf diesen zweiten Begleiter des Sirius stoßen, wäre unzweideutig *bewiesen*, daß die Dogon ein schier unerklärliches Wissen besitzen.

Davon abgesehen finden sich bei den Dogon keinerlei christliche Glaubensattribute. Missionare hätten die Einheimischen neben der Wissensvermittlung über ferne Sterne doch in erster Linie über die Bibel aufgeklärt. In der Dogon-Mythologie findet sich aber kein einziger Ansatz aus jüngerer Zeit, der auch nur die geringste Ähnlichkeit zum christlichen Glauben hätte. Wo sind die Sandzeichnungen oder Holzanfertigungen von Kreuzen, die ja bei einem Cargo-Kult sicherlich mit ins religiöse System übernommen würden? Oder andere Kultgegenstände christlichen Ursprungs? Zwar verehren die Dogon ihren Schöpfergott Nommo, ein amphiboides Wesen, das ähnlich wie Jesus gestorben und wiederauferstanden sein soll, um die Menschen von ihren Sünden zu reinigen. Doch derartige Heilsbringer-Gestalten finden sich rund um den Erdball und sind daher als globales und nicht einzig auf das Christentum bezogenes religiöses Element anzusehen.

Gegen die Missionars-Theorie spricht übrigens auch, daß man bei den Dogon Hirsebottiche und uralte Masken gefunden hat, die die Dogon nur alle fünfzig Jahre einmal benutzen, um das Sigui-Fest zu feiern. Einer dieser Bottiche stammt aus dem zwölften Jahrhundert [6], was deutlich macht, daß die Dogon bereits *vor* jedem modernen Astronomen über Sirius B Bescheid wußten.

Ägyptische Ursprünge

Desweiteren glaubt Temple [2], daß das astronomische Wissen der Dogon seinen Ursprung in Ägypten nahm, eine These, die nun durch die gründlichen Forschungen der Autoren Robert Bauval und Adrian Gilbert neuen Auftrieb erhält. In ihrem Buch [7] behaupten Bauval und Gilbert, daß die ägyptische Kultur seit ihren Anfängen von einer mysteriösen Sternenreligion beeinflußt wurde, was u. a. in den genialen Pyramidenbauten ihren größten Ausdruck gefunden habe. Stichhaltige Indizien machen deutlich, daß die drei Großpyramiden von Gizeh und auch benachbarte Pyramiden Teil eines nach den Sternen ausgerichteten architektonischen Gesamtplans waren, der sich auf eine Sternenreligion gründete.

Den eindrucksvollsten Ansatz für diese Theorie liefern Luftaufnahmen von Gizeh. Der Vergleich mit einer Fotografie des »Oriongürtels« führt zu dem Schluß, daß die großen und drei kleinere Pyramiden eine genaue Abbildung des Orion-Systems darstellen. Ferner kann man davon ausgehen, daß die Ägypter im Sternenband der Milchstraße ein himmlisches Abbild Ägyptens sahen. Wen wundert es noch, daß sie glaubten, mit ihrer Seele darin einzugehen und selbst zu Sternen des Himmels zu werden – ähnlich, wie die Dogon glaubten, ihre Seelen gingen nach dem körperlichen Tod zum Sirius? Es gibt noch einige andere denkbare Quellen, aus denen die Dogon ihr Wissen bezogen haben könnten:

● Ihre Priester könnten – so wie es von vielen Schamanen rund um die Welt bekannt ist oder zumindest behauptet wird – in Trancezuständen ihr Bewußtsein vom Körper gelöst haben und zum Sirius gereist sein. Dies erklärt aber nicht ihre Überlieferung von Nommo, der ihnen das astronomische Wissen einst gebracht haben soll, und es erklärt auch nicht, warum sich dieses Wissen dann lediglich auf Sirius bezieht.

● Vielleicht gab es bereits vor langen Zeiten eine Menschheit, die sehr hoch entwickelt war und astronomische Geräte kannte.

Überlieferungen hätten dann in der einen oder anderen Form überdauert und seien so zu den Dogon gekommen. Aber auch diese Möglichkeit erklärt nicht die Gestalt Nommos und ebensowenig das selektive Wissen um Sirius (warum nicht auch über den Andromeda-Nebel oder die Plejaden?).

Als Fazit bleibt zu sagen, daß das »Sirius-Rätsel« trotz fehlgeschlagener Widerlegungsversuche einerseits und neuer, ergänzender Indizien andererseits wohl auch weiterhin ein *Rätsel* bleiben wird.

Indien: »Geflügelte Wagen« und »kosmisches Feuer«

ANKE UND HORST DUNKEL

In den heiligen Schriften Indiens wird von Ereignissen berichtet, die sehr weit in die Vergangenheit zurückreichen. Zahllose Seiten altindischer Literatur lesen sich wie Science-fiction-Romane. Wir erfahren von göttlichen Wesen, die in Weltraumstädten residierten, von himmlischen Fahrzeugen, in denen die Götter zur Erde gelangten und wieder verschwanden, von Kriegen zu Lande und in der Luft und den dabei zum Einsatz kommenden Wunderwaffen [1-5]. Kann man all diese Schilderungen als blühende Phantasie der alten Inder zur Seite schieben oder enthalten sie einen wahren Kern? Wurde die Erde schon in ferner Vorzeit von Zivilisationen besucht, die über das technische Know-how verfügten, Luftfahrzeuge zu konstruieren und in Raumschiffen die Galaxis zu durchqueren?

Auf einem hölzernen Tempelfries des Meenakshi-Tempels (ca. sechzehntes Jahrhundert n. Chr.) in Madurai, der Szenen aus der Shiva-Legende zeigt, fanden wir Abbildungen der göttlichen Fluggeräte, der »Vimanas«, wie man sie nannte, die, folgt man den alten Texten, am Himmel Indiens in vorgeschichtlicher Zeit etwas ganz Alltägliches waren. In dem »geflügelten« Himmelsgefährt, das herab zur Erde schwebt, thront Gott Shiva, von dem die Überlieferung sagt, er sei einst in einer Feuersäule erschienen, die an einem Ende bis in den Weltraum, am anderen bis in das Innerste der Erde reichte.

Shivas berühmtestes Symbol, der »Lingam« [6], ein zylindrisch ge-

Gott Shiva entsteigt der Öffnung des Lingam, mit dem er in einer Feuersäule vom Himmel herab zur Erde gekommen ist. (Foto: Horst Dunkel)

formter Stein, gilt als Sinnbild der Feuersäule, als Zeichen der kosmischen Kraft; oftmals dargestellt mit einer Öffnung, der Shiva entsteigt. Er trägt ein drittes Auge auf der Stirn, mit dem er einen Energiestrahl auszusenden vermochte. Alles, was diesem im Wege stand, wurde zu Asche verbrannt.

Aus den heiligen Büchern Indiens wissen wir von den *Bhrigus*, einem mächtigen Priestergeschlecht, das als einziges im Besitz des Wissens gewesen sein soll, wie »das Opferfeuer« zu entzünden war. Nur durch die Bhrigus sei es möglich gewesen, die regelmäßige Verbindung zwischen Göttern und Menschen herzustellen [7].

In Indien sind jene geheimnisvollen Wesen, die nach uraltem Glauben vor langer Zeit auf die Erde kamen, nicht vergessen. Sie lebten fort in den Tempeln, die man zu Ehren dieser Götter erbaute. Im Zentrum jener Heiligtümer, die man Shiva weihte, steht der »Lingam«, brennt noch immer das »kosmische Feuer«; darüber erheben sich »Vimanas«, steinerne Nachbildungen der Götterfahrzeuge, geschaffen aus den Erinnerungen an deren einstige Existenz.

Und an den Wänden des Meenakshi-Tempels sind sie so abgebildet, wie die Menschen des sechzehnten Jahrhunderts sie verstanden: Wagen mit Flügeln, mit Rädern, für eine und für mehrere Personen, auf dem Boden aufsetzend in einer Feueraureole, einander bekämpfend und sogar vom Himmel herabstürzend. Das ganze Panorama der »Götterfahrzeuge«, hier findet es sich ausgebreitet in einer bislang nirgends veröffentlichten Vielfalt.

Es waren Menschen, die uns die alten Epen und Legenden überliefert haben. Ist es möglich, daß in den Texten von unverstandenen technischen Vorgängen die Rede ist, von für die Menschen jener frühen Zeit unerklärlichen Geschehnissen, hinter denen sie etwas »Göttliches« erkennen mußten? Waren es die Antriebsaggregate vorzeitlicher Fluggeräte, mit denen die Götter zwischen ihren Weltraumstädten und der Erde verkehrten, die die Bhrigus als frühgeschichtliche Raumfahrer zündeten – und keine »Opferfeuer«? Ist Gott Shiva einem Raumschiff entstiegen, das irgendwann in Indiens unbekannter Vergangenheit auf der Erde landete? Verfügte er über eine alles zerstörende Energiewaffe?

Malereien im Meenakshi-Tempel: Vimanas, die Fahrzeuge der Götter Indiens.
(Fotos: Horst Dunkel)

Verschiedene altindische Epen erzählen von den furchteinflößenden Waffen der Götter und von grausamen Schlachten [8, 9]. Endete mit den verheerenden Kriegen das Zeitalter, in dem die Götter mit den Menschen kommunizierten? Hatten die weltumfassenden Katastrophen zur Folge, daß das technische Wissen jener Besucher aus dem All verlorenging?

Spekulative Annahmen? Ja. Aber vielleicht steckt in ihnen der Kern der Wahrheit, die uns jahrtausendelang verborgen blieb und erst jetzt, Schritt für Schritt, wiederentdeckt werden kann.

Shambhala – Reich in den Sternen?

Gisela Ermel

Alte Texte aus Indien und Tibet erzählen von einem verborgenen Königreich namens Shambhala, und viele Legenden wissen von den märchenhaften Bedingungen, unter denen die Bewohner dort leben sollen. Die ersten schriftlichen Hinweise auf dieses versteckt liegende Königreich finden sich in den heiligen Büchern des tibetischen Buddhismus: *Kanjur* und *Tandjur*. Ungefähr im elften Jahrhundert wurden dann die ältesten, Shambhala betreffenden Bände aus dem Sanskrit ins Tibetische übersetzt. Seither haben eine ganze Reihe von Dichtern, Yogis und Gelehrten aus Tibet und der Mongolei zusätzliche Werke über dieses mysteriöse Reich verfaßt.

Den traditionellen Auffassungen zufolge liegt Shambhala hinter einem Ring aus Schneebergen, ein traumhaft schönes Königreich, ausgestattet mit Bequemlichkeiten, Reichtum und Luxus. Die Hauptstadt heiße Kalapa, in welcher der regierende König einen »Juwelenpalast« bewohnt, der sehr »modern« ausgestattet ist: helle Beleuchtung auch nachts, Raumtemperaturen nach Wunsch. Die alten Texte sprechen von »Kristallen«, die in Böden und Decken eingelassen sind und Kühle oder Wärme ausstrahlen können. Das Verblüffendste aber sind die »Dachfenster« und der »magische Spiegel« dieses Palastes: die Dachfenster seien so gestaltet, daß man in ihnen das Leben auf anderen Welten sichtbar machen könne, und der König besitze einen »Spiegel«, auf dem er Geschehnisse zu verfolgen vermag, die weit entfernt stattfänden. Tibetische Lamas, die

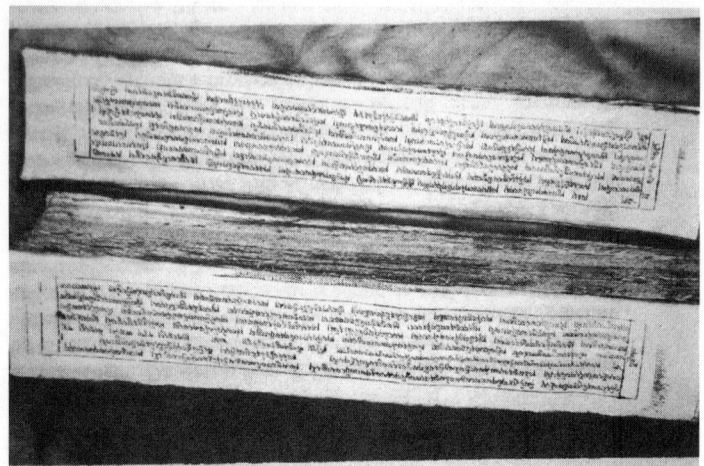

Ein zum Tengyur gehörender Text: Er beschreibt den Weg nach Shambhala.
(Foto: Archiv Gisela Ermel)

mit der westlichen Zivilisation in Berührung gekommen sind, wollen ihn neuerdings ohne Scheu als eine Art Monitor interpretieren, der dem König die Überwachung des Weltgeschehens ermöglichte. Dieses verborgene Königreich hat noch weitere verblüffende Attribute zu bieten: die alten Texte berichten z. B. von »Steinpferden mit der Kraft des Windes« oder auch von »Flugzeugen aus Stein«. War Shambhala mit Flugmaschinen ausgestattet? Einige der heute lebenden Lamas glauben in der Tat, daß es sich bei den »Steinpferden« um Flugobjekte modernster Technik handeln könne. So diskutiert man in den tibetischen Klöstern neuerdings darüber, ob mit dem »Stein« vielleicht der Treibstoff der Flugobjekte gemeint sei oder eher das Material (aber welches? An Stein mag man nicht mehr glauben), das zum Bau der »Pferde« benutzt wurde.

Die tibetischen Überlieferungen lokalisieren Shambhala meist irgendwo nördlich von Tibet, versteckt hinter den Schneebergen des Himalaja. Nach den frühesten Schriften liegt es nördlich von Bodh-Gaya, einer heiligen buddhistischen Stätte in Nordindien, allerdings

»verborgen«. So rätselt man seit Hunderten von Jahren auch in tibetischen Klöstern über die genaue Lokalisation. Die Meinungen darüber divergieren so weit, daß einige Lamas es in Nordtibet, andere sogar am Nordpol ansiedelten, selbst New York galt schon als möglicher Kandidat!

Einen der Hauptstreitpunkte bildet die Frage, ob Shambhala *überhaupt* für das gewöhnliche Auge sichtbar sei. Wenn Shambhala auf der Erde gelegen hat oder noch immer liegt – wie konnte es verborgen bleiben? Unsere Kenntnisse der Erdoberfläche machen eine Existenz Shambhalas aufgrund seiner Größe höchst unwahrscheinlich. Auf ihr gibt es keinen Platz für ein verborgenes Land mit sechsundneunzig Fürstentümern. Wir kennen auch – nicht zuletzt dank der Satellitenkartierung – keine Gebirgsketten, die in Form einer achtblättrigen Lotosblüte angeordnet wären, wie dies von Shambhala behauptet wird. Während Angehörige buddhistischer Klöster noch immer versuchen, das Reich als irgendwo auf der Erde gelegen zu betrachten, sehen es die Angehörigen des Volksbuddhismus ganz einfach als Götterhimmel an.

Einige aufgeschlossene Tibeter suchen nun jedoch auch in den Sternen nach Shambhala und vermuten es nicht auf der Erde, sondern auf einem anderen Planeten. Selbst der Dalai Lama hat diese Möglichkeit andiskutiert. Ist Shambhala die Welt einer außerirdischen Zivilisation, von der die Tibeter einst Kenntnis hatten? Oder ist es ein geheimnisvolles Reich außerhalb von Raum und Zeit? Es wird sogar darüber spekuliert, ob sich Shambhala vielleicht in einer anderen Dimension oder Parallelwelt verberge. Dann könnte es gewissermaßen direkt »vor unserer Nasenspitze« verborgen sein, ohne daß wir es jemals wahrnehmen würden.

»Reiseführer« nach Shambhala

Und doch gibt es »Reiseführer«, die den Weg nach Shambhala zu beschreiben versuchen – bezeichnenderweise in so verschwommenen und altertümlichen Begriffen, daß man ihren Anweisungen

Das Königreich Shambhala, wie es sich der tibetische Lamaismus vorstellt. Im Zentrum der kreisförmigen Schneeberge steht der Palast mit König Rudra Cakrin, umgeben von den acht blütenförmigen Regionen der Fürstentümer. (Foto: Archiv Gisela Ermel)

schwerlich folgen kann. Die Wegbeschreibungen beginnen in der Regel an bekannten Orten in Indien oder Tibet und führen in unbekannte Gegenden des fernen Nordens. In einem überraschenden und verblüffenden Detail stimmen sie aber alle überein, geleiten sie den Reisenden doch zu einem Ort, von dem aus er nur noch *durch die Luft* weiterkommt! So heißt es rätselhaft in einem Kunstgedicht, das 1557 von einem tibetischen Fürsten verfaßt wurde: »Dann werden dich die Erhabenen zur Musik goldener Fußglöckchen auf ihre Schultern heben und dich wie einen Wattebausch über die Bergketten tragen. Mit ihrer Wunderkraft wirst du wie ein Schirm durch die Lüfte gleiten und damit selbst die Adler beschämen.« Wie mag wohl die ursprüngliche Version dieses Reiseabschnittes gelautet haben?

Auch im *Kalapar Jugpa*, einem Text, der im siebzehnten Jahrhundert aus dem Sanskrit übersetzt wurde, endet die Reisebeschreibung auf einem Schneeberg. Dort sollen »Dämonen« hausen, die den Reisenden weiter nach Shambhala fliegen.

Einige tibetische Lamas glauben heute, es würde jeder ins Verderben stürzen, der versuche, mit unseren modernen Flugzeugen Shambhala zu erreichen. Denn zu dieser Reise seien gewisse »Kräfte« nötig, die einen über die zahlreichen und übernatürlichen Hindernisse sicher hinwegbrächten. Der Lama Kungpa Rinpoche meint dazu: »Das ist wie bei der Reise zum Mond. Kannst du dir einen Flug zum Mond ohne Rakete vorstellen?«

Die einfachen Tibeter halten Shambhala für eine Art Himmel über den Wolken. In Tibet reisten früher Lama-Manis – wandernde Künstler – durch die Lande. Sie traten auf Volksfesten auf, auf denen sie vor den sie umlagernden Volksmengen Rollbilder öffneten, die den Weg nach Shambhala darstellten. Dazu sangen und erzählten sie die entsprechenden Geschichten über die Wanderschaft und die dabei zu überwindenden Schwierigkeiten. Der Weg gipfelte bezeichnenderweise auf einem Schneeberg, auf dem eine Treppe in die Wolken hinaufführte! Dies, so sangen die Lama-Manis, sei die »Eingangspforte nach Shambhala«! Mit modernen Augen betrachtet könnte man bei dieser »Treppe« durchaus an unsere heutigen Raumflughäfen denken. Es gibt auch eine rührend naive tibetische

Aus dem Erdorbit fotografiert: der Himalaja mit seinen schneebedeckten Gipfeln (unten) im Bereich Tibets. War dies der Blick der Reisenden zurück auf die Erde, wenn sie nach Shambhala flogen? (Foto: NASA)

Zeichnung, auf der eine Gruppe von Reisenden ganz einfach über den Regenbogen nach Shambhala wandert. Manche Lamas glauben auch, einige Yogis seien imstande, eine »Astral-Reise« nach Shambhala zu machen. Und viele Buddhisten beten inbrünstig darum, dort wiedergeboren zu werden.

Angriff oder friedlicher Kontakt?

Eine tibetische Prophezeiung besagt, eines Tages würde ein »Böser Geist« den »Barbaren« (womit alle Menschen gemeint sind, die nicht der buddhistischen *Kalcakra*-Lehre anhängen) eröffnen, sie seien gar nicht die mächtigsten Bewohner der Welt, denn es gäbe auch noch das Reich Shambhala! Einige Lamas meinen, die »Barbaren« könnten aufgrund der ihnen zur Verfügung stehenden technologischen Mittel (SETI? Interstellare Raumfahrt?) von Shambhalas Existenz erfahren bzw. dorthin gelangen. Dabei soll es dieser Prophezeiung zufolge zunächst zu einer friedlichen Verständigung kommen: Rudra Cakrin, der dann in Shambhala regiere, würde die Eindringlinge willkommen heißen und ihrem Oberhaupt anbieten, gemeinsam die Herrschaft auszuüben. Nach einiger Zeit aber werde der Herrscher der »Barbaren« versuchen, die Alleinherrschaft zu erringen. Die »Barbaren« würden mit ihren Flugmaschinen über Shambhala herfallen und eine Luftschlacht beginnen. Ihr Vorhaben sei aber aussichtslos, denn Rudra Cakrin werde eine Vernichtungsschlacht gegen sie führen. In den Texten wird geschildert, der König steige schließlich von Shambhala herab, um die »Barbaren« am Ende vernichtend zu schlagen. Einige Lamas entnehmen daraus, daß er dazu von einer außerirdischen Welt auf die Erde herabkommen müsse, denn heute wird Jambudvipa von ihnen mit der Erdkugel und nicht mehr mit einem irdischen Kontinent identifiziert. Nach dieser letzten Schlacht werde ein »Eisenrad« aus dem Himmel fallen und den Beginn der Herrschaft von Rudra Cakrin verkünden, daher auch sein Name: »Der Rasende mit dem Rad«. Etliche Yogis wollen in Visionen dieses »Eisenrad« schon gesehen haben und berichten übereinstimmend davon, wie es sich einem »Haus« nähere, das wiederum als unser Planet identifiziert wird.

Nach seinem Sieg werde Rudra Cakrin seine Herrschaft über die gesamte Welt ausdehnen und ein neues Goldenes Zeitalter errichten: es gebe dann keine Krankheiten mehr, alle erfreuten sich einer langen Lebensdauer, niemand brauche mehr zu arbeiten, um das tägliche Brot zu verdienen; Nahrung werde »von selbst« entstehen und die Menschen »magische Kräfte« gewinnen. Wissenschaft und Technik würden gedeihen und nur noch friedlichen Zwecken dienen.

Ähnliche Prophezeiungen kennen wir aus der ganzen Welt – Erich von Däniken hat sie in seinem Buch 1995 aufgeführt. Und auch die uralte Legende von Shambhala fügt sich nun in diese Kette ein. Wo liegt Shambhala wirklich? Vielleicht ist es unser Zeitalter, das aufgrund seiner technologischen Möglichkeiten eine Antwort darauf finden wird.

Fliegende Pferde in alten Mythen

WOLFGANG SIEBENHAAR

In der bekannten Märchensammlung TAUSENDUNDEINE NACHT trägt eine Erzählung den Titel »*Das schwarze Zauberpferd*«. Es handelt sich um eine weitschweifige Liebesgeschichte, aus der hier nur die Beschreibung dieses schwarzen Pferdes herausgriffen werden soll:

Dem Herrscher von Persien, Schah Sabur, wurde von einem weisen Mann ein Pferd aus schwarzem Ebenholz geschenkt. Bei der Übergabe erklärte der Weise: »Dieses hölzerne Pferd hier trägt dich in einem Tag weiter als ein wirkliches Pferd in einem Jahr, denn es fliegt in der Luft wie ein Adler. Kein Meer ist zu groß und zu stürmisch, kein Gebirge zu hoch und zu unwegsam. Du kannst es überfliegen auf diesem Roß ...«

Erstaunliche Pferdeeigenschaften! Der große Unbekannte führte dem völlig verblüfften Schah die Flugeigenschaften des schwarzen Pferdes vor. Nachdem er das Roß bestiegen hatte, drehte er einen Wirbel am Hals des Tieres, und schon »erhob sich das Pferd mit unglaublicher Schnelligkeit in die Lüfte. Schah Sabur und sein Hofstaat blickten sprachlos vor Erstaunen dem wunderbaren Reiter nach, der bald nur noch wie ein Adler, dann wie ein Sperling, und endlich klein wie eine Mücke erschien, bis er ganz im Azur verschwand.«

Was war das für ein »Wirbel«, den es zu bedienen galt? Übrigens vermochten Unbefugte mit dem rätselhaften Pferd nichts anzufangen. Als der Prinz das schwarze Tier besteigt, rührt es sich nicht von der Stelle. Erst nachdem ihm der Weise die Funktion des Wirbels erklärt hat, setzt es sich in Bewegung. Zur Landung muß ein weiterer kleiner Wirbel bedient werden, den der Prinz auch benutzt, nachdem er lange Zeit in der Luft blieb, ohne landen zu können, da er den Wirbel anfänglich nicht fand oder falsch handhabte. »Augenblicklich bemerkte er auch, daß das Pferd seinen raschen Flug verlangsamte und sich zur Erde niedersenkte.« Der Prinz geht in einem fernen Land nieder und erreicht nach mehreren neuen Flügen schließlich sogar China. Dort führt er das schwarze Zauberpferd einem fremden König vor, und dieser kann den Aufstieg zunächst »wegen der großen Staubwolke« kaum verfolgen.

Im Laufe der Geschichte kommt das Pferd wiederholt zum Einsatz. Einmal darf auch die Prinzessin mitfliegen, und sie überwindet ihre Angst vor dem ungewöhnlichen Verkehrsmittel rasch, denn: »… das Pferd flog ruhig und ohne Erschütterungen dahin«.

Daß Pferde Staubwolken aufwerfen, ist nichts Ungewöhnliches – es sei denn, sie seien so groß, daß man das »Pferd« darin nicht einmal mehr erkennen kann. Daß sich solche Pferde in die Luft zu erheben vermögen, mag man noch dem Wunschdenken eines schnellen Reiters zuordnen können. Doch daß sie »erschütterungsfrei« fliegen, nachdem für Start und Landung verschiedene »Wirbel« bedient werden mußten, wirkt wahrhaftig erstaunlich. Um so mehr, als das schwarze Zauberpferd mehrere Personen zu transportieren vermochte. Der Überlieferung zufolge wurde das Wundertier jedenfalls schließlich in die Schatzkammer des Königs gestellt, wo es vermutlich heute noch steht und darauf wartet, von uns entdeckt zu werden …!

Das Pferd mit den Schrauben

In der chinesischen Mythologie findet man nicht nur Überlieferungen von feuerspeienden fliegenden Drachen, sondern auch solche von geflügelten Pferden. Da fertigt ein Tischler ein hölzernes Pferd an, zu dessen Antrieb *sechsundzwanzig Schrauben* benötigt werden. Wiederum ist es ein Prinz, der mit Hilfe dieses Zauberpferdes in ferne Länder gelangt und dort allerlei Abenteuer erlebt. Er verliebt sich in eine Prinzessin, die wegen ihrer Schönheit von ihrem Vater in einem in den Wolken liegenden »Luftschloß« gefangengehalten wird. Natürlich gelingt es dem Helden der Erzählung, mit seinem fliegenden Roß zur Prinzessin zu gelangen. Allerdings besitzt auch der König ein Flugpferd, mit dem er Wachen ins Luftschloß transportiert (dieses Pferd muß dann allerdings einen sehr breiten Rücken und einen entsprechend großen Sattel gehabt haben!), die den verliebten Prinzen abwehren sollen. Doch zum Schrecken des Königs schlafen die Wachen im Luftschloß regelmäßig ein – vielleicht machte ihnen der Sauerstoffmangel dort oben zu schaffen. Der Prinz holt sich jedenfalls seine Prinzessin, und gemeinsam trägt sie sein fliegendes Schrauben-Pferd über die Wolken in Sicherheit.

Aus der antiken, griechischen Mythologie ist das geflügelte Pferd Pegasus weltbekannt, das göttlichen Ursprungs gewesen sein soll. Pegasus streifte am Himmel und im Lande umher und ließ niemanden an sich heran. Erst mit Hilfe der Göttin Athene gelingt es dem jungen Bellerophon, einem Schützling der Götter, Pegasus zu überlisten und für seine Zwecke dienstbar zu machen. Auf dem Rücken des geflügelten Tieres besiegt Bellerophon verschiedene Feinde, ja ganze Heerscharen. Diese scheinbare Unbesiegbarkeit steigt ihm eines Tages aber zu Kopf, denn er beschließt, zu den Göttern in den Himmel zu fliegen. Tatsächlich steigt er höher und höher hinauf. Verärgert über diese Anmaßung schickt Göttervater Zeus ihm eine Bremse entgegen, die das geflügelte Pferd sticht und den Reiter abwirft. Bellerophon stürzt zur Erde, wird schwer verletzt und verkrüppelt. Doch Pegasus, das geflügelte Pferd, setzt die Flugroute auch ohne seinen Piloten fort. Für Zeus trägt es fortan die Blitze in die Welt.

Wer die Märchen und Mythen alter Völker durchstöbert, wird immer wieder auf das Motiv des »fliegenden Pferdes« stoßen. Dabei tauchen folgende Elemente auf:

- Das »Pferd« besitzt eine Instrumentierung, die die Fähigkeit des Fliegens überhaupt erst ermöglicht;
- diese Instrumentierung muß vom jeweiligen Piloten richtig bedient werden;
- der Pilot muß zunächst eingewiesen werden, d. h. in der Bedienung der Instrumente geschult sein;
- bei richtiger Handhabung sind zahlreiche Starts, Landungen, Langstreckenflüge und ruhiges, erschütterungsfreies Fliegen möglich;
- beim Start entwickelt das »Pferd« eine große Staubwolke;
- es ist in der Lage, mehrere Personen (u. a. etliche Soldaten) zu transportieren;
- es dient als Transportmittel zwischen der Erde und einem »Luftschloß«, d. h. einem offenbar weit größeren Objekt, das sich nicht auf der Erde befindet (möglicherweise, wie wir aus der indischen Mythologie wissen, eine Raumstation im Erdorbit);
- Menschen, die ohne weitere Vorbereitung mit einem solchen »Pferd« zum »Luftschloß« gebracht werden, »schlafen regelmäßig ein«: Dies könnte auf veränderte Bedingungen hindeuten, wie sie der Aufenthalt in einer Raumstation für unvorbereitete Besatzungen sicherlich darstellen würde;
- ein solches »Pferd« kann aber auch angegriffen und beschädigt werden, so daß der Pilot zu Boden fällt und schwerste Verletzungen davonträgt.

Was immer an den Erzählungen über diese seltsamen »Pferde« Phantasie sein mag, was immer von späteren Chronisten und Übersetzern dazugedichtet wurde, es bleibt der Kern einer Überlieferung von einem fliegenden, kraftstrotzenden Objekt, das den autorisierten, eingeweihten oder eingewiesenen Piloten durch die Luft zu tragen vermochte.

Das Geheimnis
um die Königin von Saba

HORST DUNKEL

Es muß um das Jahr 950 v. Chr. gewesen sein, als die Königin von Saba vom Ruf Salomos hörte: »… und kam, um ihn mit Rätselfragen auf die Probe zu stellen. Sie kam nach Jerusalem mit sehr großem Gefolge, mit Kamelen, die Balsam, eine gewaltige Menge Gold und Edelsteine trugen, trat bei Salomo ein und redete mit ihm über alles, was sie sich vorgenommen hatte. Salomo gab ihr Antwort auf alle Fragen. Es gab nichts, was dem König verborgen war und was er ihr nicht hätte sagen können. Als nun die Königin von Saba die ganze Weisheit Salomos erkannte, als sie den Palast sah, den er gebaut hatte, die Speisen seiner Tafel, die Sitzplätze seiner Beamten, das Aufwarten der Diener und ihre Gewänder, seine Getränke und sein Opfer, das er im Haus des Herrn darbrachte, da stockte ihr der Atem. Sie sagte zum König: Was ich in meinem Land über dich und deine Weisheit gehört habe, ist wirklich wahr, ich wollte es nicht glauben, bis ich nun selbst gekommen bin und es mit eigenen Augen gesehen habe …«

So schildert im zehnten Kapitel des *Buches der Könige* die Bibel den legendären Besuch der Königin von Saba bei König Salomo, der von 965–926 v. Chr. in Jerusalem regierte. Dieser Besuch hat auch Eingang in das heilige Buch des Islam, den Koran, gefunden. Die Geschichte klingt dort aber eher wie ein orientalisches Märchen. Weisheit und Macht Salomos (arabisch Suleiman) werden noch stärker ausgeschmückt als in der Bibel. Für den Islam war er Herr über alle

Die Königin von Saba trifft König Salomo. Fenstermosaik in einer Kirche in Addis Abeba, der heutigen äthiopischen Hauptstadt. (Foto: Horst Dunkel)

Wesen dieser Welt, über Menschen, Tiere und die »Dschinns«, Geister und Dämonen, die er sich zunutze machte.

»Gekommen bin ich, die aus Saba.« So beginnt im Koran die Erzählung eines Wiedehopfs von einem prachtvollen Reich, dessen heidnische Königin die Sonne anbetete statt Allah. Suleiman schickt den Vogel mit einem Brief zurück nach Saba. Er fordert die Königin darin auf, dem Sonnenkult abzuschwören und sich zum wahren Gott zu bekennen. Die Frau reist daraufhin nach Jerusalem, und tief beeindruckt von der Begegnung mit Suleiman tritt sie zum Islam über und versichert: »Den rechten Glauben will ich annehmen. Mit Suleiman ergebe ich mich Gott, dem Herrn der Welten.«

Während die Bibel nur von einer »Königin aus dem Süden« oder der »Königin von Saba« spricht und weder ihren Namen nennt noch darüber Auskunft gibt, woher sie genau kam, wird sie im Koran Bilquis genannt. Relativ konkrete Ortsangaben lassen ihre Heimat auf der arabischen Halbinsel im Gebiet des heutigen Jemen vermuten. Für die Jemeniten jedenfalls ist sie zum Symbol ihres Landes geworden.

Die größte Bedeutung aber erlangte die alte Legende in Äthiopien. Überliefert wurde sie im äthiopischen Nationalepos Kebra Nagast (*Die Herrlichkeit der Könige*). Nach der Legende heißt die Königin dort Makeda, eine Äthiopierin aus Axum, der alten Hauptstadt eines mächtigen Imperiums in vorchristlicher und christlicher Zeit. Die Reise, die sie machte, blieb in dieser Version nicht ohne Folgen: Nach Äthiopien zurückgekehrt, gebar Makeda einen Sohn: Baisah Lekhem, der sich später Menelik I. nannte und dessen Reich sich von der Grenze Ägyptens bis nach Somalia im Osten nach Arabien hinein erstreckt haben soll.

Weder in der Bibel noch im Koran wird dieser gemeinsame Sohn des Königs und der Königin erwähnt. In der Überlieferung hingegen wurde er zum Begründer einer salomonischen Dynastie von abessinischen Herrschern, die sich bis zum Sturz Kaiser Haile Selassis im Jahr 1974 über fast dreitausend Jahre erhalten hat. Und während die Bibel zum Verbleib des geheimnisvollsten Zeugnisses des Alten Testaments, der Bundeslade, schweigt, die zu einem unbekannten Zeitpunkt aus dem Tempel von Jerusalem verschwand, weiß das Kebra Nagast zu berichten, Menelik habe sie anläßlich eines Besuchs bei seinem Vater aus dem Tempel entführt und nach Axum geschafft, wo sie sich seither befinden soll.

Hat es die Königin von Saba wirklich gegeben? Die Bibel vermag zur Lösung des Rätsels, wer die Königin von Saba war und wo ihr prächtiges Reich gelegen hat, nichts beizutragen. Sie liefert keine Anhaltspunkte dazu. Wissenschaftlich konnten bisher ebenfalls keinerlei Spuren aufgezeigt, keinerlei Zeugnisse nachgewiesen werden, die die tatsächliche Existenz der geheimnisumwitterten Herrscherin bestätigen könnten. Wie also steht es um den Wahrheitsgehalt dieser Überlieferungen?

Spurensuche in Axum

Als wir im Januar 1995 in Axum, der uralten Königsstadt im Norden Äthiopiens, eintreffen, stehen wir vor den nicht sonderlich beeindruckenden Ruinen eines Gebäudes, von dem unser einheimischer Führer versichert, *dies* sei der Palast der Königin von Saba gewesen. Wie wir aus Reiseberichten früher Besucher Axums wissen, müssen Größe und Pracht dieses Bauwerks einst einen überwältigenden Eindruck hinterlassen haben. Wir hingegen sind enttäuscht. Lediglich niedrige Steinfundamente ermöglichen es noch, Umfang und Grundriß des Baus zu erkennen, Treppenaufgänge lassen darauf schließen, daß es sich um ein mehrgeschossiges Gebäude gehandelt haben muß. Ein Kanalisationssystem und ein mit großen Steinplatten ausgelegter Raum, der sogenannte Thronsaal – das ist alles, was vom Palast geblieben ist.

Das flache Feld auf der gegenüberliegenden Straßenseite ist mit Granitstelen übersät. Einige stehen noch aufrecht, andere liegen, teilweise zerbrochen, am Boden, so auch der mit rund vier Metern Länge ehemals höchste von allen. Sie sollen das Grab der Königin von Saba gekennzeichnet haben.

Gibt es archäologische Befunde, die diese Behauptung stützen könnten? Auf dem Gelände der Stelen haben nie Grabungen stattgefunden. Die Untersuchung der Grundmauern des Palastes hat zu der Erkenntnis geführt, daß seine Entstehung in die ersten nachchristlichen Jahrhunderte zu datieren ist, also über eintausend Jahre nach Salomo. Doch einen solchen Einwand läßt unser Führer nicht gelten. Er glaubt, wie alle anderen Einwohner von Axum, fest daran, daß hier einmal die Residenz der Königin von Saba gestanden hat.

Unser nächstes Ziel ist Mai Shum, ein gewaltiger, künstlich angelegter See aus vorchristlicher Zeit, von dem die Bevölkerung sagt, er sei das Bad der Königin von Saba gewesen. Es muß einer enormen Anstrengung bedurft haben, dieses riesige Wasserbecken aus dem massiven Fels zu schlagen, das heute, wie wahrscheinlich schon vor

Monolithe und Stelen aus Granit bezeichnen das angebliche Grab der Königin von Saba in Axum. (Foto: Horst Dunkel)

mehr als zweitausend Jahren, den Leuten aus der Stadt und der Umgebung während der langen Trockenzeit zur Wasserversorgung dient. Aber auch diese Zisterne kann keinen Beweis dafür liefern, daß in Axum eine Königin von Saba herrschte, die als Makeda in die äthiopische Legende einging.

Derjenige, der heute nach Axum kommt und die Ansammlung ärmlicher Hütten sieht, benötigt ein hohes Maß an Phantasie, um sich vorzustellen, daß hier einst das Zentrum einer blühenden Kultur bestand. Vom ersten bis zum sechsten Jahrhundert n. Chr. zählte Axum zu den mächtigsten Reichen der antiken Welt, in dem schon im vierten Jahrhundert das Christentum Staatsreligion war, das Handelsbeziehungen nach Ägypten, Indien, Ceylon und China unterhielt. Hier wurden über einen Zeitraum von mehr als eintausend Jahren die äthiopischen Könige gekrönt. Das ist historisch belegt. Über die vorchristliche Epoche Axums fehlt es hingegen an zuverlässigen Überlieferungen.

Obwohl nach der Legende bereits der Großvater Meneliks, Se-Kaussia, elf Jahrhunderte v. Chr. in Axum residiert haben soll, wird heute als eigentliche Gründungszeit Axums das zweite, frühestens das dritte Jahrhundert v. Chr. angenommen. Die Stadt wäre damit nicht alt genug, um als einstige Metropole des Reiches einer Königin von Saba gelten zu können. Überhaupt gab es in Äthiopien nach dem derzeitigen Kenntnisstand zu Lebzeiten Salomos kein Staatsgebilde, das in der Lage gewesen wäre, ein solch schillernde Persönlichkeit wie die Königin von Saba hervorzubringen.

Die Behauptung, die Königin habe hier vor etwa dreitausend Jahren gelebt, steht damit auf tönernen Füßen. Erst archäologische Zeugnisse aus jener Zeit würden uns der Glaubwürdigkeit der Legende näherbringen. Bisher sind die Archäologen nicht fündig geworden, aber unter der Erde Axums ruhen noch eine Vielzahl von Bauten aus unbekannter Vergangenheit, die der Ausgrabung harren. So ist bekannt, daß sich unterirdische Gänge und Gemächer kilometerweit ins Umland erstrecken, die bis heute unerforscht geblieben sind. Man wird die weiteren Untersuchungen abwarten müssen.

Zeugen der hochentwickelten Zivilisation Axums in früher Zeit sind die gigantischen Stelen, die mit ihren stockwerkartig modellierten »Geschossen« bis zu dreiundzwanzig Meter hoch in den Himmel ragen. Etwa einhundertdreißig dieser jeweils bis zu dreiunddreißig Meter hohen, aus einem einzigen Granitblock gehauenen Obelisken hat es in Axum gegeben. Aber der Lösung des Rätsels um die Königin von Saba sind wir auch in Axum nicht näher gekommen – oder vielleicht doch? Führen uns diese steinernen »Wolkenkratzer«, die hier zu findende Mondsichel als Symbol des südarabischen Mondgottes Almqah und die aufgefundenen Inschriften, die auf enge Beziehungen zwischen dem vorchristlichen Axum und den alten südarabischen Reichen schließen lassen, möglicherweise auf die richtige Spur? Lag der Ursprung jener vergessenen Kultur, deren Kunst und zweifelsohne weit entwickeltes technisches Wissen wir in Axum bewundert haben, in der am frühesten besiedelten Region Arabiens, dem jemenitischen Hochland? Ist die Heimat der sagenumwobenen Königin *dort* zu suchen, in einem Gebiet, das man aus vorchristlicher Zeit als »Königreich von Saba« kennt?

Wir haben uns entschlossen, in diesem Herbst die antiken Ruinenstädte des Jemen zu besuchen. Und nach unserer Rückkehr wollen wir, wie es im Koran geschrieben steht, »von Saba gewisse Kunde bringen«.

Der Manichäismus

Kosmischer Ursprung
einer altpersischen Religion?

FRANK TANNER

> »Die frühen Religionen beschränken sich nur auf ein Land und eine Sprache. Doch meine Religion ist in jedem Land und in allen Sprachen bekannt und wird in den fernsten Ländern gelehrt. Meine Religion wird ... bis ans Ende der Welt bleiben.«
>
> Mani

Der Perser Mani (14. April 216–276) war einer der großen Religionsgründer der Weltgeschichte, und seine Lehre war tatsächlich eine Weltreligion, die sich von Europa bis nach Indien ausbreitete. In ihrer Urform überlebte sie zwar das zehnte Jahrhundert nicht [1], beeinflußte aber die häretischen Sekten der Bogumilen und Katharer [2]. Da Mani seine Lehre aus so unterschiedlichen Religionen wie Christentum, Buddhismus, Zoroastrismus und Parsismus [1, 5] »zusammenstellte« und die ihm jeweils brauchbaren Religionsgrundsätze verwendete, entstand in den alten Kulturräumen der Menschheit eine wahre Weltreligion. Relikte ihrer kosmischen Dualität findet man sogar in mittelalterlichen Ritterromanen wie *Parzival* oder *Tristan und Isolde* [3].

Doch was waren die Grundsätze dieser Religion? Vom Zoroastrismus übernahm Mani den Dualismus. Geist sei Licht, also das Gute; der Leib hingegen Dunkelheit, also das Schlechte. Licht und Dunkelheit befänden sich stetig im Kampf um die Vorherrschaft über die Welt. Der Mensch bestehe folglich aus zwei sich bekämpfenden

»Elementen«, wobei sich der Manichäer durch Askese und gute Taten von den Einflüssen der Dunkelheit zu befreien versuchte [1, 2, 5]. Die Gesellschaft spaltete sich nach dieser Auffassung in die *Auserwählten* und die *Hörer*. Ein Hörer (also ein Zuhörer der Auserwählten, der *Electi*) konnte sich durch die Wiedergeburt zu einem Auserwählten inkarnieren. Diese *Electi* hielten sich streng an die drei *Signacula* (Siegel), als da waren: die Gebote des Fastens, der sexuellen Enthaltsamkeit und der Verweigerung jeglicher Arbeit [4, 5]! Der Manichäismus war eine Erlösungsreligion, die sich sogar mit kosmischer Himmelsmechanik befaßte. So gibt es Hinweise darauf, daß Mani das heliozentrische Weltbild bekannt war. In der *Kephalaia* (Manis Lehrvorträgen) wird von den sieben Planeten berichtet, die an den Rädern der Sphäre angeheftet sind und nur durch die schnelle Drehung um die Nabe des Rades am Himmel bleiben [5, S. 168]!

Bedeutsam ist nun, daß Mani sein Wissen von »Engeln« erhalten haben soll, was uns zu jenen Aspekten dieser Religion führt, die für die Paläo-SETI-Hypothese interessant sind. Im Kölner *Mani-Kodex*, dem kleinsten Buch der Spätantike aus dem fünften Jahrhundert n. Chr., findet sich die Lebensgeschichte dieses seltsamen Religionsgründers [1; Punkte in den Texten bedeuten Unvollständigkeit des Originals]. So erfahren wir, daß Mani von »Engeln« besucht wurde: »Ein anderes Mal redete eine Stimme … aus der Luft zu mir mit folgenden Worten: Stärke deine Kraft, festige deinen Sinn, und empfange alles, was dir enthüllt wird« [1, S. 49].

Solche »Stimmen«, die von der Höhe herab auserwählte Personen ansprachen, kennen wir nicht nur aus dem Alten und Neuen Testament und vielen Heiligenlegenden, sondern auch aus UFO-Erfahrungsberichten. So erstaunt es nicht, daß in Manis Kleinkindertagen Ereignisse eintraten, die wir aus unzähligen modernen CE-IV-Fällen kennen [6, S. 77]: »… und nach seiner Geburt hatte sie [Manis Mutter] über ihn schöne Traumgesichte; sie schaute in wachem [!] Zustand, wie einer ihn ergriff, mit sich in die Luft emporhob und dann zurückbrachte. Oftmals verweilte er ein oder zwei Tage, bis er wieder zurückgebracht wurde« [5, S. 75].

Mani hatte als Kind einen »himmlischen« Führer, den er »Zwilling«
nannte und der ihm seltsame Dinge offenbarte. Er könnte identisch
sein mit den seltsamen »unsichtbaren Begleitern«, von denen viele
vom Entführungsphänomen Betroffene aus ihrer eigenen Kindheit
berichten: »Zu dieser Zeit, als ich aufwuchs ... offenbarte er mir die
... der Väter des Lichtes und alles, was in den Schiffen [!] geschieht.
Er enthüllte mir ferner den Schoß der Säule, die Väter und die überaus mächtigen Kräfte, die in eben dieser Säule verborgen sind und
zur Höhe des Vaters reisen ...« [1, S. 56].
Religionswissenschaftler behaupten, mit den »Schiffen« und der
»Säule« seien die Sonne und der Mond gemeint gewesen. Doch
Mani könnte hier durchaus technische Gegenstände auf der Erde
oder im All beschrieben haben, zumal solch »religiöse Visionen«,
wie wir sie aus den Ezechiel- oder Henoch-Berichten kennen, mit
modernen Entführungsszenarien in Einklang gebracht werden können. Aber Religion *hat* eben transzendent zu sein und *muß* mit Symbolen arbeiten. Reale, zur »Höhe des Vaters« reisende »Schiffe«
und »Säulen«, das gibt es doch nicht – oder ...?

Weitere »Himmelfahrten«

In den Mani-Kodex eingegliedert finden sich darüber hinaus noch
verschiedene Apokalypsen wie die von Adam, Seth, Enos, Sem, Henoch und Paulus. Diese haben jeweils die interessante Gemeinsam-
keit, daß jeder dieser Patriarchen von einem Engel besucht und
anschließend entführt wird. So heißt es bei Seth: »Jener Engel legte
seine Hand auf meine Rechte, riß mich hinweg aus der Welt, in der
ich geboren worden war, und trug mich zu einem anderen Ort, der
ganz gewaltig war. Hinter mir hörte ich riesigen Lärm ...« [1, S. 62].
Dieser »Flug« wird bei Enos noch realistischer beschrieben: »Mein
Herz wurde schwer, es zitterten alle meine Glieder, meine Rücken-
wirbel wurden bei der Heftigkeit der Bewegung [sic!] geschüttelt,
und meine Füße standen nicht still auf ihren Gelenken« [1, S. 63].
Und so hört sich die moderne Beschreibung eines Shuttle-Starts

durch den amerikanischen Astronauten Joseph Allen an: »Während die Haupttriebwerke zünden, fühlt die Besatzung tief unter sich ein gigantisches Feuergebrüll aufsteigen … (Die Astronauten) spüren den Donner ihres Sprunges in die Luft mit ihrem ganzen Wesen – den lähmenden Lärm, die unter ihnen explodierende Energieflut und die grandiose, peitschende Beschleunigung … Während die Raketen hinaufjagen, werden die Insassen wuchtig in ihre Sitze gedrückt. Die Fähre vibriert heftig, trotz der Schutzhelme herrscht in der Kabine unfaßbarer Lärm.«

Mani müssen über die Patriarchen Dokumente zur Verfügung gestanden haben, von denen wir nichts mehr wissen. So hört sich die »Entführung« des Henoch ganz anders an als in der kanonischen Bibel und den uns bekannten Apokryphen: »Henoch sprach: ›Jene setzten mich auf einen Windwagen und brachten mich zu den Enden des Himmels. Wir durcheilten die Welten, die Welt des Todes, die Welt der Finsternis und die Welt des Feuers.‹« [1, S. 65].

Wir haben also Hinweise dafür, daß ein (oder schon wieder einer?) illustrer Religionsgründer Kontakte mit einer mächtigen Wesenheit hatte, deren »Arbeitsweise« viele Parallelen mit heutigen UFO-Entführungen aufweist! Und sogleich stellt sich die Frage, wozu die Einflüsterungen der *Anderen* dienen mögen? Warum tarnen sich Außerirdische als himmlische Engel? Johannes Fiebags Mimikry-Hypothese [8] hat uns die Möglichkeit gegeben zu erkennen, daß viele Ereignisse im Zusammenhang mit Außerirdischen für unseren Verstand nicht erfaßbar, ja absichtlich durch die *Anderen* verhüllt sind.

Und doch zeigt sich durch diese Verhüllung ein wiederkehrendes Phänomen, das unser Augenmerk auf dessen realen *modus operandi* lenken könnte. Ein Phänomen, mit dem nicht nur die heutigen CE-IV-Betroffenen konfrontiert werden, sondern das auch als Auslöser für Manis Weltreligion angesehen werden kann. Prof. John Mack stellt in seinem faszinierenden Werk [9, S. 533] fest: »Mein eigener Eindruck ist der, daß Bewußtseinserweiterung und persönliche Wandlung einen grundlegenden Aspekt des Entführungsphänomens darstellen.« Und auf S. 545: »Schließlich bekommen viele das

Gefühl, daß ihr vergrößertes geistiges Bewußtsein für eine Art Be-
lehrung oder für einen höheren Zweck eingesetzt werden muß ...«
Diese Erkenntnis täuscht (mit allen ihren Konsequenzen) nicht darüber hinweg, daß wir erst am Anfang der Entführungsforschung
stehen. Sie beweist jedoch, daß vor 1760 Jahren der junge Mani den
selben Gesetzen und Erfahrungen unterworfen war wie moderne
Entführungsopfer heute!

Die Verwendbarkeit von Mythologie und kulturellem Gedächtnis für die Paläo-SETI-Theorie, untersucht und erläutert am Kachina-Mythos der Hopi-Indianer, Arizona, USA

PETER FIEBAG

»In allem liegt eine Bedeutung, und überall ist Geschichte aufgezeichnet. Wir sind geistig orientierte Menschen, und die Archäologen und Historiker müssen sich klarwerden, daß sie erst uns verstehen müssen, bevor sie die Ruinen erklären können.«

White Bear, Häuptling der Hopi

Paläo-SETI und die Geschichtswissenschaften

Warum ist es den Vertretern der Paläo-SETI-Hypothese bislang nicht gelungen, die »scientific community« zu überzeugen, diese Hypothese als gleichberechtigte, moderne Form der Geschichtsinterpretation anzuerkennen? Viele Mythen und Erzählungen, Kulte und Objekte sind aus der Sicht der Paläo-SETI scheinbar eindeutig zu interpretieren, und so erwarten jene, die von dieser Interpretation überzeugt sind, einen Paradigma-Wechsel. Doch dieser Wechsel erfolgt nicht. Warum?

Mir scheint dies eine Frage nach der Objektivität schlechthin zu sein. Im derzeit opportunen »Realitätstunnel« [1, 2] gilt die Paläo-SETI als außerhalb dessen stehend, was als beachtenswert empfunden wird, mit dem man sich – wissenschaftlich und fundiert – auseinandersetzen muß.

Auch Objektivität in der Historie, d. h. letztlich die Objektivität des Geschichtswissenschaftlers, kann eben nur relativ sein. »Vom aktuellen Wahren ausgehend, wählt er die *Daten* aus, in denen jenes fortschreitend hervortritt, trennt säuberlich die Spreu vom Weizen, das heißt, er trennt dasjenige, was dem aktuellen Wahren konform oder äquivalent ist, von dem, was von diesem annulliert oder verworfen wurde« [3].

Die Axiome, Theoreme, Thesen etc. der Paläo-SETI entsprechen folglich (noch?) nicht der *heute* allgemein anerkannten Ausgangsbasis geschichtlich-wissenschaftlicher Überlegungen. Die entscheidende Frage ist, ob dies gerechtfertigt ist. Im folgenden soll an einem begrenzten Thema illustriert werden, wie oberflächlich auf die Argumente der Paläo-SETI eingegangen wird und wie wenig dies gerade unter wissenschaftlichen Prämissen angebracht erscheint.

Ein immer wieder erhobener Vorwurf der »etablierten« Wissenschaften ist, Paläo-SETI verwende Mythen in einer Weise, als seien sie Geschichtsbücher, obwohl ihr Inhalt stets nur mündlich tradiert wurde. Tatsächlich befinden wir uns in dieser Hinsicht in einem Dilemma: einerseits ist es durchaus möglich, daß die Vertreter klassischer Theorien im Recht sind und es sich bei den herangezogenen Erzählungen lediglich um Mythen ohne realen Hintergrund, von lediglich psychologischem Gehalt oder einfach um modernistische Fehlinterpretationen handelt. Andererseits haben wir es bei den Erzählungen aber vielleicht tatsächlich mit Berichten über den Kontakt mit außerirdischen Lebensformen zu tun, doch aufgrund der derzeit weitgehend anerkannten wissenschaftlichen Basisannahmen zielt jede diesbezügliche Überlegung ins Leere.

Bedenken sollten beide Seiten eine Lehre der Geschichtsphilosophie: Wenn das Spätere das Frühere erklärt, Geschichtliches oder gar Vorgeschichtliches, Kulturähnliches oder Kulturandersartiges, so können sich endlos viele Fehler, Mißverständnisse etc. – hier wie dort – einschleichen [4, 5]. Die Beispiele hierfür sind Legion. Immer wieder erfuhren Betrachtungsgegenstände und -felder Deformationen, wobei der Erkenntnis über Vorgänge die Eigenschaft des Realen verliehen wurde (eine typische Auswirkung des Empirismus). Die Lektüre der Wissenschaftsgeschichte mit ihren Wertungen und einstigen Wahrheitsansprüchen ist dabei aufschlußreich und vielsagend: Wie viele Gedanken wurden letztlich ihrer »geschichtlichen Einsamkeit« überantwortet [3, 6]. Um so wichtiger erscheint es mir, nicht voreilig einen neuen geschichtstheoretischen Ansatz aus einer unvoreingenommenen Diskussion auszuschließen.

Bachelard, sich rückbeziehend auf Nietzsche, formuliert in seiner Aktualität der Wissenschaftsgeschichte: »Nur aus der höchsten Kraft der Gegenwart dürft ihr das Vergangene deuten.«

Ich will im folgenden einige Punkte ansatzweise unter eben dieser Perspektive Bachelards beleuchten, die in der Diskussion zwischen den Vertretern der »offiziellen Wissenschaften« und denen der Paläo-SETI-Hypothese weiterhelfen könnte. Durch das geschichtsforschende Mikroskop fokussieren wir als erstes eine ausgewählte Population, reduzieren unseren Forschungsgegenstand des weiteren von komplexen Erzählungen auf einen bestimmten Erzählinhalt, der auf kausale und strukturelle Beziehungen hinweist, und ziehen anschließend in einer induktiven Vorgehensweise weiterreichende Schlüsse.

1. Der Kachina-Mythos der Hopi

Die relevante Gruppe ist der Indianerstamm der Hopi. Er lebt heute im US-Bundesstaat Arizona, ist aber seinen eigenen Legenden und archäologischen Spuren zufolge einst in einer großen Wanderungsbewegung erst in dieses Land gezogen. Die Hopi haben sich bis in unsere heutige Zeit ihre alten Mythen und Erzählungen bewahren können, obgleich es zu Beginn des zwanzigsten Jahrhunderts eine Spaltung in zwei unterschiedliche Lager (Traditionalisten und Fortschrittliche) gab. Uns bietet sich nichtsdestoweniger noch immer ein ungewöhnlicher Blick auf die Überlieferungen dieser Indianer. Vieles im Leben und Denken der Hopi kreist um die sagenhaften

Kachinas (*Kyákyapchina*), die nicht wie Götter, sondern eher wie deren Sendboten auftreten. Die Hopi bezeichnen sie als »hohe, geachtete Wissende«. Sie sind ihre Lehrer, die Hüter des Gesetzes, die Wahrer des Lebens. Auf die Frage des Forschers Josef F. Blumrich [1], woher die Kachinas kämen und wie sie aussähen, antwortete ihm der Hopi-Häuptling White Bear: »Sie kommen zu uns aus dem Weltraum. Sie kommen nicht aus unserem eigenen Planetensystem, sondern von anderen, weit entfernten Planeten ... Der Hopi-Name für diese Planeten ist *Tóonáotakha* ...« [7]. Diese Kachinas können somit als besonders interessantes Betrachtungsobjekt für eine Untersuchung im Hinblick auf die Paläo-SETI-Theorie gelten.

Wie alt und wie ernst diese Überlieferung allen Hopi gleichermaßen ist, zeigt sich in ihren Tänzen und in dem Brauch, kleine Puppen (*Kachintihus*) für ihre Kinder anzufertigen, die Kachinas darstellen sollen [8-10]. Das, so White Bear, täten sie, damit sich die Kinder an »die Wissenden« gewöhnen.

Die »Träger des geheimen Wissens ihrer Heimat«, die »Wissenden von weit jenseits der Sterne«, die in der Zeremonie der »Alten, die vom Himmel kamen« dargestellt werden, verließen die Hopi, als diese genug über die Natur, das Wesen des Menschen, das Weltall und den Schöpfer gelernt und einen festen Siedlungsort, Oraibi, gegründet hatten [11]. Auf diesem Verständnis beruht auch die religiöse Sicht der Hopi-Welt.

Nun können wir verschiedene Wege zur Erklärung der Mythen beschreiten:

1. Wir stellen den kuriosen Charakter dieser Erzählung in den Mittelpunkt unserer Untersuchung, was vielleicht amüsant wäre, nicht aber dem Verständnis der Ursache oder des Resultates dient. Oder wir stellen uns auf den Standpunkt, daß »die Geister und Götter der Indianermythen archetypische Manifestationen des Unbewußten« [12] sind. Beide Ansätze greifen zu kurz, denn der Forscher, der sich nicht der Tatsache beugt, daß die Erzählung allein kraft der Tatsache, daß sie besteht, fraglos erscheint, ignoriert eine bedeutende philosophisch-wissenschaftliche Erkennt-

nis, daß nämlich religiöses Verhalten nicht auf einer Illusion begründet werden kann [13-15].

2. Wir glauben bedingungslos den Aussagen der Hopi – bzw. ihrer Führer/Sprecher/Häuptlinge – über ihre Mythen. (In diese bequeme Haltung kann man als Befürworter der Paläo-SETI-Hypothese leicht geraten.) Dann wäre jedoch die Beschreibung, die Menschen fremder Gesellschaften von ihren Handlungen geben, letzte und nicht mehr hinterfragbare Instanz [15]. Die kollektive Selbstinterpretation muß aber objektiviert werden, da sich diese zum einen durch Jahrhunderte oder gar Jahrtausende entsprechend dem kulturellen Umfeld geändert haben und durch Weitergabefehler »defekt« geworden sein kann (man denke nur an das Kinderspiel »Stille Post«).

3. Wir verfolgen ein »negatorisches Werk«, indem wir die Selbstaussage der Hopi weitgehend ausklammern, nach der Denkkategorie der Unmöglichkeit eines Kontaktes außerirdischer Wesen mit Menschen. (In diese ebenso kommode Haltung begeben sich leicht die traditionellen Vertreter der Geschichtswissenschaften.)

4. Wir versuchen dem Problem mit den zu unserer heutigen Zeit vorhandenen Methoden und Stoffen ein Instrumentarium zu schneidern, das möglichst objektiv die Verständnisrichtung der Erstgeschichte hinterfragt.

Beschreiten wir den letzten Weg. Hermeneutisch läßt sich die Behauptung aufstellen: »Der Grundgehalt der Hopi-Erzählungen kann zutreffen, extraterrestrische Intelligenzen (ETI) könnten die Erde besucht haben« [16] (s. Anmerk. 2). Dies so zu formulieren, ist keine phantastisch-irreale Fiktion, sondern wurde in diversen wissenschaftlichen Arbeiten verifiziert [17-27].

1.1. Narrative Aspekte

Wenn wir bei der Narration der Hopi keine Sinnlosigkeitsgeschichte [28] vorliegen haben, also eine Erzählung, die erstlich und letztlich überhaupt nichts sagt, ist die erzählte Geschichte der Kachinas wohl jeweilige Wiederholung ihrer Erstgeschichte, »d. h. also damit auch dessen, was diese sagt. Die Wiederholung bezieht sich ja gerade darauf, daß die Erstgeschichte etwas besagt darin, daß sie etwas sagt« [28].

Die Frage ist nur, inwiefern die Wiederholung nicht nur stete Rekonstruktion des Erstvorganges ist, die im Bewußtsein rekonstituierende Interpretation des explizit und implizit Vorgegebenen, sondern auch, um mit A. Halder zu argumentieren, jeweils neue »Seinskonstituierende«, durch die Verwandlung des Nichtgesagten, wodurch Wiederholung auch Wandlung einschließt: geglückte oder unglückliche. Mit anderen Worten: Läßt sich das Innerste und Eigenste der Erstgeschichte überhaupt noch zuverlässig ermitteln oder wurde sie, da ungezählte Wiederholungsgeschichten vorhanden, mit immer neuen Ideen überprägt, bis hin zu der derzeitigen Interpretation der Hopi, die Kachinas kämen von fernen Planeten aus dem Universum?

Jede Geschichte, jede Bewahrung, jedes Sprechen, so A. Halder, ist »auch Gründung und Begründung (Fundamentierung und Argumentation) und demgemäß Befolgung und Folgerung (Konsequenz). Denn insofern jedes Sprechen auch und vor allem ein Sagen (Setzen) ist, will es, daß das explizit Gesagte bleibe und das implizit Gesagte expliziert, ausgesagt werde, daß also das Gesagte im ganzen als Gesetztes, als Gesetz wirklich sei – im Vorsagen wie im Nachsagen« (s. Anmerk. 2).

Freilich besteht die Möglichkeit, daß eine andere, übermächtige Entwicklung die ursprüngliche Erzählung »durchquerte«, sie überwältigte, umbog und verbog. Aber selbst dann ließe sich aus diesem »Gesamtbild« heraus doch noch die einstige Sinngeschichte ermitteln, da bei den Hopi mehrere parallele Vermittlungskanäle vorliegen, die sich gegenseitig ergänzen, verstärken, interpretieren sowie eine gewisse Redundanz in der Weitergabe beinhalten und letztlich so den Mythos/Bericht zeitresistent machen (s. Anmerk. 3). Dies geschieht durch:

1. Erzählungen (Narration), einschließlich Gesängen, die von Generation zu Generation (mündlich/bildschriftlich) weitergereicht werden (kommunikatives Gedächtnis [29, 30]), einschließlich der Sprache der Hopi selbst. Die Wichtigkeit und Problematik der mündlichen Weitergabe habe ich bereits thematisiert und werde weiter unten auf diesen Aspekt, ebenso wie auf den der Sprache, zurückkommen.
2. Modellhafte, dingliche Wiedergabe (»Gedächtnis der Dinge«, im Sinne von »sozialem Gedächtnis«).
3. Riten (wie z. B. Tänze), deren exakte Aufführung das Gelingen der Zeremonie beinhaltet (»mimetisches Gedächtnis« [31]).
4. Die Sinnweitergabe (»kulturelles Gedächtnis« [32]).

1.2. Aspekte des Dinggedächtnisses und der Erinnerungslandschaften

Der zweite Punkt zielt auf ein »Dinggedächtnis«(s. Anmerk. 2).
Der Kachina-Mythos durchzieht die gesamte Hopi-Welt (und übrigens auch die der Zuni), die alltägliche wie die sakrale. Die Kachinas sind verbunden mit den allerfrühesten Berichten über die Welt, ihre Genese, über Wanderungen und Wissensvermittlung. Sie sind figürlich faßbar (Holzpuppen), zeichnerisch vermittelt (Felsbilder) und durch Kostüme und Masken dargestellt. Jede Maske kann hier als Bildnis und »Abkürzung« einer gottähnlichen Gestalt gesehen werden, die offensichtlich ein Vorbild, eine Art »Modell« besaß.
Die modellhafte oder zeichnerische Wiedergabe, die die mündlichen Berichte plastisch unterstützt, ist insofern von Wichtigkeit, als sie – bei einem Volk ohne Schrift – beständiger ist als das gesprochene und somit schon vergangene Wort. Da die Hopi keine schriftlichen Zeugnisse besitzen, war – überspitzt gesagt – immer der rüstigste Greis (bzw. für die Hopi die sehr wichtige Greisin) mit gutem Gedächtnis für die Gemeinschaft von beispiellosem kulturellem Nut-

zen. »Was immer sich in der schriftlosen Zeit an Erfahrung und Wissen ansammeln ließ, ruhte in ihren Gehirnen, es gab keinen höheren Grad von Archivierung und Auskunftei. Der Tod eines Greises war wie ein Brand in der Staatsbibliothek – viele wichtige Informationen gingen für immer verloren ...« [33].

In Form der Kachina-Puppen konnte das Bild mit dem erinnerten Wort verschmelzen und so eine neue Dimension der Beständigkeit gewinnen. Diese Puppen zeigen Gestalten mit eigenartigen Helmen (die einen Raumfahrer-Aspekt unterstützen könnten) und antennenartigen Stangen. Die Symbolik auf ihnen deutet z. B. auf das Weltall und andere Planeten hin. Alte Felszeichnungen zeigen außerdem schalen- und kugelförmige Gerätschaften der Kachinas, ihre »fliegenden Schilde«, mit denen sie über Land und Wasser schweben, die Wolken durchstoßen und bis zu ihren Heimatplaneten fliegen konnten. (Die Zeichnungen können mit modernen UFO-Beschreibungen verglichen werden, worauf selbst die religiösen Führer der Hopi massiv hinweisen [11, 34].)

Eine weitere Mnemotechnik stellt die Verräumlichung dar. F. Yates [35] erkannte bereits in den sechziger Jahren, daß der Raum in der kollektiven und der kulturellen Erinnerungskultur eine Hauptrolle spielt. Imaginierte Räume helfen der Erinnerung durch »Zeichensetzung«. Ganze Landschaften können dafür verwendet werden, dem Gedächtnis einer Kultur als Medium zu dienen (sie werden semiotisiert). Dieses Verfahren wurde bislang sehr gut bei den Aborigines (Australien) [36], für das antike Rom, die islamische Welt und die abendländische Erinnerung an das Heilige Land, Palästina, belegt [37].

Solche »topographischen Texte«, die Erinnerung lokalisieren, existieren auch in mannigfaltiger Form bei den Hopi. Das Land der Hopi gilt den Clans als Heiliges Land, so wie den Juden Palästina. Gleich ihnen, so lauten ihre Mythen, hätte der »Große Geist« ihnen dieses Land gegeben. US-Präsident Jimmy Carter erhielt 1977 von den traditionellen religiösen Hopi-Führern einen Brief [38], in dem sie ihre Sichtweise so darlegten:

»Es ist für uns undenkbar, die Verfügung über unser Heiliges Land aufzugeben. Wir können auch in gar keiner Weise Heiliges Land gegen Geld eintauschen ... Die Hopi erhielten eine besondere Führung darin, wie sie für das Heilige Land sorgen sollten, um so die zerbrechliche Harmonie, welche die Dinge zusammenhält, nicht zu zerreißen. Wir empfingen dieses Land vom Großen Geist, und wir müssen es für ihn bewahren als seine Verwalter ...«

Ein anderer Ort der kollektiven Erinnerung sind die San-Francisco-Berge. Sie gelten als Wohnstätte der Kachinas. Dort liegt ein mythischer Ort, Típkyavi, an dem die Hopi siedelten, bevor sie sich nach ihrer langen Wanderung endgültig in ihren heutigen Wohnstätten niederließen. Dieser Ort wird symbolisch auf der Dritten Mesa durch ein *kisnvi*, einen Kivavorplatz in Oraibi, dargestellt [39].

Die Kiva selbst ist ebenfalls ein Raum, an dem Erinnerung »verortet« wird. »Die Kivas (also die ›Kirchen‹) der Hopi sind entsprechend dem Mythos vom Auftauchen des Menschen aus einer unteren Welt konstruiert: Sie sind zumindest teilweise unterirdisch angelegt; jeder Kiva hat ein Sipapuni, welches die Verbindung dieser inneren (Kiva-)Welt zur Unterwelt darstellt ... Der Haupteingang zum Kiva ist eine Öffnung im Dach; das bedeutet, daß die Teilnehmer einer Zeremonie symbolisch in den Schoß der Erde hinabsteigen, wenn sie die Kiva-Leiter hinunterklettern ... Somit verbindet der Kiva durch sein Sipapuni unten und durch seine Einstiegsluke (plus Leiter) oben die Unter- und die Oberwelt miteinander; er verbindet also auch die früheren Welten (unten) mit der jetzigen Welt ...« [40]

Der dramenhafte Nachvollzug des mythischen Auftauchens des Menschen in der Welt wird hier manifestiert. »Yahhay!« ruft viermal der Anführer und sagt dann: »Ne talat aouyama«, also: »Ich habe das Licht erreicht!«, bevor auch die anderen Beteiligten diesen Akt wiederholen.

Bei den Hopi dienen also (wie diese ausgewählten und sich vielfach ergänzen lassenden Beispiele zeigen) ausgesuchte Landschaften, heilige Plätze und Gebäude als Medium des kulturellen Gedächtnisses. Diese »Mnemotope«, Gedächtnisorte, erhalten somit auf effektive Weise die Botschaften aus der Vergangenheit.

1.3. Aspekte des mimetischen Gedächtnisses

Wir haben es hier im Prinzip mit einem »Gedächtnis der Dinge« [32] zu tun, da die Dingwelt der Gegenwart zugleich auch vergangenheitsbezogen ist. Es wirkt also permanent ein Zeitindex der Dinge auf den Besitzer des übermittelten Gegenstandes ein. Da die Kachina-Figur an den Mythos aus alten Tagen erinnert, weist sie zusätzlich einen sozialen Aspekt (Identitätsindex) auf und wird somit zugleich Bestandteil des »*kulturellen Gedächtnisses*« (s. u.).

So auch der Tanz. Er ist durch seinen rituellen Ablauf ein Informationsspeicher besonderer Qualität, denn er kondensiert Aufmerksamkeit, transportiert so eine Grundidee von Generation zu Generation sprachlos, jedoch symbolisch, da er bis ins Detail festgelegte Handlung bedeutet. Handeln wird durch Nachahmen (Imitatio-Prinzip) gelernt. Bei den Hopi reicht dies weit über eine mimetische Routine hinaus. Die Nachahmung ist zum Ritus geworden, zum heiligen Mysterium.

»Keine andere ›Volkskunst‹ Amerikas kann auch nur annähernd mit diesen tiefgründigen Mysterienspielen verglichen werden«, schreibt F. Waters [11]. »An jeder überlieferten Einzelheit haben die Hopi mit Strenge festgehalten, und aus dieser Überlieferungstreue erklärt sich auch das engmaschige und vielumfassende Gewebe ihres Ritualsystems.«

Wie kann nun eine Überlieferung »wortgenau« in einer schriftlosen Kultur weitergegeben werden?

Ritualsymbolik und Ritualsystem, bis hinein in die Farbbedeutung, ist Schicht für Schicht rituelle Esoterik. Die »Dramen des Kachina-Mysteriums« werden jährlich oder auch in größeren Abständen (z. B. vier- oder achtjährig) aufgeführt. Schon vor hundert Jahren verfaßte der Ethnologe J. W. Fewkes [39] Abhandlungen über die erstaunlich ausgeprägten Hopi-Zeremonien. Der markante Schlangentanz zum Beispiel, die wohl bekannteste Zeremonie der Hopi, bei dem mit lebendigen Schlangen hantiert wird, umfaßt allein schon eine intensive Vorbereitungszeit von sechzehn Tagen. Er wird im wesentlichen von den Schlangenpriestern ausgeführt, aber die Antilopenpriester teilen die Geheimnisse des Festes und »assistieren«. Während der Feier wird an die mythische Ankunft der Hopi in dieser Welt erinnert, eine »Kommunikation mit den unterirdischen Geistwesen« wird aufgebaut, symbolische Geräte (wie das alte *tiponi* aus Vogelfedern) kommen nach einem festgelegten Schema zum Einsatz, zeremonielle Nahrungsmittel (das Piki-Brot) wecken Erinnerungen an vergangene Zeiten, spezielle Kleidung, Gebetsstäbchen, Altäre und Sandgemälde werden vorbereitet. Die Tänze werden nach einem vorbestimmten Rhythmus in vielfältigen Figuren in Szene gesetzt. Noch heute wird dieser Tanz abwechselnd in zwei Dörfern aufgeführt. Allerdings werden seit einigen Jahren keine Zuschauer mehr zugelassen [40].

Den verschiedenen Clans kommen bestimmte Aufgaben zu, die aus unterschiedlichen Geheimnissen heraus durchgeführt werden und die nur sie in der vorgeschriebenen Weise ausführen dürfen. Lediglich der Zweihornclan war als einziger im Besitz aller überlieferten Geheimnisse.

Das Gemeinschaftsgedächtnis der Hopi hat also spezielle Träger. Assmann [32] hat kulturübergreifend folgendes ermittelt: »Der Außeralltäglichkeit des Sinns, der im *kulturellen Gedächtnis* bewahrt wird, korrespondiert eine gewisse Alltagsenthobenheit und Alltagsentpflichtung seiner spezialisierten Träger. In schriftlosen Gesellschaften hängt die Spezialisierung der Gedächtnisträger von den Anforderungen ab, die an das Gedächtnis gestellt werden. Als höchste Anforderungen gelten diejenigen, die auf wortlautgetreuer Überlieferung bestehen. Hier wird das menschliche Gedächtnis geradezu als ›Datenträger‹ im Sinne einer Vorform von Schriftlichkeit benutzt. Das ist typischerweise dort der Fall, wo es um Ritualwissen geht.«

Um einen solchen menschlichen »Datenträger« zu schaffen, muß eine sorgfältige Einweisung erfolgen [32]: »Dadurch kommt eine Kontrolle der Verbreitung zustande, die einerseits auf Pflicht zur Teilhabe dringt und andererseits das Recht auf Teilhabe vorenthält ... Während die einen ihre Kompetenz (oder Zugehörigkeit?) durch förmliche Prüfungen ausweisen (...) oder durch Beherrschung einschlägiger Kommunikationsformen unter Beweis stellen müssen (...), bleiben andere von solchem Wissen ausgeschlossen.«

Bei den Hopi haben wir in diesem Sinne eine mehrfache Sicherung der Überlieferungen/Daten vorliegen. Clans und Bünde sind zuständig für bestimmte rituelle Handlungen, Symbole, Erzählungen usw. Die Priester/Führer eines Bundes und die Häuptlinge eines Clans besitzen je eigene Geheimnisse, die nur in ihren kultisch-religiösen oder kulturell-soziologischen »Aufgabenbereich« fallen. Vorsorglich besitzen die Priester eines Clans alle Geheimnisse. Exakt festgelegte Initiations- und Auswahlriten sichern die genaue Weitergabe innerhalb des jeweiligen Clans oder Bundes.

F. Waters [11] berichtet über einen solchen Einweihungsritus: »Jedes Hopi-Kind muß im Alter zwischen sechs und acht Jahren entweder in den Powamu- oder in den Kachinabund eingeführt werden. Die Eltern und der Pate, der das Kind zu betreuen hat, wählen den Bund aus, in den es eintreten soll. Der Powamubund ist der ranghöhere; ... als Mitglied wird er später ein ›Vater der Kachinas‹, führt sie um das Dorf herum und bestäubt sie mit Maismehl. Daher sind die Jungen, die für diesen Bund ausgewählt werden, solche von ernsterer Natur, die sich mehr für rituelle Aufgaben interessieren.«

Das initiierte Kind erhält das Recht, an den Tänzen der Kachinas teilzunehmen. Später erfolgen dann noch Initiationen in die religiösen Bünde der Erwachsenen. Als Zeremonialräume und Versammlungsplätze dienen den Männern die Kivas, die bereits genannten unterirdischen Gebäudeanlagen. Nur dort wird der geheime Teil aller Kulthandlungen vollzogen (im Gegensatz zum offiziellen Teil, der auf der Plaza gefeiert wird) [12]. So wurde und wird eine »wissenssoziologische Elite« herangebildet.

Die Aussage der so übermittelten Riten ist: Die Kachinas kamen aus dem Weltraum zu den Hopi, sie sind ihre Wissensbringer, und sie wachen noch heute, obwohl sie wieder zu den Sternen zurückgekehrt sind, über die Hopi. Die Hopi Carolyn Twangyawma (religiöse Führerin), David Monongye (spiritueller Führer), Dan Katchongva (Häuptling) und Thomas Banyacy Sen. (Sprecher aller traditionellen Hopi) bestätigen – wie auch White Bear – ausdrücklich diese Aussage.

1.4. Aspekte des kulturellen Gedächtnisses

J. Assmann [32] stellt fest, daß »jede Kultur ... etwas (ausbilde), das man ihre *konnektive Struktur* nennen könnte. Sie wirkt verknüpfend und verbindend, und zwar in zwei Dimensionen: der Sozialdimension und der Zeitdimension. Sie bindet den Menschen an den Mitmenschen dadurch, daß sie als ›symbolische Sinnwelt‹ (Berger/Luckmann) einen gemeinsamen Erfahrungs-, Erwartungs- und Handlungsraum bildet, der durch seine bindende und verbindliche Kraft Vertrauen und Orientierung stiftet ...

Das Grundprinzip jeder *konnektiven Struktur* ist die Wiederholung. Dadurch wird gewährleistet, daß sich die Handlungslinien nicht im Unendlichen verlaufen, sondern zu wiedererkennbaren Mustern ordnen und als Elemente einer gemeinsamen ›Kultur‹ identifizierbar sind.«

Eine solche konnektive Struktur läßt sich bei den Hopi natürlich wesentlich durch den Kachinamythos feststellen.

An den Zeremonien kann recht gut belegt werden, daß durch Vorschriften/Ordnungen für eine unendliche, aber genaue Wiederholung der rituellen Begehung (*rituelle Kohärenz*) gesorgt wird, wodurch der gemeinsame Faktor (die *konnektive Struktur*) erhalten und gestärkt wird. Die Vermittlung erfolgt dabei »multimedial«. Der Text wird unlösbar durch feste Objektivationen, traditionelle symbolische Kodierung/Inszenierung in Bild, Tanz usw. eingebettet, wobei alle Sinne der Menschen (Hör-, Seh-, Geruchs-, Geschmacks- und Tastsinn) angesprochen werden. Somit kommt es zu einer mehrdimensionalen Vernetzung der Information und schließlich zu einer Fixierung im Langzeitgedächtnis [41].

Durch die persönliche Anwesenheit der Clan-Mitglieder wird dafür gesorgt, daß die Weitergabe der Informationen kontinuierlich – Generation für Generation, Individuum für Individuum – erfolgt und somit einerseits fest im kulturellen Gedächtnis archiviert und gleichzeitig identitätssichernd (für den Stamm der Hopi) wird. Das weiter oben angeschnittene Problem, daß, sobald »der älteste Greis stirbt, eine ganze Bibliothek vernichtet würde«, wird somit gar nicht erst für einen so wichtigen Mythos relevant (allenfalls für Vorgänge der letzten Jahrzehnte, die nicht in das kulturelle Gedächtnis integriert wurden).

Assmann [32] konstatiert: »Das kulturelle Gedächtnis hat eine Affinität zur Schriftlichkeit.« Denn die schriftlosen Kulturen hätten oft eine Mnemotechnik (Erinnerungstechnik) ausgebildet, die der textlichen Aufzeichnung keineswegs nachsteht [42-44]. Im Gegenteil. »Es fragt sich ..., ob der Sinn, auf dem die *konnektive Struktur* einer Gesellschaft basiert, in den Riten nicht ein wesentlich festeres, sichereres Gefäß hatte als in den Texten. Sinn bleibt nur durch Zirkulation lebendig. Die Riten sind eine Form der Zirkulation. Die Texte hingegen sind es von sich aus noch nicht, sondern nur insoweit, als sie ihrerseits zirkulieren. Wenn sie außer Gebrauch kommen, werden sie eher zu einem Grab als zu einem Gefäß des Sinns, und nur der Interpret kann mit Künsten der Hermeneutik ... den Sinn wiederbeleben ... Die Texte sind nur eine riskantere Form der Sinn-Weitergabe, weil sie zugleich die Möglichkeit bereitstellen, den Sinn aus der Zirkulation und Kommunikation auszulagern, was mit den Riten nicht gegeben ist.«

1.5. Aspekte der Sprachgenese

Unser letzter Betrachtungspunkt soll die Sprache an sich sein. Denn Sprache ist immer auch Geschichte. Worte transportieren mit unglaublicher Sicherheit Bedeutungsganzes über zeitliche Distanzen. Gewesenes ist sicher in ihnen verankert, das In-die-Welt-Gekommene kommt im Wort selber zu Wort, denn mit Wörtern wurde und wird die Welt geordnet. Mit Hilfe von Sprachstammbäumen können wir heute den Weg ganzer Völker über die Welt zurückverfolgen. So lassen z. B. indoeuropäische Wörter für Früchte und Geräte Rückschlüsse auf die Lebensweise des dritten und zweiten vorchristlichen Jahrtausends zu, der Zeit der ersten archäologischen Quellen [45, 46].

Bestätigung findet diese Erkenntnis auch bei den Indianern. Nicht nur, daß wir die Wanderungs- und Kachinalegenden der Hopi bei vielen anderen Indianerstämmen Nordamerikas, beispielsweise bei den Zuni und den Navajo finden. Der amerikanische Religionswissenschaftler Sam Gill [47], der sich lange Zeit mit dem Glauben und Denken der Pueblo-Indianer (zu ihnen gehören Hopi, Zuni, Navajo) auseinandergesetzt hat, faßt außerdem zusammen: »Wie tief verwurzelt die Erfahrung der großen Wanderungsbewegungen bis heute im Denken der Indianer ist, zeigen Sprachuntersuchungen bei den Navajo. Bewegungen werden in der Navajo-Sprache in allen Einzelheiten charakterisiert, der Navajo lebt gedanklich und sprachlich in einem bewegten Universum« [48].

Ganz erstaunlich ist nun auch folgende Tatsache. »Der Kókopilau-kachina singt während einer Zeremonie ein Lied in einer so alten Sprache, daß kein heutiger Hopi auch nur ein Wort davon versteht« [11]. Jeder Hopi-Name für Kachinas, für bestimmte Gegenstände, Orte und Handlungsweisen (z. B. die Zeremonien) bestätigt darüber hinaus etymologisch den Gehalt der expliziten Erzählungen über Kachinas. Ein lohnendes Feld könnte sich hier für Sprachwissenschaftler eröffnen (s. Anmerk. 5).

2. Die Erzählung von Panaiyoikyasi

Gibt es Möglichkeiten, den Wahrheitsgehalt und den Grad der »Beschädigung« der Ausgangsinformation zu bestimmen? Interessant ist, was die Hopi über das »Volk des Tiefen Brunnens« berichten. Dieses sei in Begleitung der Gottheit Panaiyoikyasi gewesen. Auf Zeichnungen wird diese Gottheit mit erhobenen Armen dargestellt, wie sie über den Köpfen schwebt. Frank Waters [11] faßt die Aussagen der Dorfältesten über diese ominöse Wesenheit so zusammen: »Panaiyoikyasi besaß neben seiner wohltätigen Macht auch eine große, zerstörerische Kraft. Einige Leute sagen, daß sie von seiner Macht, die Erde mit dem Himmel zu verbinden, herrührt, da diese sich bei Stürmen magnetisch anziehen. Andere Leute meinen, die Kraft bestehe in einem unsichtbaren, giftigen Gas. Daher wurde sein Bildnis mit dem Gesicht nach unten in die Gruft gelegt, denn wenn es mit dem Gesicht nach oben zurückgelassen worden wäre, dann würde eine Zeit kommen, in der die zwei mächtigsten Völker der

Erde sich mit dieser schrecklichen, zerstörerischen Kraft gegenüberständen. Zusätzlich zu dieser Sicherung war noch Panaiyoikyasis rechter Arm abgebrochen worden, damit das Volk der Hopi niemals diese zerstörerische Kraft benutzen konnte.«

R. Koselleck [49] konstatiert in seinen historiographischen Überlegungen sehr richtig, daß »keine geschichtliche Handlung vollzogen (wird), die nicht auf Erfahrung und Erwartung der Handelnden gründet ...«

Geschichtliches Wissen wird in der Erfahrung gespeichert. Sie geht eine wechselseitige Relation zur Erwartung ein. Der uns hier entgegentretende Erwartungshorizont der Hopi besagt, daß von einem von ihnen vergrabenen Gegenstand eine große Gefahr ausginge.

Welches geschichtliche Wissen, welche Erfahrung liegt dieser Aussage zugrunde? Was mag die Indianer auf ihrer Wanderung schwebend »begleitet« haben? Eine atomare, biologische oder chemische Waffe? Die Hopi berichten, daß die Clans Bildnisse dieses Objektes als »Ecksteine« in den verlassenen Dörfern vergraben hätten. Vier davon sollen sich noch in der Nähe von Oraibi, auf den höchsten Erhebungen, befinden.

Anfang der sechziger Jahre wurde nun erstaunlicherweise eine solche symbolische Figur in Vernon in Arizona wiedergefunden. Der Ausgrabungsleiter, Paul S. Martin, hält das zweiundzwanzig Zentimeter große Bildwerk aus Sandstein, dem ein Arm fehlt, »für eine der wichtigsten Entdeckungen der Archäologie des Südwestens in diesem Jahrhundert«. Der Fund ist mindestens siebenhundert Jahre alt und bestätigt so eindrucksvoll die Überlieferungen der Hopi, die offenbar zumindest in den letzten siebenhundert Jahren nicht wesentlich deformiert worden sein konnten.

3. Schlußbetrachtung:
Über die Erkenntnis des Forschungsgegenstandes

Die von mir hier vorgelegte Prüfstrategie für einen Teilaspekt der Hopi-Überlieferungen erfolgt, wie in der Geschichtswissenschaft üblich und vernünftig, durch eine Auswahl aus einer Vielfalt konditionierender Faktoren, die unter einem bestimmten Gesichtspunkt getroffen wird. Ich verknüpfe sie ferner mit modernen Entwicklungstendenzen und bringe sie in einen Dialog mit verfügbaren Daten. Eine naturwissenschaftliche experimentelle Verifizierung ist in der Historie nicht möglich, wohl aber ein Test nach der Logik des Geschichtsprozesses. In der Geschichtsforschung wechselten und wechseln methodische Prinzipien, die in anerkannte und nicht anerkannte untergliedert werden können. »Die anerkannten Prinzipien bezeichnen die zum jeweiligen Zeitpunkt geltende Reihe von Verfahrensregeln, die die Forschung zu beachten hat, wenn ihre Aussagen als wissenschaftlich gültig akzeptiert werden wollen« [50].

Die Paläo-SETI-Forschung mag hier einen großen Nachholbedarf aufweisen. Aber für die klassischen Wissenschaften wie für die Paläo-SETI-Forschung sollte gelten: »Es muß festgestellt werden, in welchem Maße es einer bestimmten Disziplin in einer bestimmten Epoche gelingt, eine möglichst vollständige Erkenntnis ihres Forschungsgegenstandes zu erreichen. Wenn wir die Ergebnisse in diesem Rahmen analysieren, dann nimmt die Frage nach den Grenzen dessen, was in der historischen Forschung wissenschaftlich ist, einen anderen Charakter an. In dieser Interpretation werden jene Grenzen nicht von den im Vorgriff angenommenen Kriterien von Wissenschaftlichkeit determiniert, sondern sind eine Funktion der Möglichkeit, zur Erkenntnis des Forschungsgegenstandes zu gelangen ...

Wir haben es hier folglich mit Grenzen zu tun, die als dynamisch und – wie die absolute Wahrheit – zugleich als nicht voll erreichbar betrachtet werden müssen. Bestenfalls kann man sich den Grenzen dessen, was als wissenschaftlich gelten kann, annähern. Das Erkennen dieser Grenzen ist jedoch bedingt durch den Grad der über den Forschungsgegenstand, d. h. den Geschichtsprozeß, gewonnenen Erkenntnis ...

Derartige Selbsterkenntnis ist unseres Erachtens erforderlich, wenn uns eine immer größere Annäherung an die besagten Grenzen der Wissenschaftlichkeit gelingen soll und wenn wir auf unserem Weg der Wahrheit ein Stück näherkommen wollen« [51].

Auf dem Weg zur Wahrheit sollten also alternativ diskutierte Modelle unserer Vergangenheit nicht von vornherein abgelehnt werden, nur weil das Instrumentarium noch nicht dem derzeit gültigen Standard entspricht oder voreilig eine immunisierende Scheinargumentation aufgebaut wird, wie im Falle der mündlichen Überlieferungen geschehen, die dem Betrachtungsgegenstand nicht gerecht wird.

Wenn sich mehr Wissenschaftler als bisher auch dem Anliegen der Paläo-SETI widmen würden, könnte dieses Manko schon bald überwunden sein. Daß keine Scheu vor den Grundannahmen der Paläo-SETI und den von ihr herangezogenen Materialien zu bestehen braucht, hoffe ich aufgezeigt zu haben.

Der Mythos von der aztekischen »Lade«: Kulturhistorischer Hintergrund und Möglichkeiten einer Suche

Rudolf Eckhardt

Mythologie und Wahrheit

Am mythologischen Beginn der aztekischen Kultur steht eine Schöpfungsüberlieferung, die »Genesis« des Gottes Huitzilopochtli. Der spanische Franziskaner-Mönch und Chronist Bernardino de Sahagún, der zehn Jahre nach Hernando Cortés in die Neue Welt kam, zeichnete sie noch weitgehend unverfälscht auf [1]:

»Und wie die alten Leute wußten, hatte Huitzilopochtli, den die Mexikaner sehr verehrten, wie sie erfuhren, seine Herkunft und seinen Ursprung auf dem Couatepec (Schlangenberg), der in der Richtung nach Tollan liegt. Eines Tages besuchte ihn eine dort wohnende Frau namens Couatlycue, die Mutter der Centzonuitznaua und einer älteren Schwester dieser, Coyoxauh mit Namen. Und die Couatlycue diente dort dem Gotte, fegte den Boden, übte sorgfältig das Fegen des Bodens aus. Sie diente dem Gotte auf dem Schlangenberge.

Und einmal, als die Couatlycue den Boden fegte, kam eine Feder auf sie herab, wie ein Federball. Da ergriff die Couatlycue diesen schnell, steckte ihn in ihren Schoß; und als sie mit dem Fegen fertig war, wollte sie die Feder holen, die sie in den Schoß gesteckt hatte, sah aber nichts mehr. Da wurde die Couatlycue schwanger.« In einer anderen Version verschluckte sie einen Smaragd, wurde ebenfalls schwanger und gebar Huitzilopochtli. Beide Varianten assoziieren heute den Gedanken an eine künstliche Befruchtung.

Doch die mexikanische Mythologie ist äußerst diffizil und schwer zu interpretieren. Wir wissen aus verschiedenen ethno-historischen Quellen, wie der Gott Huitzilopochtli in voller Bewaffnung aus dem Leib der Couatlycue geboren wurde und mit seiner Schwester Coyolxauhqui und seinen Brüdern kämpfte, die die Milchstraße bewohnt haben sollen. Huitzilopochtli tötete seine eigene Schwester: »Und einer namens Tochancalqui setzt die Türkisschlange in Brand, auf Befehl Huitzilopochtlis. Darauf erschießt er die Coyoxauh (Coyolxauhqui). Darauf schnitt er ihr schnell den Kopf ab. Ihr Kopf blieb dort zurück an dem Rand des Schlangenberges. Und ihr Leib fiel herunter, zerfiel in Stücke. An gesonderte Stellen fielen ihre Arme, ihre Beine, ihr Leib.«

Mit dieser Tat kam der spätere aztekische Hauptgott seiner Schwester zuvor, denn diese hegte – ebenso wie ihre Brüder – Mordabsichten gegen Huitzilopochtli und Couatlycue, weil die ungewöhnliche Schwangerschaft ihrer Mutter sie nicht nur irritiert, sondern »Schmach und Schande« über alle gebracht hatte.

Die Waffe Huitzilopochtlis, die sogenannte »Türkis-« oder »Feuerschlange«, wurde zur geheiligten Reliquie. Als die Hauptstadt der Azteken später in einer aussichtslosen Lage war, soll als letzte Verzweiflungshandlung ein einsamer Krieger mit der heiligen Waffe den Spaniern entgegengeschickt worden sein. Er vermochte die Waffe jedoch nicht mehr zu handhaben. Hinweise darauf, daß das Objekt bis zum heutigen Tage überdauert haben könnte, sind nicht aktenkundig.

1. Das Idol

Die Überlieferungen der Azteken sprechen davon, daß sie während ihrer Wanderung ein Idol mit sich trugen, das in enger Verbindung zu Huitzilopochtli stand oder auch mit Huitzilopochtli selbst iden-

tifiziert wurde. Es ist überaus lohnend, die mythologisch überlieferten Details dieser Wanderung und des Idols einer näheren Analyse
zu unterziehen.

1. 1. Der Ursprungsort

Die Azteken selbst, zunächst eine unbedeutende ethnische Einheit
mit einer eigenartigen Sprache und primitiven Gebräuchen, hatten
eine mühevolle Wanderung voller Strapazen zurückgelegt, bis sie in
ihrem »gelobten Land« eintrafen und jenen Ort erreichten, an dem
sie ihre glanzvolle Kultur in erstaunlich kurzer Zeit manifestierten.
Als Ursprungsort dieser Wanderung verzeichnen die Chroniken
Aztlan, das »Land der Reiher« oder das »Land der weißen Farbe«.
Von diesem Wort leitet sich linguistisch auch der Name der Azteken, der »Leute von Aztlan«, her.
Dieses Herkunftsland wird als paradiesische Insel inmitten eines
Sees voller Fische und Wasservögel beschrieben. Wahrscheinlich
versteckt sich dahinter lediglich eine Projektion in die Vergangenheit. In der mündlichen Überlieferung über Generationen hinweg
wurde Aztlan unter Umständen zum Prototyp des späteren Mexico-
Tenochtitlan idealisiert. Wo das »Land der Reiher« tatsächlich geographisch zu lokalisieren ist, wird niemand mit Sicherheit schlüssig
rekonstruieren können. Die Chroniken widersprechen sich in dieser
Hinsicht im Detail. Unter den Forschern gibt es gleichermaßen
keine Einigkeit. Paul Kirchhoff favorisiert die Bajia-Region Mexikos, während Jimenez Moreno den Ausgangsort weiter westlich ins
heutige Nayarit plaziert, wo ein Aztlan immer noch auf der Karte zu
finden ist.
Aztlan soll eine Insel in der Mitte eines fischreichen Sees gewesen
sein. Andere Quellen ergänzen diese Beschreibung mit dem Hinweis
auf Chicomoztoc, den »Ort der sieben Höhlen«. Dort sollen einst
sieben Stämme versammelt gewesen sein, die aus dem Schlund einer
Finsternis entlassen wurden. Die Herkunft einer später in Michua-
can wohnenden Nahuatl-Gruppe (Nahuatl = aztekisch) sehen die
Bilderhandschriften [2] in der »Edelsteinschale«. Verbirgt sich hinter dieser Mythologie auch nur der Funke einer historischen Rea-

lität, wie können die Ahnen eines Volkes dann aus einer »Edelstein-schale« herausgetreten sein?

Es bleibt festzuhalten: Der Ursprungsort der Azteken ist durch mündliche Überlieferung verschleiert und nicht zielgenau zu lokalisieren, aber hinter Aztlan steckt mit hoher Wahrscheinlichkeit eine geschichtliche Realität.

1. 2. Der Aufbruch

Fray Diego Durán [3], ebenfalls spanischer Ordensgeistlicher, schreibt in seiner Geschichte der indianischen Länder Neuspaniens:

»Dreihundertundzwei Jahre waren vergangen, seit die sechs Stämme jene Höhlen, die in Aztlan und Tecolhuacan lagen, verlassen hatten, da machte sich der siebte Stamm auf, um in dieses Land zu kommen, und das waren die Mexikaner, denen es, so meinten sie, von den Göttern versprochen worden war, denn sie [= die Götter] waren ihnen sehr zugetan und so glaubten sie, in der Gunst der Götter zu stehen. Abgesehen davon, waren sie sehr kriegerisch und tapfer und vollführten ohne Furcht die größten Heldentaten; außerdem waren sie geschickt und klug.«

Diese überlieferte Aussage ist bemerkenswert: ein Land, das den Mexikanern, respektive den Azteken, von den Göttern versprochen worden war! Wir werden hierauf sogleich zurückkommen. Als Ursprungsort nennt Durán »Tecolhuacan, das auch Aztlan heißt«.

Tecolhuacan (auch Teoculhuacan) ist der Berg, auf dem ein Gott (»teotl«) wohnt. Diesen Gott identifizieren die Quellen als Huitzilopochtli, dessen Name in der Übersetzung sehr eng mit dem Begriff des Fliegens verknüpft ist. Eben dieser Gott bemühte sich vehement, die Azteken für die bevorstehende Wanderung mit Verheißungen zu motivieren:

»O Mexikaner, hier ist eure Pflicht, hier sollt ihr wachen und warten, die vier Enden der Erde sollt ihr euch untertan machen. Beherrscht Körper, Brust, Kopf und Arme. Schweiß, Arbeit und Blut soll es euch kosten, wenn ihr alles erreichen und genießen wollt – Smaragde, wertvolle Steine, Gold und Silber, kostbare Federn, den von weit hergebrachten Kakao, die bunte Baumwolle, die süß duf-

tenden Blumen und die köstlichen Früchte; dies alles werdet ihr erleben, denn dies ist in Wahrheit mein Auftrag, und dafür bin ich
hierhergesandt worden.« (Crónica Mexicayotl)

1. 3. Die Lade

Huitzilopochtli hatte die Azteken zum Exodus veranlaßt und ihnen
unmißverständlich befohlen, sich an dem Ort niederzulassen, wo sie
einen Adler mit einer Schlange in den Krallen auf einem Feigenkaktus, dem *Nopal*, sitzen sehen würden. Was Durán darüber berichtet,
klingt erstaunlich [3]:

»Sie trugen ein Götterbild mit sich, das sie Huitzilopochtli nannten
und das von vier Priestern getragen wurde, denen er insgeheim offenbarte, welchen Weg sie gehen sollten und was sie auf ihrer Wanderschaft erwarten würde. Ihre Verehrung und Furcht, die sie diesem Götterbild entgegenbrachten, war so groß, daß es niemand
außer ihnen [= den Priestern] wagte, sich ihm zu nähern oder es gar
zu berühren.«

Durán zitiert keineswegs die Bibel, wenn er schreibt: »Sie trugen es
in einer Lade aus Weidengeflecht, so daß bis auf den heutigen Tag
niemand unter den Bewohnern dieses Landes das Götterbild zu Gesicht bekommen hat. Dieses Heiligtum ließen die Priester als Gott
verehren, und auf seine Anweisung hin verkündeten sie die Gesetze,
nach denen sie leben sollten, und er schrieb ihnen vor, mit welchen
Zeremonien sie ihn ehren sollten. Überall, wo sie sich niederließen,
sorgten sie zuerst für ihren Gott.«

Die Parallele zum biblischen Exodus der Israeliten aus Ägypten ins
»gelobte Land« ist unübersehbar und die Gleichartigkeit der Ereignisse außergewöhnlich. Führt ein verlorener Weg der alttestamentarischen »Stiftshütte« nach Mesoamerika? Oder müssen wir nach einer zweiten Lade suchen?

1. 4. Die Wanderung

Huitzilopochtli befahl den Azteken den Weg. Nicht anders als der
israelitische Stammesgott Jahwe war auch er ein unbarmherziger
Führer, der sein Volk wieder und wieder auf die Probe stellte. Aber

er half ihm auch, wenn es in Not geraten war, denn der Ausgang dieses »Unternehmens« hing allein vom ihm ab. Kann aus der Perspektive der Archäo-SETI-Forschung angenommen werden, daß es sich hier um den zweiten Versuch eines »Experimentes« handelte, das Außerirdische aus uns nicht bekannten Gründen mit einer isolierten Gruppe von »Erdbewohnern« durchführten?

Im *Codex Boturini* ist illustriert, wie vier Priester die »Lade« und ihre Einzelbestandteile tragen. Huitzilopochtli ist in ein Tuch geschlagen und sitzt einem der Auserwählten »huckepack« auf dem Rücken. Über den Köpfen stehen volutenartige Gebilde, ähnlich wie Sprechblasen. Der Gott redete mit den Priestern, erteilte Befehle und Weisungen, so daß der richtige Weg ins »Land der Verheißung« nicht verfehlt werden konnte: »Wahrlich, ich werde euch führen, wohin ihr gehen sollt. Als weißer Adler werde ich euch erscheinen, und wohin ihr auch geht, sollt ihr singen. Nur wo ihr mich seht, sollt ihr hingehen; wo es mir dünkt, daß ihr bleibt, werde ich euch erscheinen. Dort sollt ihr meinen Tempel errichten, mein Haus und mein Bett, wo ich ruhen werde, schwebend und flugbereit.«

War es im Alten Testament eine Feuersäule, so ist es hier ein Adler, der den Zug anführt. Handelte es sich bei dem Adler um eine zoologische Zufallserscheinung? Wohl kaum. Es ist wörtlich vermerkt, daß die Marschrichtung von ihm bestimmt wurde. Steht der Adler, »schwebend und flugbereit«, nur als Pseudonym für eine von den Azteken unverstandene Technologie? Es wirkt auf den ersten Blick überzogen spekulativ, hinter einem derartigen mythologischen Phänomen rein subjektiv ein außerirdisches Raumschiff (oder ähnliches) zu vermuten. Die Wissenschaft wird davor zurückschrecken. Doch hat die Archäo-SETI-Forschung gerade auf dem Gebiet der biblischen Bundeslade eine Reihe von Problemlösungen angeboten, die Eingriffe einer außerirdischen Intelligenz als logische, mögliche und annehmbare Arbeitshypothese erscheinen lassen. Allerdings ist es objektiv angebrachter, Lösungsvorschläge dieser Art im konkreten Fall zurückzuhalten, bis weitere Informationen zur Auswertung kommen können. Von Anfang an waren Götter und Menschen, Huitzilopochtli und die Azteken, aufeinander fixiert. Wie der biblische Gott Jahwe, so wird Huitzilopochtli vom Wächter zum Richter. Er verübt ein grausames Blutgericht über diejenigen, die sich seinen Anordnungen widersetzen [3]: »Sie sagen, daß man in diesem schrecklichen Augenblick das Gesicht des Gottes sehen konnte; es war die Gestalt eines Dämons, die alle in Furcht und Schrecken versetzte. Und sie erzählen, daß sich mitten in der Nacht, als alles schlief, an einem Ort, den sie Tzompanco nennen, ein fürchterlicher Lärm erhob; und als der Morgen kam, fanden sie an diesem Ort all die Anführer, die jenen Aufstand angezettelt hatten, erschlagen.«

1. 5. Der Adler auf dem Kaktus

Nach jahrelangen Entbehrungen und strapazenreicher Wanderschaft war der Stamm endlich am Ziel, er fand das ersehnte Zeichen am Ufer eines fischreichen Sees, genau dort, wo wenig später eine der großartigsten Städte Amerikas aufblühen sollte: Tenochtitlan, »der Ort am Kaktusfelsen«. Hier war ihnen der Adler erschienen, hoch auf dem Kaktus mit den roten Früchten, hier war das versprochene Land. Dieses Symbol wurde zum Wappen der heutigen Vereinigten Staaten von Mexiko und schmückt die Mitte ihrer grün-weiß-roten Fahne.

Nach der heute gültigen Datierung fiel die Gründung der Stadt etwa in das Jahr 1370 unserer Zeitrechnung. Daher sei hier am Rande nur eine Frage aufgeworfen: Wie konnte aus einem unbedeutenden Fischerdorf, das ein kleiner, von Hunger und Krankheiten dezimierter Volksstamm auf ein paar schilfbewachsenen Inseln inmitten eines Sees gründete, in den hundert oder hundertfünfzig Jahren bis zur Ankunft der Spanier eine indianische Metropole mit gigantischen Tempelpyramiden, prunkvollen Palästen und kolossalen Monumenten entstehen? [4]

1. 6. Parallelität der Ereignisse

Von größerem Interesse ist hier aber zunächst eine andere Frage: Gab es wirklich etwas Ähnliches wie die israelitische Bundeslade in Mexiko? Die Aufzeichnungen Duráns und anderer Chronisten geben im Kern Ereignisse von ethno-historischer Bedeutung wieder. Stationen der Wanderung sind archäologisch nachgewiesen.

Doch womit haben wir es bei diesem Gott oder dieser Manifestation eines Gottes im aztekischen »Wandergepäck« zu tun, dessen
»Basisstation« ursprünglich auf einem Berg lag, der mit den Azteken kommunizierte, ihnen den Weg wies, in einer »Lade« getragen
wurde, dem sich nur bestimmte Auserwählte nähern durften und
dessen »Accessoires« bei einer Rast jeweils zuerst »gewartet« werden mußten? Kann ein Diffusionismus aus der Alten Welt ausgeschlossen werden?

Ohne Zweifel ist eine eingehende Erörterung dieser Frage zwingend
notwendig. An dieser Stelle zunächst eine Zwischenbilanz:

1. 6. 1. Durán und Sahagún – Diffusionisten? Durán erklärt selbst,
daß er über die Parallelität des Geschehens zutiefst erstaunt ist.
Wenn wir annehmen, er hätte das, was ihm von den Indianern diktiert wurde, vorsätzlich aus seinem christlichen Weltverständnis
umdeuten wollen, so muß nach seinen Motiven gefragt werden. Anders als etwa Fray Bartolomé de Las Casas in Yukatan, waren
Durán und auch Sahagún keine Ordensgeistlichen, die sich schützend vor die Indianer stellten, um ihre brutale Vernichtung anzuprangern. Warum also sollten sie alttestamentarisches Gedankengut
in »heidnische« Texte einfließen lassen? Es gibt keinen historischen
Hinweis darauf, daß beide sich jemals mit der Argumentation einer
in bestimmten Wurzeln vergleichbaren Religion zum Anwalt der Indios machten. Sahagún erlebte die Veröffentlichung seines Werkes
nicht mehr, denn die spanische Regierung befürchtete, die Indianer
könnten dadurch an einstige, bessere Zeiten erinnert werden. In verschiedenen altamerikanistischen Arbeiten wird darüber hinaus betont, daß die Berichte Sahagúns auf verschiedene »Gewährsmänner« zurückzuführen seien und daß nicht das geringste daran retuschiert worden sei.

Duráns Aufzeichnungen gehen auf den sogenannten Crónica-X-
Kreis zurück. Darunter ist als Vorlage eine verschollene aztekische
Originalchronik zu verstehen, die die Ereignisgeschichte des Aztekenreiches aus der Warte Tenochtitlans zum Inhalt hatte. Durán beruft sich im Laufe seines Werkes achtzigmal auf diese Vorlage.

- Die altmexikanischen Bilderhandschriften wurden zwar alle, so auch der *Codex Boturini*, erst nach der spanischen Eroberung angefertigt; sie geben jedoch vorspanische Motive wieder und stammen aus verschiedener Feder. Handschriften wie die Codices *Azcatitlan, Mexicayotl, Mexicana, Ramirez* sowie die *Annalen von Cuauhtitlan* und die *Historia Tolteca Chichimeca* bestätigen und ergänzen die hier zitierten Chronisten. In nahezu allen aufgeführten Codices wird die Wandersage hervorgehoben. Der zeitliche Rahmen deckt sich weitestgehend ebenfalls. Hätte eine Verwebung oder Manipulation stattgefunden, müßten einschneidende Differenzen in diesen Dokumenten im Hinblick auf die Beschreibung der Lade auffallen.

- Unbestritten existiert eine frappierende Parallelität der Ereignisse zur Wüstendurchquerung des Volkes Israel. Doch auch eklatante Unterschiede sind zu vermerken: Die aztekische »Lade aus Weidengeflecht« wurde auf dem Rücken eines Priesters getragen. Drei weitere transportierten offensichtlich den in Einzelteile zerlegten Rest. Der Hauptunterschied jedoch: Huitzilopochtli war ein reiner Kriegsgott. In seiner Beschreibung sagt Sahagún: »Dieser Gott, den sie Huitzilopochtli nannten, war ein zweiter Herkules, draufgängerisch, stark und kriegerisch. Ein Zerstörer der Städte, ein Schlächter der Menschen ... wegen seiner Stärke wurde er von den Mexica selbst mit Furcht behandelt.«

- Vollzogen Kolumbus und seine Nachfolger die ersten Begegnungen zwischen Europa und Mesoamerika? Heute wird nicht mehr bestritten, daß fast fünfhundert Jahre früher Wikinger unter Leif Erikson von Grönland aus in Amerika landeten. Einen Einfluß auf die zentralamerikanischen Kulturen haben sie jedoch nicht zu vertreten. Wikinger befuhren nur im äußersten Nordosten Nordamerikas die Küsten und ließen sich nur selten für kurze Zeit nieder [5].

1. 6. 2. Die Templer waren es nicht. In ihrem Buch Die Entdeckung des Grals vermuten Johannes und Peter Fiebag [6] einen Diffusionismus durch den Templer-Orden bereits zu Beginn des vierzehnten Jahrhunderts. Allein die Argumente, daß die Templer »wie kein anderer Orden seiner Zeit an den Wissenschaften interessiert war, eine eigene große Flotte und in La Rochelle einen ausgezeichnet positionierten Hafen besaßen«, rechtfertigen noch nicht die Annahme, daß Ordensangehörige »lange vor Christoph Columbus Amerika erreichten«. Es wird lediglich unterstellt, daß sie »von Ländern jenseits des Atlantiks wußten, daß sie möglicherweise über entsprechende Karten verfügten«. Anschließend wird die Argumentation dann umgedreht, die aztekische Wandersage als Hauptindiz für die potentielle Landung der Templer in Amerika angesehen. Nur von ihnen hätte das Gedankengut stammen können, das später von den Azteken verbal mit ihren Legenden um Huitzilopochtli verknüpft worden sein soll. Diese Beweisführung ist meines Erachtens nicht zwingend, sie dreht sich im Kreis. Ebenso fehlt der archäologische Befund.

Unausgesprochen, weil im Sinne dieser These kaum zu beantworten, bleiben in diesem Zusammenhang auch naheliegende Fragen: Warum brachte der Orden aus Europa nicht das Pferd mit in die Neue Welt? Warum blieb den Azteken gleichermaßen bis zur Ankunft von Cortés die praktische Verwendung des Rades unbekannt? Warum kannten sie bis dato nicht die Töpferscheibe? Warum fand die Landung der Templer selbst keinen Niederschlag in altmexikanischer Bilderhandschrift oder Überlieferung? Die Ordensritter wären mit ihrem charakteristischen weißen Umhang mit flammendrotem Kreuz doch für eine indianische Bevölkerung überaus spektakulär gekleidet gewesen!

1. 7. Unabhängige Entwicklungslinien

Ganz gleich, welche konventionelle Erklärung man bevorzugt, es bleibt schwer greifbar, daß sich annähernd identische Ereignisse dieser Art zweimal auf unserem Planeten abgespielt haben sollen.

Nach Einschätzung der modernen Ethno-Soziologie, die Diffusion als einzige Erklärung der Verbreitung derartiger Phänomene ablehnt, entwickelten sich Techniken und Bauformen ebenso wie auch mythologische Ideen und deren Ausprägungen nicht an einem einzigen Ort, von dem sie auf dem Wege der Diffusion ausstrahlten, sondern polyzentrisch, das heißt unabhängig voneinander an mehreren Zentren (Konvergenztheorie). Postuliert wird also nichts weiter, als daß Menschen völlig unabhängig voneinander an verschiedenen Orten und zu verschiedenen Zeiten auf diesem Planeten unter mehr oder weniger gleichen kulturellen Bedingungen auf gleiche oder ähnliche Gedanken gekommen sind. Dies gilt selbstverständlich nicht nur für die archäologisch nachweisbare materielle Kultur, sondern gleichfalls für die geistige Kultur, für Sitten, Gebräuche und religiöse Wertvorstellungen. Dabei steht außer Frage, daß es in vorgeschichtlicher ebenso wie in geschichtlicher Zeit ständige Wechselbeziehungen zwischen Gruppen, Stämmen, Völkern und somit auch Austausch von Kulturgütern gegeben haben muß. Entscheidend ist nur, sorgfältig zu prüfen, ob in unserem Einzelfall im präkolumbianischen Amerika die Wahrscheinlichkeit einer Kulturübertragung oder die einer unabhängigen Neuentstehung größer ist.

Da wir für eine rein »irdische« Diffusion keine eindeutigen Indizien aufspüren konnten, ist die Wahrscheinlichkeit der Konvergenz zumindest sehr hoch – es sei denn, man bereichert die aztekische Wandersage um die »außerirdische« Komponente im Sinne der Archäo-SETI-Hypothese. Unter der Spekulation, daß extraterrestrische Intelligenzen ein zweites Experiment durchführten, um aus zerstreuten Stämmen ein neues Volk zu schaffen, das die Eingriffe einer höheren Kultur in sich entwickeln sollte und insofern isoliert werden mußte, ergibt sich erst ein monozentrischer Aspekt für die Parallelität der Ereignisse. Ein unwiderlegbarer Beweis hierfür ist zum gegenwärtigen Zeitpunkt jedoch nicht zu erbringen.

1. 8. Die Suche

Ohne die Eventualität eines außerirdischen Eingriffes zu unterstellen: Wo könnte die aztekische Lade verblieben sein [7]?

Die Azteken errichteten in Tenochtitlan, der heutigen Ciudad de Mexico (Mexico-City), ihr Hauptheiligtum genau an der Stelle, an der sie den Adler auf einem *Nopal* (Feigenkaktus) erblickt hatten. »Laßt uns an diesem Platz des Feigenkaktus eine kleine Klause bauen, damit unser Gott endlich Ruhe findet.« Allgemein wird diese Stätte heute »Templo Mayor« (Großer Tempel, Haupttempel) genannt. Seit der »Grundsteinlegung« wurde er bis zu seiner Zerstörung durch die Spanier siebenmal umgebaut und vergrößert. Von der »kleinen Klause« zu Beginn hat fast nichts die Zeiten überdauert.

Der Bericht Bernal Diaz del Castillos gibt uns Details über den Tempelkomplex [8]: »Auf jedem Altar befanden sich zwei Figuren, die wie Giganten mit sehr großen und sehr dicken Körpern wirkten. Der rechte der beiden, so sagten sie, war Huitzilopochtli, ihr Hauptgott.« Diaz del Castillo fügt hinzu: »An der höchsten Stelle war noch eine kunstvoll gemachte Höhlung und eine weitere Figur, halb Mensch, halb Alligator. Der Körper war angefüllt mit allen Samen der Welt.«

Im Anhang seines zweiten Buches beschreibt auch Sahagún den Tempel: »Der Hauptturm befand sich in der Mitte. Er war zugleich der größte und gehörte Huitzilopochtli.« Durán sagt bezüglich des von der Wanderschaft zurückbehaltenen Idols des Gottes, dieses sei grundsätzlich geschmückt auf einen hohen Altar in einer kleinen Kammer des Templo Mayor gelegt worden.

Die Chance, hier fündig zu werden, ist meines Erachtens begründet. Doch wir müssen bedenken, daß die indianische Großstadt Tenochtitlan – seinerzeit bevölkert von einer halben Million Menschen – 1519 und in den darauffolgenden Jahren von den eindringenden Spaniern völlig zerstört wurde. Auf den noch schwelenden Ruinen des Templo Mayor wurde die neue christliche Kathedrale errichtet. Wurde auch die »aztekische Lade« zerstört? Oder gelang es den Azteken, ihr Heiligtum vor den Eroberern rechtzeitig in Sicherheit zu bringen? Welcher Weg könnte unter diesen Umständen zur Entdeckung führen?

Es bleibt zunächst die Möglichkeit der modernen Archäologie. Erst in der Nacht vom 21. auf den 22. Februar 1978 fanden Arbeiter der mexikanischen Elektrizitätsgesellschaft in der Nähe des Zocalo von Mexico-City einen gigantischen runden Steinblock mit einem Durchmesser von 3,25 Meter. Dort im Relief angebracht ist eine nackte Frau ohne Kopf und mit vom Rumpf getrennten Armen und

Beinen. Es besteht kein Zweifel, daß es sich um Coyolxauhqui, die
Schwester des Huitzilopochtli, handelt, der sie nach der Mythologie
in einem beispiellosen Zweikampf auf dem Hügel von Couatepec
zerstückelt hatte. Mit dieser Entdeckung liefen die Grabungskam-
pagnen am Templo Mayor erst an.

Niemand kann ausschließen, daß wir in Ausgrabungsstätten, alten
Quellen und Chroniken die Antwort finden werden.

2. Die »Lade der Azteken« und der Bischof

In der Tat existieren Ansatzpunkte, Konkreteres über das Schicksal
der Lade zu erfahren. Die aztekischen Priester gaben ihr Leben, um
die Heiligtümer des Großen Tempels mit allen Mitteln zu schützen.
Selbst unter der Folter der Inquisition konnte Miguel, der vielleicht
letzte Geheimnisträger, nicht dazu gezwungen werden, ihre Ver-
stecke zu verraten. Der aztekische Name des Mannes war Puchte-
catl Tlayloca. Im Jahre 1539 wurde dem indianischen Kaziken einer
der ersten inquisitorischen Schauprozesse gemacht.

Neunzehn Jahre zuvor, im Mai 1520, hatte der Hauptmann Pedro
de Alvarado als Stellvertreter von Cortés nach dem Grundsatz der
Ausrottung der Elite das Fest des Huitzilopochtli zu einem Ausfall
genutzt und unter aztekischen Edlen und Priestern ein Massaker an-
gerichtet. Als Folge waren die Azteken zur Aushungerung des Kö-
nigspalastes übergegangen. Sie ließen jeden hinein, aber niemanden
mehr heraus. Danach kam es zur »Noche Triste«. Miguel wurde an-
geklagt, nach dem Blutbad am Adel die fünf heiligsten Gegenstände
des Großen Tempels auf Befehl Moctezumas versteckt zu haben.
Weder Gefangennahme noch barbarische Folter vermochten ihm
sein Geheimnis zu entreißen.

An dieser Stelle und in diesem Zusammenhang könnte die Wahrscheinlichkeit nahezu zur Sicherheit werden, daß die »zweite Lade«
nicht von den Spaniern vernichtet und auch nicht bewußt oder unbewußt nach Europa verschifft wurde. Was sich auch immer hinter
diesem Objekt verbirgt, es hatte für die Mexikaner eine ähnlich

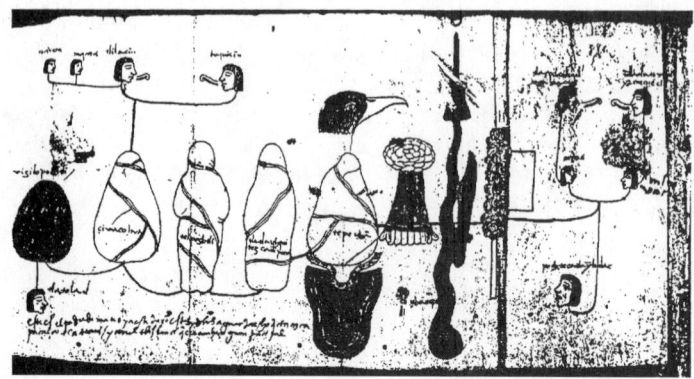

Abbildung aus einem aztekischen Dokument, das im Prozeß gegen Miguel offiziell als belastendes Beweismaterial vorgelegt wurde. Bildlich angedeutet sind die Beziehungen zwischen den verschnürten Idolen und den am geheimen Abtransport beteiligten Personen. (Foto: Archiv Rudolf Eckhardt)

hohe religiöse Bedeutung wie die Stiftshütte für die Hebräer. Wenn der Kazike Miguel unter Lebensgefahr Sakralheiligtümer rettete, wird er das Allerheiligste nicht außer acht gelassen haben.

Verstreut über die mexikanische Inquisitionsdatei und das Allgemeine Nationalarchiv (*Archivo General De La Nación, AGN*) existieren mehrere hundert Inquisitionsdokumente, die sich allein mit Prozessen gegen Indios befassen. Folgende Ereignisse lassen sich mit Hilfe dieser Protokolle rekonstruieren: Im Jahre 1535 wurde Fray Zumárraga zusätzlich zu seinem Amt als Erzbischof von Mexico-Tenochtitlan auch zum »Apostolischen Inquisitor« Neu-Spaniens ernannt. Bereits bis zum Jahre 1530 hatte er als Vertreter der Kirche »im Namen Gottes« fünfhundert verborgene Tempel ausfindig machen und ebenso zerschmettern lassen wie geschätzte zwanzigtausend Idole. Auf die Rechnung seines Vernichtungswerkes geht ferner eine unbekannte Zahl von Kodizes und altindianischen Manuskripten, von denen nicht wenige heute Licht auf die Vergangenheit Mesoamerikas werfen könnten.

Die Nachforschungen Zumárragas waren gründlich und unbarmherzig. Seine Recherchen hatten ergeben, daß Cortés selbst mit einer Eisenstange auf eine Skulptur des Huitzilopochtli eingeschlagen hatte. Ein Ordensbruder namens Motolinía hatte diese Begebenheit bestätigt. Cortés soll in das Allerheiligste eingedrungen sein und dort vor Moctezuma und den Priestern Huitzilopochtli den Garaus gemacht haben. Indem er Gottes Hilfe heraufbeschworen habe, soll Cortés hoch in die Luft gesprungen sein, um seinen zerstörenden Streitkolben zu schwingen.

Das Idol soll die imponierende Größe von fünfzehn Fuß (ca. 4,57 Meter) aufgewiesen haben, doch dieser Umstand wäre für den von Gott beschützten Cortés ohne Bedeutung gewesen, als er, in der Höhe schwebend, einen Schlag nach dem anderen auf den Kopf des Idols niederfahren ließ [9]. So oder ähnlich lauteten die im Umlauf befindlichen Versionen. Entsprachen sie tatsächlich der Wahrheit?

Cortés selbst nahm für sich den Verdienst in Anspruch, ein »Werk des Teufels« vernichtet zu haben. Seine Briefe an die spanische Krone, in denen er sich dieser Tat rühmte, wurden im Geschichtswerk eines Spaniers mit Namen Gonzalo Fernández de Oviedo y Valdez [10] publiziert. Quellenkundlich belegbar ist, daß über viele Jahre hinweg die Monumentalskulptur der Couatlycue, die sich noch heute im *Nationalmuseum für Anthropologie* in Mexico-City befindet, mit Huitzilopochtli verwechselt worden ist. Frances Calderón de la Barca besuchte das Museum 1839. Er schreibt [11]: »Wir sahen ebenso die Gottheit des Krieges in einer Ecke auf dem Hof neben den Opfersteinen liegen …« Jahre später machte Edward B. Tylor [12] denselben Fehler. Ihm folgte Prescott [13], der irrtümlich schrieb, daß Huitzilopochtli, ein Basaltblock von ungeheurer Größe, über und über mit bizarrer Steinmetzkunst überzogen, seit langer Zeit im Nationalmuseum aufbewahrt worden wäre. Kunsthistorisch besteht heute nicht der geringste Zweifel daran, daß es sich bei eben diesem beschriebenen Objekt um das Götterbild der Couatlycue handelt und nicht um eine Erscheinungsform des Wächters der Azteken.

Bischof Zumárraga kannte die Überlieferungen. Die rätselhafte Macht des aztekischen Gottes beziehungsweise seines Schreines war ihm von den Chronisten geschildert worden. Was Zumárraga zu diesem Zeitpunkt noch nicht wußte, jedoch bald in Erfahrung brachte, war, daß Huitzilopochtli keineswegs großen Schaden erlitten hatte. Mit hoher Wahrscheinlichkeit hat das Objekt, was auch immer sich dahinter verbergen mag, sowohl Cortés als auch die Belagerung überstanden.

Zur Spurensicherung müssen wir noch einmal unter Berücksichtigung der Prozeßakten siebzehn Jahre bis zu dem Tag zurückgehen, als Cortés den Gegenstand zu vernichten suchte. Moctezuma war zur gleichen Zeit bereits zu einer realistischen Einschätzung von Cortés und seinen wahren Motiven gekommen. Auf das dringende Ansuchen des Spaniers hin hatte er Huitzilopochtli und weitere heilige Objekte aus dem Doppelheiligtum auf der Spitze der großen Pyramide entfernen lassen; ein Vorgang, den die spanischen Soldaten vor Ort beobachteten. Danach sahen sie jedoch die wirklichen, die echten Idole nie wieder. Moctezuma ließ sie geschickt im Glauben, daß die Mutter Gottes, die Jungfrau Maria, fortan im Triumph regieren könne. Doch im geheimen bereitete er die mögliche Wiedereinsetzung seines Gottes vor. In vollem Vertrauen auf dessen Loyalität übergab er das Heiligtum einem aztekischen Würdenträger namens Tlatolatl. Dieser führte die Anweisungen des Aztekenherrschers gehorsam und zuverlässig aus. Huitzilopochtli wurde in einem sicheren Versteck im Palast deponiert, eng zu einem Bündel verschnürt, das nur zu rituellen Zeremonien geöffnet werden durfte. Nur wenige der herrschenden Oberschicht kannten diese Konzeption, unter Androhung von Strafe und Tod waren sie zum Schweigen verpflichtet. Auf diese Weise überstand Huitzilopochtli die Anfangszeit von Moctezumas Gefangenschaft.

In den späteren Tagen ihrer Einkerkerung hatten Moctezuma und Cuitlahuac, die die gleichen Ketten teilten, ausreichend Gelegenheit, einen Plan zu schmieden, um Huitzilopochtli zu retten. Bevor es zum Rückzug der Spanier und zur »Schreckensnacht« kam, zeichnete sich das Ende der Herrschaft von Moctezuma ab. Die Fürsten der verbündeten Pipiltin bekundeten unverhohlen ihre Absicht, Cuitlahuac, vorausgesetzt, daß er befreit werden könnte, zu inthronisieren. Es war Moctezuma, der die Lösung fand. Indem sie die weitere Versorgung mit Wasser und Nahrungsmitteln verweigerten, zwangen die rebellierenden Fürsten Cortés dazu, Kriegsvorräte zu furagieren. Mit enormer Geschicklichkeit ließ Moctezuma daraufhin Cortés übertriebene Fürsorge zuteil werden, schmeichelte ihm und schlug vor, Cuitlahuac den dringend benötigten Proviant beschaffen zu lassen. Ahnungslos ging der Konquistador auf dieses listenreiche Angebot ein. Moctezuma hatte die Freilassung seines Bruders erwirkt!

Aber das Schicksal intervenierte. Nach nur wenigen Wochen starb Cuitlahuac an den Pocken, die die Spanier in das Land eingeschleppt hatten. Der von Moctezuma beauftragte Tlatolatl war jedoch offenbar auf eine Eventualität dieser Art vorbereitet worden. Er transportierte Huitzilopochtli in die Sicherheit des Palastes von Boquicin, einem Fürsten von Atzcapotzalco. Boquicin und einer seiner Adligen, Tlalonca, stellten einen größeren tragbaren Schrein bereit und deponierten darin vier weitere Idole. Die gleichen Sicherheitsmaßnahmen und rituellen Vorkehrungen bestanden weiter, so daß die Heiligtümer dort unbeschadet die Belagerung Mexico-Tenochtitlans überstanden haben [14]. Das Geheimnis des Huitzilopochtli wurde in erster Linie deshalb gewahrt, weil nur wenige überhaupt davon Kenntnis hatten.

Es war sowohl für Zumárraga als auch für heutige Forscher eine glückliche Fügung des Schicksals, daß an einem frühen Junitag des Jahres 1539 zwei zum Christentum konvertierte aztekische Brüder, Mateos und Pedro, in der Residenz des Bischofs erschienen, um ihr geheimes Wissen über versteckte Idole preiszugeben. Ein Jahr zuvor war Mateos, um das Sakrament der Kommunion zu empfangen, zum Kloster der Franziskaner nach Toluca gegangen. Als er die warnenden Stimmen der Mönche in den Predigten hörte, die die Idolatrie unter Androhung von ewiger Verdammnis anprangerten und vehement dazu aufforderten, jegliche Kenntnis von verborgenen Idolen zu offenbaren, verwirrten ihn die Worte, und er gestand sich ein, daß er von Angst erfüllt war. Er schlug seinem Bruder vor, das Geheimnis zu enthüllen. Ein Jahr lang zögerten sie, sie waren durch

die kulturellen Veränderungen zu verstört, um eine klare Entscheidung treffen zu können. Doch dann faßten sie den Entschluß zur
Preisgabe.

Mateos und Pedro waren die Söhne von Tlatolatl, in dessen Obhut
Moctezuma einst den Schrein seines Gottes gegeben hatte. Am Anfang, als ihr Vater das sorgsam verhüllte Objekt in ihr Haus brachte,
besaßen sie offenbar keinerlei Vorstellung von der Bedeutung des
Gegenstandes; aber sie lernten schnell, da sie ihrem Vater und den
wenigen Adligen, die zur Darreichung von Opfergaben kamen, bei
rituellen Handlungen als eine Art Meßdiener zur Seite standen.

Als Huitzilopochtli nach der »Noche Triste« in einer »Nacht-und-
Nebelaktion« nach Atzcapotzalco transportiert wurde, begleiteten
sie ihn. Zu seiner Pflege und Wartung verblieben sie dort, bis Cortés
mit Boquicin, Tlalonca und ihrem Vater nach Honduras marschierte. Tlatolatl wurde mitgenommen, weil er von Cortés instink-
tiv zu jenen einflußreichen Männern gezählt wurde, die jederzeit in
der Lage waren, in der Hauptstadt eine Revolution anzuschüren.
Als die Nachricht vom Tod Cuauhtémocs, des letzten freien Aztekenherrschers, Empörung und Aufsehen erregte und die Wellen der
Entrüstung ihren Höhepunkt erreicht hatten, versuchte ein im
Untergrund befindlicher Prinz des aztekischen Königreiches die
Kontrolle über die revolutionäre Bewegung zu erlangen. Seine
Bemühungen, als Nachfolger auf den verwaisten Thron Cuauhtémocs gesetzt zu werden, waren schließlich erfolgreich. Schnellst-
möglich sandten Anahuacaca, der neue König, und sein Ratgeber,
der Fürst von Tula, vertrauenswürdige Helfer aus, um die Idole im
geheimen zurück nach Mexico-Tenochtitlan zu bringen. Wieder
waren Pedro und Mateos an dieser Mission beteiligt. Jetzt eskor-
tierten sie Huitzilopochtli in das Haus von Puxtecatl Tlayotla, der
seit seiner Konvertierung, wie bereits vermerkt wurde, unter dem
Namen Don Miguel bekannt war.

Die Brüder wurden als Gäste im Haus von Coyoca beherbergt, unter dessen Verantwortung die riskante Transaktion gestanden hatte,
und warteten geduldig die weitere Entwicklung der Ereignisse ab.
Nach wenigen Tagen wurden sie vor den neu inthronisierten Herr-

scher geführt, der sie einem Sicherheitstest unterzog. Die konkreten
Fragen sind uns nicht überliefert, doch Pedro und Mateos bestanden diesen Test offenbar nicht. Sie wurden darüber informiert, daß
die heiligen Gegenstände andernorts deponiert würden und ihre
Dienste nicht länger erforderlich seien. Nach fünf Jahren pflicht-
gemäßer Arbeit am höchsten Heiligtum des aztekischen Gottes waren sie abrupt ihrer Ämter vollständig entbunden worden. Obgleich
sie zur festen Überzeugung kamen, einer Verleumdung zum Opfer
gefallen zu sein, konvertierten beide anschließend ohne Zögern zum
Christentum.

Dieser Sachverhalt, so trugen sie es Zumárraga vor, wäre alles, was
sie wüßten. Urplötzlich wurde das schon verschwunden geglaubte
Problem der religiösen Abtrünnigkeit für den Bischof faßbar. Er sah
Huitzilopochtli jetzt als ein Instrument des Satans persönlich an,
dessen Strategie sich allmählich offenbarte. Solange die unbegreif-
bare Macht des Gottes Einfluß auf die Bevölkerung hatte, würde
weder das Evangelium einen fruchtbaren Nährboden finden noch
die Spanier ihre Souveränität aufrechterhalten können. Am 20. Juni
1539 berief Zumárraga die erste formelle Anhörung über diesen
Fall ein.

Don Miguel wurde zum Verhör vorgeladen. Der Konsens seiner
Vernehmung und der zahlloser Zeugen lag in der für Zumárraga
brisanten Aussage, daß Huitzilopochtli in einer schwer zu lokalisie-
renden Grotte in der weiteren Umgebung von Tula seine Wiedergeburt erwartete.

Sollten wir aus heutiger Sicht, aus dem Blickwinkel der Archäo-
SETI-Hypothese, besser fragen, ob ein technisches Gerät – auch von
den Azteken letztlich aufgrund ihrer kulturellen Entwicklungsstufe
unverstanden – zur Inbetriebnahme bereitstand? Was in diesem Zusammenhang wie Science-fiction anmutet, gewinnt mit den diesbe-
züglichen fundamentalen Forschungsergebnissen auf dem Gebiet
der alttestamentarischen Bundeslade eine durchaus vergleichbare
Bedeutungsperspektive für das Heiligtum der Azteken [15]!

Im übrigen spricht ein historischer Nebenaspekt als indirektes Indiz
für das Versteck der Lade in der Nähe von Tula. Moctezuma, der

unglückliche Aztekenherrscher und Initiator der »Nacht-und-Ne-
belaktion«, hatte sich zeit seines Lebens geradezu magisch von der
untergegangenen Kultur der Tolteken angezogen gefühlt. Er nahm
sich die Pracht und Herrlichkeit ihres Reiches zum Vorbild. Zahlreiche Darstellungen in Tula zeugen von der großen Gottheit dieses
Volkes, von Quetzalcoatl, der »gefiederten Schlange«. Wehmütig
verehrte Moctezuma das heilige Areal als Hort von Beständigkeit
und Zivilisation, die der legendäre Gott den Menschen gebracht
hatte. Immer wieder zog er sich in dieses Gebiet zur religiösen Me-
ditation zurück.

Die religionshistorisch bedeutende Frage nach der Legitimation des
aztekischen Herrschertums kann mit Sicherheit dahingehend beantwortet werden, daß durch die Konquista eine Entwicklung abgebrochen wurde, die zum Sakralkönigtum führte und zur Zeit Moctezumas II. unmittelbar vor ihrer Vollendung stand. Bereits die Titel
der aztekischen Herrscher, die wir allgemein mit »König« oder
»Kaiser« wiedergeben können, weisen in diese Bedeutungsperspektive. Sie wurden mit *tlacatecutli* (»Fürst der Menschen«) bezeichnet,
mit *tlatoani*, was den »Sprecher« im Staatsrat (*tlatocan*) zum Ausdruck bringt, aber auch als Inhaber der befehlenden Gewalt wie
auch des schöpferischen Wortes aufgefaßt werden kann. Moctezuma II., dessen Verwurzelung in der Mythologie seines Volkes
außer Zweifel steht, hatte die traditionellen priesterlichen Funktionen seiner Vorgänger weitestgehend übernommen. So galt er als irdischer Vertreter des Feuergottes, als Nachfolger Quetzalcoatls und
Huitzilopochtlis! In Tula hatte er sich oft mit einer ganzen Schar
von Priestern, Astrologen und Medien umgeben, von denen er sich
die Sterne deuten und sich beraten ließ, wie man die Gunst der Götter zurückgewinnen könnte. Wenn der sakrale Schrein aus Sicher-
heitsgründen versteckt werden mußte, dann augenscheinlich auf
»göttlichem« Boden.

Am 30. Januar 1540 leitete der spanische Kirchenfürst das letzte,
außergewöhnlichste und schockierendste Manöver ein: Er ordnete
für Miguel die Befragung unter der Folter an. Bei der Tortur wurde
Miguel schließlich ohnmächtig, ohne irgend etwas preisgegeben zu

haben. Zumárraga ordnete daraufhin an, den (zum Christentum konvertierten) Indianer im Kerker von El Grande einsitzen zu lassen.

Auf diese Weise verschwand Miguel, der vermutlich letzte Geheimnisträger der Azteken, von der Bühne des Geschehens. Die Vermutung ist nicht unbegründet, daß er in El Grande starb und sein Wissen um Huitzilopochtli mit ins Grab nahm. Auch die Jahre der Haft konnten sein Schweigen nicht brechen.

Im Jahre 1541 sammelte sich an der nordwestlichen Grenze Mexikos die größte Schar von Indios, die je zu einem bewaffneten Widerstand im Namen von Huitzilopochtli gegen die Kolonialherren aufgebrochen war. Sie kamen unter der Führung erfahrener Kaziken mit der Absicht, Angst und Schrecken in ganz Mexiko zu verbreiten und die Spanier ins Meer zu treiben. Die Geschichtsschreibung verzeichnet den Aufstand heute unter dem Namen Mixton-Krieg. In einem Vernichtungsfeldzug sah man den einzigen Ausweg. Er wurde mit grauenhafter Unerbittlichkeit geführt und drohte, auf das zentrale Hochplateau überzugreifen und es in Flammen aufgehen zu lassen. Die Kampfhandlungen waren kurz, konzentriert und brutal. Die Stadt Mexico war auf eine noch viel zu kleine Zahl spanischer Siedler angewiesen, die durch Neuzugänge nur schleppend vergrößert wurde. Deren Produktivkräfte waren beschränkt, und die Streitkräfte waren infolge ständiger Rebellionen völlig desorganisiert. Die Hauptsorge der Regierung galt der Bildung einer stabilen zentralen Verwaltung, was zur Folge hatte, daß ihr wenig Energie für die Kontrolle entfernterer Territorien blieb. Widerstandsgruppen entzogen sich der spanischen Einflußnahme, indem sie nördlich der Hauptstadt operierten. Auch insofern gibt es guten Grund anzunehmen, daß sich das Versteck Huitzilopochtlis im Norden von Mexico-City befindet, zumal die meisten der insgesamt dreizehn Prozesse, die Zumárraga gegen Indios führte, eben dort ihren Ursprung hatten.

Zu der Zeit, als der Druck der Inquisition unerträglich wurde, waren die Flüchtlinge allein, zu zweit, in gut organisierten kleinen Gruppen und gelegentlich zu Hunderten nordwärts gezogen. Sie organisierten sich im Tal von Tlatenango, erreichten Suchipila, die Sierra von Tepic, Nochistlán und schwenkten nach Süden ein, um sich wieder dem von den Vulkanen Popocatépetl und Ixtaccíhuatl beherrschten Hochtal von Mexiko zu nähern. Vorrangig hatten hispanisierte Männer die Führung der Rebellen übernommen, Männer, die das Spaniertum der Konquistadoren von innen heraus erfahren hatten. Ebenso faszinierend wie rätselhaft und kurios klingen die Verheißungen, die jenen zuteil werden sollten, die mit den Aufständischen in den Kampf zogen: ewiges Leben, Reichtum, immerwährende Fruchtbarkeit des Bodens und insbesondere die gezielte Steuerung der jährlichen Niederschlagsmenge! Die Indios betrachteten diese schicksalsschweren Versprechungen als Zeichen dafür, daß Huitzilopochtli auf ihrer Seite stand.

Als es bereits den Anschein hatte, als würden die Aufständischen siegreich sein können, gelang es dem spanischen Vizekönig doch noch, Streitkräfte aufzustellen, die durch Tausende von rekrutierten Indio-Verbündeten unterstützt wurden. Mit einer Mischung aus Mut und Täuschung errangen die Spanier einen endgültigen Sieg. Die Wunder des Huitzilopochtli hatten sich nicht mehr manifestiert.

3. Schlußbetrachtung

Die Ethnologin Dolores Stanley führte im Rahmen ihrer Doktorarbeit im Jahre 1978 eine ausgedehnte Feldforschung in einem Nahua-Dorf im mexikanischen Bundesstaat Guerrero durch. Dabei wandte sie konsequent als Hauptmethode der ethnographischen Feldarbeit die »teilnehmende Beobachtung« an. Zentrale Idee dieser Methode ist es, den Feldforscher am Leben der zu untersuchenden ethnischen Gruppe soweit als möglich teilnehmen zu lassen, zu versuchen, sich in die fremde Gruppe zu integrieren. Im Vordergrund ihres Vorgehens stand für Dolores Stanley das Gespräch: »Einige Dorfbewohner erzählten von einer Höhle, wo Idole versteckt gehalten werden. Eines Tages führte mich Don Mario [= der Dorf-

älteste, Anm. d. Verf.] zu einer Höhle, um mir zwei im Felsen versteckte Idole zu zeigen. Während er mich zur Höhle führte, wurde
er allerdings sichtlich unsicher, und als wir die Höhle betraten, waren keine Götterbilder zu sehen. Don Mario meinte, daß sie bis vor
kurzem noch dagewesen seien.«

An diesem Beispiel werden die Chancen einer praxisorientierten
Fahndung nach dem aztekischen Hauptheiligtum besonders deutlich: »Idole« haben bis heute bei den Nahua ihre fundamentale
Bedeutung behalten. Selbst teilnehmende Beobachtungen und Ge-
spräche setzen immer die Bereitschaft der zu untersuchenden
Gruppe voraus. Gegen deren Willen ist diese Form der Feldforschung undurchführbar.

Bischof Zumárraga hatte im sechzehnten Jahrhundert eine Schrek-
kensvision: War es der Teufel selbst, der, um sein Reich der Finsternis in Neu-Spanien zu begründen, den heidnischen Azteken im
Schrein des Huitzilopochtli ein Machtwerkzeug überlassen hatte,
das der geheiligten biblischen Bundeslade nahezu gleichkam?

So wie der aztekische Gott die Phantasie des Bischofs anregte, regt
er heute auf völlig andere Weise die unsere an, indem wir bislang
»Geheimnisvolles« als mögliche technische Realität zu interpretieren suchen. Diese Auslegung ist nach dem derzeitigen Stand der Forschung nicht als Phantasterei abzutun, sie liegt im Bereich der in der
Wissenschaft sehr weit abgesteckten möglichen Wahrheiten oder
wahren Möglichkeiten. Die Lade der Azteken wartet mit großer
Wahrscheinlichkeit in einer verborgenen Höhle nördlich von Tula
bis zum heutigen Tag auf eine zeitgemäße Analyse. Wir klopfen in
unserer Zeit an die technischen Tore des Wissens, ähnlich wie die indianische Bevölkerung Mexikos noch immer an die Pforten ihrer
Unabhängigkeit pocht: Die Archäo-SETI-Forschung muß mit Leben erfüllen, was man bislang in grauer Theorie erdacht hat. Unbegrenzte Möglichkeiten könnten sich auftun, wenn es gelingt, die
»zweite« Lade aufzuspüren.

In der vorliegenden Abhandlung wird die Lade der Azteken zumindest teilweise so behandelt, als könnte sich dahinter ein technisches
Gerät von außerirdischer Herkunft verbergen. Doch sollte man dies

nicht als konstruierte kompromißlose Unterstützung der Theorien vom Besuch fremder Astronauten mißverstehen. Der Autor behauptet weder daran zu glauben, noch es nicht zu tun. Es ist dies tatsächlich eine Zusammenstellung des mythologischen wie auch des historischen Sachverhaltes, nicht mehr und nicht weniger. Die Übernahme der zugrunde liegenden Prämisse ist ebenso willkommen wie die skeptische Betrachtung derselben. Die Wahrheit liegt wahrscheinlich irgendwo zwischen Fakten und vertretbarer Spekulation. Das endgültige Urteil ist noch nicht gesprochen, und es wird mit Sicherheit erst zu fällen sein, wenn es gelingt, das Objekt zu bergen. Wir können nur hoffen, daß es bald geschieht.

»Himmlische Phänomene« in alten Tiroler Überlieferungen

GISELA ERMEL

Johann Nepomuk Ritter von Alpenburg dokumentierte in seinem 1857 in Zürich erschienenen Sagenbuch [1] einen sehr interessanten »Kreis«, der Anfang 1800 in Tirol auftauchte: In Amras bei Innsbruck stand damals ein Apfelbaum auf einer bäuerlichen Obstwiese, der »hat die Gegend in Staunen gesetzt, weil man da eine unbegreifliche Erscheinung wahrgenommen hat, die man den ›Hexenkreis‹ nannte. Zu viele Leute haben das gesehen, als daß es eine Erdichtung sein könnte. Am Donnerstagabend sah man noch nichts, aber am Freitag, wenn kaum der Morgen graute, war schon ein Kreis rund um besagten Baum getreten, im reinsten Zirkel. Es mußte während der Nacht vom Donnerstag auf den Freitag geschehen sein, daß Leute da herumhüpften. Denn es war der Kreis sieben Zoll breit ... aber seltsamerweise war an zwei Stellen der Kreis nicht eingetreten, sondern gerade inmitten der entgegengesetzten östlichen und westlichen Seite war das Gras in der Höhe, wodurch derselbe eigentlich in zwei Teile geteilt wurde. Der Kreis sah so aus: Bei *a b* und *c d* stand das Gras, und es mußte daher von *e f* ein Hüpferl gemacht, dann im Halbkreis gelaufen, bei *g h* wieder ein Hüpferl gemacht worden sein. Bei *i* stand der Baum in des Kreises Mittelpunkt.«

Diese tanzenden Hexen und ihre »Hüpferl« stets an denselben Stellen sind eine recht bizarre Vorstellung, aber man konnte sich die Entstehung dieses über Nacht aufgetauchten Kreises nicht anders

erklären. (Es wäre interessant zu wissen, wie man in hundert Jahren unsere heutigen Kornkreis-Entstehungstheorien betrachtet!)
Dieser merkwürdige Kreis tauchte aber nicht nur einmal auf. Johann von Alpenburg berichtet weiter: »Die Branntnerin und ihre Buben gingen fast jeden Freitag mit anderen Nachbarn in den Garten, die Stelle anzusehen, und es war immer so.« 1821 wurde der Hof an einen Josef Schneider weiterverkauft, das merkwürdige Kreisphänomen ging weiter. »Im Jahre 1824 sah die 19jährige Tochter bei diesem Baume ein Feuer brennen. Sie sagte es ihrem Vater, welcher schauen ging, aber nichts mehr sah, auch keine Asche oder Kohlen antraf.« Rätselhafte Lichtphänomene sind auch bei den modernen Kornkreisen beobachtet worden.
1932 wurde der Hof wiederum weiterverkauft. Der neue Besitzer, Andreas Schaffenrath, soll diesen Baum niederschlagen haben lassen, um dem »Hexentanz« ein Ende zu machen: »Jetzt steht ein junger Kirschbaum an dieser Stelle, aber nie mehr ward etwas Ungleiches bemerkt, und der Hexenkreis ist verschwunden.«
Wer oder was mag diesen mysteriösen Kreis verursacht haben? Wir wissen es nicht. Dieser Kreis war kein Einzelfall. Auch andernorts in Tirol entstanden über Nacht seltsame Ringe oder Kreise in Feld oder Garten, »wie man dann am andern Tag sehen kann, und worüber mancher schon den Kopf zerbrach«, versichert Johann von Alpenburg und meint: »Diese Hexenkreise sind sonderbarer Art. In nordischen Ländern heißen sie Elfenringel.« Die Bewohner Tirols kannten damals auch »Hexenplätze«, an denen kein Gras mehr wuchs, nachdem sie über Nacht entstanden waren. Wenn irgendwo ein ausgebrannter Fleck entdeckt wurde, dann wußte man: hier war der »Alber aufgesessen« [2]. Denn neben »fliegenden Hexen« glaubte man vor allem an zwei weitere »unbekannte Flugobjekte«, die damals »Alber« und »Orco« genannt wurden. Es ist sehr lohnend, diesen mysteriösen Flugobjekten nachzuspüren.

Die Angst vor dem »Alber«

Im Oberinntal erzählte man sich vom »Alber«: »Der böse Feind, denn der und kein anderer ist der Alber, fährt nachts durch die Lügt daher, bald in Gestalt eines brennenden Besens, bald als eine über und über glühende Schöpfkelle, bald als eine feurige Truhe, oder in runden kugelähnlichen Formen. Wo der Alber aufsitzt, was er bisweilen tut, da verbrennt alles Gras, verdorrt jeder Baum ...« [3]

In Algund bei Meran hat ein »zum Kirschenpflücken leuchtender Alber« die Menschen erschreckt. Dort erinnerte man sich an zwei junge Burschen, die eines Nachts zum Kirschenklauen schlichen. Da sahen sie plötzlich »einen Alber vorbeifliegen, daß weitum alles beleuchtet ist«. Als die beiden entsetzt bemerkten, in dem seltsamen Lichtschein jedes einzelne Blatt des Baumes erkennen zu können, flog der »Alber« von dannen [1].

Sogar eine regelrechte Entführung sagte man dem »Alber« nach, die in ganz Tirol als die Geschichte vom »Schneider in der Alberkiste« bekannt wurde: Eines Nachts war ein Schneider von Stanz nach Grins heimwärts unterwegs. Plötzlich geschah folgendes: »Hinter ihm von Stanz herauf fuhr ein brennendes Ding pfeilschnell durch die Luft, das dem Alber so ähnlich sah wie ein Ei dem anderen. Es war ein flammender Besen, aber so groß, daß, wenn ihn einer hätte handhaben können, gleich ein ganzes Dorf damit wegzukehren gewesen wäre ... und fuhr knisternd und knatternd ... über ihn weg, aufwärts nach Grins zu.« Kurz darauf »schoß vom Schrofenstein herüber wieder ein Alber mit gleicher Schnelligkeit, und fuhr überhin: der loderte lichterloh und sah aus wie eine ungeheure Kelle mit langem Stiel und rundem Schöpfer... und wie die feurige Kelle vorbeifuhr, da sah sie aus wie ein großer Kasten – und da stach den Schneider dennoch der Hafer und er schrie hinauf: ›Tumml di, daß da aussa kimmscht! Dein Kamerod ischt scho voraus!‹«

Der Mann marschierte weiter, denn er hatte noch einen beschwerlichen Weg vor sich, »und an diesem Weg stand jetzt etwas, und dieses Etwas war ein Putz [ein kleines Männchen!]. Selbiger Putz ver-

trat dem Schneider jeden Schritt und Tritt und ließ ihn nicht vorüber. Da aber erwachte im Schneider die angeborene Kuraschi, er
wurde ganz gallig und fluchte: ›Oz, höllsch'r Teufl, doa wollt i decht
liaba im Oalbrkoaschta mit aussa foahra, als daß mi so a Karli von
am stiergrindat'n Putz ver'n Narra hoatt!‹ Kaum war das letzte
Wort gesprochen, so war der Putz weg, und der Alberkasten war da,
stand auf dem Weg und glühte, und die Tür sprang auf, und ein Teufel kam heraus, der erwischte den Schneider, tat ihn in den Kasten,
kroch nach und schnappte das Türl zu. Gleich hob sich der Kasten
wieder und fuhr dahin, aber nicht nach Grins, sondern weiter, über
Grins weg, hoch, hoch hinauf zur Grinserspitz ...« [1] Leider
schweigt Johann Ritter von Alpenburg über den weiteren Verlauf
dieser von ihm so amüsant beschriebenen Sage.

Es ist bezeichnend für den damaligen Glauben und die damaligen
Ängste, daß man diese unerklärlichen Phänomene mit Hexen oder
Teufeln in Verbindung brachte. Den »Bösen Feind« vermutete man
auch hinter dem »Orco«, einem weiteren seltsamen Ding am Tiroler Himmel, dem man nachsagte, es könne in vielerlei Gestalt auftauchen, etwa als Kugel. Der »Orco« konnte nicht nur fliegen, sondern – und auch das kennen wir vom modernen UFO-Phänomen –
urplötzlich auftauchen und ebenso verschwinden, »nämlich auf unbegreifliche Weise; denn er sank nicht in die Erde und flog auch
nicht fort; es war, wie wenn eine Seifenblase zerplatzt«. [1]

Eine eindrucksvolle Begegnung soll ein Bauer aus Enneburg mit
dem »Orco« gehabt haben. Als er einst durch den Plaiswald ging,
hörte er so etwas wie zwei laute Juchzer. Da er glaubte, es seien
Holzfäller, juchzte er laut zurück: »Aber da fiel ihm mit Schrecken
ein, das könnte der Orco gewesen sein – und in dem Augenblick
hörte er ihn auch schon ganz nahe. Der Bursche wollte davonlaufen,
aber er war wie gelähmt; es wurde ihm schwarz vor den Augen, und
er fiel besinnungslos nieder ... Am andern Tag erwachte er in den
Wäldern von Wellschellen zu höchst oben auf dem Berge auf, und es
ward ihm klar, daß ihn der Orco hinaufentführt habe, obgleich die
Wellschellen-Wälder drüben lagen über einer furchtbar breiten und
tiefen Schlucht, in welche ihn der Orco hineingeworfen hätte, wenn

der Bauer ein gottvergessener Geselle gewesen wäre. Indessen brachte er mehrere Beulen und Kratzer im Gesicht mit heim, und der Orco hatte ihn dermaßen zerzauset, daß er ihm all sein Lebtag nicht wieder nachjuchhezte. – Der Weg, den ihn der Orco geschleppt hatte, beträgt gute zwei Stunden.« [1]. Ist es nicht schade, daß man den Enneburger Bauern nicht mehr einer hypnotischen »Rückführung« unterziehen kann?

»Mitgeschleift« wurde ein anderer Tiroler Bauer von »Hexen« zu einem »Hexentanzplatz«. Er erlebte dabei etwas, was wir heute mit »missing-time-Phänomen« umschreiben würden: »… aber eine gute Strecke vom Dorf entfernt läuteten die Glocken zum ersten Gebetsläuten, da fuhren die Hexen zeternd davon, und der Bauer lag auf einmal vor seiner Haustürschwelle«, ohne zu wissen, wie er dahingekommen sei. »Hingerückt durch Hexenzauber«, meinte jedenfalls noch Johann von Alpenburg [3].

Wie beim modernen Entführungsphänomen

Glaubt man den Sagen, so haben sich in den Tiroler Bergen auch »kleine graue Männchen« sehen lassen, etwa in Oberwalchen. Man hielt diese Wesen für »Almgeister«: Plötzlich habe vor einem Haus ein kleiner Zwerg gestanden, grau vom Kopf bis zur Zehe, »wie wenn er ganz in Baumbast gewickelt wäre«. [1] Die Leute sprangen ins Haus und verriegelten die Stube. Nachts wurden sie durch unerklärlichen Lärm geweckt, sie glaubten, die »Gerätschaften flögen durchs Zimmer«. Trotzdem konnten die Leute »kein Glied regen; der Alperer hatte sie g'frorn gemacht«. Merkwürdigerweise war einer der Männer am folgenden Morgen völlig fertig, zerzaust und zerschunden, mehr tot als lebendig. Man glaubte, der »Almgeist« habe ihn während der Nacht »tüchtig verhauen«. Interessanterweise war man nicht darüber verwundert, daß der »Geist« trotz verschlossener Türen in die Stube kommen konnte, denn dies war für die »kleinen grauen Mandln« [2] genauso selbstverständlich wie das »G'frorenmachen« von Menschen, so daß diese sich nicht mehr bewegen konnten. Auch soll es schwierig gewesen sein, diese Wesen anzufassen: Die »kurzen wamperten Dinger« oder »Nörglein« oder »Wichtele« oder wie immer man sie in Tirol nannte, hatten es an sich, daß »wenn es jemand in die Arme faßte, so greift er zwar zuerst etwas Lindes, hat aber sogleich nichts mehr in den Händen«. Will man sie berühren, sind sie verschwunden [2]. Nach der Begegnung eines Ritters mit einem kleinen Männchen war es plötzlich »als wie in den Erdboden hineingesunken, verschwunden«. [3]

Es muß noch einmal darauf hingewiesen werden, daß all diese Details in Aufzeichnungen zu finden sind, die vor mehr als hundert Jahren gedruckt wurden. Abschließend noch ein Zitat aus einer Tiroler Chronik: Im Jahre 939 unter Conrad E., Bischof zu Trient, »seyen auff der Capellen zu erdelten Castelfelder drey hölle (helle, Anm. d. Verf.) Liechter erschien, die von dannen auff den Kirch-Thurm zu Tramin geflogen, welches der gemainen Sag nach noch heutigen Tages geschehen sollte …« [2]

Zusammenfassend ist folgendes festzuhalten: In der Tiroler Sagenwelt tauchen auf:

1. merkwürdige Kreise im Gras,
2. verbrannte Flecken, die als »Alber-Aufsitzplätze« gedeutet werden,
3. seltsame Flugobjekte und Lichtererscheinungen,
4. Entführungen und Ortsversetzungen,
5. das Phänomen der »fehlenden Zeit«,
6. kleine graue Männchen, die plötzlich in den Zimmern auftauchen, die Anwesenden paralysieren und einige Betroffene so in Mitleidenschaft ziehen, daß sie am nächsten Morgen völlig zerschunden erwachen.

Die gleichen Ereignisse erleben wir auch im modernen UFO-Phänomen, und zwar weltweit. Das Beispiel zeigt, daß es ganz offensichtlich Zusammenhänge gibt und daß die Suche danach in alten Aufzeichnungen mehr als lohnend sein kann.

Die »Luftfahrt mit dem Wilden Jäger«

GISELA ERMEL

In verschiedenen mitteleuropäischen Sagen taucht immer wieder ein durch die Lüfte brausendes »Etwas« auf, das dort »Wilder Jäger«, »Wildes Heer«, »Nachtjagd« usw. genannt wird. Der bizarrste Aspekt dieses Motivs ist die »Luftfahrt mit dem Wilden Jäger«: Ein Mensch wird von diesem »Etwas« durch die Lüfte entführt und irgendwo – meist nicht am Ausgangsort – wieder abgesetzt. Sollten sich hinter diesen Überlieferungen vielleicht »Begegnungen der vierten Art« (Entführungen durch ein unbekanntes Flugobjekt: CE-IV) verbergen, wie sie in letzter Zeit immer häufiger im Zusammenhang mit dem UFO-Phänomen genannt werden?

Ein typisches Beispiel für eine solche Sage kommt aus der Gegend am Lech, die um die Mitte des neunzehnten Jahrhunderts dem Sagensammler Karl von Leoprechting von den dort ansässigen Bauern erzählt wurde:

»Zwischen Lengenfeld und Stoffen am Lech liegt eine wilde, weite Ödung auf einer hohen Ebene. Darüber zieht das wilde Gejäg immer am wütendsten und verweilt dort immer am längsten. Darüber hin ging vor geraumer Zeit ein Mann aus Hofstetten. Es dunkelte schon. Da vernahm er aus der Ferne ein Heulen und Sausen, als wollte sich ein furchtbarer Sturm erheben. Wie er da stillstand und sich umsah, kam das wilde Gejäg über ihm in den Lüften daher …«

Der Ausdruck »das wilde Gejäg« ist natürlich eine Interpretation, entweder des Erzählers oder des Sammlers, weil keine anderen Begriffe zur Verfügung standen (wir kennen dies ja auch aus noch älterer Zeit, wenn technische Objekte mit bekannten Ausdrücken belegt wurden). »… und als er, ganz erstarrt vor Schreck, vergaß, sich auf den Boden zu werfen, hob es ihn leicht von der Erde und riß ihn im Zuge mit dahin. Sechs lange Wochen war der Mann der Erde entrückt; kein Mensch wußte, wohin er gekommen war, und die Seinigen waren in Kümmernis um ihn als um einen Toten. Da auf einmal kam er zurück, er wußte selbst nit wie und wo und war noch ganz damisch [betäubt] in seinem Sinn. Es schwindelte ihn alleweg, wenn er nur daran dachte, und allen, die davon hörten, geschwindelte es mit.«

Betrachtet man diese Überlieferung nüchtern und mit modernen Augen, haben wir hier den beinahe klassischen Fall einer CE-IV-Erfahrung vor uns: Ein Mann sieht ein »Etwas« auf sich zukommen, er wird von diesem Ding mitgenommen, ist einige Zeit verschwunden, kehrt danach zurück und weiß nicht, was mit ihm geschah (das Phänomen der »fehlenden Zeit«). Angeblich soll der Betroffene zu der Zeit, als Karl von Leoprechting diese Geschichte erzählt wurde, noch gelebt haben, seit seinem Erlebnis aber meist nur noch teilnahmslos am Herd gehockt und »stumpfsinnig« geworden sein.

Die Entführung des Hans Buochmann (1572)

In einer Handschrift aus dem sechzehnten Jahrhundert ist uns ein genau protokollierter und in seiner Art durchaus zuverlässig beschriebener Fall erhalten geblieben, der die Effekte einer solchen »Luftfahrt« schildert. Die Aufzeichnung stammt vom Luzerner Stadtschreiber Renward Cysat (1545–1614):

»Anno 1572, den 15ten Novembris, ward ein Landsmann, Hans Buochmann oder Krissbüeler genannt, von Römerschwyl aus Rottenburger Amt, damalbei 50 Jahr alt, mir gar wohl bekannt, unversehens verloren, daraus viel Wesens entstund, machte auch der Obrigkeit viel Geschäftes. – Vier Wochen darnach kommt gewisser Bescheid von dem Verlorenen, er sei zu Mailand. Letztlich, um

Entführung durch den »Wilden Jäger«. Illustration in einem alten Sagenbuch.
(Foto: Archiv Gisela Ermel)

Lichtmess des folgenden 1573sten Jahres [also um den 2. Februar, zweieinhalb Monate nach seinem Verschwinden], kommt er heim, ohne Haar, ohne Bart und Augenbrauen, mit zerschwollenem, gesprengtem Angesicht und Kopf. – Sobald das die Obrigkeit vernimmt, lässt sie ihn fänglich einziehen und, dabei ich selbst gewesen, ausfragen.«

Was war mit dem Mann passiert? Hier seine erstaunlich modern anmutende Geschichte: An dem Tag, an dem er »verlorenging«, war er auf dem Weg in den Nachbarort Sempach gewesen, »Geschäften halb, allda er sich gesäumet bis gegen Abend. Er hatte zwar etwas, jedoch nicht zu viel getrunken. – Als er nun heimgewollt und zu angehender Nacht in den Wald gekommen sei, bei der Walstatt, das die Sempacher Schlacht gewesen, da sei jählings ein seltsames Getös und Sausen geschehen, anfangs einem ganzen Imbd oder Bienenschwarm gleich, darnach aber, als kämen allerlei Saitenspiele gegen ihn her, welches ihm ein Grausen und Beängstigung gemacht, also dass er nicht gewusst, wo er gewesen sei oder wie ihm geschehn wolle. Doch habe er ein Herz gefasst, seine Wehr gezückt und um sich gehauen. – Da sei er von Stund an von der Vernunft, von Wehr, Mantel, Hut und Handschuh gekommen und gleich damit in Lüften hinweg und in ein fremd Land getragen worden, da er nicht bei sich selber gewesen. Er habe wohl des Schmerzes und Geschwulst des Angesichts und Kopfes, auch Haar- und Bartlose empfunden. Letzlich, als 14 Tage nach seinem Verfahren verschieden waren, habe er sich in der Stadt Mailand befunden, wo ein deutscher Gwardiknecht [ein Söldner] sich seiner angenommen.«

Auch in diesem Fall die gleichen Muster: fremdartige Geräusche, Entführung durch die Luft, Ankunft an fremder Örtlichkeit, fehlende Zeit. Es taucht aber noch ein weiteres Motiv auf, das uns ebenfalls aus einigen modernen Berichten bekannt ist, nämlich das der gesundheitlichen Schädigung im Anschluß an solche Ereignisse: Haarausfall, Geschwülste, körperliche Schmerzen.

Ein weiteres Beispiel dafür wird aus Graubünden berichtet. Auch wenn hier keine »Luftfahrt« stattgefunden zu haben scheint, soll der Fall dennoch am Rande erwähnt werden: In der Gebirgssteinwüste bei Süs entdeckte ein Mann ein merkwürdiges Irgendwas, und die Überlieferung behauptet, »daß er sofort davon krank wurde, sein Haupthaar gänzlich verlor und die Haut an den Stellen des Körpers, die dem Anblick des Untiers ausgesetzt und nicht von Kleidern bedeckt waren, sich ablöste«. Heute kennen wir derartige Symptome sehr gut. Damals nannte der Sagensammler das Untier einfach »Drache«!

Es gibt eine ganze Reihe vergleichbarer Erzählungen, etwa:

Der Fall Tirol: Etwa um das Jahr 1770 war in der Wildschönau, einem Seitental des Inns, ein Kind allein zu Hause und lief ins Freie. Da kam »das wild Gejaid herzu, faßte das Kind, hob es in die Höhe, wie ein Wirbelwind das leicht drehende Heu, und setzte es, nachdem das Kind schwebend und in Todesängsten über das Thal der Kundeler Ache hinübergeflogen war, jenseits dieses Thales auf einer Bergmatte über Thierbach, glücklicherweise ganz unversehrt, wieder auf den Boden nieder.«

Der Fall Frankfurt: Eine Sage berichtet von einem Mann aus dem Altenburgischen, den der »Wilde Jäger« auf den unbesonnenen Ruf »Nimm mich mit!« früh um sechs Uhr in der Stadt Frankfurt am Main auf der Straße abgesetzt hatte, wo er als Landstreicher so lange in Arrest blieb, bis Nachricht kam, wo er vermißt wurde.

Der Fall Graubünden: Ein Senn stieg an einem regnerischen Abend zu seinen Kühen hinauf, »obgleich er längst wußte, daß die Nachtschar über diesen Bergrücken ihren gewohnten Zug hatte und es schon spät am Tage war, schritt er rüstig vorwärts. Auf der Höhe angekommen, vernahm er plötzlich ganz nahe hinter sich ein befremdliches Geräusch und Getön, und im nächsten Augenblick wurde er von einer unsichtbaren Macht ergriffen und hoch über dem Boden durch die Luft in ein entlegenes Tal geführt, das ihm völlig unbekannt war. Darin irrte er die halbe Nacht umher, ohne einen Ausweg zu finden.« Erst gut zwei Tage später kam der Mann ausgehungert und mit zerfetzten Kleidern in seine Hütte zurück, wo er sein Abenteuer erzählte.

Der Fall Stützheim: In Stützheim lebte Mitte des letzten Jahrhunderts ein Hirte, der erzählte, ihn habe »eine furchtbare Gewalt wie ein Wirbelwind erfaßt und fortgetrieben«. Als er wieder halbwegs zu sich gekommen war, habe er sich mitten in einem fremden wilden Gebirge befunden und drei Tage gebraucht, in sein Dorf zurückzufinden. Er habe eine Luftfahrt mit dem »Wilden Jäger« gemacht, weil er so leichtsinnig gewesen war, diesen anzurufen – so deutete er selbst sein Erlebnis.

Was war die » Wilde Jagd«?

Wie wir sehen, ist die »Luftfahrt mit dem Wilden Heer« in verschiedenen Gegenden bekannt. Derartige Berichte gibt es aus allen Teilen Deutschlands (wenn auch mehr aus dem Süden und Osten als aus dem Norden), aus Österreich, Frankreich und der Schweiz. Der Verlauf dieser Erlebnisse ist fast immer der gleiche: Ein Mensch begegnet einem unbekannten Etwas, wird von diesem in die Lüfte entführt und kehrt entweder gar nicht (auch solche Fälle gibt es) oder erst nach längerer Zeit (»missing time«) nach Hause oder an eine fremde Örtlichkeit zurück.

Volkskundler Friedrich Ranke meinte dazu bereits vor etlichen Jahrzehnten: »Wenn wir also nicht entweder die Gewährsleute der ... Sagen ... oder die – sagen wir einmal ›Helden‹ der Sage – für Lügner erklären wollen (und dazu haben wir so ohne weiteres kein Recht), so müssen wir annehmen, daß den ... Sagen ... irgendein tatsächliches Erlebnis zugrunde liegt.«

Was aber ist ein »Wildes Heer«? Abgesehen davon, daß durchaus verschiedene Phänomene unter diesem Stichwort zusammengewürfelt wurden, sind folgende Aspekte typisch, da sie immer wieder erwähnt werden:

- merkwürdige und fremdartige Geräusche beim Herannahen des Objektes oder beim Überfliegen der Zeugen;
- Lichtphänomene: »heller Lichtschein«, einzelne Lichter, ein »langer, feuriger Streifen am Himmel«, »der ganze Wald war so licht, daß man jedes Blättchen an den Bäumen hätte erkennen können«, durch den Himmel eilende »Feuer« usw.
- Begleitphänomene wie »ein starker Luftdruck, daß dem Manne war, als drücke ihm eine Eisenhand das Angesicht so recht fest auf

den Boden, daß er zu ersticken fürchtete« beim Überfliegen des Objekts;
- eine »unsichtbare Faust« schmetterte einen Zeugen auf den Boden, »daß er bewußtlos liegen blieb« usw.
- das Wissen um bevorzugte Routen des Objektes.

Schon relativ früh wurden »curiose Gedanken« (1702, P. Chr. Hilscher) über das »Wilde Heer« angestellt und sich an Deutungen versucht:

- Jakob Grimm sah in dem Motiv des »Wilden Jägers« einen verblaßten Mythos aus germanischer Vorzeit um den durch die Lüfte eilenden Kriegsgott Wodan (Odin), dessen Mythos unter dem Einfluß des Christentums zu einem Gespensterheer herabgesunken sei.
  Die Vorstellung eines umherjagenden Totenheeres reicht in der Tat bis in die Antike zurück. Heute ist Gott Wodan als Ursprung des Wilden Jägers umstritten.
- 1856 wollte Felix Liebrecht die »Wilde Jagd« entmythologisieren, indem er sie auf Festlichkeiten zur Vertreibung des Sommers und Winters zurückführte.
- Zur selben Zeit, 1850, behauptete Wilhelm Schwartz, diese Sagen seien auf meteorologische Erscheinungen zurückzuführen. Er deutete den »Jäger« als Gewitter, den »Wagen« als Donner, ein übriges hätten Blitz und Wind dazugetan.
- Ähnlich sah M. v. Estorff-Teyendorf 1891 einen lokalen Zyklon oder einfach einen Sturm als Ursache. Die dabei erzeugten Geräusche seien als Tierlaute, die vom Sturm zerzausten Wolken als Phantasiefiguren mißdeutet worden.
- Demgegenüber wollten die beiden Volkskundler Franz Schönwerth (1857) und Hans Weiniger (1863) in der »Nachtjagd« einen geschichtlichen Kern sehen, nämlich die Erinnerung an die Völkerwanderzeit!
- Nach Julius Lippert (1881) sei der Mythos wiederum durch den Glauben an das Weiterleben der Seele nach dem Tode entstanden,

das »Wilde Heer« als eine umherziehende Geisterschar unerlöster Seelen angesehen worden.

- Ludwig Laistner (1889) rückte die Sage in eine ganz andere Sphäre: das »Wilde Heer« sei durch Traumerlebnisse zu erklären.

- Otto Höfler wiederum sah 1934 im »Wilden Jäger« eine »Spiegelung ekstatischer Geheimkulte der Germanen«.

- Friedrich Ranke schließlich sieht in allem »die Reise eines Epileptikers im Dämmerzustand«, wobei die Betroffenen zu komplizierten tage- und wochenlang dauernden Reisen gezwungen werden, ohne später etwas davon zu wissen. Warum solche Reisen allerdings durch die Luft gemacht werden – darauf vermag weder Friedrich Ranke noch die moderne Psychologie eine Antwort zu geben.

Alles in allem haben wir es bei der Deutung des Motivs des »Wilden Jägers« mit einer noch nicht geklärten wissenschaftlichen Streitfrage zu tun, und an der Diskussion um eine Lösung sollten sich in Zukunft auch Vertreter der Paläo-SETI-Hypothese beteiligen. Denn die Antwort steht immer noch aus!

Das »Taos-Summen«:
Eine neue Spur in den Kosmos?

Andreas von Rétyi

Außerirdische Phänomene sind ungewöhnlich vielgestaltig und oft komplex miteinander verwoben. Viele jener konventionell nicht begreifbaren Erscheinungen ziehen sich kontinuierlich durch die Menschheitsgeschichte, vom ersten Dämmern der Kultur bis hin in unsere »aufgeklärte« Gesellschaft des zwanzigsten Jahrhunderts. Und immer wieder gesellen sich neue Geheimnisse zu den alten Mysterien. Besonders spannend aber wird es, wenn sich plötzlich Parallelen zwischen solchen Phänomenen auftun, die ursprünglich durch ganze Zeitalter voneinander getrennt schienen. Derartig weitreichende Querverbindungen lassen sich offenbar auch im Zusammenhang mit unerklärlichen Geräuschwahrnehmungen herstellen, die seit Jahrtausenden beschrieben werden. Nicht selten traten sie in Begleitung unidentifizierter Lichter oder anderer nicht klärbarer Erscheinungen auf, nicht selten vermutete man deshalb folgerichtig ihre Quelle im Bereich des Über- oder Außerirdischen. Nun machte wieder ein solches Phänomen von sich reden: das »Taos-Summen«. Alles begann im Jahr 1992. Damals berichteten Catanya und Bob Saltman aus dem kleinen Städtchen Taos in New Mexico, USA, von der Wahrnehmung eines unerträglichen Summtons, der sie an die Grenzen der Verzweiflung trieb. Sehr bald sollte sich herausstellen, daß sie bei weitem nicht die einzigen waren, die von diesem so geheimnisvollen wie penetranten Geräusch geplagt wurden. Ganz im Gegenteil: Hunderte anderer Ohrenzeugen bestätigen die Schilde-

rungen der Saltmans. Immer wieder ist die Rede von einem nieder-
frequenten Summen oder Brummen, wie es auch von einem elektri-
schen Generator ausgeht. Doch die Quelle läßt sich nicht lokalisieren, das mysteriöse Taos-Summen scheint von überall und nirgends
auszugehen. Bis heute ist sein Ursprung unbekannt. Der Stadtrat
von Taos vermutete ein geheimes Militärprojekt und wandte sich an
die Luftwaffe. Auch der Abgeordnete Bill Richardson (Demokrati-
sche Partei New Mexicos) glaubt an eine mögliche Beteiligung des
Verteidigungsministeriums. Das Pentagon streitet allerdings jede
Verbindung zu diesem Phänomen ab.

Unweit von Taos befinden sich die berühmt-berüchtigten Los-Ala-
mos-Laboratorien, modernste Hexenküchen atomarer Vernich-
tungstechnologie. Stammt das Summgeräusch von dort? Erwar-
tungsgemäß stieß man bei Nachforschungen in Alamos auf eine
Mauer des Schweigens. Auch die Sandia-Laboratorien auf der Kirt-
land-Luftwaffen-Basis in Albuquerque gaben vor, nichts mit dem
Phänomen zu tun zu haben. Immerhin aber stellten sie ein Exper-
tenteam ab, das dem Taos-Mysterium auf den Grund gehen sollte.
Monatelange Analysen ergaben – nichts.

Seltsame Geräusche schon vor Jahrtausenden

Schon ein flüchtiger Blick auf die Karte zeigt: New Mexico ist ein
Land voller Rätsel und Geheimnisse, dies ganz offenbar gerade im
Hinblick auf außerirdische Phänomene! Da ist in unmittelbarer
Nähe nicht nur der gewaltig aufragende Berg des »Ship Rock«, der
für die Indianer dieser Region von altersher als heiliger Ort gilt, da
sind auch die Plains of San Augustin und Roswell mit dem angeblichen UFO-Absturz von 1947. Nicht weit entfernt: die Holloman-
Luftwaffen-Basis, auf der 1964 die Landung eines außerirdischen
Raumschiffs gefilmt worden sein soll. In New Mexico befindet sich
auch das White-Sands-Raketentestgelände, über dem gleichfalls
wiederholt spektakuläre UFO-Sichtungen stattgefunden haben sollen. UFOs werden häufig als geräuschlos beschrieben, aber etliche

Zeugen berichten auch von einem leisen Summton, der von diesen Flugkörpern ausgesandt worden sei.

Aus früheren Zeiten sind gleichfalls ungewöhnliche Geräusche überliefert, die mit Göttererscheinungen, fliegenden Objekten und kosmischen Phänomenen in Verbindung gebracht wurden. Unter den zahlreichen, ohnehin recht lautstarken Manifestationen Jahwes findet sich in der Bibel, im 1. Buch der Könige (19, 11ff), eine interessante Beschreibung: »Und siehe, Jahwe ging vorüber, und ein Wind, groß und stark, zerriß die Berge und zerschmetterte die Felsen vor Jahwe her. Jahwe war nicht in dem Winde. Und nach dem Winde ein Erdbeben. Jahwe war nicht in dem Erdbeben. Und nach dem Erdbeben ein Feuer; Jahwe war nicht in dem Feuer. Und nach dem Feuer kam ein leises Säuseln. Und es geschah, als Elia es hörte, da verhüllte er sein Angesicht …«

Ein noch heute »hörbares« Zeugnis aus antiker Zeit befindet sich in der etruskischen Nekropole der kleinen Stadt Chiusi in Italien. Dort liegt die *Tomba del Colle*. Diese Grabstätte stammt aus dem fünften Jahrhundert vor Christus und besitzt eine ganz besondere Eingangspforte, bekannt als die »Singende Tür«. Dreht man sie in ihren Angeln, gibt sie einen anschwellenden und lang anhaltenden Ton von sich. Dieser posaunenähnliche Klang entsteht keineswegs zufällig, sondern ergibt sich durch das Drehen der Travertin-Angeln in den bronzenen Halterungen. Das Reiben dieser beiden unterschiedlichen Materialien, Stein und Metall, erzeugt – von den Konstrukteuren beabsichtigt – das seltsame Geräusch, das einst als kosmisches Zeichen gedeutet wurde. Das bestätigt auch die österreichische Archäologin Dr. Elfriede Paschinger, die ähnliche Türen in anderen etruskischen Tempeln vermutet: »Die Priester … könnten in der Lage gewesen sein, auf ähnliche Weise, wie dies bei der ›singenden Tür‹ von Chiusi geschieht, den akustischen Effekt eines langsam an- und abschwellenden Trompetentons zu bewirken, der dem einfachen Menschen als geheimnisvolles Götterzeichen vom Himmel galt.« So weiß auch der Geschichtsschreiber Plutarch zu berichten, daß 88 v. Chr. »vom Himmel herab der Schall einer Trompete mit scharfem, wehklagendem Ton erklang …«

Vielleicht wurden akustische Phänomene bisher noch zu wenig berücksichtigt, wenn es um Begleiteffekte potentiell extraterrestrischer Erscheinungen ging. Das kürzlich entdeckte Taos-Summen könnte uns hin zu neuen kosmischen Spuren führen!

III.
Bilder und Niederschriften

Die Bilder der »Anderen«

Dr. Johannes Fiebag

Abbildungen fremdartiger Wesen gab es zu allen Zeiten auf allen Kontinenten. Auch und gerade aus den Jahrtausenden vor Christi Geburt bis hinein ins Neolithikum finden sich auf Felswänden, in Höhlen und in figürlichen Darstellungen Bilder jener Gestalten, die als »göttlich« oder »heilig« verehrt wurden. Von vielen dieser Wesen wissen wir aus der Mythologie oder anderen entsprechenden Mitteilungen, daß die Menschen, die diese Abbildungen schufen, ihre Herkunft im Himmel ansiedelten.

Ein bekanntes Beispiel für neolithische Kunst mit Darstellung fremdartiger, »astronautenähnlicher« Wesen sind sicher die Wandmalereien im Tassili-Gebirge mit dem »großen Marsgott«, die Woodina-Zeichnungen in Australien oder »UFO«-ähnliche Objekte in verschiedenen Steinzeithöhlen Portugals, Spaniens und Frankreichs.

Daß es auch auf diesem Sektor immer wieder Neues zu entdecken gibt, zeigen Funde in Asien und Südamerika. Im Karakorum (Pakistan) kennt man seit längerem die an die dreißigtausend Einzelzeichnungen umfassende antike »Bildergalerie« zwischen den Ortschaften Chilas und Shatial, unmittelbar im Indus-Tal gelegen. In Jahrmillionen hat sich auf den dortigen Granitfelsen eine dunkle Mangankruste gebildet, in die Menschen während der letzten achttausend Jahre Motive unterschiedlichster Art einkratzten. Zur Zeit sind Archäologen der Universität Heidelberg unter Leitung von Prof. Harald Hauptmann damit beschäftigt, wenigstens einen Teil

dieser Zeichnungen aufzunehmen, zu vermessen und zu datieren –
bei bis zu einundfünfzig Grad Celsius sicher keine beneidenswerte
Aufgabe. Von den frühesten Abbildungen (Hand- und Fußdarstel-
lungen der dort lebenden steinzeitlichen Jäger) bis hin zu solchen
buddhistischer und islamischer Künstler finden sich mannigfaltige
religiöse und weltliche Motive.
Die ältesten von Hauptmann und seinen Kollegen gefundenen figürlichen Darstellungen sind die sogenannter »Riesen« (wobei sich
das »Riesenhafte« lediglich auf die Größe der Einzeldarstellungen
bezieht und nicht auf irgendwelche Anhaltspunkte aus Mythologie
oder Schrifttum). Einer dieser »Riesen« wurde nun in einem Beitrag
von Dr. Waltraud Sperlich in der populärwissenschaftlichen Zeitschrift BILD DER WISSENSCHAFT (bdw) publiziert und im Text kurz
erläutert (die hier wiedergegebene Umzeichnung entspricht der Abbildung auf S. 79 in bdw) [1].
Zu dem »Riesen« (bdw, S. 79) heißt es in der begleitenden Legende:
»Über zwei Meter mißt der von den Heidelberger Wissenschaftlern
nachgezeichnete Riese (Alter: mindestens 6000 Jahre) [hier: Abb. 1]
... Die Deutung der scheinbar helmbewehrten und antennenbe-
stückten Wesen ist noch unklar.«
Noch erstaunlicher ist die Beschreibung im laufenden Text (bdw, S.
78) selbst: »Die Riesen indes geben Rätsel auf. Ebenfalls aus den
frühen Jahren der Wanderkultur, stehen sie mit gespreizten Beinen
weitab allein und ohne Zusammenhang mit den Strichtierchen. Als
›höhere Wesen‹ interpretiert sie der Forscher – und das sind sie mit
ihrer Größe von zweieinhalb Metern schon rein äußerlich. Nie
wurde ihr Nimbus angekratzt, denn um sie herum verkniff sich jeder spätere Graveur das sonst übliche Beiwerk. Diese Giganten auf
Granit würden Däniken wunderbar ins Konzept passen. Tragen sie
doch Helme, aus denen – fragte man dazu den Fantasy-Geschichtler
– deutlich Antennen ragen. Die Astronauten-abholden Archäologen
sehen da eher einen Haar- oder Strahlenkranz, aber bizarr ist der
Kopfputz allemal. Hintersinn und Schöpfer der bislang dreißig Riesen bleiben im dunkeln.«
Klammern wir einmal die völlig unnötigen weil überflüssigen ironi-

Abb. 1: Einer der etwa dreißig »Riesen« aus dem Indus-Tal zwischen Chilas und Shatial. Umzeichnung nach Bild der Wissenschaft. *(Abbildung: Johannes Fiebag nach* Bild der Wissenschaft*)*

schen Bemerkungen gegen Erich von Däniken und die Sichtweise der Paläo-SETI-Hypothese aus, bleibt folgendes vorläufig festzuhalten:

- Die etwa dreißig »Riesendarstellungen« gehören zu den ältesten Abbildungen im Indus-Tal überhaupt (entstanden etwa um 6000 v. Chr.).
- Sie zeichnen sich durch ihre besondere Größe (über zwei Meter) aus.

- Sie wurden im Laufe der nachfolgenden Jahrtausende nie »ange-kratzt« oder anderweitig beschädigt, nie »übermalt«, nie »ausra-diert«, man beließ sie immer allein und in weiter Ferne von ande-ren Darstellungen.

- Sie sind mit gespreizten Beinen und mit weit ausgestreckten, geöffneten Armen gezeichnet.

- Sie tragen »Helme« mit »Antennen«.

- Ihre Schöpfer ebenso wie das Motiv der Darstellung sind unbe-kannt.

- Von den Archäologen werden sie wegen der Einzigartigkeit ihrer Darstellung und der Isolierung von anderen Zeichnungen als »höhere Wesen« klassifiziert.

»Höhere Wesen«, die sich mit ihrer dominanten Gestik wie »Göt-ter« gebärden und durch ihre Abgrenzung von anderen Motiven auch so verstanden wurden, die man (vielleicht wegen ihrer tatsäch-lichen Körpergröße oder aufgrund anderer Attribute) als Riesen darstellte und die Helme mit antennenähnlichen Aufsätzen tragen – wie würde man solche Gestalten wohl bezeichnen, wüßte man nicht, daß die Zeichnungen sechstausend Jahre alt sind?

Die Frage ist im Grunde einfach zu beantworten. Wenn man sich trotz dieser Eindeutigkeit lieber in ironische Angriffe und in Er-klärungen wie »bizarrer Kopfputz« flüchtet, ist dies weniger ein Zei-chen für die offene Haltung, die Wissenschaftlern eigentlich zu eigen sein sollte, als für die ziemlich eingeschränkte Blickrichtung, in der selbst die ungewöhnlichsten und gleichzeitig aussagekräftigsten ar-chäologischen Funde eingeordnet werden müssen. Lieber zieht man die absurdesten Erklärungsmodelle heran oder beläßt das Rätsel im dunkeln – solange all das im Bereich des bestehenden Paradigmas verbleibt, ist es in jedem Fall akzeptabler als Interpretationen, die sich auch nur um Millimeter vom Tellerrand der vorgeschriebenen Sichtweise entfernen. Mit Wissenschaft hat das freilich wenig zu tun.

So werden wohl auch die Gestalten vom Indus-Tal als »symboli-sche«, »kultische« oder mit sonstigen nichtssagend-überdeckenden Wortschöpfungen belegte »Riesen« in die Literatur übernommen

und damit festgeschrieben werden. Jegliche Benennung ist ja bereits
eine bewußt oder unbewußt vorgenommene Klassifizierung, die
sprachlich, gedanklich und thematisch das eigentlich Unerklärliche
einordnet und damit die Grenzen für zukünftige Interpretationen
festlegt. Da weder über die steinzeitlichen Künstler noch über ihre
zeichnerischen Vorbilder Näheres zu erfahren sein wird, dürfte das
Thema damit als abgeschlossen betrachtet werden. So verhindert
man von vornherein eine Analyse auch unter anderen Blickwinkeln
– und läßt still und heimlich all jene Indizien »unter den Tisch fallen«, die, zusammengenommen, inzwischen eine recht erstaunliche
Anzahl beweiskräftiger Aussagen liefern könnten.

Die Außerirdischen von Nazca

Vermutlich wird das gleiche Schicksal auch jener merkwürdigen Gestalt (Abb. 2) beschieden sein, die jüngst – zusammen mit anderen
Menschendarstellungen, abstrakten geometrischen und weiteren
trapezförmigen »Landebahnen« – in den Bergen südlich der Ebene
von Nazca entdeckt wurde [2]. Von den Piloten dort wird sie ganz
offen »der Außerirdische« genannt, so, wie sie eine bestimmte Ansammlung der trapezförmigen »Landebahnen« genauso offen als
»ET Airport« bezeichnen. Warum, ist offensichtlich: Die Piloten der
Nazca-Fluglinie sind nicht von den »archäologischen Sichtbedin-
gungen« abhängig – sie bezeichnen die Dinge so, wie sie ihnen, aus
ihren Flugzeugen betrachtet, entgegentreten.
Eine Datierung für »den Außerirdischen« (geschätzte Maximal-
größe: etwa dreißig Meter) gibt es bislang nicht, aber die Tatsache,
daß die Scharrlinien schon sehr verwittert sind, läßt darauf schließen, daß er mit zu den ältesten, vielleicht zur ältesten Darstellung in
Nazca *überhaupt* gehört. Was ist zu sehen? Eine zwergenhaft und
eher fragil wirkende Gestalt mit einem überproportional großen
Kopf und nicht minder großen Augen – eine Beschreibung, die man
aus der jüngsten UFO-Literatur nur zu gut kennt. Allerdings sind
die Augen nicht tränenförmig bzw. ellipsoid wie bei den sogenann-

Abb. 2: Der »Außerirdische« aus den Bergen südlich von Nazca (Umzeichnung: Johannes Fiebag)

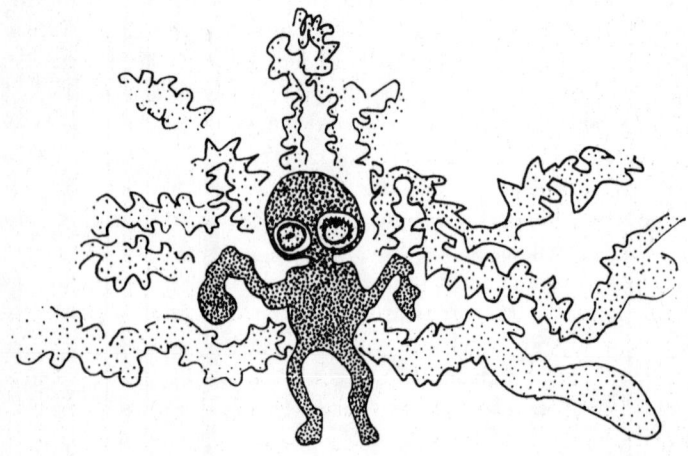

ten »kleinen Grauen« unserer Tage, sondern kreisförmig. Es ist also nicht eine exakte Übereinstimmung mit jenen Wesen, die man heute insbesondere im Umfeld des Entführungsphänomens zu sehen glaubt.

Die Darstellung eines Außerirdischen? Gut möglich. So, wie den Menschen unserer Tage, die Entführungserfahrungen gemacht haben, Riesen, Zwerge, »normale Menschen« und Wesen ganz bizarrer Art entgegentraten, so scheinen sie auch in vergangenen Jahrtausenden auf die eine und auf die andere Weise mit ihnen konfrontiert worden zu sein: Riesen im Karakorum und in Afrika, zwergenhafte Wesen im frühgeschichtlichen Südamerika. Vielleicht handelt es sich um verschiedene Rassen außerirdischer Intelligenzen, vielleicht aber auch um die unterschiedliche Weise, in der diese Fremden sich unseren eigenen Vorstellungen anpassen [3].

Bemerkenswert ist in meinen Augen auch, daß die rätselhaften Gestalten jeweils ganz am Anfang stehen – in Nazca wie im Karakorum. Erst *nachdem* diese Wesen aufgetreten, von Menschen im Stein verewigt und damit die Grundlagen eines Kults geschaffen worden waren, entwickelten sich weitere religiöse Kunstformen und damit offensichtlich auch weitere oder darauf aufbauende religiöse Verhaltensweisen heraus. Das ist letztlich genau das, was wir im Rahmen von Cargo-Kulten noch heute beobachten können.

Die Gestalt bei Nazca scheint von »Feuerschlangen« umgeben zu sein – eine Darstellung, wie man sie bislang nicht kannte. Die »höheren Wesen« im Indus-Tal tragen – so meint Harald Hauptmann – vielleicht einen »Strahlenkranz«. Beide Bilder sind offensichtlich sehr alt. Aber obwohl Tausende von Kilometern dazwischenliegen, so haben die Menschen, die ihre Motive in Stein ritzten oder in gigantischen Scharrfiguren in die Berghänge der Wüste gruben, doch das gleiche wiedergegeben: ungewöhnliche Wesen, die in lichtvollen Erscheinungen auftraten und die es wert waren, der Nachwelt erhalten zu bleiben.

Außerirdische oder einfach Riesen mit »bizarrem Kopfputz«? Wenn wir ganz objektiv urteilen – welche Alternative haben wir dann *wirklich* ...?

Der Krieg gegen Dvârakâ: Beschreibung eines Luftangriffs in den altindischen Epen Mahâbhârata und Bhâgavata-Purâna

LUTZ GENTES

Der nachfolgende Text entstammt einem in fünfzehnjähriger Arbeit entstandenen Buch (DIE WIRKLICHKEIT DER GÖTTER – RAUMFAHRT IM FRÜHEN INDIEN). Dieses 1996 erschienene Werk befaßt sich vor allem mit den im indischen Nationalepos *Mahâbhârata* sowie dem *Bhâgavata-Purâna* [1] enthaltenen Aussagen zu einer Kriegsführung mittels überlegener Waffen und Flugkörper und den sich daraus ergebenden kulturhistorischen Konsequenzen. Das grundlegende Ergebnis der dabei erstmals durchgeführten Detailanalysen läßt sich wie folgt zusammenfassen:

Die dargestellten Kämpfe zwischen »Göttern« und »Dämonen« fanden zu einer sehr weit zurückliegenden Zeit – spätestens gegen Ende des vierten Jahrtausends v. Chr. – mit sehr hoher Wahrscheinlichkeit tatsächlich statt und wurden mit technologisch hochentwickelten Raketen, Kanonen und Fluggeräten ausgefochten. Darüber hinaus hat sich gezeigt, daß es sich bei diesem Geschehen nicht um ein irdisch-immanentes gehandelt haben konnte, sondern daß die beiden am Krieg beteiligten Parteien Außerirdische gewesen sein mußten, die sich – aus derzeit noch nicht klar ersichtlichen Gründen – auf unserem Planeten aufhielten und diesen als Schlachtfeld benutzten.

Das hier ausgewählte Kapitel enthält die Detailanalyse eines massiven Luftangriffs auf die einstige, am Arabischen Meer, im Süden der Halbinsel Kâthiâwâr gelegene Stadt *Dvârakâ*. Mit diesem Angriff beginnt eine Kette dramatischer Kampfhandlungen, in deren Verlauf es noch zu weiteren Luftangriffen und deren Abwehr kommt. Die Beschreibungen sind im 3. Buch des Mahâbhârata sowie im zehnten Buch des Bhâgavata-Purâna enthalten und werden uns im Rahmen einer episodenhaften, nachträglich in das übergreifende Handlungsgefüge versetzten Erzählung präsentiert. Als Kontrahenten in diesem als äußerst heroisch dargestellten Kampf treten in den vorliegenden Textfassungen der vergöttlichte Fürst und Stammesführer *Krishna* auf, gegen dessen Stadt und Truppen sich die Angriffe des massiv bewaffneten Kampfflugkörpers *Saubha* richten, der unter dem Befehl des »Dämonenkönigs« *Shâlva* steht. Der Gang der Handlung ist in sich abgeschlossen und stimmt in den beiden Fassungen im grundsätzlichen überein: Er beginnt mit dem Angriff der Truppen und des Fluggerätes Shâlvas auf Dvârakâ, die Residenzstadt des Krishna, und endet nach hartem Kampf mit der militärischen Niederlage Shâlvas und seiner Maschine.

Nicht eingegangen werden kann hier auf einen für das Verständnis der historischen Zusammenhänge entscheidenden und bislang völlig unbemerkt gebliebenen Umstand: daß nämlich die epischen Redakteure und vortragenden Sänger zwei grundverschiedene Zeitalter ideologieträchtig verschmolzen, indem sie ihre Haupthelden nicht nur mit den für das Altertum üblichen Bogen, Schwertern, Keulen, Kriegswagen usw. auftreten ließen, sondern ebenso auch mit jenen hochtechnischen Waffen der noch weiter zurückliegenden Epoche der außerirdischen »Götter« und »Dämonen«. Entgegen der Ideologie der Krishna-Verherrlichung, der die Erzählung einzig dient, waren denn auch keineswegs Krishna, Shâlva und deren Truppen die tatsächlichen Akteure der »nichtkonventionellen« Kriegsführung, sondern eben jene außerirdischen »Götter« und »Dämonen«, denen die Heldengestalten gleichgestellt, ja, als deren Inkarnation sie betrachtet wurden. Wenn nachfolgend trotzdem die Namen dieser irdischen Protagonisten wie selbstverständlich beibehalten werden, dann nur deshalb, weil es der Textvorgabe entspricht und es zu umständlich wäre, jedesmal einen korrigierenden Vermerk anzubringen [2].

1. Die Beschreibung des Luftangriffs

Die Kampfhandlungen beginnen mit einem äußerst heftigen Angriff Shâlvas auf die Stadt Dvârakâ. Im Mahâbhârata (abgek.: Mbh.) heißt es dazu:

> Shâlva marschierte auf die Stadt Dvârakâ zu, o Bester der Bhâratas.
> Dieser äußerst niederträchtige Shâlva belagerte die Stadt von allen Seiten und aus der Luft, mit seinen Schlachtreihen in Position, Sohn des Pându [= Yudhishthira, der Fragesteller].
> Nachdem er seine Stellung eingenommen hatte, griff der König die Stadt an und begann den Krieg mit einem vernichtenden Ansturm.

(Mbh. 3(31)156, Vers 2-4, v. B., a. a. O., S. 255; Hervorh. L. G.).

Nähere Einzelheiten erfahren wir aus dem Mbh. leider nicht, nur noch, daß Shâlva mit Hilfe seines Saubha-Fluggerätes viele tapfere Vrshinis tötete und alle Parks der Stadt schlimm verwüstete (Mbh. 3(31)15, Vers 7; a. a. O., S. 254).
Dafür werden wir aber durch die Informationen, die das Bhâgavata-Purâna (abgek.: Bh. P.) speziell zum Luftangriff und dessen Folgen liefert, entschädigt. Die betreffenden Verse lauten:

> (9) Shalva belagerte Dvârakâ mit einer gewaltigen Armee, o berühmter Bhârata. Er machte die Parks der Stadt und die Gärten völlig dem Erdboden gleich.

> (9. A) Er verlegte seine Basis in die Luft über der Stadt und kämpfte.

(10) *Er zerstörte die Stadt mit ihren Türmen, Toren,*
Villen, Galerien, Terrassen und Ruheplätzen noch weiter.
Vernichtende Waffen regneten
aus diesem schrecklichen Luftwagen [vimâna] [3] *herab.*

(11) *Riesige Steine, Bäume, Donnerkeile, Schlangen*
und ein Regen aus Kies fielen heftig (auf Dvârakâ) herab.
Fürchterliche Wirbelstürme fegten (durch die Stadt);
die Himmelsrichtungen wurden von dickem Staub verfinstert.

(12) *So wie die Erde (einst) unter die Geißel von Tripura*
gezwungen worden war, so wurde die Stadt Krishnas
durch Saubha einer extremen Verwüstung unterworfen,
ohne jeden Aufschub und ohne Aussicht auf Hilfe.

(Bh. P. X, 76, Tagare, a. a. O., S. 1731).

Diese Verse aus dem Bh. P. und dem Mbh. beinhalten die erste Phase des Krieges, nämlich den Angriff Shâlvas auf Dvârakâ und dessen unmittelbare Auswirkungen. Wir erfahren hier, daß Shâlva *die Stadt von allen Seiten und aus der Luft* her angreift, und zwar sowohl mit Hilfe einer gewaltigen Armee als auch mit dem Saubha-Fluggerät. Dabei vermittelt die Beschreibung den Eindruck, als sei der Hauptteil der angerichteten Zerstörung nicht durch die außerhalb der Stadt stehenden Bodentruppen des Angreifers hervorgerufen worden, vielmehr durch das intensive Bombardement aus der Luft. Dieses wird auch, wie wir sogleich noch genauer erkennen werden, mit einem Höchstmaß an Realistik geschildert, während von den Operationen der Bodentruppen nur ganz am Rande gesprochen wird. Auch in den nachfolgenden Phasen des Krieges bestimmt der Einsatz des Kampfflugkörpers das Schlachtgeschehen weitgehend, obwohl die Beschreibung der Bodenkämpfe der beiden feindlichen Armeen ganz erheblich weitschweifiger ausfällt.
Inwieweit die Bodentruppen überhaupt in der Lage gewesen sein konnten, von ihrer Position aus die Stadt unter Beschuß zu nehmen,

ist nicht eindeutig festzustellen. Denn dies ist sowohl abhängig von der verwendeten Waffentechnologie als auch vom Abstand des Belagerungsringes von der Stadt bzw. vom Verhältnis beider Momente zueinander. Hierüber erfahren wir jedoch nichts Erschöpfendes. Über Shâlvas Armee heißt es im Mbh., sie habe sich in der Ebene niedergelassen, wo die Wasserversorgung gesichert gewesen sei, und dort ein (offenbar sehr großes) Militärlager mit regelrechten Straßen errichtet; wie weit entfernt von der Stadt, wird nicht gesagt (Mbh. 3(31)7, Vers 1ff; v. B., a. a. O., S. 256). Die Ausrüstung habe aus Elefanten, Pferden, Kriegswagen und Infanteristen, einschließlich Bogenschützen, bestanden. Darüber hinaus ist nur noch pauschal davon die Rede, daß die Streitkräfte *mit allen Arten von Waffen* ausgerüstet und in ihnen geschult gewesen seien (a. a. O.). Nur allzugerne wüßte man, um welche Waffen es sich hier genau handelte; die namentlich aufgeführten entsprechen dem üblichen altindischen Standard (dazu z. B. Dikshitar).

Daß Shâlvas Truppen überdies aber auch über Feuerwaffen im modernen Sinne verfügten, wie etwa fortgeschrittene Kampfraketen, geht meines Erachtens unmißverständlich aus einigen späteren Versen hervor, die in meinem Buch ausführlich besprochen werden. Es ist somit keineswegs ausgeschlossen, ja sogar sehr wahrscheinlich, daß auch vom Belagerungsring selbst aus die Stadt unter Artillerie- oder Raketenbeschuß genommen werden konnte und dabei *die Parks der Stadt und die Gärten völlig dem Erdboden gleichgemacht* wurden (Bh. P., Vers 9), wiewohl ein eindeutiger Beweis aus den genannten Gründen nicht zu erbringen ist. Später stellt sich dann noch heraus, daß auch die Truppen Krishnas unzweifelhaft über moderne Feuerwaffen verfügten.

Zurück zu Shâlvas Luftangriff, dem herausragenden Ereignis der ersten Kriegsphase. Dem Unternehmen war zunächst allem Anschein nach ein voller Erfolg beschieden, denn es gelang Shâlva immerhin, die Stadt in Schutt und Asche zu legen. Von einer Luftabwehr oder sonstigen Gegenmaßnahmen ist hier noch nicht die Rede. Erst *nach* dem Bombardement gingen die Truppen Krishnas zum Gegenangriff über, wie die dann folgenden Verse des Bh. P. zeigen.

In diesem Zusammenhang erscheint es nun merkwürdig, daß das Mbh. sich ausführlich über die vorbereitenden Abwehrmaßnahmen, einschließlich der in Stellung gebrachten Waffen (darunter auch Kanonen und Flammenwerfer!) ausläßt (v. B., a. a. O., S. 255 f; siehe die anschl. Fn.), während im Bh. P. hiervon mit keinem Wort die Rede ist, Shâlvas Angriff vielmehr den Charakter eines unerwarteten Überfalls hat. In Vers 12 Bh. P. wird ausdrücklich auf die Hilflosigkeit der Stadt hingewiesen. Bei genauem Hinsehen zeigt sich jedoch, daß wir es hier mit keinem wirklichen Widerspruch zu tun haben, sondern lediglich mit Beurteilungen von zwei unterschiedlichen Blickwinkeln aus. Dabei verhält es sich so, daß die im Epos dargelegten Abwehrmaßnahmen (eine Art Mobilmachung bei höchster Alarmstufe) sich unverkennbar nur auf den Angriff der *Bodentruppen* Shâlvas beziehen, deren Herannahen schon von weitem sichtbar war, wohingegen umgekehrt das *Purâna* mit der gleichen Einseitigkeit den Luftangriff Shâlvas im Auge hat, mit dem Krishnas Militärs aber *nicht* rechneten. Mit anderen Worten: *Dvârakâ war hervorragend auf einen Angriff vom Boden aus vorbereitet, nicht jedoch auf ein Bombardement aus der Luft, das für die Verantwortlichen und die Einwohner offenbar wie ein Blitz aus heiterem Himmel kam* [4]. Der Umstand, daß sich hier beide Textfassungen nicht widersprechen, sondern sich in logisch schlüssiger Form ergänzen, so daß die eine das sinnvolle Komplement der anderen darstellt, ist meines Erachtens ein gewichtiges Indiz dafür, daß beide ihr Wissen aus einer gemeinsamen Quelle schöpften, die wir aber heute nicht mehr kennen. Es ist nicht das einzige Indiz: Wie die Analyse der weiteren Kampfhandlungen zeigt, handelt es sich hier um einen grundlegenden Tatbestand.

2. Die Effekte des Bombenangriffs

Nun zu dem Luftangriff und dessen Folgen im einzelnen. Die Darstellung zeichnet sich durch ein außerordentliches Maß an Realistik aus: Alle Aussagenelemente entsprechen exakt dem, was im Falle eines Bombenangriffs tatsächlich zu beobachten ist. Wie es zunächst heißt, *verlegte er* [Shâlva] *seine Basis in die Luft über der Stadt und kämpfte* (Vers 9. A.), d. h. er benutzte das Fluggerät nicht nur als Bomber, sondern ebenso als Befehlszentrale. Dies ist aber nur allzu verständlich, wenn man berücksichtigt, daß das Kampfgeschehen, einschließlich des Frontverlaufs, aus der Luft erheblich besser überblickt werden kann als vom Boden aus. Dabei dürfen wir getrost unterstellen, daß Shâlvas Befehle oder die seiner Kommandeure an die am Boden kämpfende Truppe mittels Funk oder dergleichen übermittelt wurden, ebenso wie die erforderlichen Gegenmeldungen.

Die folgenden Verse 10–12 schildern, wie die Stadt Dvârakâ in Schutt und Asche versinkt. Dies geschah, wie es in Vers 10 heißt, durch *vernichtende Waffen, die aus diesem schrecklichen Luftwagen* [vimâna] *herabregneten.* Zieht man in Betracht, daß es sich hier nur um eine einzige Kampfmaschine gehandelt haben soll, die eine ganze Stadt extrem verwüsten konnte (Vers 12), dann muß das Vernichtungspotential dieser Waffen in der Tat ganz außerordentlich gewesen sein. Es sei jedoch sogleich betont, daß es sich um irgendwelche nukleare Waffen *nicht* handeln konnte, denn hierfür fehlt jeder spezifische Hinweis sowohl in den beiden Saubha-Erzählungen als auch in der ganzen übrigen altindischen Literatur, soweit ich dies überblicken kann [5]. Die Annahme nuklearer Waffen ist aber auch gar nicht erforderlich, denn, wie wir im folgenden sehen werden, läßt sich das Bombardement und seine Auswirkungen völlig zufriedenstellend im nicht-nuklearen Sinne interpretieren. Dies gilt, wie gesagt, auch für alle weiteren altindischen Aussagen.

So wird die hohe Vernichtungskraft der von Shâlva abgeworfenen Waffen ebenso von hochentwickelten »konventionellen« Bomben erzielt. Als Beispiel diene hier die »Blu-82/b Allzweck-Druckbombe«, die von der amerikanischen Luftwaffe im Vietnamkrieg eingesetzt wurde, und deren Wirkung laut zwei amerikanischen Wissenschaftlern »nur noch von einer Atombombe übertroffen wird« (*F. R.*, 20. 12. 71, S. 2, Art.: »Superbombe tötet selbst die Würmer in der Erde«). Diese Wirkung wird wie folgt beschrieben:

»Mehr als hundertmal schien sich in den vergangenen Monaten in den Dschungeln Indochinas der Beginn eines Atomkrieges anzukündigen: An Fallschirmen schwebte ein litfaßähnliches Gebilde vom Himmel, eine gewaltige Explosion fetzte eine fußballfeldgroße Lichtung in Mangroven und Bambus, tötete noch anderthalb Kilometer entfernt die Würmer in der Erde und entfaltete sich dann in einer 2000 m hohen pilzförmigen Wolke« (a. a. O.).

Über den Aufgabenbereich dieser Bombe heißt es in der Pressemitteilung:

»Die Superbombe setzten die Amerikaner nach Angaben des Pentagon meist ein, um aus dem Urwald Landeplätze für Hubschrauber herauszurasieren: die Bombe wird dabei kurz über dem Boden gezündet, wirft daher auch keinen Krater auf, sondern ›bläst‹ eine ebene Fläche frei. Den beiden Wissenschaftlern zufolge wirkt die Bombe auch gegen sonst fast unzerstörbare Vietcong-Bunker: Das bei der Explosion entstehende Vakuum läßt sie von innen her auseinanderplatzen. Ein Bericht der US-Luftwaffe nennt die Blockierung feindlicher Nachschubwege als weitere Aufgabe: *richtig plaziert,* kann die ›*Big bomb*‹ *halbe Berge ins Rutschen bringen*« (a. a. O., Hervorh. L. G.).

Die im amerikanischen Pilotenjargon »Cheeseburger« oder zynisch »Daisy Cutter« (Gänseblümchenschere) genannte Superwaffe

»hat einen Umfang von 150 Zentimetern, ist 3,65 Meter lang, 7,5 Tonnen schwer und mit 5,6 Tonnen geleeartigem Brei aus Ammoniumnitrat und Aluminiumpulver gefüllt« (a. a. O.).

Man kann sich leicht vorstellen, daß bereits einige wenige solcher Bomben, zielgenau abgeworfen, ausreichen, den Innenstadtbereich einer Großstadt in eine Trümmerwüste zu verwandeln. Werden zusätzlich noch Brandbomben (z. B. Napalm) abgeworfen, dann ist die Vernichtung total. Es ist also keineswegs unwahrscheinlich, daß ein einziges Bombenflugzeug in der Lage wäre, mit Hilfe einer derartigen Superwaffe weite Teile einer Stadt *extrem zu verwüsten*. Im letzten Weltkrieg war hierzu noch ein ganzer Bomberpulk erforderlich. Bei einem Gewicht von mehreren Tonnen pro Einzelbombe ist allerdings eine entsprechend hohe Ladekapazität der Maschine unabdingbare Voraussetzung. Sie ist in unserem Falle aber allem Anschein nach erfüllt, denn Saubha wurde ja, wie wir wissen, nicht nur als »Luftwagen« (*vimâna*) bezeichnet, sondern auch als *Stadt aus Stahl* (Bh. P., a. a. O., Vers 7, Tagare, a. a. O., S. 1730), womit unzweifelhaft auf die Größe des Flugkörpers angespielt wird. Aus späteren Textstellen des Mbh. geht außerdem hervor, daß das Gerät zahlreiche feindliche Soldaten beherbergte, nicht zu vergessen auch seine Funktion als Befehlszentrale mit dem erforderlichen Stab von Mitarbeitern. Bei Saubha handelte es sich demnach im vollen Wortsinne um eine »Fliegende Festung« (Flying Fortress), ein Begriff, mit dem im letzten Weltkrieg zwei schwere amerikanische Bombertypen, die B-17 und die B-29, bezeichnet wurden. Die letztere trug den Namen »Superfortress« (siehe Piekalkiewicz, u. a. S. 316f und 393). Genau dies besagt auch der in den Texten hier verwendete Sanskrit-Ausdruck *Saubhapura*, denn *pura* bedeutet sowohl »Stadt« als auch »Festung«! (Zahlreiche indische Städtenamen enden auf *-pur*, was noch heute auf deren ursprünglichen Charakter als befestigte Ansiedlung verweist.)

Einer der derzeit modernsten Bomber der Welt, die überschallschnell fliegende amerikanische B-1 von Rockwell, kann bei einem Leergewicht von rund 87 000 und einem maximalen Startgewicht von 216 630 Kilogramm eine maximale Kampflast von 56 700 Kilogramm mitführen, die in drei Waffenschächten und an Außenstationen untergebracht wird. Diese gewaltige Ladekapazität setzt sich, je nach spezifischer Einsatzrolle der Maschine, aus Bomben unterschiedlicher Art und Größe samt Marschflugkörpern und Raketen zusammen (Gunston, S. 96ff, sowie Av. W., 14. 9. 87, S. 61). Eine einzige B-1 ist mithin in der Lage, eine Waffenlast zu transportieren, die dem Gewicht von über sieben der beschriebenen »All-zweck-Druckbomben« entspricht, also ganz gewiß genug, um eine mittlere Stadt in Trümmer zu legen [6]!

Bomben wie diese, deren zerstörende Wirkung auf der Erzeugung hohen Luftdrucks beruht, werden gewöhnlich als »Minen« oder »Minenbomben« bezeichnet. In weniger fortgeschrittener Form und Größe gab es sie bereits im Zweiten Weltkrieg. Aber schon damals waren die durch sie angerichteten Zerstörungen verblüffend groß, wie an einem Beispiel erhellt werden kann: Während eines Luftangriffs der Engländer auf Hamburg im Jahre 1942 fiel in einem dicht bebauten Gebiet eine 2000 lbs.-(900-Kilogramm-)Mi-nenbombe auf die Straße und detonierte. Die Folge: elf Häuser wurden ganz zerstört, elf weitere schwer und nicht weniger als 352 Häuser leicht beschädigt, es gab zahlreiche Tote und Verletzte. Fünf Löschzüge mit sechzehn Rohren waren zum Ablöschen der Trümmer erforderlich (Brunswig, S. 132). Und dies, wie gesagt, bei einer einzigen 900-Kilogramm-Bombe, von denen eine B-1 das Äquivalent von nicht weniger als dreiundsechzig transportieren könnte!

Der Satz in Vers 11:

Fürchterliche Wirbelstürme fegten (durch die Stadt);
die Himmelsrichtungen wurden von dickem Staub verfinstert,

ist ein wertvoller Beleg dafür, daß wir es hier nicht mit Hirngespinsten, sondern mit Realereignissen zu tun haben, denn treffender lassen sich die atmosphärischen Folgeerscheinungen von Bomben- und Minenabwürfen kaum charakterisieren. Den besten Anschauungsunterricht bieten auch hier die alliierten Luftangriffe auf deutsche Städte während des Zweiten Weltkriegs: Als die zahlreichen Spreng-, Brand- und Minenbomben gefallen waren und die betreffende Stadt in Flammen stand, kam es oft zu orkanartigen Stürmen (den sogenannten Feuerstürmen), die von dem Temperaturunterschied der Brandherde zu der sie umgebenden Luft hervorgerufen wurden. Ferner konnte man wegen der äußerst dichten Rauchschwaden, der

Flugasche sowie der hochgewirbelten Staubmassen, die aus dem
Baumaterial der zusammengestürzten oder geborstenen Häuser ent-
standen waren, lange Zeit nichts mehr sehen und kaum noch atmen.
Am Beispiel Hamburgs wird dies besonders deutlich: Dort starben
in der berüchtigten Feuersturmnacht vom 27. auf den 28. Juli 1943
Tausende allein auf den Straßen den Hitzetod,

> »weil sie im Staubsturm und Funkenregen nach wenigen
> Schritten blind wurden und regelrecht in ihr Verderben rann-
> ten oder sich apathisch hinsetzten« (a. a. O., S. 275).

Wie aus Brunswigs kompetenter und reich bebilderter Dokumentation und Analyse hervorgeht, begann der Feuersturm in einzelnen
Straßen bereits zwanzig bis dreißig Minuten nach den ersten Ab-
würfen und erreichte nach zwei bis drei Stunden seine größte
Stärke. Dabei wurden Bäume bis zu einem Meter Durchmesser (!)
entwurzelt und die Kronen junger Bäume, zum Beispiel Pappeln,
fast bis zum Boden herabgebogen. Menschen wurden umgerissen,
und Balken, Bretter, sogar ganze Dachpartien wirbelten durch die
Luft. Währenddessen stand über der Stadt eine fast senkrechte
Rauchwolke von rund siebentausend Metern Höhe. Zur Windge-
schwindigkeit schreibt der Autor:

> »Die Beaufort-Scala (Windstärke 12 – Orkan – 45 m/s) reicht
> jedenfalls nicht aus, um die Sturmstärke zu kennzeichnen. Wir
> können nur schätzen, daß stellenweise Windgeschwindigkei-
> ten bis zu 75 m/s und wahrscheinlich mehr aufgetreten sind –
> vergleichbar vielleicht einem Taifun über dem Pazifischen
> Ozean oder einem Wirbelsturm über Nordamerika« (a. a. O.,
> S. 266).

Über die Richtung des Sturms erfahren wir, daß sie »von allen Seiten in die Brandfläche hineinging« (a. a. O.) und dabei innerhalb der
einzelnen Gebiete ständig schwankte. Ferner:

»In mehreren Erlebnisberichten wird davon gesprochen, daß windhosenartige Feuerwirbel durch die Straßen gerast sind. Menschen, die hier hineingerieten, wurden augenblicklich wie in einem Feuerofen verbrannt« (a. a. O., S. 268).

Wir sehen also: Die Aussage: *Fürchterliche Wirbelstürme fegten (durch die Stadt); die Himmelsrichtungen wurden von dickem Staub verfinstert* (Vers 11), erweist sich als sehr realitätsgerecht! Bereits 1927 hatte der Inspekteur der deutschen Fliegertruppen im Ersten Weltkrieg, Oberstleutnant Siegert, diese Entwicklung richtig vorausgesehen und geschrieben:

»Gelingt es, in einer Stadt mehr Brandherde zu erzeugen, als durch die vorhandenen Feuerwehren gleichzeitig gelöscht werden können, so sind die Keime von Katastrophen gelegt. Die einzelnen Feuerherde schließen sich zusammen. Die erhitzte Atmosphäre schießt wie in einem Riesenkamin nach oben. Die längs des Erdbodens nachstürzende Luft erzeugt den ›Feuersturm‹, der wiederum die kleineren Brände zur vollen Entfaltung bringt« (zit. a. a. O., S. 27).

Wenn wir die oben gewonnene Erkenntnis berücksichtigen, daß Dvârakâ auf den Luftangriff höchstwahrscheinlich unvorbereitet war (wie z. B. 1940 Rotterdam), dann können wir uns leicht vorstellen, daß die vorhandenen Feuerwehren die Brandherde nicht rechtzeitig löschen konnten und es zu einem heftigen Feuersturm kam. Was die außerordentliche Stärke des Hamburger Feuersturms anbelangt, so sind hierfür vor allem die zu jener Zeit herrschenden meteorologischen Bedingungen verantwortlich zu machen, wie Brunswig ausführlich darlegt (a. a. O., S. 270) – nämlich hochsommerlich erhitzte und trockene Luftmassen in Bodennähe und darüberliegende kältere Luftmassen, so daß sich eine besonders reißende Schlotströmung von unten nach oben bilden konnte. Starke Staub- und Rauchentwicklung sowie Sturmböen im Umkreis der brennenden Gebäude sind indes eine typische Erscheinung nach jedem Bombardement, auch wenn es nicht zu ausgesprochenen Flächenbränden kommt. Die Formulierung im Falle Dvârakâs, *fürchterliche Wirbelstürme*, läßt jedoch auf große Brandherde schließen.

Zur Art des verwendeten Bombenmaterials erfahren wir aus Vers 11, daß es sich um

> *riesige Steine, Bäume, Donnerkeile, Schlangen und ein Regen aus Kies*

gehandelt habe, was alles

> *heftig auf Dvârakâ herabfiel.*

Daß diese Bezeichnungen nicht das meinen, was sie in ihrem unmittelbaren Sinne bedeuten, daß wir es hier also nicht etwa mit gewöhnlichen Steinen oder Schlangen zu tun haben, geht unzweifelhaft aus der Logik des Gesamtzusammenhangs hervor. Dies wird noch unterstrichen durch die Tatsache, daß im weiteren Verlauf der Handlung Raketenangriffe phänomenologisch eindeutig beschrieben und dabei für »Rakete« der Ausdruck »Pfeil« oder »Lanze« verwendet wird.

Uns bleiben daher zwei Möglichkeiten zum Verständnis des Gemeinten: entweder es handelt sich um militärische Fachausdrücke, in diesem Falle also um Begriffe, die der alltagssprachlichen Welt entnommen worden waren zur Bezeichnung ganz bestimmter Waffentypen, wobei eine mehr oder minder große Analogie in Aussehen und Wirkungsweise der Waffen mit der eigentlichen Bedeutung dieser Ausdrücke angenommen werden kann; wir hätten es dann mit dem Vorgang der bewußten Terminologisierung von Alltagssprache zu tun. Oder aber es handelt sich um Bezeichnungen, die aus einer Verlegenheit heraus gewählt wurden, nämlich mangels entsprechender Ausdrücke, über die der Sprachschatz dessen, der den Vorgang beschrieb, nicht verfügte. Im letzteren Falle hätten wir es also mit einem Angehörigen einer »vormodernen« Kultur zu tun, der in der Welt der modernen Technik nicht zu Hause war und dem daher gar nichts anderes übrigblieb, als das, was er sah oder hörte, mit dem ihm zur Verfügung stehenden Alltagsvokabular zu bezeichnen. Ein solcher Beobachter oder Chronist wird zwangsläufig versuchen, den Vorgang, dessen technologische Voraussetzungen er nicht durchschaut, dadurch begrifflich zu fassen, indem er ihn mit den ihm bekannten Vorgängen oder Gegenständen der Natur, seiner Gesellschaft oder seines Glaubenssystems vergleicht.

Als Beispiel möchte ich auf die Cargo-Kulte Melanesiens verweisen, die sich in der Hauptsache durch imitationsmagische Praktiken auf der Basis eines technologischen Unverständnisses der gesehenen Gegenstände und Güter der europäischen Zivilisation auszeichnen. Die in Vers 11 gewählte Formulierung: *Riesige Steine, Bäume, Donnerkeile, Schlangen und ein Regen aus Kies* für bombenartige Geschosse entspricht nun genau dem, was wir aufgrund der Erfahrung aus den Cargo-Kulten erwarten würden [7]. Im gegenwärtigen Fall ist jedoch besondere Vorsicht am Platze, denn in einer später folgenden Bombardierungssituation, über die sich das Mbh. äußert, ist sogar wortwörtlich vom Ausstoß von Raketen und Flammenwerfern die Rede, was eindeutig definierte Begriffe sind und keine aus Hilflosigkeit geborenen Benennungen. Weitere Beispiele ließen sich anführen.

Ich halte es daher in diesen und zahlreichen ähnlich gelagerten Fällen, die uns in den Texten begegnen, für angemessener, zunächst einmal davon auszugehen, daß es sich um eine damals übliche militärische Terminologie handelt. Es sei jedoch betont, daß das eine das andere keineswegs ausschließen muß; dies schon deshalb nicht, weil die vorliegenden Texte mehrfach redigiert worden sein dürften, wobei durch das Unverständnis späterer Generationen aus Naturvorgängen gewonnene Auffassungen die ursprünglichen Bezeichnungen verdrängt haben könnten! Eine Entscheidung ist nicht immer einfach, und wir müssen mit beiden Möglichkeiten gleichermaßen rechnen. Im gegenwärtigen Fall, wie gesagt, haben wir vermutlich eine Militärterminologie vor uns.

An vergleichbaren Fällen aus der Gegenwart herrscht übrigens kein Mangel. So ist es auch heute noch das Bestreben des Militärs, die einzelnen Waffen unter anderem nach möglichen Vorbildern aus der Natur zu benennen. Beispiele hierfür sind das Mehrzweckkampfflugzeug »Tornado«, der Panzer »Leopard«, die Panzerabwehrlenkwaffe »Mosquito« oder die Luft-Luft-Lenkwaffe »Sidewinder« (Klapperschlange), ohne daß es sich dabei um Tornados, Leoparden, Moskitos oder Klapperschlangen im eigentlichen Sinne handelt. Oft arten die Bezeichnungen in blanken Zynismus aus, wie zum Beispiel die Namen »Fat Man« oder »Little Boy« für die Hiroshima- bzw. Nagasaki-Atombombe oder »Gänseblümchenschere« für die besagte Allzweck-Superbombe. Das bekannteste Beispiel ist vielleicht die Bezeichnung »Eagle« (Adler) für die Landefähre der ersten Mondlandung im Jahr 1969 (Stichwort: »Der Adler ist gelandet«), obwohl dieses Gefährt nur in einem übertragenen Sinne ein Adler war. Hier dürfte die kraftvolle Majestät und Überlegenheit des als »König der Lüfte« geltenden Vogels und zusätzlich seine Eigenschaft als Wappentier der Vereinigten Staaten den Ausschlag für diese Benennung gegeben haben. Diese und spätere Astronauten trugen den Adler sogar als Emblem an ihren Raumanzügen, wie seit jeher die Piloten und Maschinen zahlreicher Luftwaffeneinheiten. Auch werden Militärflugplätze üblicherweise als »Fliegerhorste« bezeichnet.

Nun noch ein speziell für das Verständnis der Aussagen in Vers 11 besonders instruktives Beispiel: Als die Alliierten des Zweiten Weltkrieges in zahlreichen Nachteinsätzen ihre Bomben auf die deutschen Städte abwarfen, sahen sie sich gezwungen, sich mittels wirkungsvoller Leuchtzielmarkierungen zu orientieren, denn in den Städten herrschte absolute Verdunkelung. Es handelte sich dabei um traubenförmig zusammenstehende Magnesium-Leuchtbomben (siehe die Aufnahme bei Piekalkiewicz, a. a. O., S. 215, sowie bei Domarus, gegenüber den S. 129 und 144). *Aufgrund ihrer äußeren Ähnlichkeit* gab die Bevölkerung diesen die Bezeichnung »Christbäume«, obwohl sie ihrer Funktion nach alles andere als weihnachtliche Freude verhießen, vielmehr Tod und Verderben nach sich zogen.

Um welche der beiden Benennungsweisen es sich aber auch handeln mag: Die aufgeführten Beispiele untermauern, daß sowohl die eine als auch die andere Form *die Realität des Geschehens zur Voraussetzung hat, die verwendeten Ausdrücke also auf keinen Fall in ihrer üblichen alltagssprachlichen Bedeutung zu nehmen sind.* Der übergreifende Textzusammenhang selbst, also die Logik des mitgeteilten Geschehens, läßt von sich aus ja auch gar keine andere Möglichkeit zu. Da es sich hier um einen Tatbestand von weitreichender Bedeutung handelt, mußte auch einmal exemplarisch auf ihn eingegangen werden. Auch für die nachfolgenden Textaussagen erweist sich dieser Aspekt als ein schlechthin fundamentaler, ohne dessen Berücksichtigung vieles im unklaren verblieben wäre.

In bezug auf die Verse 10–12 können wir also das Folgende festhalten: Bei den *riesigen Steinen, Bäumen, Donnerkeilen, Schlangen* und dem *Regen aus Kies* kann es sich nur um Bezeichnungen für irgendwelche Bomben handeln, die, als sie ihr Ziel erreichten, explodierten, Brände entfachten und die beschriebenen Staubmassen und orkanartigen Stürme hervorriefen. Der indischen Aussage zufolge handelt es sich um fünf verschiedene Arten, die auf Dvârakâ abgeworfen wurden, womit sich eine weitere bemerkenswerte Parallele zu den Verhältnissen in unserem Jahrhundert ergibt: Seit dem Zweiten Weltkrieg ist es geradezu selbstverständlich, daß Kampfflugzeuge für den gleichzeitigen Einsatz unterschiedlicher Bombentypen angewandt werden. Bei den Angriffen auf die deutschen Städte wurden jeweils Minenbomben, Sprengbomben, Stabbrandbomben und Phosphorbrandbomben gleichermaßen eingesetzt (für Hamburg siehe Brunswig, a. a. O., S. 127 und vor allem 379ff). Verschiedentlich wurden auch simple Phosphorkanister und sogar kleine, nur 5 mal 5 Zentimeter große Brandblättchen, die Phosphor enthielten, abgeworfen (a. a. O., S.57 und 101ff). Weitaus am häufigsten kamen dabei Stabbrandbomben zum Einsatz; allein über Hamburg fielen insgesamt 235 000 davon (Minenbomben hingegen, wohl wegen ihres hohen Gewichts, nur ganze 155; a. a. O., S. 177). Wie Brunswig betont, handelt es sich dabei um »die wirkungsvollste und billigste Abwurfmunition des Zweiten Weltkrieges« (a. a. O., S. 48). Ein solcher Brandstab wog lediglich 1,7 Kilogramm und war 54,5

Zentimeter lang. Seine Durchschlagskraft war allerdings beachtlich und seine brandstiftende Fähigkeit enorm. Bei dem Großangriff auf Würzburg am 16. März 1945 zum Beispiel gingen Stabbrandbomben »wie ein funkelnder Schnürlregen« auf die Stadt nieder (Domarus, a. a. O., S. 103f). Der Berichterstatter fügt hinzu:

> »Wenn man diesem grausigen Schauspiel zusieht, muß man unwillkürlich an Sodom und Gomorrha denken und ob nicht die damalige Katastrophe sich ähnlich vollzog« (a. a. O.).

In der Tat könnte sich der Untergang von Sodom und Gomorrha ähnlich vollzogen haben; diesen Eindruck gewinnt man jedenfalls aus der Lektüre von Genesis 19 – vorausgesetzt, man hat sich genügend Unbefangenheit im Urteil bewahrt und nicht die herrschenden Deutungen zu sehr verinnerlicht. Bekanntlich hat E. v. Däniken dem Gedanken zu allgemeiner Popularität verholfen, wofür er von den Alttestamentlern denn auch mit Verachtung bestraft wurde [8]. Näher hierauf einzugehen, verbietet leider die Eingrenzung dieser Arbeit auf den indischen Raum.

Richtig durchgeführt, erweist sich der kombinierte Einsatz unterschiedlicher Bombentypen als besonders effizient. In einem Bericht der Hamburger Feuerschutzpolizei heißt es:

> »Durch Abwurf von Spreng- und Minenbomben waren im größten Ausmaße Dächer abgedeckt, Fenster und Türen eingedrückt und zerbrochen und die Selbstschutzkräfte in die Keller getrieben worden. Die dann in größter Dichte abgeworfenen Brandbomben aller Art fanden durch die bereits angerichteten Zerstörungen reichlichste Nahrung. Erneute Abwürfe von Spreng- und Minenbomben trieben die Selbstschutzkräfte immer und immer wieder zurück. Dieser dauernd wechselnde Abwurf von Spreng-, Minen- und Brandbomben ermöglichte an vielen Stellen eine fast ungehinderte Ausdehnung der Brände« (zit. nach Brunswig, a. a. O., S. 381).

Scheiterte diese Angriffstaktik damals noch meist an Orientierungs-
schwierigkeiten der Bomberbesatzungen, so wäre dies heute wohl
kaum mehr der Fall angesichts des inzwischen gewaltigen Fort-
schritts in der elektronischen und opto-elektronischen Cockpit-In-
strumentierung sowie im Bereich der Infrarot-, TV- und Laser-Ziel-
suchsysteme für Luft-Boden-Waffen. Letztere existieren heute in einer beinahe unüberschaubaren Vielfalt von Systemen und Abarten,
die zur Zeit noch immer im Anwachsen begriffen ist. Genannt seien
Mehrzweckbomben, gelenkte Gleitbomben, ungelenkte Raketen,
Lenkflugkörper, Dispenser-Submunition, sogenannte »intelligente«
Munition sowie freifallende Streubomben (über all diese Entwicklungen siehe Hünecke, S. 212ff und 219ff; Gunston, a. a. O., S.
188ff und 202ff; Flume S. 71ff, sowie Weiss, S. 84ff).

Hier noch zwei weitere Beispiele für die Bestückung gegenwärtiger
Kampfflugzeuge mit den verschiedensten Bomben- und Raketenty-
pen: so kann etwa die »F4-Phantom II« sowohl »gewöhnliche«
Bomben unterschiedlichen Gewichts als auch »chemische Bomben«, Splitterbomben, Napalmbomben sowie nicht näher umrissene »Spezialbomben« und Landminen transportieren und ins Ziel
bringen (16, S. 33). Und über die neue Version des »Harrier«-Senk-
rechtstarters (Harrier 2 Plus) erfahren wir, daß diese neben »konventionellen Bomben und Raketen« über verschiedenartige Luft-
Luft-, Anti-Schiffs- und Alarmraketen verfügt. »Die Ladung kann
an jeder Tragfläche zu jeweils vier Stationen an Pylonen hängend
mitgeführt werden sowie an einer Station in Rumpfmitte. Die AIM-
9 Sidewinder [Luft-Luft-Raketen] können an einem Abschußgestell
(launcher) an jedem Außenpylon aufgehängt werden. Die Maschine
ist ferner mit aufwärtsfeuernden Dispensern für Störfolien- und
Hitzefackeln ausgerüstet« (Av. W., a. a. O., 5. 8. 91, S. 49; weitere
Daten siehe ebd., 1. 9. 93, S. 62f).

Die indische Textaussage erweist sich also in bezug auf die Vielfalt
der eingesetzten Waffen als ausgesprochen realitätsgerecht. Dabei
machen die in Vers 11 verwendeten Bezeichnungen deutlich, daß die
verschiedenen Typen auch seinerzeit in Größe und Aussehen erheblich voneinander abwichen. Um welche Typen es sich im einzelnen

handelt, darüber ist allerdings keine Sicherheit zu gewinnen, da nähere Hinweise über ihre Funktionsprinzipien oder spezifischen Wirkungskomponenten nicht erfolgen. Zu drei dieser Waffen lassen sich aber immerhin einige erhellende Feststellungen treffen. So müssen wir annehmen, daß es sich bei den *riesigen Bäumen* um extrem große Bomben handelte, etwa vom Kaliber jener amerikanischen »Allzweck-Druckbombe«, und bei dem *Regen aus Kies* entweder um massenhaft abgeworfene Kleinstbrandbomben (in der Größe vielleicht vergleichbar den erwähnten Phosphor-Brandblättchen) oder aber um eine Art von Kleinstsprengkörpern.

Als Beispiel für letztere sei auf die von Messerschmidt-Bölkow-Blohm entwickelte »flächendeckende Streubombe« hingewiesen, die als »Mehrzweckwaffe 1« zur Bekämpfung der unterschiedlichsten Ziele (darunter Flugplätze und angreifende Panzerkolonnen) ausgelegt ist. Sie besteht aus vier Behältern von zusammen etwa 4,5 Tonnen Gewicht und rund 5 Meter Länge, aus denen bis zu 4000 (!) Kleinstsprengkörper mittels Gasdruck ausgestoßen und ans Ziel befördert werden können. Auf diese Weise sollen Flächen bis zu 500 mal 2500 Meter abgedeckt werden. Als Träger für diese hochwirksame Waffe dient das NATO-Kampfflugzeug MRCA »Tornado« (Fluma, a. a. O., S. 71, 78, 81; Weiss, a. a. O., S. 86; *Der Spiegel* Nr. 17, 24. 4. 1978, S. 157 und Nr. 33, 11. 8. 80, S. 26f).

Von den in Vers 11 ferner genannten Waffen erscheint diejenige mit der Bezeichnung *Donnerkeil* am durchsichtigsten, denn diese bezieht sich auf eine klar definierte Eigenschaft und nicht auf die äußere Gestalt der Bombe, wie in den übrigen Fällen: nämlich auf den nur noch mit dem Donner vergleichbaren Explosionsknall. (Mit einem »Donnerkeil« im üblicherweise angenommenen und oft auch zutreffenden naturmythologischen Sinne, wie er in Literatur und Ikonographie häufig anzutreffen ist, hat der hier gemeinte denn auch nichts zu tun, und es bleibt auch nicht bei diesem einen.) Was schließlich die *riesigen Steine* und *Schlangen* anbelangt, so läßt sich aus diesen Bezeichnungen über den spezifischen Charakter der Bomben nichts entnehmen. Zu den Schlangen nur die Anmerkung, daß uns dieser Ausdruck in den Texten öfter begegnet, wobei es sich dann aber erkennbar um Raketen bzw. Kanonen handelt.

Vielleicht ist es an dieser Stelle angebracht, darauf aufmerksam zu machen, daß vor den gleichen Interpretationsproblemen, wie wir sie heute mit den altindischen Texten haben, die in späteren Jahrtausenden lebenden Generationen in bezug auf unsere Zeit ebenso stünden, falls sie über unsere gegenwärtige Luft- und Raumfahrt nichts mehr wüßten, außer aus derartigen Quellen. Auch sie könnten die richtige Lösung nur finden, wenn sie über einen entsprechenden *eigenen* Erfahrungshorizont verfügten! So könnte zum Beispiel ein zukünftiger Archäologe beim Studium des Gregorianischen Kalenders durchaus zu dem fälschlichen Schluß gelangen, daß die Europäer im zwanzigsten Jahrhundert noch immer die Götter Janus, Mars und Juno verehrten, und ein Datum wie etwa Donnerstag, der 7. August 1980 n. Chr. könnte als Beweis dafür angesehen werden, daß der nordische Donnergott, ein römischer Kaiser (Augustus) und Christus selbst Plätze in ihrem Götterhimmel einnahmen.

Abschließend noch ein Hinweis zu Vers 12: Der dort angestellte Vergleich der Auswirkungen des Bombardements mit der *Geißel von Tripura, unter die die Erde (einst) gezwungen worden war,* bezieht sich auf ein schwer zu beurteilendes astronomisches Geschehen, dem anscheinend eine kosmische Katastrophe zugrunde liegt und über die im *Karnaparvan,* dem 8. Buch des Mbh., berichtet wird (Mbh. 8, Abschn. 33ff, Übers. Roy; siehe auch Sörensen, S. 682f). Wir brauchen uns jetzt damit aber nicht zu befassen; entscheidend ist nur, daß der Vergleich die außerordentliche Schrecklichkeit von Shâlvas Bombenangriff noch zusätzlich unterstreicht. Ein ergänzendes Gegenstück hierzu bezieht sich auf den Abschuß Saubhas durch Krishna am Ende der Erzählung. Dieses Ereignis wird mit dem Abschuß Tripuras durch Shiva verglichen.

Ezechiel –
Der unverstandene Prophet

PETER KRASSA

Als »abwegige Idee« bezeichnete 1975 der katholische Theologe Pater Dr. Hans Bernhard Meyer, Universitätsprofessor in Innsbruck, meine Auslegungen verschiedener Bibelstellen im Alten Testament: »Wenn man überlieferte Texte nicht sachlich (sic!) und mit der notwendigen Fachkenntnis untersucht und interpretiert, sondern – von einer bestimmten Idee besessen – in ihnen lediglich nach Aussagen forscht, welche die eigenen Vorstellungen zu untermauern scheinen, kann man zu den absurdesten Schlußfolgerungen kommen.«

So kanzelte mich damals Meyer in einer Rezension meines zuvor veröffentlichten Buches GOTT KAM VON DEN STERNEN [1] gnadenlos ab. Ich hätte den »geistlichen Sinn« der Bibel nicht begriffen, resümierte er am Ende seines »Verrisses« in einer katholischen Wochenzeitschrift. Ähnliches ist auch anderen Autoren widerfahren, die sich abseits dogmatischer Richtlinien an diverse biblische Quellen herangewagt und sie nach eigenem Verständnis ausgelegt hatten.

In jenen Jahren stieg, wie erinnerlich, so mancher Kirchenvertreter wild entschlossen auf die Kanzel, um die »reine Lehre« seiner Konfession zu verteidigen und andersgeartete Überlegungen ein für allemal *ad absurdum* zu führen. Heute ist es um Ezechiel wieder ruhig geworden. In der AAS gilt er seit gut zweieinhalb Jahrzehnten als »feste Größe« – als Indizienbeweis für den einstigen Besuch außerirdischer Raumfahrer auf unserem Planeten [2, 3]. Um so amüsan-

ter mutet es daher an, wenn man gelegentlich theologische Betrach-
tungen über jenes damalige Ereignis zu Gesicht bekommt, das dem
Propheten aus Palästina im Jahr 593 v. Chr. widerfuhr und von dem
er überraschend detailliert zu berichten wußte.

Vor mir liegt ein Artikel aus theologischer Feder, den der katholische Pater Gottfried Vanoni für die im östlichen Österreich erscheinende Jugendzeitschrift WEITE WELT [4] verfaßte und mit *Kein
Mensch kann mich schauen* betitelte. Nicht verschwiegen soll dabei
sein, daß es sich bei der genannten Publikation um ein Printprodukt
des Missionshauses St. Gabriel (Redaktionsort Mödling) handelt,
somit also die zu erwartende Glaubensrichtung offenkundig ist.

Da ist zunächst einmal von den vier geflügelten Figuren die Rede –
von dem NASA-Experten Blumrich mit den vier Rotoren jener Landefähre gleichgesetzt, die der Prophet Ezechiel im Nichtwissen um
ihre wirkliche Bedeutung mit der »Herrlichkeit des Herrn« verglich.
Für Pater Vanoni handelt es sich hierbei traditionellerweise um
Mensch, Löwe, Stier und Adler, und er erkennt darin Sinnbilder für
die vier Evangelisten Matthäus, Markus, Lukas und Johannes, als
die sie »seit alter Zeit« in dogmatischen Kirchenkreisen angesehen
werden.

Theologische Verdrehtheit

Dann leitet der Theologe direkt zum eigentlichen Prophetentext
über. Wir kennen ihn ja; viele Male haben wir diese Beschreibungen
eines außergewöhnlichen Vorfalls vor ziemlich genau zweitausend-
fünfhundert Jahren im Buch der Bücher gelesen: von jenem Sturm-
wind aus dem Norden, der großen Wolke mit flackerndem Feuer,
umgeben von hellem Schein, aus der es wie glänzendes Gold ge-
strahlt habe.

Gottfried Vanoni zitiert dies alles wahrheitsgemäß und wortwörtlich. Was aber waren für ihn die vier Lebewesen, die aussahen wie
Menschen, von denen jedes einzelne (laut Bibeltext) vier Gesichter
hatte und vier Flügel? Welche Bewandtnis hatte es mit den damit
unmittelbar in Verbindung stehenden (vier) Rädern, die den Ein-

Das Raumschiff, das Ezechiel beschreibt (Rekonstruktion: J. F. Blumrich)
beim Einflug in den sogenannten Tempel (Rekonstruktion: H. H. Beier).
(Foto: E. v. Däniken)

druck erweckten, »als laufe ein Rad mitten im andern«? Was erkennt der Pater in jener Platte, die Ezechiel an einen »strahlenden
Kristall« erinnerte; was in dem Gegenstand oberhalb der Platte, der
»einem Throne glich« und Ezechiel dazu verleitete, den hellen
Schein ringsum mit dem »Anblick des Regenbogens«, mit der
»Herrlichkeit des Herrn«, zu vergleichen? Es erscheint mir angebracht, den theologischen Standpunkt hier wiederzugeben – als un-
widerlegbares Beispiel, was dogmatische Interpretationskunst aus
einer präzisen Schilderung »herauszuholen« vermag:
»Was Ezechiel sieht, ist so kompliziert, daß man es gar nicht zeichnen kann«, meint Vanoni ebenso beeindruckt wie uninformiert
(siehe Rekonstruktion von Blumrich). Er ist sich nicht sicher:
»Kommt nun Gott im Gewitter, oder sitzt er auf einem Thron? Wie
sollen sich die Räder ineinander drehen? Wohin laufen die vier Wesen und die Räder?«
Für den Verfasser aus dem Mödlinger Missionshaus sind das alles
»spanische Dörfer«. Für ihn wirken Ezechiels exakte Angaben alle-

samt »verschwommen«. Ein Wunder ist dies nicht: Zwar fällt auch ihm auf, wie häufig der Bibelprophet in seinem Bericht das Wort »wie« verwendet (»... *wie* lebende Wesen ...«, »*wie* ein Kristall ...« usw.) – zum folgerichtigen Schluß, daß nämlich Ezechiel etwas real sah und erlebte und er es mit seinen eigenen Begriffen vergleichend schildern mußte, führt es ihn aber nicht. Vanonis Phantasie sind priesterliche Grenzen gesetzt; Flexibilität hat in des Paters eindimensionaler Welt keinen Stellenwert. Seine Schlußfolgerung ist ebenso naiv wie nichtssagend: »All das soll deutlich machen, daß Gott nicht zum Anschauen ist«, läßt der Theologe seine Schäfchen wissen, denn: »Gott läßt sich in keinem Bild einfangen ...«

Was der NASA-Ingenieur Josef Blumrich aus seinem technologischen Wissen heraus modern interpretiert – die wirkliche Bedeutung der »Flügel« und der »Räder« – simplifiziert Gottfried Vanoni zu selbst bei gutem Willen nur schwer nachvollziehbaren Symbolismen: »Die Flügel und die Räder der Lebewesen drücken aus, daß von Gott eine große Bewegung in die Welt kommt. Gott beflügelt seine Schöpfung, Gottes Geist ist ihr Antrieb.« Letzteres trifft zwar ins volle – leider aber nicht in die Gedankenwelt Pater Vanonis. Für ihn sind die Flügel nämlich »nicht nur Mittel zur Fortbewegung«(!), sondern, weil sie ebenso »den Körper bedecken«, zugleich auch »Sinnbild für Bewegung und Verborgenheit« sowie Geborgenheit, »weil die Vogelmütter ihre Jungen unter ihren Flügeln bergen«. Da fällt einem nichts mehr ein ...

»Auch die Räder lassen an vieles denken«, überlegt der Pater. »Das Rad steht nicht nur für Bewegung im Raum, das Rad steht auch für den Lauf der Zeit.« Es sei, meint Vanoni, »uraltes Symbol für Gottes Weltherrschaft«. Ihre Vierzahl bedeutet für ihn »die vier Himmelsrichtungen«, und die vier Figuren aus Ezechiels Text stellen für den christlichen Theologen »die vier großen Weltwinde dar: der Löwe den Südwind, der Stier den Nordwind, der Adler den Ostwind und der Mensch den Westwind«. Dazu: kein Kommentar.

Wie schrieb doch gleich Dr. Hans Bernhard Meyer: »Wenn man überlieferte Texte nicht sachlich und mit der notwendigen Fachkenntnis untersucht und interpretiert, sondern – von einer bestimmten Idee besessen – in ihnen lediglich nach Aussagen forscht, welche die eigenen Vorstellungen zu untermauern scheinen, kann man zu den absurdesten Schlußfolgerungen kommen.« Eben!

Eines möchte ich noch anfügen: Eine aktuelle Studie der Sozialforschung, die kürzlich in einigen Gebieten Österreichs erstellt und in einer Enquete in Wien veröffentlicht worden ist, stellt fest, daß seit 1981 das praktische kirchliche Engagement der Jugendlichen »drastisch abgenommen« habe. Achtunddreißig Prozent der Befragten im Alter zwischen vierzehn und neunzehn Jahren gehen nie zur Kirche, rund ein Viertel der Jugendlichen glaubt nicht an einen persönlichen Gott, weit eher aber an »eine universale Macht« oder an »kosmische Energien«. Dazu die Bemerkung einer Politikerin, deren Ansicht hierzu ebenfalls nicht verschwiegen werden soll. Sie sieht die Schuld für die Entwicklung weg von den Kirchen (bei Katholiken genauso wie bei Protestanten) teilweise auch im Religionsunterricht: ihn glaubwürdig zu vermitteln, dafür kämen nur »die stärksten Menschen« in Frage, nicht aber jene, die dabei seien, sich noch selbst zu suchen.

Sind die unters junge Volk getragenen »Bibel-Auslegungen« des Missionspaters Gottfried Vanoni, ihre Unlogik, die Verschwommenheit ihrer Aussagen und ihre stellenweise unfreiwillige Komik nicht ein beredtes Beispiel für die Gründe der Kirchenflucht junger Menschen, die mit derart diffusen Wiedergaben nichts anzufangen wissen? Religion ist gut – Desinformation aber führt in die Sackgasse. Auch und gerade bei solchen theologischen »Interpretationen« der Bibel ...

Biblisches Verwirrspiel

WILLI GRÖMLING

Vor einigen Jahren machte die Presse auf eine Computeranalyse aufmerksam. Demnach war es zwei israelischen Wissenschaftlern gelungen nachzuweisen, daß das Alte Testament nicht von Menschenhand geschrieben worden sein könne. Dieses Werk hätte nicht, wie bislang von einigen Exegeten, gelehrten Auslegern der Bibel, angenommen, viele Verfasser unterschiedlicher Epochen, sondern nur einen, nämlich Moses, der von der Hand Gottes geleitet worden sei [1].

Solche Aussagen ließen mich hellhörig werden. Wem war es vor Tausenden von Jahren, als die Thora entstand, möglich, Texte zu verfassen, die mathematische Strukturen und Gesetzmäßigkeiten aufweisen, die wir erst heute mit Hilfe von Computern aufspüren können? Hatten vielleicht Außerirdische ihre Hand mit im Spiel? Immer wieder wird uns ja in alten Quellen berichtet, daß himmlische Lehrmeister Sterblichen Anweisungen gegeben haben sollen. In diesem Zusammenhang denkt man unwillkürlich an den Propheten Ezechiel, der 587 v. Chr. und in den folgenden Jahren, so glauben manche, genaue Angaben bekommen habe zu einem tempelähnlichen Bauwerk [2]. Dieses konnte später in der Tat von dem Ingenieur Hans Herbert Beier, der sich an die im Alten Testament genannten Zahlen hielt, im verkleinerten Maßstab im Modell rekonstruiert werden [3].

Möglicherweise bahnte sich in Israel eine Sensation an. Bei den Forschern handelte es sich um Dr. Moshe Katz, einen Biomechaniker, der sich beruflich mit der Erforschung der Struktur, Form und Bewegung in der Natur beschäftigt, und Dr. Menachem Wiener, einen Informatiker. Beide, so hieß es in Zeitungen und Zeitschriften, seien an der in der ganzen Welt bekannten Technischen Universität, dem *Technion* in Haifa beschäftigt. Ihnen stünde das modernste Rechenzentrum des Landes zur Verfügung, und ihre mit Hilfe von Computern erstellten Textanalysen hätten außerordentliche Ergebnisse erbracht. Diese Methode des Bibelstudiums solle in Zukunft auch in Gymnasien eingesetzt werden [4].

Für mich war von Anfang an klar, daß ich mit Dr. Katz und Dr. Wiener oder wenigstens mit einem von ihnen Kontakt aufnehmen mußte. Da ich die Privatadressen der Wissenschaftler nicht kannte, schrieb ich im Februar 1990 einen Brief an das *Technion* in Haifa und bat, diesen an die beiden Herren weiterzuleiten. Aber eine Antwort erhielt ich nicht. Nach etlichen Monaten blieb mir nichts anderes übrig, als die Angelegenheit als erledigt zu betrachten. Doch 1993 erschienen dann zwei Bücher, deren Verfasser – Peter Krassa und Luc Bürgin – erneut auf die sensationellen Theorien der beiden Israelis aufmerksam machten [5]. Peter Krassa deutete dabei aber an, daß Vorsicht geboten sei, und schrieb, weder Dr. Katz noch Dr. Wiener könnten für ihre kühne Behauptung, die Bibel sei direkt von Gott durch die Hand Moses verfaßt worden, Beweise vorlegen, Beweise, die unwiderlegbar ihre »göttliche« Zuweisung zu stützen vermöchten. Peter Krassa verhehlte also damals bereits nicht seine Zweifel an der wissenschaftlichen Haltbarkeit der »Erkenntnisse« [6].

Etwa zur selben Zeit, als diese Bücher erschienen, meinte es das Schicksal gut mit mir, und es sollte sich das Sprichwort »Gut Ding will Weile haben« bewahrheiten. Durch glückliche Umstände kam ich an die Privatadresse und Telefonnummer von Dr. Moshe Katz.

Begegnung in Jerusalem

Am 21. November 1993 schrieb ich erneut einen Brief an den Wissenschaftler, in dem ich ihn um ein Interview bat. Allerdings machte ich mir nach den Erfahrungen von 1990 wenig Hoffnung. Um so größer war meine Überraschung, als mich Anfang Dezember 1993 die lapidare Antwort »See you in Jerusalem« erreichte. Jetzt galt es für meine Frau Ingrid und mich, in aller Eile Flug und Hotel zu buchen, was um diese Zeit, es war kurz vor Weihnachten, nicht einfach war. Als wir schließlich Dr. Katz gegenüberstanden, war es uns mit zäher Hartnäckigkeit als ersten in der AAS gelungen, diesem Mann ein Interview abzuringen. Das Gespräch dauerte etwa zwei Stunden und sollte vor allem für die AAS wichtige Erkenntnisse vermitteln.

Bevor ich auf die Methoden von Dr. Katz zu sprechen komme, möchte ich ihn hier kurz charakterisieren. Es handelt sich um einen sehr scheuen Menschen um die Fünfzig. Als Zeichen seines orthodoxen Glaubens trägt er als Kopfbedeckung die Kippa. Zunächst war er äußerst unzugänglich. Erst im Laufe der Zeit ging er etwas mehr aus sich heraus und berichtete, wie er bei seiner Computeranalyse vorgegangen sei.

Dr. Katz betonte in unserem Gespräch, daß nur der hebräische Originaltext, wie er in den ersten fünf Büchern der Bibel, der *Thora*, Verwendung finde, benutzt worden sei. Modernes Hebräisch oder eine Bibelübersetzung einer anderen Sprache würden nicht zum Erfolg führen. Er habe den Text der Thora in seinen Computer eingegeben, sämtliche Satzzeichen und Wortzwischenräume herausgestrichen und zudem die Vokalzeichen eliminiert, was ja im Hebräischen nicht schwer sei, da ohnehin keine echten Vokale vorhanden seien. Somit habe er über eine »endlos« lange Reihe von Buchstaben verfügt. Mit Hilfe dieser »Buchstabenkette« arbeiteten die beiden Forscher und wendeten ihre Zahlen-Methode an. Beide sind überzeugt, daß Ereignisse aus der Vergangenheit, der Gegenwart und der Zukunft in der Thora verborgen seien und auf diese Weise aufgespürt werden könnten.

In der jüdischen Religion spielen die Zahlen fünfzig und sechsundzwanzig eine große Rolle, betonte Dr. Katz und berichtete, warum er gerade diese beiden Zahlen verwendet hätte: sieben Tage, so führte er aus, habe die Woche, und sieben mal sieben Tage hätten die Juden gebraucht, um zum Berg Sinai zu gelangen. Am fünfzigsten Tag hätten sie dann die Thora von Gott bekommen. Also begann Dr. Katz an dieser Stelle, die Zahl fünfzig einzusetzen.

Die Genesis fängt mit »Am Anfang ...« an. Dr. Katz kennzeichnete den ersten Buchstaben des hebräischen Textes und ließ weitere neunundvierzig aus. Den fünfzigsten hob er dann besonders hervor. Er wiederholte diesen Vorgang noch mehrere Male, und das Ergebnis war, daß die vier Buchstaben, die er markiert hatte, dem Wort »Thora« entsprachen. In regelmäßigen Abständen habe dieser sich dann weiterhin finden lassen.

Man müsse wissen, so gab er uns zu verstehen, daß hebräischen Buchstaben zudem jeweils ein Zahlenwert zugewiesen werde. So entspreche in der *Gematrie*, der Zahlenlehre bei den Juden, die Zahl sechsundzwanzig »Jahwe«, dem Namen Gottes, der aus religiösen Gründen nicht ausgesprochen werden dürfe. Dr. Katz fand nun heraus, daß in der Genesis das Wort für Gott erscheine, nachdem man sechsundzwanzig Buchstaben ausgelassen habe.

Die Botschaft des Staates Israel, die mir in diesem Zusammenhang schon Ende der achtziger Jahre bereitwillig über die Forschungsergebnisse auf zwei eng beschriebenen Seiten Auskunft erteilt hatte, hatte mich auch darauf aufmerksam gemacht, daß Dr. Katz aus Neugier beschlossen habe, die Bibel mit Hilfe der bekannten Methode des Buchstabenzählens zu analysieren, und Dr. Wiener gebeten habe, ein entsprechendes Computerprogramm zur Erforschung der Genesis zu erstellen. In dem von der Botschaft herausgegebenen Artikel wurde darauf hingewiesen, daß es für einen Menschen nahezu unmöglich sei, einen Text, bei dem sich solche Regelmäßigkeiten nachweisen ließen, zu verfassen. Dies widerlege auch die Anschauung, die Bibel sei von verschiedenen Verfassern zu unterschiedlichen Zeitpunkten redigiert worden. Dr. Katz gab in diesem Zusammenhang einige Zahlenwerte an. Die statistische Wahrscheinlichkeit, daß eine solche Anordnung zufällig entstehe, sei äußerst gering, und es käme bei drei Millionen Versuchen einmal vor. Bei einigen Fällen liege die Wahrscheinlichkeit sogar bei 1 zu 38 Millionen [7]. An anderer Stelle wird sogar von 1 zu 3 Milliarden berichtet [8].

Was stimmt nun? Zahlen und ihre Verwendung sind offenbar Glückssache. Diese drei stark voneinander abweichenden Zahlenangaben zeigen jedenfalls, wie vorsichtig man mit der ganzen Problematik umgehen sollte.

Dies gilt auch für die weitere Vorgehensweise von Dr. Katz. Als er nämlich merkte, daß sein Vorhaben, in der gesamten Thora in regelmäßigen Abständen mit Hilfe der Zahlen fünfzig und sechsundzwanzig bestimmte historische Ereignisse herauszufinden, nicht funktionierte, versuchte er, ein anderes Projekt zu starten. Der Computer kontrollierte jetzt anhand eines von Dr. Katz vorgegebenen Suchwortes, ob die Buchstabenfolge dieses Wortes in einem Textteil verborgen sei. War die Suche mittels eines vorgegebenen Buchstabenabstandes erfolglos, dann wurde der Computer angewiesen, den Abstand zu vergrößern, d. h. die Suche erfolgte zunächst alle fünfzig Buchstaben, dann alle 51, 52, 53 usw… Sogar weitaus höhere Zahlen wurden verwendet. Ob das gesuchte Wort von rechts nach links (wie im Hebräischen) geschrieben erschien oder von links nach rechts oder von oben nach unten usw. war dabei nicht wichtig.

Einblick in Gottes Weisheit?

Das Bemerkenswerte sei, daß die auf diese Weise herausgefilterten Wörter mit der Textstelle im Zusammenhang stehen, in der sie verborgen waren [9]. So ließ er unter anderem die Begriffe »Auschwitz«, »Golfkrieg« und den Namen des amerikanischen Generals in diesem Krieg, »Schwarzkopf«, suchen und fand sie auch. Auf unsere Frage, ob man auch im vornherein mit Hilfe seiner computerunterstützten Textanalyse herausfinden könnte, ob und wann zum Beispiel ein zweiter Golfkrieg stattfinden würde, antwortete er, warum wir das wissen wollten. Ausweichend meinte Dr. Katz, es genüge, wenn Gott im voraus wisse, was wann passiere. Er, Dr. Katz, könne schließlich nur Namen und Daten suchen, wenn er davon Kenntnis habe.

Mit diesen fragwürdigen Methoden, so denke ich, könnte man aus jedem beliebigen umfangreichen Text, der zu einer »Buchstabenkette« umfunktioniert würde, mit Hilfe eines Computers bestimmte Wörter heraussuchen. Ich bin sicher, daß sich mit der *Odyssee*, dem *Nibelungenlied*, dem *Parzival* oder den Werken Shakespeares ähnliche Erfolge erzielen ließen. Überhaupt erinnert all dies teilweise an Nostradamus, der im sechzehnten Jahrhundert Texte niederlegte, die Ereignisse vergangener, gegenwärtiger und zukünftiger Zeiten beinhalten sollen. Bis heute bemüht man sich, die Schriften des französischen Sehers zu entschlüsseln. Aber auch bei jenen, die vorgeben, den »Schlüssel« gefunden zu haben, muß ein Ereignis erst eingetreten sein, um hinterher feststellen zu können, ob diese oder jene Textzeile mit diesem oder jenem Geschehen in Verbindung gebracht werden kann. Bei einem solchen Verfahren kann durch eine geschickte Interpretation natürlich eine Menge »vorhergesagt« werden [10].

Aber nicht nur bei Nostradamus, auch bei den Theorien des Dr. Katz, der mittlerweile, so sagte er uns, ohne die Mitarbeit von Dr. Menachem Wiener auskomme, sollte man größte Vorsicht walten lassen. Dr. Katz hat seine Forschungsergebnisse inzwischen in einem Buch dargelegt, das leider bislang nur auf Hebräisch in Israel erschienen ist. Das Manuskript für ein zweites Buch, so teilte er uns mit, liege vor, er suche jedoch noch nach einem Verleger.

Wie auch immer: Nach dem zweistündigen Gespräch waren meine Frau und ich zu der festen Überzeugung gelangt, daß es nicht lohne, sich weiterhin mit seinen Hypothesen zu beschäftigen, da man geneigt ist, an Manipulation zu glauben.

Die Katze auf dem heiligen Blechtisch

oder

Kannten die Ägypter die »Oesophageal Detector Device«?

WOLFGANG MALEK, DR. KATHARINA KÖTTER UND DR. GEORG PETROIANU

Das sogenannte »Mundöffnungsritual« war ein fester Bestandteil der altägyptischen Bestattungsriten. Folgt man den Beschreibungen im *Ägyptischen Totenbuch*, wurde dem Verstorbenen etwa am siebzigsten Tag der Einbalsamierung der Mund geöffnet. Fraglos handelte es sich schon ab der Zeit des Mittleren Reiches nur noch um einen Ritus. Dabei wurde ein bestimmtes Instrument über den Mund der Mumie gehalten, ein Priester sprach Gebete.

Es gibt allerdings Hinweise darauf, daß man in früheren Zeiten den Mund wirklich noch öffnete, und zwar mit einem »Meißel aus Erz« oder »Dechseln aus Erz«. Wie Dr. Andreas Ocklitz (Berlin) erkannte [1, 2], hat dieser »Meißel« eine erstaunliche Ähnlichkeit mit einem Metallinstrument, das in der heutigen Notfallmedizin zur Einleitung der künstlichen Beatmung benutzt wird. Dieses Instrument heißt Laryngoskop. Es wurde um 1929 von Magill, Macintosh und anderen entwickelt. Mit einem Laryngoskop ist es möglich, einen bewußtlosen Menschen am Leben zu erhalten, indem man die Atemwege frei hält, auch wenn dieser nicht mehr atmet.

Der *Papyrus Hunefer* aus dem Thebanischen Grab Nr. 290 zeigt die

Der Papyrus Hunefer aus dem Thebanischen Grab Nr. 290. Eingekreist in der Hand eines Totenpriesters die »Meißel aus Erz«, auf einem Beistelltisch rechts unten weitere «Meißel« und andere Werkzeuge zur »Wiederbelebung« der Mumie. (Foto: Archiv Andreas Ocklitz)

Szene des Mundöffnungsrituals bei einer Mumie. Bei den »Dechseln aus Erz« in der rechten Hand des Priesters sowie über dem Beistelltisch hat der Griff zwei Neunzig-Grad-Winkel, d. h. er ist parallel zum eigentlichen Spatel. Wie Ocklitz richtig erkannte, entsprechen sie damit zwar nicht dem heutigen Kehlkopfspatel (Laryngoskop) mit nur einem um neunzig Grad abgewinkelten Griff, wohl aber dem Design von Magill vom Anfang des Jahrhunderts [3]. Wir möchten ergänzen, daß dieses Design 1969 zum Teil noch benutzt wurde [4].

Das Gerät in der linken Hand des Priesters, das sich rechts von den »Dechseln« über dem Beistelltisch findet, könnte ein Beatmungsschlauch (Luftröhrentubus) sein. Am Ende hat der »Luftröhrentu-

bus« eine Vorrichtung, die einem Ballon zur Abdichtung in der Luftröhre entsprechen könnte. Er ist nicht einfach gebogen wie ein
heute üblicher Luftröhrentubus, sondern konvex-konkav-konvex.
Dieses Design war früher als Kuhn-Tubus üblich [5]. Die Tubus-
länge ist $^1/_5$ der Körpergröße des Priesters, also 30 bis 32 Zentimeter für eine Körpergröße von 150 bis 160 Zentimeter. Ein heutiger
Luftröhrentubus ist etwa 30 Zentimeter lang. Der Tubusdurchmes-
ser ist $^1/_{20}$ seiner Länge, also 1,5 bis1,6 Zentimeter. Dies ist, verglichen mit heutigen Außendurchmessern von maximal 1,3 Zentime-
ter, etwas zu dick. Da der Papyrus Hunefer aber keine technische
Zeichnung ist, scheinen die Maße doch annähernd übereinzustim-
men.

Die Einlage eines Luftröhrentubus ist ein beidhändiger Vorgang:
mit der einen Hand wird das Laryngoskop in den Mund des Patienten eingeführt und der Kehlkopfeingang sichtbar gemacht, mit der
anderen Hand der Luftröhrentubus eingeführt. Die Tatsache, daß
der Priester ein »Laryngoskop« in der einen und einen »Luftröhrentubus« in der anderen Hand hält, ist das stärkste Indiz für die Richtigkeit der Thesen von Ocklitz.

Die Instrumente auf dem »Beistelltisch«

Rechts des »Luftröhrentubus« über dem Beistelltisch ist ein zu diesem etwa gleichlanger, etwas dünnerer Stab. Hierbei könnte es sich
um einen Führungsstab handeln. Er wird in den (weicheren) Luftröhrentubus zur leichteren Einführung desselben eingebracht und
danach wieder entfernt.

Oberhalb der »Dechsel aus Erz« sind zwei Ballons. Obwohl eine
Deutung als Beatmungsbeutel naheliegend erscheint, sind sie dafür
mit einem Außendurchmesser von etwa 6 Zentimeter (also einem
Volumen von etwa 100 Milliliter) zu klein [6], auch fehlt ein Nicht-
rückatmungsventil. Es könnte sich jedoch um *Oesophageal Detector Device(s) (ODD)* in der 1988 von Nunn vorgeschlagenen Bal-
lonvariante handeln [7].

Beistelltisch für das Mundöffnungsritual. Zu erkennen sind mehrere »Dechsel aus Erz«, passend für verschiedene Mund- und Zungengrößen. (Foto: Archiv Andreas Ocklitz)

Ein solches ODD hat typischerweise ein Volumen von 50–100 Milliliter und *keine* Ventile [8]. Es wird nach Einführung des Luftröhrentubus auf selbigen aufgesetzt, zusammengedrückt und losgelassen. Falls der Tubus korrekt in der Luftröhre liegt, füllt das ODD sich wieder mit ausgeatmeter Luft. Bei der (lebensgefährlichen) Fehllage des Tubus in der Speiseröhre bleibt das ODD ausgedrückt.

Oberhalb des »Luftröhrentubus« und rechts der »ODDs« ist ein kürzerer Schlauch, dem eine Abdichtungsvorrichtung am Ende fehlt. Dies könnte ein Wendl-Tubus sein. Diese Art von Tubus wird bei Patienten, die bewußtseinsgetrübt sind, aber noch spontan atmen, durch die Nase in den Rachenraum (d. h. bis oberhalb des Kehlkopfes, nicht in die Luftröhre) eingeführt. Der Wendl-Tubus ist etwa halb so lang wie der Luftröhrentubus, also 15 bis 16 Zentimeter, in guter Übereinstimmung zum heutigen Wendl-Tubus.

Rechts neben dem Wendl-Tubus befindet sich eine Art »Spritze«, der allerdings eine Nadel bzw. ein Ansatzstück fehlt.

Wir möchten bemerken, daß die Katze über dem Beistelltisch durchaus nicht deplaziert ist. Aufgrund ihrer kurzen Schnauze ist die Katze als Trainingsmodell für die Einlage des Luftröhrentubus geeignet [9], und sie wird trotz des heutigen Angebots an Simulatoren in den USA weiterhin verwendet [10, 11]. Für die alten Ägypter war eine mumifizierte Katze als Trainingsmodell sicher machbar. Bedenken bezüglich der Verwendung der (heiligen) Katze für diesen Zweck hätten die Priester wohl ausräumen können, da das Mundöffnungsritual ebenfalls heilig war.

Obwohl die Kernthese von Ocklitz *Mundöffnungsritual = Einlage eines Luftröhrentubus* unserer Kenntnis nach neu ist, sind einige seiner Thesen von anderen bereits vorgeschlagen worden. Die These, daß Medizin und Chirurgie im Alten Reich (also rund tausend Jahre vor Abfassung des Papyrus Hunefer) über Kenntnisse und Fähigkeiten verfügten, die später verlorengingen, wurde von Rowling vorgeschlagen [12]. Roth vertrat die These, daß das Mundöffnungsritual eine symbolische medizinische Handlung (Säuberung des Mundes beim Neugeborenen) darstelle. Die Instrumente der untersten Reihe auf dem Beistelltisch sind eventuell geburtshilfliche [13–15]. Pahl zeigte, daß das Mundöffnungsritual zumindest bei einigen Mumien tatsächlich angewandt wurde [16]. Stetter erwähnt eine Tafel aus der Vorzeit, also noch vor dem Alten Reich, die eine Tracheotomie zeige (chirurgische Eröffnung der Luftröhre unterhalb des Kehlkopfes im Gegensatz zur oben besprochenen Einlage eines Luftröhrentubus durch den Mund) [17].

Falls die These *Mundöffnungsritual = symbolische Einlage eines Luftröhrentubus* zutrifft, ist sie ein Durchbruch in Medizingeschichte und Ägyptologie. Eine Diskussion in der medizinischen und ägyptologischen Fachpresse wäre nötig.

Die Schriftzeichen vom Titicaca-See

HORST DUNKEL

Viel ist über Tiahuanaco und Puma Punku, jene geheimnisvollen Ruinenstätten auf dem Altiplano, dem trostlosen Hochplateau Boliviens, geschrieben worden. Erich von Däniken bezeichnet das rund siebzig Kilometer von La Paz entfernte Puma Punku als »das gewaltigste Rätsel der Anden« [1]. Mit Recht, denn wer Puma Punku gesehen hat, muß ins Grübeln kommen, zeugen die mächtigen, perfekt bearbeiteten Steinblöcke doch von einem technischen Know-how, über das präinkaische Stämme nicht verfügten.

Das Geheimnis um die genialen Baumeister ist bis heute ungelöst. Die Geschichte von der Zivilisation in den Andenländern ist in einen Nebel von Mythen und Legenden gehüllt. Es gibt weder schriftliche Berichte noch Stelen mit Inschriften, die uns über diese unbekannte, hochentwickelte Kultur aus ferner Vergangenheit etwas erzählen könnten. Aber eines dürfen wir sicher als gegeben voraussetzen: daß die Planer und Architekten dieser monumentalen Bauwerke, deren Sinn und Funktion sich leider nicht mehr rekonstruieren läßt, über eine Schrift verfügt haben müssen.

»Planung dieses Formats bedingt die Kenntnis einer Schrift«, stellt Erich von Däniken entsprechend folgerichtig fest [1], und er steht mit seiner Meinung nicht allein. Schon der spanische Chronist Cieza de Leon vertrat diese Ansicht [2]: »In der Epoche vor den Inka-Kaisern kannte man in Peru die Schrift … auf Blättern, Häuten, Stoffen und Steinen.«

Der Schweizer Reiseschriftsteller Johannes Jacob von Tschudi berichtete Mitte des neunzehnten Jahrhunderts in seinem Buch REISEN DURCH SÜDAMERIKA [3] von verschiedenen Entdeckungen und behauptete, in Peru habe es tatsächlich außer den »quippus« noch eine andere Art der Schrift gegeben. Er kam zu dieser Überzeugung, nachdem er im Museum von La Paz eine Pergamenthaut mit hieroglyphischen Zeichen gefunden hatte. Er versuchte, die Symbole zu deuten, und vermutete, daß die Schrift links begann, die zweite Zeile von rechts nach links lief, die dritte wieder von links nach rechts usw.

Weiterhin glaubte Tschudi, der Text sei einer Zeit zuzuordnen, in der man die Sonne verehrte. Mehr vermochte er, wie alle anderen nach ihm, nicht herauszufinden.

Die Suche nach der Herkunft des Pergaments führte Tschudi zum Titicaca-See. Dem Geistlichen der Missionskirche im Küstendorf Copacabana waren derartige Texte nicht unbekannt. Arthur Posnansky, der in der ersten Hälfte unseres Jahrhunderts mit umfangreichen Ausgrabungen in Tiahuanaco begann und als Präsident der archäologischen Gesellschaft Boliviens und Direktor des bolivianischen Instituts für Anthropologie, Ethnographie und Frühgeschichte sein ganzes Leben der Aufgabe widmete, das Geheimnis der Ruinen zu entschleiern, fand gleichartige Schriftzeichen in Stein gemeißelt auf den beiden heiligen Inseln im Titicaca-See [4]. Er verwies auf eine auffällige Ähnlichkeit zu den Inschriften der Osterinsel. Ähnlichkeiten bestehen aber auch zur Schrift im Indus-Tal, um deren Entzifferung man sich bis heute vergeblich bemüht hat.

Die von Tschudi entdeckte Pergamenthaut ist noch immer in La Paz zu sehen. Allerdings bedarf es der Kenntnis davon, um sie in einem der renovierten, inzwischen als Museen dienenden Häuser aus der Kolonialzeit, der *Casa de Murillo* in der *Calle Jaén*, ausfindig zu machen.

Kann dieses einzigartige Dokument mit den rätselhaften Zeichen ein Beweis dafür sein, daß man im alten Peru schreiben konnte? Wenn es in der Zukunft gelingen sollte, die Schrift am Indus zu entschlüsseln, wird man vielleicht auch auf diese Frage einmal eine Antwort wissen. Nicht auszudenken, wenn es so wäre: Wie sollte man dann erklären, wie die Schrift des Indus-Tals den Weg zum Titicaca-See gefunden hat?

Nazca und das Alte Testament

THOMAS H. ALFRED FUSS

Die Nazca-Linien in Peru – seit ihrer offiziellen Entdeckung durch den Amerikaner Paul Kosok im Jahr 1941 wurden schon unzählige Theorien über ihren Sinn und Zweck aufgestellt. Vom überdimensionalen astronomischen Kalender über gigantische »Zollstöcke«, mit denen angeblich Stoffbahnen vermessen wurden, bis hin zu einem riesigen Sportplatz und einer Anlage zur Beschäftigungstherapie wurde kaum ein Erklärungsversuch ausgespart. Keine dieser Theorien stieß jedoch auf so heftige Ablehnung wie Erich von Dänikens »Landebahnen«. Doch hatte er damit tatsächlich so unrecht?

Das Alte Testament berichtet von Bergen, die zu Wegen gemacht wurden, ein ägyptischer Gott schnitt Bergkuppen ab, und ... in Peru befindet sich das Resultat! Ist all das nur ein Zufall? Kaum. Vielmehr scheinen die Überlieferungen verschiedenster Völker »internationaler« gewesen zu sein als bisher angenommen. Diese Kontinente überspannende Nähe zwischen den für Peru in Frage kommenden Nazca-, Paracas- und Chavin-Kulturen (Gesamtzeitraum 1700 v. Chr. bis 600 n. Chr.) und dem jüdischen Kulturkreis zeigt sich im Buch des Propheten Jesaja des Alten Testaments. Jesaja lebte um 750 v. Chr., auch wenn das folgende Zitat einem Propheten gleichen Namens, nämlich dem sogenannten »Deutero-Jesaja« zugeordnet wird, der zweihundert Jahre später lebte: »So sagt der Ewige: Alle meine Berge mache ich zu Wegen und meine Straßen laufen

Der jüngst von Erich von Däniken präsentierte eingeebnete Berg mit der darauf angelegten »Landepiste«. (Foto: Erich von Däniken)

(hoch) droben.« (Jes. 49, 11). Die abweichende, nicht minder interessante lutherische Variante sei hier noch angefügt: »So spricht der Herr: Ich will meine Berge zu Wegen machen, und meine Pfade sollen gebahnt sein.«

Niemand sah in diesem Satz des Alten Testaments wohl je etwas anderes als eine rein religiöse Aussage, örtlich begrenzt auf Israel. Die erwähnten »Wege« und »Pfade« wurden stets symbolisch, als eine Art »geistige Hindernisbewältigung«, interpretiert. Am 26. November 1996 und nochmals am 1. Mai 1997 zeigte Erich von Däniken jedoch im Rahmen der ABC-Produktion AUSSERIRDISCHE – KEHREN SIE ZURÜCK? erstmals neue aufsehenerregende Bilder aus Nazca und seiner Umgebung.

Neben dem bekannten, an längst verlassene Pisten, Lande- und Startbahnen erinnernden Liniennetz in der Ebene sah man Luftaufnahmen eines einst spitz zulaufenden Berges im südlich von Nazca gelegenen Palpa-Gebirge, dessen Kuppen über die gesamte Länge von fast zweieinhalb Kilometern abgetragen, ja förmlich *abge-schnitten* worden waren. Auf der so entstandenen ebenen Fläche wurde eine noch immer deutlich sichtbare »Piste« von ebenfalls etwa zweieinhalb Kilometern Länge angelegt.

Berge, die zu Wegen gemacht (sprich: planiert) wurden, und hoch oben verlaufende Straßen: der Zusammenhang zwischen dem literarischen Hinweis im Alten Testament und dessen realer Umsetzung in Südperu könnte nicht deutlicher sein! Doch wie war eine solche Umsetzung überhaupt möglich? Eine altägyptische Überlieferung, der sogenannte Königtum-Mythos, bietet hierauf eine verblüffende Antwort: »Seth ... schnitt sich die Spitze eines Berges herunter ...«

Aus fernen Landen, vom Ende des Himmels

Daß der altägyptische Gott Seth diese Leistung mit dem aus jüdischer Überlieferung bekannten »Schamir« (diamantener Schneidewurm) vollbracht haben könnte, wird von mir in einem anderen Beitrag dieses Buches (*Abusir – Mysterium einer vergessenen Technik*) erörtert. Beim Anblick des exakt »abgeschnittenen« Berges im Palpa-Gebirge drängt sich nun der Verdacht auf, daß auch in Peru ein dem »Schamir« vergleichbares »göttliches Gerät« benutzt wurde. Ägypten – Israel – Peru?

Nichts spricht gegen die vorliegenden Zusammenhänge zwischen vermeintlich verschiedenen Kulturkreisen. Im Gegenteil – sie belegen, daß ein und dieselben »Götter« an weit voneinander entfernten Orten präsent sein konnten. Und wenn wir uns die Beschreibung Ezechiels und jenes von Hans Herbert Beier rekonstruierten Tempels vor Augen führen, so zeigt sich auch in diesem eine architektonische Verwandtschaft mit südamerikanischen Sakralanlagen. Ein von den Fremden zumindest in Kauf genommener Austausch zwischen dem vorderasiatischen und dem amerikanischen Raum könnte also bestanden haben.

Darauf deuten auch verschiedene Textstellen des Alten Testaments hin, etwa die erstaunliche, von Jesaja gestellte Frage: »Wer sind

jene, die heranfliegen wie Wolken, wie Tauben zu ihrem Schlag?«
(Jes. 60, 8). Besser läßt sich das Treiben auf einem Flugplatz eigentlich kaum beschreiben! Immerhin gibt auch Jesaja einen Hinweis
auf die Herkunft dieser Wesen: »Sie kommen aus fernen Landen,
vom Ende des Himmels« (Jes. 13, 5).

Die fernen Lande: Peru in Südamerika? Das Ende des Himmels: der
Weltraum? Für ihre Flüge über die Erde benötigten die »Götter«
Fahrzeuge, die bei den Völkern unterschiedliche Namen hatten und
mit unterschiedlichen Assoziationen belegt wurden. Jesaja zum Beispiel schreibt: »Siehe, der Herr wird auf einer schnellen Wolke fahren und über Ägypten kommen!« (Jes. 19, 1).

Fraglos kann Nazca nur *ein* Ort unter vielen gewesen sein, an dem
die »Götter« zur Erde herabstiegen. Bis zu fünfundzwanzig Kilometer lange Linien sind hier in den Boden gescharrt – die meisten von
ihnen sicher als Folge eines Cargo-Kultes, aber die eine oder andere
vielleicht doch als ursprüngliche Landebahn, wie eben die jetzt von
Erich von Däniken präsentierte Piste auf der künstlich »abgehobel-
ten« Spitze eines langgestreckten Berges. Hier schufen offensichtlich
die »Götter« selbst mit einer überlegenen Technik die Grundlage für
ihre Basisstationen auf der Erde.

Daß diese Annahme keineswegs aus der Luft gegriffen ist, zeigt
nochmals folgende eindrucksvolle Textpassage aus dem Alten Testament: »Bahnt für den Herrn einen Weg, macht in der Steppe eine
ebene Straße für unseren Gott. Alle Täler sollen erhöht werden, und
alle Berge und Hügel sollen erniedrigt werden, und was ungleich ist,
soll eben, und was höckrig ist, soll gerade werden« (Jes. 40, 3–4).

Nazca – ein stillgelegter Flugplatz der Götter, der seit Jahrtausenden
darauf wartet, wieder »in Betrieb genommen« zu werden? Bleibt
also die Frage: Kehren »sie« eines Tages tatsächlich zurück?

*Der Autor bedankt sich bei Erdogan Ercivan für die Hinweise auf
verschiedene alttestamentarische Textstellen.*

Ma Wang Dui und die
»Satelliten der Götter«

HARTWIG HAUSDORF

Inmitten von Ullipai, einem östlichen Randbezirk von Changsha, der Hauptstadt der Provinz Hunan, liegt ein kegelförmiger Hügel von ungefähr fünfhundert Metern Umfang. Schon seit geraumer Zeit trägt dieser Ort den Namen »Ma Wang Dui«, was soviel bedeutet wie »Begräbnishügel des Königs Ma Yin«. Besagter König war ein Herrscher aus der unruhigen Zeit der »Fünf Dynastien« (807–960 n. Chr.), in der das Reich der Mitte zum wiederholten Male in einzelne Teilstaaten aufgespalten war.

Anfang 1972 hatte man die Anlage eher zufällig entdeckt. Pioniere der Volksbefreiungsarmee sollten hier ein unterirdisches Militärlazarett anlegen, als sie in zehn Metern Tiefe plötzlich auf das Grab stießen. Zwanzig Jahre später, als Peter Krassa und ich 1993 China besuchten, durften wir auch diesen künstlich angelegten Tunnel besuchen.

Bereits am 16. Januar 1972 – nur wenige Tage nach ihrer zufälligen Entdeckung – legte man die später als »Grab Nr. 1« bezeichnete Begräbnisstätte im östlichen Teil des Hügels frei. Bis zur vollständigen Bergung des gesamten Inhaltes sollten aber noch mehr als drei weitere Monate vergehen: Die Ausgrabungen wurden am 28. April 1972 abgeschlossen. Insgesamt hatte man dabei drei Begräbnisstätten freigelegt.

In der zentralen Kammer des ersten Grabes wurde eine Konstruktion von vier ineinander verschachtelten Sarkophagen gefunden. Im innersten fand sich eine weibliche Mumie, die in achtzig Litern einer gelblichen Flüssigkeit schwamm. Diese Flüssigkeit diente zweifellos zur Konservierung der Leiche. Die Verstorbene war 1,54 Meter groß, außergewöhnlich gut erhalten, und ihr Körper wog zum Zeitpunkt der Entdeckung 34,3 Kilogramm. Wer immer diesen Leichnam für die Nachwelt erhalten hat, mußte sein Handwerk verstanden haben. So waren Zellstruktur und innere Organe in einem noch immer hervorragenden Zustand. Der gelbliche Teint der Haut war nicht verfärbt, und selbst die Muskeln waren noch vollkommen elastisch. Die die Autopsie vornehmenden Ärzte bezeichneten es als ein Wunder, daß diese Mumie die Zeiten so tadellos überstanden hatte. Tatsache ist, daß die hier angewandte Technik der Konservierung nicht nur in diesem Teil der Welt beispiellos ist.

Bei der Toten handelte es sich um Xin Zhui, der Frau von Li Chang, einem hohen Adeligen aus dem Volk der Dai (Thai). Dieser bekleidete während der westlichen Han-Dynastie das Amt des Premierministers im Hofstaat des Prinzen von Changsha. Xin Zhui starb im Jahre 168 v. Chr., also vor über 2160 Jahren.

Was man im »Grab Nr. 1« und den beiden anderen Begräbnisstätten an Kostbarkeiten fand, sprengt den Rahmen landläufiger Vorstellungen und bringt unser tradiertes Geschichtsbild zum Wanken. So wurden zum Beispiel zehn Bücher über Medizin ausgegraben, die den unerklärlich hohen Stand der Heilkunst in China belegen. In meinem Buch DIE WEISSE PYRAMIDE stelle ich die Frage, ob die phänomenalen Kenntnisse der alten Chinesen auf dem Gebiet der Medizin nicht auch ein »Geschenk der Götter« aus dem All waren.

Im »Grab Nr. 3« von Ma Wang Dui wurde ein weiterer aufsehenerregender Fund gemacht. Es ist das Manuskript »*Umläufe von fünf Planeten*«, eine auf Seide verewigte Beschreibung der Umlaufzeiten der Planeten Merkur, Venus, Mars, Jupiter und Saturn um unser Zentralgestirn.

Die Aufzeichnungen verraten geradezu ungeheuerliche Kenntnisse auf dem Gebiet der Astronomie. Auch die relativen Positionen der Planeten Venus, Jupiter und Saturn zueinander werden hier für einen Zeitraum verzeichnet, der vom Jahr 246 bis 177 v. Chr. reicht.

Besondere Aufmerksamkeit wurde der Umlaufzeit und den Bahnda-
ten unseres Nachbarplaneten Venus gewidmet. Die Dauer eines
Umlaufes um die Sonne, also ein Venusjahr, wird hier mit 584,4 Tagen angegeben. Dies differiert nur um 0,48 Tage zu dem von heutigen Astronomen errechneten Wert von 583,92 Tagen!
Und wieder stellt sich die beinahe schon zum Standard avancierte
Frage: Woher kommen diese astronomischen Meisterleistungen, woher stammt dieses Wissen, das uns immer wieder aufs neue ver-
blüfft? Sind es Geschenke der »Götter« und »Drachensöhne«, die
einst vom Himmel kamen und den Menschen Intelligenz und Kultur
brachten?

Die rätselhafte Karte: Kopie eines Satellitenfotos?

Der sensationellste Fund aber wurde gleichfalls im »Grab Nr. 3«
von Ma Wang Dui gemacht. Es handelt sich um eine topographische
Landkarte, 96 mal 96 Zentimeter im Quadrat und auf feiner Seide
dargestellt. Darauf sind die Regionen der aneinandergrenzenden
Provinzen Guangxi, Guangdong und Hunan abgebildet. Genauer
gesagt erstreckt sich diese Karte vom Distrikt Daoxian in der Provinz Hunan über das Tal des Xiao-Flusses bis zur Gegend um die
Stadt Nanhai in der Provinz Guangdong. Dabei ist das im Maßstab
1 zu 180 000 gehaltene Kartenwerk unglaublich genau!
Peter Krassa und mir verschlug es buchstäblich die Sprache, als uns
der von uns in Xian aufgesuchte Archäologe Prof. Wang Shiping
eröffnete, diese Karte mache auf ihn den unbestreitbaren Eindruck
einer von einem Satelliten aus großer Höhe aufgenommenen topographischen Erfassung. Und tatsächlich: Wie auf einer zum Vergleich vorliegenden modernen Aufnahme, beispielsweise vom NASA-
LANDSAT, winden sich hier Flüsse, zeigen sich auch andere Einzelheiten wie Städte und Verkehrswege. Sogar ausgetrocknete Wasser-
läufe sind auf dieser phantastischen Karte zu erkennen. Sie sind in
einer blasseren, aber sich trotzdem vom Grundton abhebenden
Farbe gehalten. Dies erinnert an die nur bei der Luft- oder Satelli-

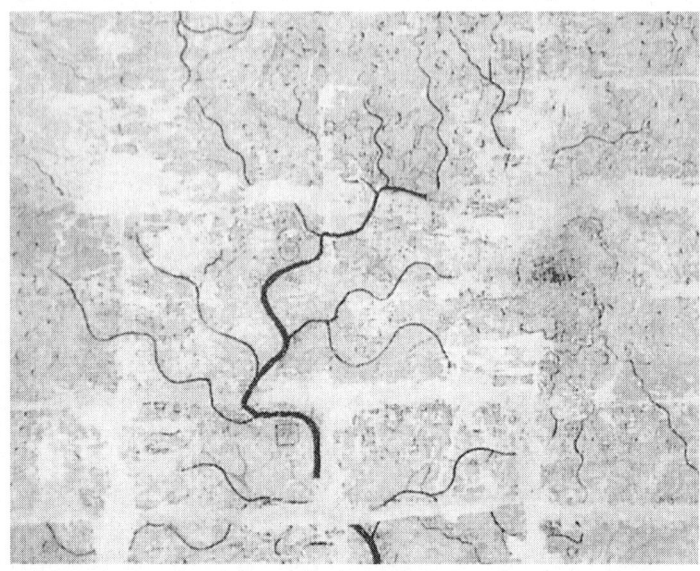

Topographische Karte aus Grab Nr. 3 und ein modernes Satellitenbild, allerdings nicht aus der gleichen Region: erstaunliche Gemeinsamkeiten. (Foto: Hartwig Hausdorf/NASA)

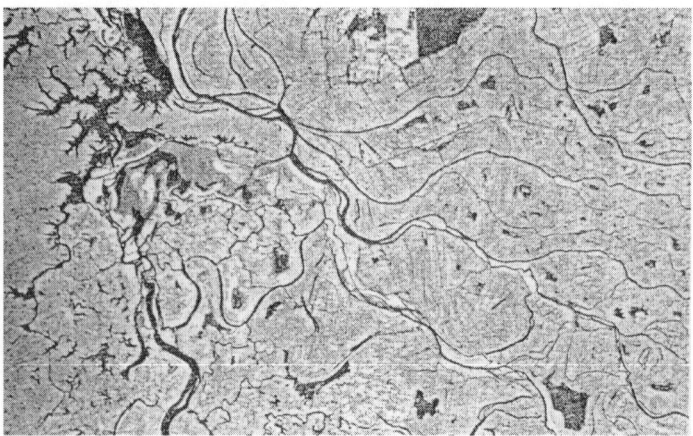

tenbildkartographie aus großen Höhen gegebene Möglichkeit, Einzelheiten und Strukturen zu erkennen, die sich dem Betrachter auf der Erde entziehen. Ein Detail, das uns nachdenklich machen sollte. Unser ungewöhnlichen Blickrichtungen aufgeschlossener Gastgeber gab denn auch unumwunden zu, daß es zahllose Dinge zwischen Himmel und Erde gäbe, die sich die Wissenschaftler nicht erklären könnten. Er prägte hierfür den Ausdruck »heimliche Kultur«. Fand er damit nur eine andere Umschreibung für die in alten Zeiten von den »Göttern« den Menschen gewährte Entwicklungshilfe? Prof. Wang neigt indessen zu der Annahme, daß diese topographische Landkarte aus dem »Grab Nr. 3« nur Teil einer umfassenden kartographischen Aufnahme Chinas in vorgeschichtlicher Zeit darstellt. Nach der Karte des Piri Reis wäre dies ein weiteres Indiz für eine Kartographie unserer Erde durch raumfahrende Intelligenzen in grauer Vorzeit.

Die Gegenüberstellung dieser in dem über 2100 Jahre alten Grab entdeckten Landkarte mit einer modernen Satellitenaufnahme ist in der Tat provokant. Natürlich behaupte ich nicht, diese Grabbeigabe selbst sei ein Satellitenfoto. Aber das Vorbild für dieses Artefakt könnte durchaus ein solches Bild aus dem Orbit gewesen sein. Angefertigt irgendwann vor Tausenden von Jahren von einem außerirdischen Flugkörper (oder dessen Besatzung), der unseren Planeten umkreiste und fotografierte.

Zu phantastisch? Wie gut, daß diese Interpretation zuerst aus berufenem Wissenschaftlermunde kam und wir dadurch erst auf diese verwegen klingende Idee gebracht wurden!

Ein Fraktal
auf einem keltischen Spiegel?

LÁSZLÓ TÓTH

Wie könnte eine Zivilisation, die vor Jahrtausenden unseren Planeten besuchte, mit uns Menschen des zwanzigsten Jahrhunderts kommunizieren? Vermutlich würde sie sich der gleichen »Sprache« bedienen, die wir benutzen, um außerirdischen Intelligenzen im All Botschaften zukommen zu lassen (zum Beispiel auf den beiden *Voyager*- und *Pioneer*-Sonden), nämlich der universellen Sprache der Mathematik. Vielleicht würde sie versuchen, eine solche Botschaft in Form einer »Zeitkapsel« aufzubewahren. Und vielleicht würden irdische Kulturen Teile davon überliefern: in ihren religiösen Bauwerken, in ihren mündlichen und schriftlichen Traditionen, in ihrer Kunst.

Auf der Rückseite eines etwa zweitausend Jahre alten keltischen Bronzespiegels (abgebildet in dem in Ungarn erschienenen Buch ERINNERN WIR UNS AN DIE ALTEN … von Gy. László) findet sich eine künstlerisch ausgearbeitete Darstellung, die in ihrer Symbolik in erstaunlicher Weise sogenannten Fraktalen oder Mandelbrot-Mengen entspricht. Was sind solche Fraktale?

Mit der Fraktalgeometrie vermag man komplizierte mathematische Besonderheiten darzustellen. Der Mathematiker Benoît Mandelbrot machte sie erstmals 1983 der Öffentlichkeit bekannt. Bestimmte Gegenstände, Formationen und Prozesse kann man auf diese Weise mathematisch immer weiter auflösen, wobei für solche Fraktale eine gewisse prinzipielle geometrische Regelmäßigkeit oder Ähnlichkeit in sich selbst charakteristisch ist. Untersucht man

Die mögliche Fraktaldarstellung auf dem zweitausend Jahre alten keltischen Spiegel. (Foto: Archiv Lázló Tóth)

Typische Fraktaldarstellung, erzeugt durch ein mathematisch-visuelles Rechenprogramm; hier $z^3 + c$ mit $c = 0,7$. (Foto: Archiv Johannes Fiebag)

sie in immer weiter fortschreitenden Vergrößerungen, trifft man immer wieder auf die gleichen Grundformen. Auf diese Weise kann man natürliche Vorgänge, Prozesse und Gegenstände wesentlich genauer beschreiben als mit anderen Formeln oder Methoden.

Die Fraktalforschung ist in gewisser Weise ein »Kind« des Computerzeitalters, da zur Berechnung einzelner »Mandelbrot-« oder auch »Julia-Mengen« umfangreiche Rechenoperationen notwendig sind. Optisch umgesetzt, ergeben sich atemberaubend schöne symmetrische Verwirbelungsmuster, die – immer weiter vergrößert – bis ins Unendliche laufen. Dadurch wurde auf einmal deutlich, daß die belebte wie die unbelebte Welt, also unser gesamtes Universum im Mikro- wie im Makrobereich, mathematisch aus Fraktalen aufgebaut ist.

Der Spiegel, um den es hier geht, stammt aus dem keltischen Kulturraum. Zwischen 350 v. Chr. und wenige Jahrzehnte n. Chr. beherrschten die Kelten die Länder des heutigen Frankreichs, Deutschlands, Tschechiens und Sloweniens und wurden später über ganz Europa verstreut.

Die Rückseite des abgebildeten Spiegels zeigt nun zwei fast bilate- ral-symmetrische, sich immer weiter in kleinere Bereiche aufspal- tende, aber letztlich – von der Größendimension abgesehen – mit- einander identische Mandelbrot-Mengen.

Sofern die Abbildung nicht einfach durch den extrem unwahr- scheinlichen Geniestreich eines keltischen Künstlers entstanden ist, also rein zufällig diese Form gewählt wurde, haben wir es mit einer zweitausend Jahre alten Fraktaldarstellung zu tun, wie sie heute nur mit Hilfe aufwendiger Rechenprozesse im Computer erzeugt wer- den könnte. Der nächste Schritt in der Analyse dieses Spiegels wird also darin bestehen, Mathematiker damit zu beauftragen, herauszu- finden, *welche* Funktion hier konkret dargestellt ist. Wie lautet die mathematische Formel, die Botschaft, die mit der vorliegenden Ab- bildung vielleicht in unsere Zeit transferiert werden sollte?

In diesem Zusammenhang könnte auch der Griff des Spiegels ein Teil der Botschaft sein. Man erkennt letztlich mehrere miteinander verknüpfte Kreise oder Ringe, deren oberster Ring vergrößert die Fraktaldarstellung enthält. Spekulativ könnte man vielleicht anneh- men, daß hier sogar die Geburt unseres und eines Antimaterie-Zwil- lingsuniversums (spiegelsymmetrische Fraktalabbildung) nach dem Untergang eines vorausgegangenen Universums zu erkennen ist. Diese Deutung beruht auf der Hypothese vom oszillierenden Uni- versum, das im Urknall entsteht, sich ausdehnt, dann wieder zu- sammenschrumpft, im »Big Crunch« vergeht und gleichzeitig in ei- nem weiteren »Big Bang« neu geschaffen wird. Dies muß allerdings erst eine genaue mathematische Untersuchung bestätigen – oder auch widerlegen.

Antike Fraktale –
Botschaften oder Erinnerungen ?

Dr. Klaus Strenge

Im vorangegangenen Beitrag [1] zeigt Lázló Tóth die Abbildung eines keltischen Spiegels (eine gute, farbige Darstellung des sog. Desborough-Spiegels aus dem Britischen Museum in London findet sich in [2]) und vermutet hinter der offensichtlich fraktalen Darstellung eine Botschaft. Die fraktale Natur der Spiegelrückwand wurde bereits von Briggs und Peat [3] aufgrund der Selbstähnlichkeit festgestellt.

Aus den fraktalen Bildern, seien es nun »Mandelbrot«- oder »Julia«-Bilder, eine Botschaft herauslesen zu wollen, ist jedoch eine falsche Hoffnung. Ohne hier auf die Theorie und Praxis der Fraktale eingehen zu können (s. dazu [3] und [4]), ist es mit dem Computerprogramm-Paket FRACTINT [5] jedem möglich, die verschiedensten fraktalen Darstellungen zu erzeugen. Erstaunlich ist nun, wie die Bilder sich gleichen, ob man die simple Mandelbrot-Gleichung

$$z_{(n+1)} = z_n^2 + c \quad \text{(Abb.1)}$$

oder komplizierte Gleichungen, wie z.B. die sog. Magnetgleichungen benutzt, die die Transformation magnetischer Eigenschaften beschreiben.

$$z_{(n+1)} = [\frac{z_n^3 + 3 \cdot (c-1) \cdot z_n + (c-1) \cdot (c-2)}{3 \cdot z_n^2 + 3 \cdot (c-2) \cdot z_n + (c-1) \cdot (c-2) + 1}]^2 \quad \text{(Abb. 2)}$$

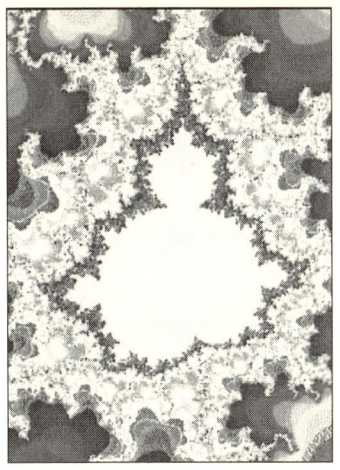

Abb. 1: Fraktal, das sich aus der einfachen Mandelbrot-Gleichung ergibt. (Foto: Archiv Klaus Strenge)

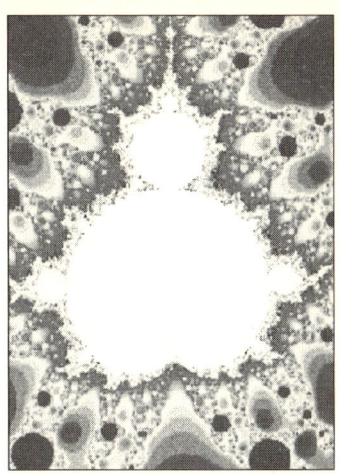

Abb. 2: Zum Vergleich: Fraktal einer umfangreichen Gleichung, die die Transformation magnetischer Eigenschaften beschreibt. Ein Unterschied in der Komplexität ist kaum feststellbar. (Foto: Archiv Klaus Strenge)

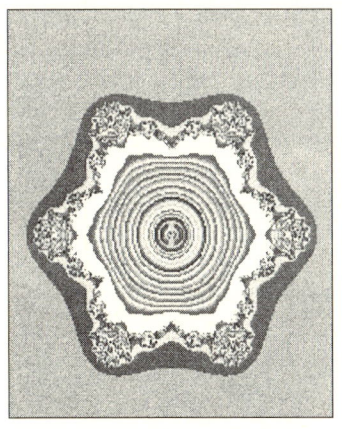

Abb. 3: Computer-»Mandala«. Vorbild für die Sandzeichnungen im Zen-Buddhismus? (Foto: Archiv Klaus Strenge)

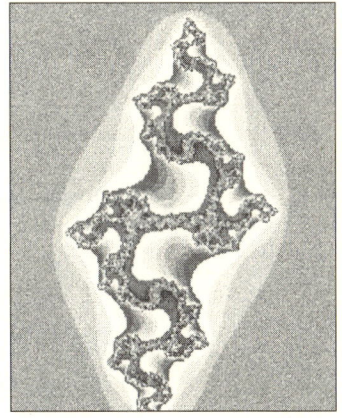

Abb.4: Computer-»Drache«: Vorbild in der chinesischen Mythologie? (Foto: Archiv Klaus Strenge)

An einem vergrößerten Ausschnitt solcher Darstellungen läßt sich nicht mehr erkennen, nach welcher Gleichung sie berechnet wurden.

Das Bild auf dem Spiegel ist aber nicht die einzige fraktale Darstellung, die uns aus alten Zeiten überkommen ist. So zeigt der Schöpfer des Begriffs »Fraktale«, Benoît Mandelbrot, in seinem Buch [6] das Titelbild einer französischen Bibel aus dem dreizehnten Jahrhundert, auf dem Gott neben Himmel, Erde, Sonne und Mond deutlich eine fraktale Struktur zeichnet. In einer Kirche in Anagni, Italien, aus dem zwölften Jahrhundert [7] soll als Fußbodenmosaik ein Fraktal zu sehen sein, das im zwanzigsten Jahrhundert von dem polnischen Mathematiker Sierpinski (neu) entwickelt wurde. In diesem Fall ist die mathematische Botschaft bekannt, aber trivial. Eine mathematische Analyse der »Botschaft« auf dem Keltenspiegel und der alten Bibel wird es jedoch nie geben können. In der Ähnlichkeit vieler antiker Darstellungen mit den Fraktalen steckt jedoch meiner Meinung nach etwas ganz anderes: *die Erinnerung an etwas früher einmal Gesehenes.*

Die fraktale Natur der Welt, vom Kosmos bis zum Mikrokosmos, kann heute als eine gesicherte Tatsache angesehen werden (s. z. B. [3, 4, 6]). Es liegt daher nahe, daß sich intelligente Besucher der Erde auch mit den mathematisch genau definierten Fraktalen beschäftigt haben. So kann man heute schon mit Hilfe fraktaler Techniken große Datenmengen erheblich komprimieren (mehr als mit den bisher üblichen Verfahren), eine Methode, die den »Ancient Astronauts« bestimmt nicht entgangen ist. Sicher haben sie sich, wie heute der Autor, auch an den vielen ästhetisch ansprechenden Bildern erfreut und diese ihren Gästen im Raumschiff gezeigt.

So wie Ezechiel ein Raumschiff in blumigen Worten beschreibt, so können Menschen der vortechnischen Zeit auch die Bilder auf den Bildschirmen der »Götter« interpretiert haben. Das zum Beispiel in der Grundform der fraktalen Darstellung in vielen Varianten auftretende »Apfelmännchen« (exakter: die Mandelbrot-Menge; s. Abb. 2 und 3) könnte sehr wohl ein Vorbild für eine Darstellung Buddhas sein (bis in den aufgebundenen Dutt hinein). Durch eine leichte »Retusche« der Abb. 2 (Auge, Nase, Mund und Nabel) kann sich der Leser leicht davon überzeugen. Die Allgegenwärtigkeit Buddhas zeigt sich in den aufgrund der typischen Selbstähnlichkeit immer wiederkehrenden »Apfelmännchen« bei Vergrößerungen der Grundstruktur bis zur Grenze der Computerleistungsfähigkeit.

Die im tibetischen Buddhismus von den Mönchen Pixel für Pixel, das heißt Sandkorn für Sandkorn, gestalteten Mandalas, runde Sandbilder als Sinnbilder für die Welt, lassen sich ähnlich auch mit dem Computer erzeugen (Abb. 3), ebenso wie die in der Mythologie immer wieder auftretenden Drachen (Abb. 4). Bei alten Teppichmustern und Ornamenten wird man oft auf Darstellungen treffen, die fraktalen Computerbildern ähneln. Vielleicht handelt es sich hierbei wirklich um Erinnerungen an die Astronauten-Götter.

Die »Visionen«
der Hildegard von Bingen

*Parallelen zu antiken
und modernen Berichten*

GOTTFRIED BONN

Eine der bekanntesten »Visions«-Schilderungen der Bibel dürfte die des Propheten Ezechiel [1] sein. Anhand des Textes vermochte der NASA-Ingenieur Josef F. Blumrich 1973 zeichnerisch und rechnerisch die Rekonstruktion eines möglicherweise außerirdischen Zubringerraumschiffs zu entwickeln [2]. Da diese Fakten präastronautisch interessierten Lesern weitgehend bekannt sein dürften und im Rahmen dieses Buches auch schon mehrfach angesprochen wurden, will ich hier aus Platzgründen nicht näher darauf eingehen.

Weniger bekannt als die Schrift des Ezechiel, dafür aber, was seinen Detailreichtum anbelangt, ebenso aufregend, ist ein Buch der mittelalterlichen Äbtissin Hildegard von Bingen [3]. Es enthält Texte, die ähnlich Ezechiels Visionen im Bewußtsein des Lesers merkwürdige, technisch anmutende, nach meinem Dafürhalten mit modernen UFO-Erscheinungen vergleichbare Gebilde erkennen lassen.

Wie die Propheten des Alten Testaments hatte auch Hildegard eine Art Berufungsvision. Sie schreibt: »Es geschah im Jahre 1141 nach der Menschwerdung des Gottessohnes Jesus Christus, als ich 42 Jahre und 7 Monate alt war. Aus dem offenen Himmel fuhr blitzend ein feuriges Licht hernieder. Es durchdrang mein Gehirn und setzte mein Herz und die ganze Brust wie eine Flamme in Brand; es ver-

Hildegard von Bingen und der heilige Volmar. Zeitgenössische Darstellung.
(Foto: Archiv Gottfried Bonn)

brannte nicht, war aber heiß, wie die Sonne den Gegenstand auf-
wärmt, auf den ihre Strahlen fallen.« [3]

Diese plötzliche Erleuchtung verschaffte Hildegard »Einsicht in die
Schriftauslegung, in den Psalter, die Evangelien und die übrigen katholischen Bücher des Alten und Neuen Testaments«.

Nach ihrer Berufung wurden Hildegard die unterschiedlichsten Visionen zuteil. In ihrem Werk Scivia - Wisse die Wege beschreibt sie
in der ersten Vision z. B. [3]: »... etwas wie einen großen eisenfarbenen Berg. Darauf thronte eine Gestalt von solchem Glanz, daß
ihre Herrlichkeit meine Augen blendete. Zu ihren beiden Seiten erstreckte sich ein lichter Schatten, wie Flügel von erstaunlicher Breite
und Länge. Und vor ihr, am Fuße des Berges, stand eine Erscheinung
über und über mit Augen bedeckt. Ich konnte vor lauter Augen
keine menschliche Gestalt erkennen. Und davor sah ich eine andere
kindliche Gestalt in farblosem Gewand, doch mit weißen Schuhen.
Auf ihr Haupt fiel ein solch heller Glanz von dem, der auf dem Berge
saß, daß ich ihr Antlitz nicht anzuschauen vermochte. Doch von
dem, der auf dem Berge thronte, ging ein sprühender Funkenregen
aus, der die Erscheinung mit lieblichem Licht umgab. Im Berge
selbst konnte ich viele kleine Fenster sehen, in denen teils bleiche,
teil weiße menschliche Häupter erschienen.«

Parallelen zu Ezechiel

Abgesehen von den auch bei modernen UFO-Insassen angeblich gesehenen langen Gewändern oder Overalls, ist an diesem Text besonders die Ähnlichkeit der Schilderungen mit Ezechiels Vision am
Fluß Kebar auffallend. Der Prophet schreibt (Ez. 1, 26): »Oberhalb
der festen Platte über ihrem Haupte war etwas, was wie ein Saphir-
stein aussah, etwas, was einem Throne glich; auf dem thronähnli-
chen Gebilde saß eine Gestalt, die einem Menschen ähnelte.« [1]
Von Bedeutung in diesem Textabschnitt sicher auch: der »eisenfar-
bene Berg« hatte Fenster, hinter denen »teils bleiche, teils weiße
menschliche Häupter erschienen«.

Hildegard von Bingen empfängt die Texte ihrer Visionen. Zeitgenössische Darstellung. (Foto: Archiv Gottfried Bonn)

In einer weiteren Vision sah Hildegard einen »ungeheuer breiten und hohen eisenfarbenen Felsblock (*lapidem unum totum integrum*) und über ihm eine glänzendweiße Wolke. Darauf stand ein runder Königsthron. Auf ihm thronte ein lebendiges Wesen, das von wunderbarer Herrlichkeit leuchtete. Es strahlte von solcher Herrlichkeit, daß ich es nicht genau betrachten konnte … Und von dem Leuchtenden, der auf dem Thron saß, ging ein großer goldener Lichtkreis wie Morgenrot aus; seinen Umfang konnte ich gar nicht ermessen. Er kreiste vom Osten über den Norden zum Westen und weiter zum Süden und kehrte so zum Leuchtenden im Osten zurück; und er hatte gar kein Ende. Und dieser Kreis hatte einen so großen Abstand von der Erde, daß ich ihn nicht ermessen konnte; er sandte einen ganz schreckenerregenden Glanz aus.« [3]

Wiederum finden wir, was die Beschreibung des »Lichtkreises« angeht, eine Parallele bei Ezechiel (1, 27-28): »Dann schaute ich etwas wie blinkendes Glanzerz, das wie Feuer aussah, von einem Lichtkreis umrandet; es reichte von der Stelle, die seinen Hüften gleichsah, nach aufwärts. Von der Stelle an, die seinen Hüften ähnelte, nach abwärts sah ich etwas, was wie Feuer aussah. So war er ringsum von Lichtglanz umgeben. Gleich dem Bogen im Gewölk an Regentagen sah der Glanz rings um ihn aus. Dies war der Anblick von dem, was der Herrlichkeit des Herrn glich. Als ich das schaute, fiel ich auf mein Angesicht und hörte jemanden laut reden.« [1]

Beide, Ezechiel und Hildegard, vergleichen den Glanz um den Thronenden mit Naturbildern. So beschreibt Ezechiel das, was er sah, mit »dem Bogen im Gewölk an Regentagen«, und Hildegard zieht Parallelen zum »Morgenrot«. Haben wir es hierbei mit den Himmelsspiegelungen eines physikalischen, aus Metall bestehenden, glänzenden Flugkörpers zu tun, wie Blumrich dies in bezug auf seine den Ezechiel-Texten entnommene Raumschiffrekonstruktion annimmt [2]? Oder muß man derartige Berichte, wie Hildegard es tut, symbolisch, mit der sich erhebenden »Morgenröte des göttlichen Ratschlusses« interpretieren?

Wie auch immer: Merkwürdige Objekte finden sich in Hildegards Visionen wiederholt, was auch folgende Zeilen aus SCIVIAS ver-

Das Kosmos-Rad aus einer Vision Hildegards von Bingen. Zeitgenössische Darstellung. (Foto: Archiv Gottfried Bonn)

deutlichen, die hier in ihrer ganzen Ausführlichkeit wiedergegeben
werden sollen [3]:

»Danach sah ich ein riesiges dunkles Gebilde (*instrumentum*) wie
ein Ei, oben spitz zulaufend, in der Mitte breiter und sich unten wieder verengend. Die äußerste Schicht bestand rundum aus leuchten-
dem Feuer, und darunter lag etwas wie eine dunkle Haut. Und in
diesem Feuer befand sich ein rötlich schimmernder Feuerball von
solcher Größe, daß dieses Gebilde ganz von ihm erleuchtet wurde.
Darüber waren drei Fackeln in der Höhe angeordnet, die mit ihrem
Feuer den Ball hielten, damit er nicht herunterfalle. Und der Ball
stieg manchmal empor, und flammendes Feuer trat ihm entgegen, so
daß seine Flammen weiter hinausschlugen; zuweilen neigte er sich
abwärts und große Kälte schlug ihm entgegen, so daß er schnell
seine Flammen zurückholte. Von dem Feuer, das dieses Gebilde umgeben hatte, ging auch ein Wind mit seinen Stürmen aus; und von
der Haut, die darunter war, wehte ein anderer Wind mit seinen Stürmen, die sich in diesem Gebilde nach allen Seiten verteilten. In der
Haut aber befand sich ein düsteres Feuer, das so schrecklich war,
daß ich es nicht anschauen konnte. Es erschütterte die ganze Haut
mächtig mit Donnergetöse, Gewittersturm und Hagel von großen
und kleinen, sehr spitzen Steinen. Als sich das Getöse erhob, gerie-
ten das leuchtende Feuer, die Winde und die Luft in Aufruhr, so daß
die Blitze dem Donner zuvorkamen; denn das Feuer verspürte die
erste Regung des Donners in sich.

Doch unter der Haut befand sich ganz reine Luft, und keine Haut
war unter dieser. In ihr erblickte ich jedoch einen größeren, weiß-
glänzenden Feuerball, über dem deutlich zwei Fackeln in der Höhe
angeordnet waren; sie hielten den Ball, damit er seine Laufbahn
nicht überschreite. Und in dieser Luft gab es überall viele helle Kugeln. Ab und zu entleerte der weiße Feuerball etwas von seinem
Glanz in sie. Dann kehrte er unter den erwähnten rötlichen Feuerball zurück, entzündete aufs neue an ihm seine Flammen und blies
sie wiederum in die Kugeln. Doch auch in der Luft entstand ein
Wind, der sich mit seinem Stürmen in dem besagten Gebilde überall
ausbreitete. Unter dieser Luft aber sah ich eine Dunstschicht und

darunter eine weiße Haut, die sich da und dort ausbreitete und dem
ganzen Gebilde Feuchtigkeit spendete. Zuweilen zog sie sich plötzlich zusammen und sandte einen heftig prasselnden Platzregen aus.
Dann wieder dehnte sie sich behutsam aus und ließ angenehm sanf-
ten Regen herabtropfen. Doch auch daraus kam ein Wind mit seinen Stürmen, der das ganze Gebilde durchwehte.
Und inmitten dieser Elemente befand sich eine sehr große Sandku-
gel. Die Elemente hielten sie so umfaßt, daß sie nach keiner Seite
herabfallen konnte. Doch wenn die Elemente zuweilen mit den
Winden zusammenstießen, brachten sie manchmal durch ihren Zu-
sammenprall auch die Kugel ein wenig in Bewegung.
Und ich sah zwischen Norden und Osten etwas wie einen riesigen
Berg; an der Nordseite war er finster und an der Ostseite hell beleuchtet; doch war er so, daß weder das Licht die Finsternis noch die
Finsternis das Licht erreichen konnte.«
Ob und wenn ja welche technischen Vorgänge aus den hier be-
schriebenen, zumindest äußerst rätselhaften Erscheinungen ableit-
bar sind, bleibt unklar, stellt aber fraglos eine Herausforderung an
Ingenieure dar.

Das herniederfahrende Licht

Parallelen zum UFO-Phänomen und antiken Beschreibungen sind
jedoch bei den geheimnisvollen Texten der Bingerin trotz aller Unstimmigkeiten in bezug auf die Interpretation nicht von der Hand zu
weisen. Etwa das vom Himmel herniederfahrende Licht: Derartige
Lichterscheinungen und damit verbundene religiöse bzw. philosophische Einsichten sind ein weit verbreitetes, in der Geschichte der
Menschheit und vor allem auch bei UFOs, wie u. a. folgende zwei
Beispiele zeigen, immer wieder auftauchendes Phänomen:

- Joseph Smith (Begründer der »Kirche Jesu Christi der Heiligen
  der letzten Tage«) empfing z. B. seine Berufung durch einen Engel, nachdem ihm ein strahlendes Licht erschien [4].

- Der UFO-Forscher Jacques Vallée beschreibt in seinem Buch [5] den Fall einer Frau, die er Helen nennt. Als diese bei einer Autofahrt »mit einer Musikgruppe« unterwegs »von Lompoc, Kalifornien, nach Los Angeles« war, sah sie plötzlich über den Hügeln ein sich ihnen näherndes weißes Licht: »Es war weiß, es verbreitete ein wundervolles Strahlen. Ich glaube, mich an etwas wie Fenster zu erinnern, aber ich bin nicht sicher.«

Hildegard schreibt, daß das von ihr wahrgenommene Licht nicht verbrennend auf sie eingewirkt habe. Auch hierzu gibt es Parallelen:

- Bei dem sogenannten Sonnenwunder von Fatima, dem zahlreiche Marienerscheinungen vorausgingen, trocknete das Licht der diskusförmigen »Sonne« die Kleidung der zahlreichen Zeugen, ohne verbrennend zu wirken. Leser, die mit der Geschichte von Fatima vertraut sind, wissen, daß die Kinder von der Madonna für die Menschheit angeblich bedeutende Botschaften erhielten [6].

Für die Präastronautik und UFO-Forschung von besonderem Interesse an Hildegards Texten dürften ihre Schilderungen der »über und über mit Augen« bedeckten Gestalt und das von ihr beschriebene eiförmige Gebilde mit all seinen technisch anmutenden Attributen sein. Menschen, die angeblich von UFOs entführt wurden, betonen immer wieder die großen Augen und den alles durchdringenden Blick der Außerirdischen. Die Fremden scheinen alles von ihren Opfern zu wissen und tadeln die Erdbewohner für die schlechte Umgangsweise mit ihrem Heimatplaneten [7].

Auch Hildegard interpretiert ihre Schauungen mit der »durchdringenden Schau« Gottes, der die »guten und gerechten Absichten des Menschen« erkennt und mit der »scharfen Schneide« seines Blickes das Vergessen der »göttlichen Gerechtigkeit« vertreibt [3].

Schilderungen von eiförmigen Objekten gibt es auch in der modernen UFO-Literatur sowie in anderen alten Überlieferungen:

- Antonio Villas-Boas, einer der wohl bekanntesten UFO-Zeugen, sah zum Beispiel ein eiähnliches Objekt auf seinem Feld landen [5].
- Zu historischen Berichten schreibt Ulrich Dopatka [8]: »Ein in vielen mythologischen Systemen wiederkehrendes, auf den ersten Blick erstaunlich wirkendes Motiv sind ›fliegende Eier‹ oder eiförmige Gebilde am Himmel oder Luftraum, wobei oft davon die Rede ist, daß diesen Gebilden menschenartige Wesen entstiegen seien.«

Interessant ist, daß in der Symbolsprache der mittelalterlichen Alchemisten das durch die Hitze des Feuers ausgebrütete Ei den »Stein der Weisen« enthielt [9], was zeigt, daß sich die Äbtissin bei der Beschreibung ihrer Visionen von der alchemistischen Weisheit ihrer Zeit hat inspirieren lassen. Ähnlich der Symbolsprache von Alchemisten oder Mystikern wie Hildegard sind auch UFO-Sichtungen reich an einer das Unbewußte ansprechenden, teilweise religiös geprägten Bildsymbolik. Auf diesen rätselhaften Aspekt des UFO-Phänomens machte als erster der Schweizer Psychiater C. G. Jung [10] aufmerksam, der die Formen der UFOs u. a. mit Mandalas, kreisförmigen Symbolen der seelischen Einheit, vergleicht, wie sie im buddhistischen Raum zu finden sind. Auch Hildegard sieht ein kreisförmiges, von ihr als Rad bezeichnetes Gebilde in ihren Visionen [11]. Johannes Fiebag weist in seinem neuesten Buch [12] schließlich ebenfalls auf die Zusammenhänge zwischen tiefenpsychologischen Archetypen und den Entführungsszenarien hin.
Ist es nur Zufall, daß UFO-Phänomene sich ähnlich den Bildern visionärer Schauungen in den unterschiedlichsten Formen manifestieren (Räder, Kugeln, Zigarren, Scheiben usw.)? Was treibt das Phänomen zum stetigen Wandel seines Äußeren?
In diesem Zusammenhang geht die von Dr. Johannes Fiebag [13] als Mimikry-Hypothese bezeichnete Theorie davon aus, daß eine uns weit überlegene außerirdische Intelligenz vielleicht dazu in der Lage ist, sich technologisch gesehen den jeweiligen Zeitaltern anzupassen. Diese Intelligenz würde sich zu diesem Zweck mit uns bekann-

ten technischen Details tarnen (ähnlich wie in der Tierwelt zum Beispiel das Chamäleon), während ihre wahre Technologie für uns unverständlich bliebe bzw. wie Magie erscheinen müßte. Daher ist es sehr wahrscheinlich, daß den Visionsschilderungen der mittelalterlichen oder biblischen Heiligen und Propheten nicht nur psychische Projektionen zugrunde liegen, sondern reale Ereignisse, die dem Verständnis der jeweiligen Zeit angepaßt waren und auch so gesehen und interpretiert wurden. Hildegard von Bingen beschreibt ihre Visionen so beängstigend detailliert, daß man als Leser das Gefühl hat, dabeizusein. Auch dies bestätigt den Verdacht, daß es sich um reale Manifestationen einer unbekannten Intelligenz handelte, die bei ihren Erscheinungen aus dem reichhaltigen, teilweise religiös geprägten Fundus der Bilder des menschlichen Unterbewußtseins schöpft. Wir hätten es also vielleicht mit beidem, nämlich psychischen Projektionen und einem verborgenen, in der Wirklichkeit existierenden Phänomen zu tun.

Früher sah der Mensch Götter, fliegende Schilde, Luftschiffe und allerhand andere seltsame Dinge am Himmel. Heute sieht er, merkwürdig parallel zu seinen Science-fiction-Vorstellungen, gigantische Raumschiffe. Fazit: Die Götter spielen mit unserer Phantasie. Wann werden sich uns die Außerirdischen in ihrer wahren Form offenbaren? Auf diese Frage gibt es – bislang – keine Antwort.

IV.
Artefakte

Strahlenkränze in der Bretagne

MATHIAS KAPPEL

Wer heute in die Bretagne reist, wird mit einer Vielzahl erstaunlicher Bauwerke konfrontiert, deren Ursprünge Jahrtausende zurückzudatieren sind. Einige unter ihnen wiederum sind tausende Jahre älter als selbst die bekanntesten Monumente der ägyptischen Hochkultur.

Wo lag die Inititalzündung für diese Kultur, woher nahm sie die Kraft, um ihre typischen Abbilder über mindestens fünftausend Jahre immer wieder aufs neue zu reproduzieren? Wer kennt nicht die Glanztaten jener Megalithiker, deren Zeugnisse ja bei weitem nicht nur in der Bretagne anzutreffen sind: das Monument von Stonehenge, die kilometerlangen Steinreihen von Carnac aus Zehntausenden von Menhiren, die gigantischen Dolmen mit Deckplatten, die das Vorstellungsvermögen über ihren Transport erheblich strapazieren. Oder die Riesenmenhire – mächtige, tonnenschwere Fingerzeige in den Himmel. Der größte unter ihnen wog dreihundertfünfzig Tonnen und wurde über zwanzig Kilometer Landstrecke herangebracht.

Die architektonischen und bautechnischen Leistungen sind ein ungeklärter Aspekt, der hinter ihnen verborgene Sinn ein anderer. Die geometrischen Beziehungen zwischen den megalithischen Anlagen, ihre astronomische Ausrichtung sowie die Eigenschaft, als kosmische Datenträger (Gavrinis, Stonehenge) Botschaften in eine ferne Zukunft hinüberzuretten, haben die Megalithkultur frühzeitig in die Hypothese vom vorgeschichtlichen Besuch außerirdischer Intelligenzen integriert.

Im Unterschied zu anderen von dieser Hypothese erfaßten Kulturen fehlen uns von der Megalithkultur aber drei wichtige, eine solche Theorie abrundende Zeugnisse:

- die mündliche Überlieferung
- eine Schrift
- weitgehend bildliche Darstellungen.

Gerade von den letzteren haben die wenigen bislang bekannten überwiegend symbolische Aussagekraft (z. B. bei Gavrinis) und keinen klar erkennbaren Bildcharakter. Unter diesen Umständen kann man wohl zu Recht behaupten, daß wir über keine Hochkultur der Vergangenheit so wenig Informationen haben wie über jene Langzeitkultur zwischen England und dem Mittelmeer. Wir wissen wenig über das Alltagsleben jener Zeit, die technischen Fertigkeiten und die religiösen Bindungen, und überhaupt nichts über die Hintergründe, denen diese Kultur ihre Entstehung verdankt.

Standen auch hier außerirdische Intelligenzen am Anfang der Geschichte? Neben den weiter oben angesprochenen Rätseln könnten zumindest zwei auf uns gekommene Bildzeugnisse in diese Richtung deuten. Sie zeigen »Strahlenkränze«, jenes Symbol der Himmelsgötter, wie es uns weltweit in allen alten Hochkulturen wieder und wieder begegnet.

Das erste derartige Bildnis ist im Museum von Barnenez (Abb. 1) zu bewundern. Barnenez (Frankreich) ist ein geschichtsträchtiger Ort von besonderem Format. Ihn ziert die älteste Stufenpyramide der Welt. Ganze siebentausend Jahre ist sie alt und damit immerhin eintausend Jahre älter als die ersten vergleichbaren ägyptischen Steinkammergräber, die Mastabas. Im Museum von Carnac schließlich sind wir das zweite Mal fündig geworden (Abb. 2): Auf einer Steinplatte ist ein helmartiger Gegenstand abgebildet. Unübersehbar ist auch hier der »Strahlenkranz«.

Wie sich gezeigt hat, gestaltet sich die Spurensuche nach Indizien,

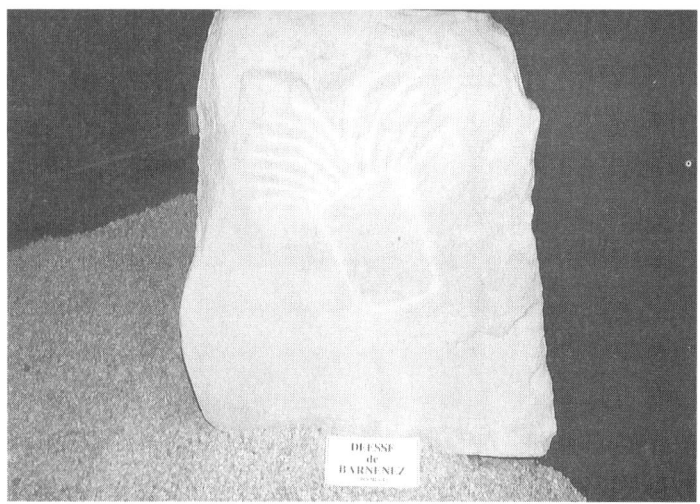

Abb. 1: Strahlenkranz im Museum von Barnanez. (Foto: Mathias Kappel)

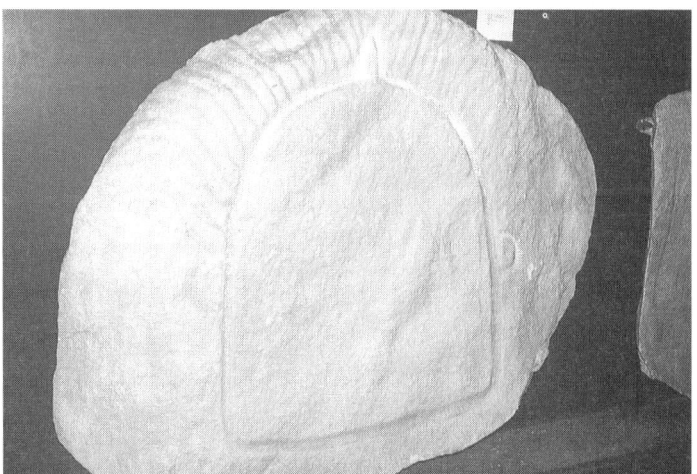

Abb. 2: Helmartiger Gegenstand mit Strahlenkranz, aufbewahrt im Museum von Carnac. (Foto: Mathias Kappel)

die zugunsten der Paläo-SETI-Hypothese sprechen, oft mühsam. Nicht zu verkennen bleibt aber auch, daß ihr bei genügend großer Ausdauer so mancher Erfolg beschieden ist.

Präastronautische Artefakte im Ägyptischen Museum von Kairo

KLAUS-ULRICH GROTH

Ziel der präastronautischen Forschung ist es, den »Beweis« zu finden. Dabei ist in erster Linie an ein archäologisches Artefakt gedacht, das nachweislich, d. h. aufgrund seiner Materialzusammensetzung, seiner Struktur oder seiner technischen Reife extraterrestrischen Ursprungs sein muß. Das allgemeine Klagen darüber, dieser Beweis sei noch nicht gefunden und in absehbarer Zeit auch nicht zu finden, halte ich für falsch. Mit großer Wahrscheinlichkeit gibt es ihn in Form der *Ka'aba* in Mekka (oder zumindest in Form dessen, was dieser bislang rein geologisch als Meteoritengestein bewertete Block enthält oder unter sich verbirgt), ferner in Form des *Heiligen Spiegels* von Ise und in Form der vermutlich in Äthiopien gelagerten *Bundeslade*. All das sind aber Heiligtümer, denen sich zu nähern lebensgefährlich ist und die aus mannigfaltigen Gründen auch nicht im Handstreich einer Überprüfung zugeführt werden können. Da mithin der Zugang für eine wissenschaftliche Untersuchung zu diesen Gegenständen verschlossen ist, bleibt nur die Möglichkeit, auf Näherliegendes zurückzugreifen. Allein im *Ägyptischen Nationalmuseum* in Kairo gibt es einige Gegenstände, die für jeden sichtbar, aber leider auch nicht ohne weiteres greifbar sind.

Edelstahldolch des Tut-Ench-Amun im Ägyptischen Nationalmuseum von Kairo. (Foto: Jörg Fuchs)

Der Edelstahldoch des Tut-Ench-Amun

Ohne Katalognummer findet sich in der Zentralvitrine im Hauptraum für die Grabschätze des Tut-Ench-Amun ein rostfreier Edelstahldolch von einer hohen Legierungsqualität [1], wie wir sie selbst heute nur unter Vakuumbedingungen herstellen können. Der Dolch liegt – vom Eingang aus gesehen – in der rechten Querseite der Zentralvitrine vorne links unten neben einem goldenen Dolch. Letzterer ist im Spezialkatalog von Munro und Boltin [2] als Nr. 41 verzeichnet. Der Edelstahldolch findet sich aber weder dort noch im offiziellen Museumskatalog. Der Grund liegt vielleicht nahe: Aufmerksamkeit möchte man dafür nicht erregen, paßt er doch nicht zur klassischen Lehrmeinung, nach der die alten Ägypter nicht einmal Eisen kannten und es erst recht nicht verstanden, Eisenerz zu Edelstahl zu verarbeiten.

Stellt sich die Frage: Warum wird der Dolch überhaupt ausgestellt? Man wird wohl von einer Panne ausgehen können. Oder sollte es daran liegen, daß Fundstücke aus dem Grab des Tut-Ench-Amun einfach nicht zu verheimlichen sind? Immerhin gibt es eine bemerkenswerte Parallele, für die eine Expertise vorliegt: Das ist die Säule von Delhi, vielfach beschrieben und ebenso unerklärbar [3].

Die mißlungene Kreissägearbeit

Schon im Jahre 1992 hatte auf Hinweis eines einheimischen Geologen eine AAS-Forschungsgruppe unter Führung von Erich von Däniken bei Abusir, einer nahe Kairo in der Sahara gelegenen Ortschaft, Kernbohrungsarbeiten aus der dritten bis fünften Dynastie (also mit einem Alter von etwa viertausendfünfhundert Jahren) gesichert und vermessen [4]. Im Mai 1993 stieß der AAS-Kollege Guido Meys auf einen an sich recht unscheinbaren und deshalb wohl bisher übersehenen Steinsarkophag, der unter den Nummern 54 938 (Sarkophag) und 6 193 (Sockel) im linken Hauptflur des Erdgeschosses des Nationalmuseums steht (hinter dem Sarkophag mit der Sockel-Nr. 6 170). Interessant wird es, wenn man sich zwischen Museumswand und Rückwand des Sarkophags zwängt, denn dort wird deutlich, daß aus der Rückwand des Sarkophags der Deckel herausgeschnitten werden sollte, die Arbeiten aber nicht zu Ende geführt worden sind, vermutlich, weil von diesem Deckel etwa sechzig Prozent abgebrochen sind. Noch sehr gut erkennbar sind aber die Sägespuren zwischen Rückwand und Deckelrest. Auch der als Experte hinzugezogene Ingenieur Michael Ebert aus Dresden vermochte die aufgefundenen Spuren nicht anders denn als eindeutige Kreissägespuren zu deuten.

Auch dieser Sarkophag erscheint in keinem offiziellen Katalog. Daß er überhaupt noch in der 34. Galerie steht, liegt wohl daran, daß niemand daran gedacht hat, ihn rückseitig zu besichtigen bzw. niemand glaubt, daß sich ein Besucher für dieses vermeintlich unwichtige Artefakt die Mühe macht, sich zwischen ihn und die Wand zu zwängen.

Die Fanfare des Tut-Ench-Amun

Ebenfalls zu den Grabbeigaben des Tut-Ench-Amun gehört eine im ersten Obergeschoß, Querflügel, Galerie 26, zu sehende, leider wiederum nicht katalogisierte Fanfare aus Silber und Kupfer. Neben ihr liegt eine weitere Fanfare, die im bereits erwähnten Katalog von Munro und Boltin [5] als Nr. 12 abgebildet und beschrieben ist, obwohl es sich um die weniger spektakuläre handelt. Laut Katalog wird sie als »Trompete und Stopfer« bezeichnet. Bemerkenswert ist, daß in einem Nebensatz (»... so erklärt sich jedenfalls der Fund gleich zweier Exemplare in Tut-Ench-Amuns Grab«) auch die zweite, hier weit interessantere Fanfare erwähnt wird.

Mit dieser Fanfare hat es folgende Bewandtnis: Es ist allgemein bekannt und wird sogar unter den Museumsführern als besonderes Bonmot gehandelt, daß diese Fanfare 1954 gereinigt und gewartet worden ist. Sodann soll sie probeweise geblasen worden sein mit dem Erfolg, daß die gesamte Elektrizitätsversorgung in Ober-Ägypten ausfiel. Dasselbe soll sich 1974 bei einer offenbar turnusmäßigen Wartung wiederholt haben: Der Energieausfall von 1954 war inzwischen in Vergessenheit geraten, doch diesmal wiederholte sich bei einem erneuten Versuch dasselbe Phänomen, wobei allerdings der Energieausfall auf den Bereich Groß-Kairo beschränkt blieb. Beide Energieausfälle sind nachgewiesen, weil die Meßschreiber der Kraftwerke jeweils aus unerklärlichen Gründen alle zur gleichen Zeit auf Null zurückgingen. Auch die ägyptischen Zeitungen haben darüber berichtet. Der Kausalzusammenhang mit dem Einsatz der Fanfare ist aber nicht weiter nachvollzogen worden. Sie wanderte sogleich wieder zurück in den Schatz des Tut-Ench-Amun, eine technische Überprüfung unterblieb [6].

Bei einem derartigen Bericht regen sich naturgemäß Zweifel an seiner Richtigkeit. Allerdings fällt die Parallele zu den Trompeten von Jericho [7] ebenso auf wie zu den bekannten Energieausfallphänomenen in den Berichten über moderne UFO-Kontakte [8]. Die Trompete ist weder durch eine Alarmanlage gesichert noch bedürfte es großer Anstrengung, sie der Vitrine zu entnehmen, denn dafür ist nur nötig, die Deckscheibe einzuschlagen. Wer möchte aber schon riskieren, ein oder zwei Jahre in ägyptischen Gefängnissen zu verbringen, wenn das Experiment ein Fehlschlag ist? Vielleicht gelingt es ja doch einmal, die Trompete auf offiziellem Wege für eine technische Untersuchung »freizukämpfen«.

Der Stoff,
der von den Göttern kam

RUDOLF ECKHARDT

Geführt von ihrem Gott Huitzilopochtli, der sich durch einen heiligen Schrein kundtat (ähnlich einer »Lade«, wie sie auch die Hebräer beim biblischen Exodus transportierten), drang gegen Mitte des dreizehnten Jahrhunderts eine neue ethnische Einheit in das mexikanische Hochland ein. Ihr Ursprung verliert sich in Mythos und Legende. Auf jeden Fall nennen sie sich im Lauf ihrer Odyssee »Mexitin«, später dann »Mexica«, heute bezeichnen wir sie als Azteken. Eben dieser Gott bemühte sich vehement, seinem auserwählten Volk die bevorstehenden Strapazen der Wanderung schmackhaft zu machen: »O Mexikaner, hier ist eure Pflicht, hier sollt ihr wachen und warten, die vier Enden Erde sollt ihr euch untertan machen. Beherrscht Körper, Brust, Kopf und Arme. Schweiß, Arbeit und Blut soll es euch kosten, wenn ihr alles erreichen und genießen wollt – Smaragde, wertvolle Steine, Gold und Silber, kostbare Federn, den von weit her gebrachten Kakao, die bunte Baumwolle, die süß duftenden Blumen und die köstlichen Früchte; dies alles werdet ihr erleben, denn dies ist in Wahrheit mein Auftrag, und dafür bin ich hierhergesandt worden« (Crónica Mexicayotl).

Was sich zunächst wie eine Randnotiz der aztekischen Wandersage anhört, könnte für die Archäo-SETI-Forschung von beweiskräftiger Bedeutung sein. Huitzilopochtli versprach den unter den Unbilden der Witterung leidenden Wanderern »die bunte Baumwolle«. Selbstverständlich handelt es sich hier theoretisch nur um eine Zukunftsverheißung. Ob der Gott zu seinem Wort stand, läßt sich aus den Quellen nicht verifizieren. Doch die Idee der farbig wachsenden Baumwolle stellt ein überaus beliebtes Motiv der altamerikanischen Mythologie dar. Die Maya erinnern sich ihrer konkreter im »*Buch des Chilam Balam von Chumayel*«, einer nach alten Überlieferungen in spanischer Sprache niedergeschriebenen Textsammlung:

»Der Herr des Südens ist der Stammvater der Sippe des großen Uc. Ix-Kan-takay ist sein Name. Er ist auch der Stammvater der Sippe des Ah Puch. Neun Flüsse behüten sie. Neun Berge behüten sie. Der rote Feuerstein ist der Stein von Chac Mucen Cab, dem großen Honig-Bewahrer. Die fruchttragende rote Baumwollpflanze mit ihrem verborgenen Inneren steht im Osten.«

Überraschenderweise wird die faktische Existenz der Kulturpflanze hier deutlich formuliert. Im weiteren Verlauf des Textes folgen durchaus exakte botanisch-zoologische Beschreibungen, wie zum Beispiel: »Die Bohnen mit gelbem Rücken sind seine Bohnen« oder: »Der rote Truthahn mit dem gelben Kamm ist sein Truthahn«. Die Erwähnung solcher Details scheint den Wahrheitsgehalt der Überlieferung stark zu unterstützen.

Das gleichermaßen Paradoxe wie Interessante daran ist, daß in der modernen Botanik natürlich gewachsene farbige Baumwolle unbekannt ist. Das faserige Malvengewächs brachte bislang nur einen langweiligen grau- bis gelblichweißen, allenfalls leicht rötlich schimmernden Farbton hervor. Generationen von Plantagenbesitzern im Süden der Vereinigten Staaten, im karibischen Raum ebenso wie in Asien bemühten sich bislang auf dem Wege der Erbgutkreuzung vergeblich, die Natur zu überlisten. Denn was farbig wächst, braucht keine kostenaufwendigen und umweltbelastenden Farb- und Fixierbäder.

Mehr als dreizehntausend Kilometer von Mexiko entfernt, im heutigen GUS-Staat Turkmenistan, an der Grenze zu Iran und Afghanistan, wächst die bunte Wolle allerdings inzwischen doch. Dort legen die Forscher aber Wert darauf, daß die Baumwolle »durch den Einsatz von Gen-Technologie« (!) entwickelt wurde. Bei dieser sogenannten »transgenen Baumwolle« werden in der Retorte fremde Er-

banlagen in die Baumwollgene eingeschleust, die die Farben Ultra-
weiß, Beige, Rotbraun und Grünbraun sprießen lassen. Die Farb-
töne, so die Gen-Ingenieure, bleichen nicht aus und verlieren auch
bei einer 95°-Wäsche nichts von ihrer Intensität.

Der Ariadnefaden zum Beweis

Gab es wirklich bereits im alten Amerika bunte Baumwolle, wie es
die Mythologien im steten Gedankenzusammenhang mit göttlichen
Wesen schildern? Baumwolle besitzt nur minimale Abwehrkräfte
gegen Pflanzenschädlinge. Die ursprüngliche Heimat des gefräßigen
Baumwollkapselkäfers ist zudem Mexiko. Auf diese Weise könnten
die ehemals nur geringen farbigen Pflanzungsbestände, die unter
Umständen auf »kosmische Lehrmeister« zurückzuführen sind,
ausgelöscht worden sein. Endgültige Klarheit kann nur erzielt werden, wenn sich die konservativ denkenden Archäologen endlich
zwingen, ihre Vorurteile auszusortieren. Stoffartefakte der meso-
amerikanischen Kulturen werden mit Pedanterie numeriert und ka-
talogisiert, um schließlich in den Archiven Staub anzusetzen. Chemische Analysen und Versuchsreihen sind meines Wissens im Hinblick auf die hier konzipierte Spekulation nie durchgeführt worden!
Die aus Baumwolle gewonnenen Fasern wurden im alten Mexiko
mit einer Handspindel verarbeitet, die aus einem Holzstab mit einem unten aufgesteckten Spinnwirtel als Schwungmasse bestand.
Selbstverständlich färbte man die weißen Fäden auch mit allerlei
Naturfarben, unter denen das Rot der Koschenillelaus, die auf dem
Feigenkaktus beheimatet ist, und das dunklere Rot der Purpur-
schnecke aus dem Pazifischen Ozean die eindrucksvollsten Farb-
töne lieferten. Dieser den Archäologen wohlbekannte Sachverhalt
schließt andererseits keineswegs aus, daß Stoffe und Bekleidungs-
stücke, die unter Umständen in erster Linie für den zeremonialen
Bereich bestimmt waren, auch aus »genetischer« farbiger Baumwolle gewonnen wurden.
Der spanische Franziskanermönch und Chronist Bernardino de Sa-

hagún kam 1529 nach Neuspanien und war mit dem Ohr noch direkt am Mund der Überlieferungen. In seiner »*Historia General*« schildert er verblüffende Details: »In diesem Abschnitt ist von den Tolteken die Rede, die als erste in diesem Land siedelten ...« (Buch X, Kap. 29). »Und (die Tolteken) waren sehr reich. Keinen Wert hatten Nahrung und alle Lebensmittel. Man erzählt, die Kürbisse waren ganz besonders groß, manche waren völlig rund. Und die Maiskolben waren so groß wie die Handmahlsteine, sie waren sehr lang, kaum konnte man sie umfassen. Und die Baumwolle gedieh dort in vielen Farben: Hellrot, Gelb, Rosa, Violett, Hellgrün, Dunkelgrün, Blaugrün, Orangefarben, Schwärzlich, Gelb und Braungelb. So verschieden war sie, man brauchte sie nicht zu färben« (Buch III, Kap. 5). Es dürfte Skeptikern und Zweiflern, die mit bemerkenswerter Unerschütterlichkeit die alten Texte als Phantasieprodukte verwerfen, schwerfallen, diese präzisen Aussagen in Frage zu stellen. Wird doch in der Altamerikanistik immer wieder betont, daß die Berichte Sahagúns auf verschiedene »Gewährsmänner« zurückzuführen sind – und daß nicht das geringste daran retuschiert worden sei!

Der Rohstoff war in Mesoamerika offenbar weit verbreitet, denn auch die Provinz Yukatán war bekannt für Baumwolltextilien, die weithin exportiert wurden. Man darf sogar vermuten, daß Pflanzungen der Malvazeengattung (*Gossypium hirsutum*) und nicht allein der Maisanbau Basis des yukatanischen Wirtschaftslebens waren. Eine geschickte Handelstätigkeit mit diesem Produkt verband Mexiko mit den Maya.

Unglücklicherweise sind aufgrund der feuchtheißen Klimazone kaum Gewebematerialien aus der vorspanischen Zeit erhalten geblieben. Außer den Überresten aus dem heiligen Cenote in Chichen Itzá besitzen wir zum Beispiel nahezu keine Maya-Baumwollstoffe. Die kläglichen Reste entsprechen jedoch den Darstellungen in den Bilderhandschriften, die kunstvoll gewebte und kunterbunt schillernde Kleidungsstücke zeigen. Der weitaus größte Teil dieser Artefakte wird mit Sicherheit von der Hand der Indios eingefärbt worden sein, doch könnten ausführliche und gezielte Laboruntersuchungen gleichermaßen an den Tag bringen, daß die Überlieferungen beim Wort zu nehmen sind. Nur eine einzige (ungefärbte) rote, grüne oder blaue Textilfaser – und insofern in aller Konsequenz das Ergebnis einer Retortenzüchtung – könnte der Stoff sein, aus dem der Beweis gestrickt werden kann. Ein unscheinbares Flöckchen Garn könnte zum Ariadnefaden für die Archäo-SETI-Theorie werden und sie beweiskräftig untermauern!

Sensationeller Fund in Rußland

Hartwig Hausdorf

Schon seit längerem vermuten Forscher unserer Richtung, daß auch in geologischen Schichten aus prähistorischen Zeiten Artefakte außerirdischer Besucher zu finden sein könnten. Anhand mehrerer äußerst paradoxer Ereignisse in der Erdgeschichte machte in den letzten Jahren vor allem Dr. Johannes Fiebag [1, 2] deutlich, daß auf unserem Planeten vielleicht schon seit Hunderten von Millionen Jahren ein Experiment abläuft, dessen außerirdische Urheber letztlich uns Menschen durch fortgesetzte Genmanipulationen geschaffen haben.

Leider tun wir uns mit dem Auffinden mutmaßlich technischer Artefakte aus weit zurückliegenden Zeiten sehr schwer. Denn geologische Abläufe von bis zu einer Million Jahre dokumentieren sich heute nur noch in wenigen Zentimeter dicken Sedimentschichten. Selbst bei doch eigentlich erst sehr kurz zurückliegenden Ereignissen – ich denke an die Zeit seit dem Ende des Zweiten Weltkrieges – werden wir mit dem Umstand konfrontiert, wie schnell technische Gerätschaften sich in »Wohlgefallen« auflösen können. Waffen, Munition und selbst größere Fundstücke sind bereits jetzt fast vollständig verrostet und zerfallen.

Um so erstaunlicher sind daher die sensationellen Funde, die kürzlich in Rußland gemacht wurden. In den Jahren 1991 bis 1993 fanden Goldsucher am Flüßchen Narada am östlichen Rand des Ural-Gebirges seltsame, zumeist spiralförmige metallische Gegenstände.

Die Größe dieser Objekte variiert von maximal drei Zentimetern bis zu unglaublichen 0,0003 Millimetern. Bis zum heutigen Tage wurden an verschiedenen Fundorten nahe der Flüsse Narada, Kozhim und Balbanju sowie an zwei Bächen mit Namen Wtwisty und Lapchewozh Tausende dieser unerklärlichen Artefakte entdeckt, meist in einer Tiefe zwischen drei und zwölf Metern.

Die spiralförmigen Gegenstände bestehen aus verschiedenen Metallen: die größeren aus Kupfer, die kleineren und kleinsten hingegen aus den seltenen Metallen Wolfram und Molybdän. Wolfram hat ein hohes Atomgewicht, dazu eine sehr hohe Dichte, und sein Schmelzpunkt liegt bei 3410 Grad Celsius. Verwendet wird es vorwiegend zur Härtung von Spezialstählen, unlegiert ergibt es Glühfäden für Lampen. Molybdän besitzt gleichfalls eine hohe Dichte, der Schmelzpunkt liegt bei immer noch respektablen 2650 Grad Celsius. Auch dieses Metall wird zur Härtung und zur Veredelung von Stählen verwendet, in der Hauptsache zur Fertigung von hochbelasteten Waffenteilen und Panzerungen.

Mit der Untersuchung dieser mehr als mysteriösen Gegenstände wurde in der Zwischenzeit die *Russische Akademie der Wissenschaften* in Syktywka (Hauptstadt der ehemaligen Autonomen Sowjetrepublik Komi), in Moskau und in St. Petersburg betraut sowie ein wissenschaftliches Institut im finnischen Helsinki. Genaue Messungen an jenen oft mikroskopisch kleinen Artefakten haben ergeben, daß das Teilungsverhältnis der Spiralen im sogenannten *Goldenen Schnitt* steht. Dieser gilt seit den Tagen des klassischen Altertums als »ehernes Gesetz« in Architektur und Geometrie. Er kommt zur Anwendung, wenn sich bei der Teilung einer Strecke in zwei Abschnitte die ganze Strecke zum größeren Abschnitt verhält wie dieser zum kleineren.

Abgesehen von solchen Feinheiten wecken diese offensichtlichen Produkte einer ebenso unerklärlichen wie fortgeschrittenen Technologie seltsame Assoziationen zu hypermodernen Steuerelementen, die in mikro-miniaturisierten Apparaturen ihre Aufgabe versehen. Diese Technik steckt bei uns noch in den Kinderschuhen, es wird jedoch schon an Anwendungsmöglichkeiten gedacht, die an Science-fiction erinnern. So beabsichtigt man unter anderem die Konstruktion von Mikro-Sonden für den medizinischen Einsatz, beispielsweise für Operationen im Inneren von Blutgefäßen, die auf herkömmliche Art und Weise nicht vorgenommen werden können. Welcher Einsatzzweck war wohl jenen Objekten zugedacht, die man nun in Rußland gefunden hat? Alle Untersuchungen, die bislang vorgenommen wurden, attestieren den Funden ein Alter zwischen 20 000 und 318 000 Jahren – je nach Tiefe und Lage der Fundstätte [3, 4]. Und selbst wenn es nur 2000 oder 20 000 Jahre wären, stellt sich die unvermeidliche Frage: Wer, um alles in der Welt, war damals zur Anfertigung solch filigraner Mikro-Technik fähig, die wir selbst gerade erst zu realisieren beginnen?

Anmerkung:

Kurz vor Redaktionsschluß erhielt der Autor dieses Beitrages einen Analysebericht des *Zentralen Wissenschaftlichen Forschungsinstituts für Geologie und Erkundung von Bunt- und Edelsteinen* (Moskau, Warschawskoje schossee). Frau Dr. E. W. Matwejewa, die weitere elektronenmikroskopische und anderweitige Untersuchungen an den »Wolframfäden« vornahm, bestätigte darin aufgrund sekundär aufgewachsener Wolframkristalle (»Ausblühungen«) das verhältnismäßig hohe Alter (etwa 100 000 Jahre) der »Fäden« und schließt eine Herkunft als Abfallprodukt moderner Raumfahrtaktivitäten aus (»Die kristallinen Neubildungen an der Oberfläche der fadenförmigen Aggregate gediegenen Wolframs zeugen von den ungewöhnlichen Bedingungen in den alluvialen Ablagerungen des oberen Pleistozäns. Das Alter dieser Ablagerungen und die Beprobungsbedingungen lassen die Annahme, der Ursprung der Wolframkristalle könne raumfahrttechnisch auf die Raketenstartroute vom Weltraumbahnhof Plisezk zurückgeführt werden, als wenig wahrscheinlich erscheinen«). Stattdessen sollte, so Dr. Matwejewa in ihrem Schlußsatz, ein anderer Gesichtspunkt berücksichtigt werden: »Die angeführten Daten erlauben die Frage nach ihrem ›außerirdischen‹ technogenen Ursprung.«

Das Geheimnis der Steinscheiben von Baian Kara Ula: Fiktion oder Wirklichkeit?

Jörg Dendl

Seit neunundzwanzig Jahren ist in den Kreisen der Präastronautik-Forscher ein Bericht in der Diskussion, der immer wieder die Phantasie verschiedener Autoren anregte. Im Jahr 1968 erschien in der deutschsprachigen Ausgabe der sowjetischen Zeitschrift SPUTNIK ein Artikel des russischen Philologen Wjatscheslaw Saizew mit dem Titel *Wissenschaft oder Phantasie?* In diesem Aufsatz setzt sich Saizew mit der Frage außerirdischer Eingriffe in der frühen Geschichte der Menschheit auseinander. Neben der Analyse von Bibeltexten, peruanischen Sagen und ungewöhnlichen archäologischen Funden wird auch der Inhalt eines Zeitungsberichts angeführt, der über rätselhafte archäologische Entdeckungen in China berichtet. Demnach wurden in Höhlen im Baian-Kara-Gebirge an der Grenze zwischen China und Tibet seltsame Scheiben gefunden, die mit einer »Rillenschrift« bedeckt waren. Als diese Schriften nach zwanzigjährigen Bemühungen endlich entziffert werden konnten, entpuppte sich der Inhalt dieser Texte als derart unglaublich, daß eine Veröffentlichung zunächst verhindert werden sollte. Doch schließlich gelang es einer Gruppe von chinesischen Wissenschaftlern um Prof. Tsum Um-nui, ihre Ergebnisse der Öffentlichkeit zugänglich zu machen. Der Text auf den Steintellern berichtet ihren Informationen nach von einer Gruppe außerirdischer Raumfahrer, die mit ihren Raumschiffen in einem unwegsamen Gebirge notlandeten und dann auf der Erde bleiben mußten.

Als Quelle für seine Informationen gibt Saizew die Zeitschrift DAS VEGETARISCHE UNIVERSUM an. Schon ein Jahr, bevor diese Geschichte in der deutschen SPUTNIK-Ausgabe erschien, war sie in englischer Sprache in SOVIET WEEKLY und dem englischsprachigen SPUTNIK veröffentlicht worden. Diese Artikel nahm der englische UFO-Forscher Gordon Creighton zum Anlaß, sofort Nachforschungen über die Hintergründe des Berichts anzustellen. Zunächst nahm er mit einem russischen Ingenieur Kontakt auf. Dieser wies ihn darauf hin, daß der Bericht über den Steinscheibenfund nicht auf eigenen Recherchen von Saizew beruhte, sondern aus der deutschen Zeitschrift DAS VEGETARISCHE UNIVERSUM (im folgenden auch VU) übernommen sei. Auf diese Quelle hatte sich Saizew auch berufen. Weiterhin hätten ihm Berichte aus der deutschen UFO-Zeitschrift UFO-NACHRICHTEN und einem belgischen UFO-Journal namens BUFOI vorgelegen. Die Angaben seines russischen Korrespondenzpartners waren für Creighton sehr vielversprechend, nannte dieser doch auch genau die betreffenden Ausgaben der Zeitschriften, was eine weitere Recherche sehr erleichtert hätte. Doch als Creighton sich im Jahr 1969 bemühte, mit der Redaktion des VEGETARISCHEN UNIVERSUMS Kontakt aufzunehmen, erhielt er keine Antwort. Auch Nachfragen bei der *Chinesischen Akademie der Wissenschaften* in Peking (VR China) und der *Chinesischen Akademie der Wissenschaften* in Taipeh (Taiwan) hatten keinerlei Erfolg. So kurz nach dem Beginn der Diskussion um die Steinscheiben gescheitert, ließ Creighton diese Frage ruhen.

Das Interesse an diesem Bericht nahm in den folgenden Jahren aber stetig zu. Der Südtiroler Autor Peter Kolosimo folgte in seinem Buch SIE KAMEN VON EINEM ANDEREN STERN den Ausführungen Saizews, ohne weitere Informationen einzuholen.

Ein Bericht wird weltberühmt

Weithin bekannt wurde die Geschichte von den Steinscheiben aber erst, als sich auch Erich von Däniken des Themas annahm. In seinem zweiten Buch Zurück zu den Sternen publizierte er ein Interview mit dem russischen Wissenschaftler Alexander Kasanzew, einem der führenden Grenzwissenschaftler in der damaligen UdSSR. Dieser stellte die Entdeckungsgeschichte der geheimnisvollen Steinscheiben so dar, wie sie schon in Sputnik zu lesen war. Interessanterweise nannte Kasanzew Däniken gegenüber 1938 als Jahr der Entdeckung der Scheiben, wogegen es in Saizews Artikel nur geheißen hatte, die Gegenstände würden »seit 25 Jahren …« gefunden. Mit diesen Angaben begann das Verwirrspiel um die Chronologie dieser außergewöhnlichen Entdeckung, das nicht dazu angetan sein konnte, dem Bericht zu mehr Glaubwürdigkeit zu verhelfen. Weiterhin behauptete der russische Forscher: »Der Gesamtbericht wird in der Pekinger Akademie und im Historischen Archiv von Taipeh auf Formosa aufbewahrt«. Als von Däniken während der Recherchen zu seinem dritten Buch nach Taiwan reiste, konnte man ihm im dortigen *Palace Museum* nicht weiterhelfen. Der Direktor des Museums, Chiang Fu-Tsung, teilte dem enttäuschten Autor mit, daß der Bericht über die Ausgrabungen »… in der Pekinger Akademie, zu der er keinen Kontakt habe, aufbewahrt werde.« Diese Ausführungen hinterlassen einen gewissen Zweifel. Wußte der Direktor des *Palace Museums* tatsächlich, daß die Steinscheiben existierten? Oder erwartete er, daß der Bericht in Peking geblieben war, da er nichts wußte? Jedenfalls war Taipeh eine Sackgasse. Wie Kasanzew allerdings zu seiner Behauptung kam, es lägen Teile des »Steinteller-Reports« in Taipeh, ist nicht zu sagen. Seine jetzt vorliegenden Quellen behaupteten dies nicht.

Als 1972 das Buch Die Meister der Welt des französischen Autors Robert Charroux erschien, wurde zum erstenmal in der weiten Öffentlichkeit bekannt, daß auch das belgische Magazin BUFOI über die Steinteller berichtet hatte. Doch die Version der Geschichte, die Charroux vorlegte, enthielt keine neuen Informationen, die zur Aufklärung des Rätsels beitragen konnten.

In den folgenden Jahren beschäftigte sich insbesondere der österreichische Schriftsteller Peter Krassa intensiv mit der Klärung der aufgeworfenen Fragen. Zunächst befragte er den russischen Forscher Alexander Kasanzew, wie es Erich von Däniken vor ihm getan hatte. Doch dieser verfügte über keine weiteren Informationen als die, die schon Saizew und Däniken veröffentlicht hatten. Krassa gegenüber verwies er auf den Artikel in BUFOI, behauptete aber, man habe dort »… lediglich einen japanischen Artikel gleichen Inhalts wiedergegeben«. Doch dies ist nicht richtig, denn es handelte sich ja, wie sich später herausstellen sollte, um eine Übersetzung des Artikels im Vegetarischen Universum. Kasanzew verwies Krassa gegenüber auch darauf, daß japanische Freunde von ihm ebenfalls nichts über die Steinscheiben wüßten. Ein halbes Jahr nach diesem Gespräch erhielt Krassa die Nachricht, Tsum Um-nui habe in Japan ein Buch über seine Arbeit veröffentlicht und sei 1965 verstorben.

Aber auch die von dem deutschen Schriftsteller Walter-Jörg Langbein an verschiedene chinesische Stellen gerichteten Nachfragen ergaben keine Lösung des Rätsels. Niemand konnte etwas mit dieser Meldung anfangen. So schrieb er an die Pekinger *Akademie Sinicia* und erhielt die Antwort, es gäbe weder Tsum Um-nui noch die Steinteller. Ebenso antworteten ihm der *Volkskulturpalast*, das *Chinesische Geschichtsmuseum* und das *Institut für Archäologie*.

Auch die Frage nach dem Originalbericht blieb offen. Vermutungen über die angeblichen Quellen Das Vegetarische Universum und BUFOI wurden des öfteren angestellt, doch gelang es keinem der Forscher, diese aufzufinden.

Mein Interesse an den chinesischen Steinscheiben begann mit der Lektüre des Buches … und kamen auf feurigen Drachen, in dem Peter Krassa seine oben beschriebenen Nachforschungen zu dieser Frage darlegte. In diesem Buch publizierte er auch erstmals die Fotos von zwei Steinscheiben, die der Wiener Ingenieur Ernst Wegerer während einer Besichtigung des Banpo-Museums in Xian im Jahr

1974 aufgenommen hatte. Er zeigte Krassa diese Aufnahmen 1982. Auf einer Rundreise durch China hatte die Reisegruppe Wegerers auch das Banpo-Museum in Xian besucht, wo der Ingenieur auf eine Vitrine gestoßen war, in der zwei steinerne Scheiben aufbewahrt wurden. Sie hatten ungefähr die Größe von Langspielplatten (28–30 Zentimeter), und ihre Dicke schätzte Wegerer auf acht bis neun Millimeter. Er ist sich auch sicher, daß diese Scheiben aus Stein hergestellt waren, er vermutete Marmor. Das Gewicht ließ sich auf zirka ein Kilo schätzen. Die Museumsdirektorin konnte zu den Scheiben keinerlei Auskunft geben. Den Fotos nach gleichen diese Scheiben weitgehend der Beschreibung von Saizew, so daß die Annahme nicht sofort von der Hand zu weisen war, Wegerer habe die Funde von Baian Kara Ula gesehen. Auf den Bildern sind allerdings keine Schriftzeichen zu erkennen, doch kann dies an der Qualität der Fotos liegen. Wegerer spricht auch nicht von irgendeiner Verzierung auf den Scheiben. Bei späteren Besuchen des Museums durch verschiedene Autoren war es nicht möglich, die Spur dieser Scheiben wiederaufzunehmen.

Starke Abweichungen

Seit 1984 sammelte ich gezielt alle Erwähnungen der Steinscheiben in der präastronautischen Literatur, um mir ein Bild von der Glaubwürdigkeit der ganzen Geschichte zu machen. Dabei fiel mir auf, daß die einzelnen Wiedergaben voneinander nicht sehr stark abweichen. Schließlich gelang es mir, auch die Ausgabe des Sputnik mit dem Artikel von Wjatscheslaw Saizew zu finden. Darin war die Geschichte der Steinscheiben nur ein Aspekt unter vielen. Nun stand ich an dem Punkt, den Gordon Creighton schon 1969 erreicht hatte.

Wenn auch in den Jahren bis 1995 zahllose Spekulationen um diese Scheiben angestellt und auch durchaus ernstzunehmende Versuche unternommen wurden, weitere Hintergrundinformationen zu beschaffen, blieb der Artikel von Wjatscheslaw Saizew weiterhin die einzige verfügbare Grundlage der Informationen. Hier mußte nun der Versuch ansetzen, etwas über die Quelle der Steinscheiben-Geschichte zu erfahren.

Saizews Angabe, der Originalbericht wäre 1964 im Vegetarischen Universum erschienen, war ungenau, aber ein Anhaltspunkt. Ich bemühte mich also um die Auffindung der Berichte in dieser Zeitschrift und dem belgischen Magazin BUFOI, von dem Charroux gesprochen hatte. Dabei stand nicht einmal fest, in welcher Publikation die Meldung ursprünglich abgedruckt war. Doch da ich nur für den Artikel im VU ein Erscheinungsdatum vorliegen hatte, bemühte ich mich zunächst, diesen aufzufinden.

Die Nachforschungen erwiesen sich als nicht einfach. So bestand zunächst die Frage, wo die Zeitschrift Das Vegetarische Universum überhaupt erschienen war. Nach Karl F. Kohlenberg sollte es eine sowjetische Zeitschrift sein, er gab als Druckort Moskau an. Dies traf aber nicht zu. Nach langwierigen Recherchen stieß ich schließlich Anfang des Jahres 1995 auf eine Spur der Zeitschrift. Sie entpuppte sich, wie der Titel schon vermuten ließ, als eine deutsche Vegetarier-Zeitschrift, die monatlich erschien. Doch stellte sich ebenso heraus, daß nur noch wenige Exemplare erhalten waren. So gelang es mir erst im Herbst 1995 bei einem Besuch in Leipzig, den Bericht aufzufinden. Bei der stundenlangen Suche in den alten Ausgaben des VU ergab sich, daß das von Saizew angegebene Erscheinungsjahr (1964) des Artikels falsch war. Tatsächlich erschien der Bericht schon im Jahr 1962. Es ist noch anzumerken, daß es für das Vegetarische Universum nicht ungewöhnlich war, neben rein auf das vegetarische Leben der Leser orientierten Berichten auch Nachrichten über Fliegende Untertassen und ähnliches zu drucken. Mit Sicherheit ist auszuschließen, daß es sich bei dem Artikel um einen Aprilscherz handelte (die es im VU auch gab), dagegen spricht schon das Veröffentlichungsdatum. Eine direkte Nachfrage beim Vegetarischen Universum ist nicht mehr möglich, denn die Zeitschrift wurde 1972 eingestellt. Hier nun der volle Wortlaut des Artikels:

Ufos in der Vorzeit?

Im Grenzgebiet zwischen Tibet und China liegt das Höhlenge-
biet des Baian-Kara-Ula-Hochgebirges. Hier sind schon vor
25 Jahren die merkwürdigsten Schrifttafel- und Hierogly-
phenfunde gemacht worden. Mit unauffindbaren und völlig
unbekannten Geräten sägten vor mehreren tausend Jahren
Menschen, von deren Aussehen die chinesischen Forscher nur
vage Vorstellungen haben, aus härtestem Granitgestein schall-
plattenförmige Teller. Die bisher in den Höhlen des Baian-
Kara-Ula aufgefundenen 716 Gesteinsteller weisen auch genau wie Schallplatten in der Mitte ein Loch auf. Von dort be-
wegt sich eine Doppelrille in Spiralenform zum Außenrand.
Dabei handelt es sich natürlich nicht um Tonrillen, sondern
um die eigenartigste Schrift, die jemals in China und wohl auf
der ganzen Welt gefunden wurde. Es dauerte über zwei Jahrzehnte, bis Archäologen und Wissenschaftler alter Schriften
und Hieroglyphen die Schriftrillen entziffern konnten. Der Inhalt ist so verblüffend, daß die Akademie für Vorgeschichte in
Peking den Bericht des Gelehrten Prof. Tsum Um-nui anfangs
gar nicht veröffentlichen wollte. Mit vier Kollegen kam Archäologe Tsum Um-nui überein: »Die Rillenschrift kündet
von Luftfahrzeugen, die es den Schriftplatten nach vor 12 000
Jahren gegeben haben muß.« Wörtlich heißt es an einer Stelle:
»Die Dropa kamen mit ihren Luftgleitern aus den Wolken
herab. Zehnmal bis zum Aufgang der Sonne versteckten sich
die Männer, Frauen und Kinder der Kham in den Höhlen.
Dann verstanden sie die Zeichen und sahen, daß die Dropa
diesmal in friedlicher Absicht kamen.«
Funde der Dropa- und Kham-Rassen sind in den Höhlen des
Hochgebirges schon früher gemacht worden. Archäologen
können diese nur bis 1,30 Meter großen, also sehr kleinen
Menschen heute noch nicht völkerkundlich unterbringen. Es
besteht keine Parallele zu den Chinesen, Mongolen oder Tibe-
tern. Man kann natürlich vermuten, daß sich schon vor Jahrtausenden ein Schriftkundiger der Kham [sic!] einen Scherz er-

laubt hat oder daß es Aberglaube war, als er von »Luftfahrzeugen« berichtete. Was sollte dann aber die Aussage anderer Rillenhieroglyphen der Kham bedeuten, die, will man jede Sensation ausklammern, schlicht einen Klagegesang darüber darstellen, daß die eigene »Luftflotte« bei der Landung in dem schwer zugänglichen Gebirge zerstört wurde und es keine Mittel und Wege gab, eine neue zu bauen? Die Hieroglyphen von Baian-Kara-Ula scheinen der chinesischen Archäologie so mysteriös, daß sie nur mit Vorsicht wissenschaftlich davon Gebrauch macht. Man hat Gesteinspartikel von den Schrifttafeln geschabt. Dabei wurde eine sensationelle Entdeckung gemacht. Die Rillenplatten sind stark kobalt- und metallhaltig. Beim Test einer ganzen Platte mit einem Oszillographen zeigte sich ein überraschender Schwingungsrhythmus, so als wären die Platten mit der Rillenschrift einst »geladen« gewesen oder hätten irgendwie als elektrische Leiter gedient.

Niemand kann sagen, was hinter diesen Rillenschriftplatten aus der Zeit vor 12 000 Jahren steckt. Mutmaßungen wären zu gewagt und nicht objektiv genug. Man erinnert sich aber der alten chinesischen Sage von den kleinen dünnen, gelben Menschen, die »aus den Wolken« kamen und wegen ihrer Häßlichkeit – ungewöhnlich große und breite Köpfe auf spindeldürrem Körper – von allen gemieden und von den »Männern mit den schnellen Pferden« (Mongolen?) getötet wurden. Tatsächlich fanden sich in den Höhlen Grab- und Skelettreste aus der Zeit vor 12 000 Jahren. Tatsächlich wiesen die als Dropa- und Kham-Rasse bezeichneten Funde Maße eines schmächtigen Körperbaus und gewaltigen Schädels auf. In ersten chinesischen Archäologen-Gutachten ist von einer »ausgestorbenen Gebirgsaffenart« die Rede. Aber hat je jemand von geordneten »Affengräbern« gehört und von »Schriftplatten«?! Im Jahre 1940 ist der Archäologe Tschi Pu-tei für diese Theorie in ganz Asien verhöhnt worden. Tschi Pu-tei verteidigte sich aber, indem er erklärte, die Skelettreste seien seiner Überzeugung nach Affen gewesen, die Rillenschriftplatten wären von späteren »Kulturen« in den Höhlen abgelegt worden.

Das alles ist etwas wirr. Aber es ändert nichts an dem Hieroglyphen-Rätsel von Baian-Kara-Ula, das dadurch nur noch komplizierter wird, daß die Höhlenwände Ritzbilder der Schrifttafeln aufweisen, mehrfach die aufgehende Sonne zeigen, den Mond und die Sterne und dazwischen ganze Schwärme erbsengroßer Punkte, die sich in elegantem Schwung dem Gebirge und der Erdoberfläche nähern.

(*Ufos in der Vorzeit?* – in: Das Vegetarische Universum,
Juli 1962. S. 10)

Es zeigt sich bei einem Vergleich des nun vorliegenden Originaltextes mit Saizews Veröffentlichung von 1968, daß der russische Schriftsteller sehr nah an diesem Text blieb, obwohl, wie sich bei meinen weiteren Recherchen erwiesen hat, einige Übersetzungen dazwischenlagen. Erst nach der ersten Veröffentlichung des obenstehenden Textes in der Zeitschrift G. R. A. L. gelang es mir nach langen vergeblichen Bemühungen, auch die Spur des Magazins BUFOI aufzunehmen. Die Suche war durch die von zahlreichen Autoren angestellten Spekulationen nicht erleichtert worden. Hatte Robert Charroux nur von »der belgischen Zeitschrift BUFOI« gesprochen, so nahmen die »Erkenntnisse« über dieses Blatt schnell andere Formen an. Der österreichische Präastronautiker Walter Hain teilte 1981 in einer Veröffentlichung mit, daß sich Kasanzew mit seinen Angaben auf BUFOI berief. Hain zieht allerdings die Echtheit der Meldung in Zweifel, denn »die Chefredakteurin der genannten UFO-Zeitschrift weiß anscheinend nichts davon, was ich über Umwege erfahren konnte«. Mit einer Chefredakteurin von BUFOI kann er allerdings nicht in Kontakt gestanden haben, denn erstens gibt es diese Zeitschrift seit 1972 nicht mehr und zweitens gab es diese Meldung tatsächlich, wie sich später bestätigen sollte. Eine schwerwiegende Verwechslung unterlief dann den Autoren Axel Ertelt und Herbert Mohren, die plötzlich von der BUFORA sprachen. Schließlich spekulierte Hartwig Hausdorf über den Titel der belgischen Zeitschrift, den er mit Belgian UFO Investigator angibt. Doch nach seinen Ausführungen hat auch er keine weiteren Informationen über diese Zeitschrift erlangt. Auch unterliegt er dem Irrtum, der Bericht wäre zunächst in Sputnik erschienen.

Die einzige mir zur Verfügung stehende Information zu der belgischen Veröffentlichung war der Name des Blattes BUFOI und der Umstand, daß dieser Bericht spätestens 1965 erschien. Erste Erkundigungen führten in die falsche Richtung, da es in Belgien in den sechziger Jahren ein weiteres Blatt mit diesem Namen gab, das aber mit UFOs nichts zu tun hatte. Mitte 1995 nahm ich dann brieflich mit der belgischen UFO-Forschungsgesellschaft SOBEPS Kontakt auf, deren Präsident Michel Bougart mir schließlich tatsächlich eine Kopie des BUFOI-Artikels zusandte.

Die Originalquelle

Nun war es möglich, den Spekulationen über den möglichen Inhalt dieses Artikels ein Ende zu machen. Die von Kasanzew aufgestellte Behauptung, dem Artikel sei auch ein Foto einer der Scheiben beigegeben, erwies sich als falsch. Der Artikel war 1965 erschienen, also drei Jahre nach der ersten Veröffentlichung im Vegetarischen Universum. Anhand der Literaturangaben zu der belgischen Fassung des Artikels ist festzustellen, daß es in der Zwischenzeit zwei weitere Veröffentlichungen gegeben hatte, und zwar in dem deutschen Magazin UFO-Nachrichten (1964) und in der dänischen UFO-Zeitschrift UFO-Nyt (1965). Diese beiden Artikel werden in BUFOI als Quelle für den abgedruckten Bericht angegeben. Der Text selbst ist eine offensichtlich wortgetreue Übersetzung des UFO-Nyt-Artikels ohne inhaltliche Abweichungen zum VU-Artikel. Demnach war der VU-Bericht von 1962, bevor er durch Sputnik im Jahr 1968 wieder in den deutschen Sprachraum gelangte, vom Deutschen ins Dänische, aus dem Dänischen ins Französische, dann ins Russische und schließlich wieder ins Deutsche übersetzt worden. Daß sich die Abweichungen in den einzelnen Versionen sehr in Grenzen halten, ist anscheinend den sehr sorgfältig arbeitenden Übersetzern zu verdanken. Eine Kopie des Artikels in den UFO-Nachrichten erhielt ich dankenswerter Weise von Michael Hesemann. Es stellte sich heraus, daß es sich um einen wortwörtlichen Nachdruck des Artikels im Vegetarischen Universum handelte.

Somit stand fest, daß der Bericht im Vegetarischen Universum die eigentliche Quelle für alle folgenden Wiedergaben des »Steinteller-Reports« war. Von jetzt an wird jede Beschäftigung mit den Steintellern von Baian Kara Ula auf diesem Originalbericht basieren müssen, um ernst genommen werden zu können. Es hat sich bei näheren Vergleichen der einzelnen Versionen gezeigt, daß keiner der Autoren über Informationen verfügt, die über den Bericht im Vegetarischen Universum hinausgehen.

Die von zahlreichen Autoren immer wieder erwähnte Herkunft der Nachricht über die Steinscheiben aus Japan beruht auf der am Beginn der Meldung im VU genannten Nachrichtenagentur »DINA (Tokio)«. Im übrigen Text wird nicht mehr von Japan gesprochen. In deutschen Pressekreisen ist eine Agentur namens DINA unbekannt. Auch sämtliche bisherigen Bemühungen meinerseits, von japanischen Stellen Auskünfte zu erhalten, blieben ergebnislos. Die Vermutung, diese Presseagentur sei seit Erscheinen dieser Meldung aufgelöst worden, muß Spekulation bleiben. Es waren bisher keine weiteren Meldungen mit dem Kürzel DINA aufzufinden.

Somit ist zur Zeit die einzige mögliche Art der Auseinandersetzung mit dem Steinteller-Bericht eine eingehende Analyse der im VU mitgeteilten Einzelheiten. Dabei ist zu ermitteln, welche Informationen vorhanden sind, die weitere Nachforschungen möglich machen.

Zunächst interessiert die geographische Lage des Gebietes, in dem die Scheiben gefunden worden sein sollen. Das Gebiet von Baian Kara Ula ist ein Teil der chinesischen Provinz Ching Hai und grenzt das Gebiet des alten Tibet nach Norden gegen China ab. Detailliertere Untersuchungen werden zeigen müssen, ob es in dieser Gegend die genannten Höhlen wirklich gibt.

Ein weiterer Ansatzpunkt sind die beiden genannten Völker der

Dropa und Kham. Aus dem Bericht geht hervor, daß anscheinend Funde von kulturellen Hinterlassenschaften und Skeletten dieser beiden Gruppen die Grundlage für die Spekulationen waren. Ihr Körperbau müßte extrem ungewöhnlich sein: ein großer Kopf und ein schmächtiger Körper, die Körpergröße erreicht nur 130 Zentimeter. Eine Aussage, ob diese Gruppen noch in unserem Jahrhundert existieren oder ob sie ausschließlich durch Skelettfunde bekannt sind, wird in dem Artikel nicht gemacht. Gordon Creighton weist darauf hin, daß es in Tibet zwei Bevölkerungsgruppen gibt, deren Namen denen der Dropa und Kham sehr ähnlich sind: die *Drokpa* und die *Khambas*. Ausgehend von dieser Identifizierung verwarf er den Bericht über die Steinteller als unglaubwürdig, da beide Gruppen keinesfalls die beschriebenen körperlichen Merkmale des »schmächtigen Körperbaus« mit »gewaltigen Schädeln« aufweisen. Im Gegenteil beschreibt Creighton die Angehörigen der Khambas als »stramme und robuste Kerle, die wunderbare Soldaten abgeben«, und die Drokpa als die »eindrucksvollsten und am meisten robust aussehenden Raufbolde und Räuber ...« Bei beiden Volksbezeichnungen handelt es sich weniger um die Namen bestimmter Völker als um Benennungen von Menschen, die in einem bestimmten Raum leben. Außerdem interessant sind die Lebensräume der beiden Gruppen. Erwartet man nach dem Bericht im Vegetarischen Universum ein Gebiet, das beide gemeinsam bewohnten, so ergibt ein Blick auf eine China-Karte, daß die Drokpa und Khamba zwei im Süden Tibets gelegene Gebiete bewohnen. Das Gebiet der Drokpa erstreckt sich im Südwesten Tibets von den Grenzen Nepals, Indiens und Bhutans bis zu den Gebirgszügen von Dschang Thang. Die westliche Ausdehnung reicht bis auf die Höhe der nepalesisch-indischen Grenze. Kham bildet eine eigene tibetische Provinz und wird im Westen und Süden vom Brahmaputra und dem Himalaja begrenzt, während es sich im Norden in der Wildnis von Amne Machin verliert und im Osten bis Kanting in der Provinz Szechuan reicht. Nördlich von Kham zieht sich das Baian Kara Ula hin, das durch den Yantgse Kiang mit Kham verbunden ist. Auffälligerweise gibt es keinerlei Überschneidungen der drei betreffenden

Gebiete. Mit etwas gutem Willen könnte das Baian Kara Ula noch zu Kham zu rechnen sein, aber die Drokpa leben nicht dort.

Kleinwüchsige Menschen in Tibet und China

Irgendwelche auffälligen Merkmale, wie die überproportional großen Köpfe oder eine extreme Kleinheit der beiden Volksgruppen, sind auf Abbildungen dieser Menschen aus unserem Jahrhundert nicht zu erkennen. Auch enthalten die zugänglichen aufgezeichneten Sagen der Drokpa keine Hinweise auf »Besucher vom Himmel«. Aber gerade im Jahr 1995 gab es eine kleine Meldung in einer Wiener Tageszeitung, die Hoffnung schöpfen ließ, eine Spur der kleinwüchsigen Dropa zu finden. Unter dem Titel »*Für Experten ein Rätsel: das chinesische Dorf der Zwerge*« schrieb die Autorin Lucretia Williams: »Zwischen Reis- und Bambusfeldern liegt in der chinesischen Provinz Szechuan das Dorf der Zwerge. Hier leben 120 Menschen: die meisten Erwachsenen messen weniger als 1,15 Meter, der kleinste gar nur 63,5 Zentimeter. Sie fahren mit Kinderfahrrädern und haben ihr Dorf im Puppenhaus-Stil gebaut: kleine Türen, niedrige Stufen, kurze Betten. Experten sind diese Zwerge ein Rätsel – im Normalfall wird nur eines von 20 000 Neugeborenen mit einer vererbten Wachstumsstörung geboren. Einige Forscher vermuten, daß Umweltgifte schuld am Zwergenwuchs sind, andere glauben, daß ein besonderes Gen das Wachstum verhindert.« Dieser Meldung folgte inzwischen die Nachricht, daß sich das Geheimnis der Kleinwüchsigkeit der Dorfbevölkerung aufgeklärt hat. Nach einer Anfang 1997 veröffentlichten Zeitungsmeldung wird diese von Wissenschaftlern auf hohe Quecksilberkonzentrationen im Trinkwasser des betroffenen Ortes zurückgeführt.

Dagegen findet sich in einer Veröffentlichung aus dem Jahr 1933 ein Hinweis auf die tatsächliche Existenz eines kleinwüchsigen Volkes in den Bergen Süd-Tibets. Der Autor J. H. Edgar gibt in einem Artikel einige Notizen aus einer chinesischen Publikation wieder, wonach im Jahr 1911 lebende Angehörige dieses kleinwüchsigen Volkes gesehen wurden. Bei zwei Gelegenheiten war der Verfasser des Berichts in Tibet auf Angehörige eines kleinwüchsigen Volkes getroffen. Zunächst sah er eine Frau, die ein chinesischer Soldat mit sich führte. Diese Frau war weniger als vier Fuß (1,20 Meter) hoch. Einige Zeit später traf der Autor in Menkong auf eine ganze Gruppe dieser Menschen. Von ihnen konnte er einige messen, und er gab für die Männer eine Größe von 4 Fuß 6 Inch und für die Frauen eine Größe von 4 Fuß 2 Inch an. Diese Gruppe wurde als Sklaven gehalten. In der Schrift »Hsi Tsang T'u K'ao« wird nach Edgars Angaben davon gesprochen, daß diese kleinen Menschen Kannibalen seien und in einer gebirgigen Gegend lebten. Dieses Gebiet wird seinen Angaben zufolge im Norden eingegrenzt durch eine Linie, die von Assam nach Batang läuft, während die östliche Grenze von einer Linie von Chiang K'a nach T'eng Yüeh gebildet wird. Das Land wurde »K'epu Chan« genannt, und seine Einwohner blieben von der buddhistischen Religion unberührt. Ihre Kultur wird als sehr primitiv beschrieben, denn die Quelle spricht davon, daß sie in Höhlen wohnen und ihre Körper mit Tierhäuten oder Blättern bedecken.

Von der Lokalisierung ihres Lebensraumes her sind diese kleinwüchsigen Mo Yü nicht direkt mit den angeblich im Baian-Kara-Gebirge lebenden großköpfigen und kleinwüchsigen Dropa in Zusammenhang zu bringen. Allerdings klingt im Namen ihres Königreiches »K'epu Chan« möglicherweise das umstrittene Kham an. Dabei ist interessant, daß im Originalabdruck des Artikels im VU an einer Stelle von Khan gesprochen wird. Vielleicht war dies kein Druckfehler, sondern die richtige Schreibweise! In diesem Zusammenhang ist auch das Durcheinander zu bedenken, was die Trennung der Dropa und Kham betrifft. Nachdem davon berichtet wurde, daß die Dropa vom Himmel gekommen seien, wird plötzlich davon gesprochen, die Kham hätten die Steinscheiben beschriftet und in den Texten über die Zerstörung ihrer »Luftflotte« geklagt. Auch scheinen sich dem Bericht zufolge Dropa und Kham körperlich nicht voneinander zu unterscheiden. Hat hier der Autor aus einem Volk zwei gemacht? Eine Spur zum Geheimnis von Baian Kara Ula scheint dieses »kleine Volk« jedenfalls zu sein.

Wer waren Tsum Um-nui und Tschi Pu-tei?

Alle Nachforschungen über die genannten Wissenschaftler Tsum Um-nui und Tschi Pu-tei verliefen bisher im Sande. Die Probleme fangen schon bei den Namen an. Keiner der befragten Experten für chinesische Sprache konnte die Namen »Tsum Um-nui« und »Tschi Pu-tei« einordnen. So teilte mir Hasunuma Ryuko, die Bibliothekarin des Japanischen Kulturinstitutes in Köln, mit, daß es sich bei »Tsum Um-nui ... in dieser Schreibweise ... sicherlich nicht um einen japanischen Namen [handelt] ...« und stellte die Vermutung auf, es könnten womöglich tibetische Namen sein. Doch auch diese Annahme erwies sich als falsch. Peter Krassa erhielt zwar einige Informationen über Tsum Um-nui, aber ob sie der vollen Wahrheit entsprechen, ist nicht zu sagen. Er soll sogar ein Buch veröffentlicht haben. Ein solches Buch konnte bis heute in keinem Verzeichnis japanischer Veröffentlichungen aufgefunden werden. Auch taucht der Name in keinem Verzeichnis asiatischer Wissenschaftler auf. Auch die Veröffentlichung von Tschi Pu-tei, der immerhin »... für diese Theorie in ganz Asien verhöhnt ...« worden sein soll, war bisher nicht zu ermitteln. Aber die Reihe der nicht in Erfahrung zu bringenden Einzelheiten ist damit nicht beendet. So sind archäologische Forschungen im »Grenzgebiet zwischen China und Tibet« nach dem Jahr 1937 in Frage zu stellen, da sich China seit dem 7. Juli 1937 in einem totalen Krieg gegen Japan befand, keine gute Zeit, um Archäologie zu betreiben. Wenn überhaupt, dann müssen die Funde kurz vor Kriegsausbruch gemacht worden sein. Die *Akademie der Wissenschaften* in Peking wurde erst 1949 gegründet. Dies deutet möglicherweise auch darauf hin, daß die Scheiben lange Zeit aufbewahrt und erst Anfang der sechziger Jahre eingehend untersucht wurden. Bei der genannten *Akademie für Vorgeschichte* kann es sich um eine Abteilung der *Akademie der Wissenschaften* handeln. In diesem Zusammenhang ist auch noch die Beteiligung der beiden genannten Forscher zu diskutieren. Daß Tsum Um-nui an der Ausgrabung teilnahm, ist nicht gesagt. Ihm gelang es mit vier

Kollegen, die Schriften zu entziffern. Tschi Pu-tei dagegen scheint in die Forschungen in den Höhlen Tibets mehr eingebunden gewesen zu sein. Sein Artikel, in dem er die Skelette erklären wollte, erschien schon 1940, also etwa drei Jahre nach dem Fund. Dies ist das einzige genaue Datum im gesamten Bericht.

Die Zeitangabe für die Entdeckung der Steinscheiben ist etwas ungenau. Es wird gesagt, die Funde seien »schon vor 25 Jahren« gemacht worden, ausgehend vom Veröffentlichungszeitpunkt des VU (1962), also im Jahr 1937. Doch wie sich bei den vielen weiteren Wiedergaben des Artikels in späterer Zeit zeigte, ist eine solche Angabe nicht exakt zu nennen. Wenn nicht dazu gesagt wird, von wann die Quelle stammt, auf die man sich beruft, verschiebt sich eine solche Datumsangabe. Es kann also nur eine Annahme sein, daß die Funde spätestens 1937 gemacht wurden. Es wäre auch denkbar, daß die ursprüngliche Pressemitteilung schon ein Jahr oder mehr vor dem Abdruck im VU erschien.

Der Artikel zerfällt in fünf Abschnitte. Der erste Abschnitt bezieht sich auf die 1937 gefundenen Scheiben aus »Granitgestein« mit einer spiralförmig verlaufenden Schrift und berichtet von den zwanzigjährigen Bemühungen, diese Schrift zu entziffern. Es folgt ein Abschnitt, der auf die Dropa eingeht, die als Rasse sehr kleiner Menschen beschrieben werden. In diesem Abschnitt findet sich schon der erste Bruch. War in dem Zitat aus der Arbeit Tsum Um-nuis noch die Rede davon, daß die Dropa mit Luftgleitern kamen, so sind es nun plötzlich die Kham, die über ihre zerstörten Luftfahrzeuge klagen! Hier scheint dem Autor ein schwerwiegender Fehler unterlaufen zu sein, nimmt man den Zitattext: »Zehnmal bis zum Aufgang der Sonne versteckten sich die Männer, Frauen und Kinder der Kham in den Höhlen. Dann verstanden sie die Zeichen und sahen, daß die Dropa diesmal in friedlicher Absicht kamen« als authentisch an. Nach diesem Zitat handelte es sich bei dem Volk der Kham um eine irdische Volksgruppe, die die Landung der Dropa beobachtete. Der Formulierung »diesmal« ist zu entnehmen, daß die Dropa allem Anschein nach früher nicht in friedlicher Absicht kamen. Eigenartig wirkt auch die zehnmalige Flucht vor den Fremden

»bis zum Aufgang der Sonne«, wobei unklar bleibt, ob sich die Kham in zehn aufeinanderfolgenden Nächten in Höhlen vor den Fremden versteckten oder ob sie in einer Nacht zehnmal fliehen mußten. Der Text vermittelt den Eindruck, aus einer fremden Sprache übersetzt zu sein, wobei es an dieser Stelle zu einem Mißverständnis kam. Der zweite Abschnitt spricht auch von »anderen Rillenhieroglyphen der Kham«, ohne zu sagen, ob es sich um die Aufzeichnungen auf einer anderen Steinscheibe oder auf einem anderen Trägermedium handelt. Es wäre allerdings nachvollziehbar, wenn die schriftlichen Mitteilungen über die aus dem Himmel gekommenen Fremden von den Kham stammten. Immerhin mußten die Schriften in einer auf der Erde gebräuchlichen Schrift und Sprache abgefaßt sein, um den Sprachwissenschaftlern zugänglich zu sein.

Die Möglichkeit zur Übersetzung der Hieroglyphen zeigt, daß diese Schrift bekannt gewesen sein muß. Ohne eine Bilingue (Inschrift in zwei Sprachen/Schriften) ist es ausgeschlossen, einen Text zu entziffern, dessen Schrift und Sprache unbekannt ist. Daher muß es sich bei den »Rillenschriften« um bekannte Schriftzeichen und eine bekannte Sprache gehandelt haben.

Zusätzliche Angaben – wie glaubwürdig sind sie?

Im dritten Abschnitt werden einige Dinge berichtet, die weitestgehend unglaublich anmuten. Es war zunächst die Rede davon, daß es sich um Scheiben aus Granit handelte, trotzdem wird behauptet, abgeschabte Partikel seien nach Moskau geschickt worden, um dort »mit einer Kohlenstoffuhr« analysiert zu werden. Eine solche Untersuchung kann aber nur einen Sinn haben, wenn organisches Material vorliegt. Interessant ist, daß im folgenden keinesfalls von einer Datierung des Materials gesprochen wird, wozu die C^{14}-Untersuchungen vorgenommen werden, sondern von der Entdeckung von Kobalt und »Metallen«. Dazu müßte aber eine andere Analyse durchgeführt worden sein. Auch wird die Untersuchung mit dem

Oszillographen nicht näher erklärt. Es können nicht nur abgeschabte Partikel nach Moskau geschickt worden sein, sondern auch
eine ganze Scheibe, denn mit dieser wurde angeblich der Test mit
dem Oszillator gemacht.

Ein vierter Abschnitt verweist auf eine chinesische Sage, nach der
dünne gelbe Menschen einst aus den Wolken kamen, aber getötet
wurden. Diese Sage scheint die Berichte der Steinscheiben zu bestätigen, doch alle Nachforschungen nach dieser Sage blieben erfolglos. Nun wird auch geklärt, wie der Autor auf die Datierung der
Steinscheiben in die Zeit »vor 12 000 Jahren« kommt. Die in den
Höhlen gefundenen Gräber sollen aus dieser Zeit stammen, und bei
diesen Gräbern waren die Steinscheiben offensichtlich gefunden
worden.

Zum Abschluß wird im fünften Abschnitt noch darauf verwiesen,
daß an den Höhlenwänden auch »Ritzbilder« der Steinscheiben
und seltsame astronomische Bilder gefunden wurden. Diese Bilder,
bei denen sich Punkte »in elegantem Schwung dem Gebirge und der
Erdoberfläche nähern«, unterstützen nur die Annahme, daß die
Dropa aus dem Weltall kamen. Diese Beschreibung regte einen russischen Künstler zu einer Graphik an, die einen Astronauten mit einer Scheibe in der Hand zeigt und den Artikel Saizews in SPUTNIK illustriert. Diese Zeichnung machte als angebliche »Felszeichnung von
Fergana (Usbekistan)« eine eigene Karriere als präastronautischer
Beweis. Doch sie war nie zu fassen, und es kursierten Gerüchte von
einer Fälschung. Auf der AAS-Weltkonferenz in Bern 1995 teilte
mir der ukrainische UFO-Forscher Vladimir Rubtsov mit, daß diese
Zeichnung extra für den Saizew-Artikel angefertigt wurde und allein der Phantasie des Künstlers entsprang. Saizew selbst hatte diesen Umstand Peter Krassa brieflich mitgeteilt.

Als verläßlich sind in dem Bericht strenggenommen nur die beiden
Zitate aus der Veröffentlichung von Tsum Um-nui anzusehen. Die
Angaben über die Fundgeschichte werden sicherlich auch aus dem
Bericht des Wissenschaftlers stammen. Die Verwechslung der Kham
mit den Dropa geht zweifellos auf den Autor der Pressemeldung
zurück, die dem Artikel zugrunde liegt.

Die Glaubwürdigkeit des Abschnittes über die Untersuchungen in Moskau ist weitgehend in Frage zu stellen. Es ist dabei zu bedenken, in welchem Verhältnis China und die UdSSR seit Beginn der sechziger Jahre zueinander standen. Die Beziehung der beiden Staaten entwickelte sich in dieser Zeit bis zum völligen Bruch. Daher ist es kaum nachvollziehbar, daß die Funde ausgerechnet nach Moskau hätten geschickt werden sollen. Es wäre natürlich möglich, daß die Untersuchungen in eine Zeit fielen, in der politisch noch Einigkeit zwischen China und der UdSSR herrschte. Die Methode der Altersbestimmung mittels C^{14}-Messungen war in der UdSSR erst seit 1960 verfügbar. Bis zum Erscheinen des Artikels im Vegetarischen Universum waren noch zwei Jahre Zeit, eigentlich ausreichend für eine solche Untersuchung. Es sei aber nochmals festgehalten, daß nach den Formulierungen des Artikels von einem Versuch, das Alter der Partikel zu bestimmen, keine Rede sein kann. Bevor weitere Informationen zu diesen Behauptungen vorliegen, kann keine abschließende Aussage gemacht werden.

Im Zusammenhang mit den angeblichen Untersuchungen in Moskau steht auch die Frage nach dem chronologischen Ablauf der Forschungen an den Scheiben. Als spätestes Jahr der Entdeckung der Scheiben hat 1937 zu gelten, fünfundzwanzig Jahre vor dem Erscheinen des Artikels 1962. Schon 1940 soll Tschi Pu-tei seinen »Affengräber«-Artikel veröffentlicht haben. Die Entzifferungsbemühungen zogen sich »über zwei Jahrzehnte« hin, die Übersetzung der Schriften gelang demnach frühestens 1957, wobei anzunehmen ist, daß die anfangs genannten fünfundzwanzig Jahre seit der Entdeckung den Zeitraum für die Untersuchungen angeben. Damit wäre die Meldung im Jahr 1962 hochaktuell gewesen. Ob andere deutsche Zeitungen und Zeitschriften in diesem Jahr über die Steinscheiben berichteten, ist bisher nicht bekannt.

Ein Abwägen der Fakten

Verwirrend ist auch der Hinweis, daß sich die Volksgruppen der Dropa und Kham Skelettfunden nach vom Körperbau her sehr ähnlich waren. Hier verwischt sich die Grenze zwischen den in der Sage genannten schmächtigen Wesen mit den großen Köpfen, die vom Himmel kamen, und den sie beobachtenden Erdbewohnern. Die Kham müßten demnach auch der außerirdischen Rasse angehört haben. Zu erwarten wäre, daß die Kham die kleinen Wesen begruben und ihnen ihre Steinscheiben in die Gräber legten. Doch läßt sich aufgrund des Artikels keine klare Aussage machen.

Die Analyse des Textes zeigt klar die Schwierigkeiten einer genauen Deutung. Deshalb sollten hier noch einmal kurz die einzelnen Fakten gegeneinander abgewogen werden. Die Namen der genannten Wissenschaftler Tsum Um-nui und Tschi Pu-tei machen den Eindruck von reinen Phantasieprodukten. In keiner asiatischen Sprache gibt es eine solche Namensbildung. Es gibt dadurch keinen Ansatz, ihnen näherzukommen. Sämtliche kontaktierten chinesischen und japanischen Stellen verneinten die Existenz dieser Wissenschaftler und ihrer Funde. Die angebliche Übersetzung des »Steinteller-Reports« ist auch in Frage zu stellen. Dies wäre nur möglich gewesen, wenn dieser in einer bekannten Sprache und bekannten Schrift aufgezeichnet gewesen wäre. Aber aus der Zeit von vor zwölftausend Jahren ist noch nie ein Text gefunden worden. Allgemein geht die Wissenschaft davon aus, daß es zu dieser Zeit noch kein komplexes Schriftsystem gegeben hat. Der Text wäre also völlig einzigartig, ob nun in außerirdischer oder irdischer Sprache und Schrift verfaßt. Die Übersetzung eines Textes in unbekannter Sprache und Schrift ohne Vorliegen einer Zweisprachen-Inschrift ist auch in zwanzig Jahren unmöglich. Die »Untersuchung mit der Kohlenstoffuhr« ist bei Granit unnötig, da sinnlos. Die Untersuchung in Moskau wäre möglich gewesen, aber welchen Sinn sollte sie haben? Also muß wohl auch dieses Detail als Erfindung gewertet werden.

Doch dies beweist nicht, daß die gesamte Meldung erfunden ist.

Zunächst ist hier auf die zwei Scheiben zu verweisen, die Ernst Wegerer sah und fotografierte. Diese Objekte waren vorhanden, das ist
unzweifelhaft. Allerdings ist zu fragen, ob sie wirklich etwas mit
dem angeblichen Fund von Baian Kara Ula zu tun hatten, denn weitere Informationen waren über diese Scheiben nicht zu bekommen.
Auch zeigt die Nachricht über die Existenz eines kleinwüchsigen
Volkes in Tibet, daß dieser Teil der Meldung auf wahren Nachrichten beruhen kann.

Zur Astro-Archäologie
des Tales von Copán

Anregungen zu einem Forschungsprojekt

Rudolf Eckhardt

> *Gemessen war die Zeit, in der sie hinaufschauen*
> *konnten zum Netz der Sterne, wo, über ihnen wachend,*
> *die Götter zu ihnen herabschauten,*
> *die Götter, die Gefangene der Sterne sind.*
> (Buch des Chilam Balam von Chumayel)

»Die Stadt liegt vor uns wie das Wrack eines Schiffes mitten im Ozean, die Masten sind gebrochen, der Name ist erloschen, die Mannschaft verschwunden, und niemand weiß, woher es kam und für welchen Hafen es bestimmt war.« Mit diesen gefühlvollen Worten umschreibt der berühmte amerikanische Diplomat, Forscher und Schriftsteller John L. Stephens in seinem 1843 erschienenen Bestseller Incidents of Travel in Central America and Yucatan seine Eindrücke beim Anblick der verlorenen Dschungelstadt Copán [1]. Jahrhundertelang hatte der Ort dort gelegen, überwuchert von tropischer Vegetation, verschlungen von Baumriesen, vergessen im Nebelwald, der nach und nach eine der größten archaischen Kulturen, die sich auf diesem Planeten je entwickelt hatte, zudeckte.

Copán liegt in der südöstlichen Zone des Maya-Tieflandes, sechshundert Meter hoch am Mittellauf des *Rio Copán*, eines Nebenflusses des *Motagua* im heutigen Honduras. Zur Zeit ihrer Blüte im achten Jahrhundert n. Chr. erstreckte sich die heutige Ruinenstadt

Eine der berühmten Stelen von Copán. Welches Wissen stand den Herrschern und ihren Priesterastronomen zur Verfügung? (Foto: Erich von Däniken)

über eine Fläche von zwanzig Quadratkilometern und zählte nach vorsichtigen Schätzungen mehrere zehntausend Einwohner. Die jetzt teilweise restaurierten und zugänglichen Ruinen werden überwiegend der spätklassischen Periode zugeordnet. Demnach wurden die zur Zeit sichtbaren Gebäude hauptsächlich zwischen 600 und 800 n. Chr. errichtet. Praktisch ist wenig über die elf ersten Herrscher auf dem Thron von Copán bekannt, denn alle inschriftlichen Quellen, die sich auf sie bezogen, hat man in Trümmern aufgefunden, nachdem sie mit Sicherheit von den Maya selbst vorsätzlich zerstört und verstreut worden waren.

Unter Berücksichtigung der letzten Forschungsarbeiten auf dem Gebiet der Hieroglyphenentzifferung kann die Aussage getroffen werden, daß die in ihrer Lesung gesicherten Daten in den bisher bekannten Inschriften von Copán den Zeitraum von 9.2.10.0.0. *(Stele 24) bis 9.18.10.0.0. (Altar G1)* markieren, das entspricht nach der allgemein anerkannten GMT-Korrelation der Zeit zwischen 485 und 800 n. Chr. Weitaus älter zu datierende Objekte wurden jedoch außerhalb des Zentrums, zwischen der heutigen archäologischen Zone und dem modernen Städtchen Copán Ruinas, lokalisiert.

Von einigen Archäologen wurde der Gedanke angedeutet, Copán sei in frühklassischer Zeit (ca. 100–560 n. Chr.) von Maya der zentralen Petén-Gegend um Tikal und Uaxactún besiedelt worden. Wie bereits erwähnt, stammt eine Vielzahl der Ruinen aus spätklassischer Periode. Für die weitere Betrachtung ist es wichtig zu vermerken, daß unstrittig eine tief in die Vergangenheit reichende Architekturabfolge besteht. Die Sequenzen finden ihren Ursprung nicht erst in frühklassischer Zeit, sondern zeigen bereits im Vorklassikum strukturelle Wurzeln. Um 1100 v. Chr., als an der Golfküste die Olmeken-Kultur ihren Zenit erreichte, existierten ebenso bereits permanente Siedlungen im Tal von Copán [2]! Auf diesem Spezialgebiet ist leider bisher nur vergleichsweise wenig archäologische Feldforschung betrieben worden, über die früheste Geschichte Copáns besteht ein Informationsdefizit.

Copán – Der »Ort der Wolken«

Geographisch wie künstlerisch-stilistisch orientiert sich Copán eher an der sehr frühen Kultstätte von Kaminaljuyú als an den Petén-Metropolen von Tikal und Uaxactún. Es ist nicht auszuschließen, daß zukünftige Grabungsprojekte den Nachweis erbringen werden, daß zur Zeit der Morgendämmerung der Maya-Kultur die Besiedlungswelle über Copán in den Petén erfolgte und nicht umgekehrt. Der hochentwickelte individualistische Stil der Skulpturen erscheint in Copán nicht in »ausgeliehener« oder modifizierter Form. Obwohl die Motive der künstlerischen Darstellung auch in anderen Orten des Zentralgebietes verzeichnet sind, besitzen die charakteristischen Merkmale nur in Copán eine speziell ausgeprägte Intensität und Formenvielfalt.

Es konnte eine sogenannte Emblemglyphe für Copán identifiziert werden. Sie ist von David Kelley [3] mit dem Ausdruck »Ort der Wolken« transkribiert worden. Die Glyphe besteht aus dem Kopf einer Fledermaus, mit dem das Maya-Zeichen für »Regen und Sturm«, nämlich *cauac*, verschmolzen wurde. Kelley weist darauf hin, daß das Maya-Wort im Chol-Dialekt für die beiden Begriffe »Fledermaus« und »Wolke« gleichermaßen *zutz* lautet. Die Symbole für »Regen« wurden im Kopf der Copán-Fledermaus plaziert, um augenscheinlich die Bedeutung »Wolke« an Stelle von »Fledermaus« anzuzeigen. Das Chol gilt heute als die linguistische Ausdrucksform, die der klassischen Hieroglyphensprache am nächsten kommt. Somit war mit hoher Wahrscheinlichkeit Copán in klassischer Epoche unter dem Namen *zutz* bekannt: »Ort der Wolken«.

Diese ebenso romantische wie meteorologisch äußerst treffende antike Namensgebung steht in krassem Widerspruch zu der nicht selten vorgetragenen Hypothese, daß für den Standort der Stadt nicht nur die Fruchtbarkeit ihres Bodens, sondern auch die Klarheit ihres Himmels entscheidend war. Das hochgelegene Tal soll ununterbrochene und zuverlässige astronomische Beobachtungen ermöglicht haben. Unbestritten ist die Anzahl der Hieroglyphen, die sich auf

Phänomene am Sternenhimmel beziehen, gerade in Copán besonders groß, womit die Rolle der Stadt als Zentrum der Maya-Wissenschaft eine Bestätigung findet. Jedoch ist die gerade von der Archäo-SETI-Forschung immer wieder aufgeworfene Frage, auf welche Weise die Maya, die nicht einmal ein exaktes System zur Bestimmung der Uhrzeit besaßen, so bemerkenswerte astronomische Ergebnisse erzielen konnten, nie ausreichend geklärt worden.

Auf populärwissenschaftlicher Basis wies bereits Erich von Däniken [4] darauf hin, daß bestimmte Planetenberechnungen einen ungemein hohen Genauigkeitsgrad besitzen, der um so verblüffender ist, wenn man sich vergegenwärtigt, daß sie von einem Volk im Entwicklungsstadium der Jungsteinzeit aufgestellt worden sind. Regenwolken werden immer wieder die Messungen der Himmelsereignisse behindert haben, was eine Verschiebung der Beobachtung auf das folgende Jahr oder einen noch späteren Zeitpunkt erzwungen haben muß. Herkömmliche Erklärungsversuche werden dadurch erschwert, daß zum Beispiel der optisch sichtbare Lauf der Planeten Venus und Mars unregelmäßig erscheint und sie zu gewissen Perioden sogar eine Art »Rücklauf« beschreiben.

Die Maya-Forschung nimmt meines Erachtens in der Aussage Zuflucht, daß Messungen mit entsprechender Häufigkeit wiederholt wurden und insofern lediglich Annäherungswerte erzielt werden konnten. Korrigierte bei den Maya also die Statistik die Resultate einer vergleichsweise primitiven Raumgeometrie und Astronomie? Nach Sir J. Eric Thompson [5], dem großen Spezialisten, ist der Maya-Kalender genauer als der Gregorianische. Ein exakter Kalender ist jedoch ohne eine wirklich präzise Astronomie nicht vorstellbar!

In Copán fand der Gott Itzamná besondere Verehrung. Die Darstellungen zeigen ihn als zahnlosen und manchmal bärtigen Greis mit ausgemergelten Zügen und einer Adlernase. Er war, so überliefert es Pater de Landa [6], einer der obersten Götter der Maya-Pantheons, zugleich aber auch der erste Hohepriester und Erfinder der Schrift und des Kalenders. Eine Verbindung führt von Itzamná zu »Gott D«, einer allumfassenden Himmelsgottheit. Erstaunlicherweise er-

scheint »Gott D« in den Handschriften bisweilen als vom Himmel
herabschwebender Gott, vergleichbar dem *diving god*, der über der
Tür mehrerer Tempel in Tulum mit Attributen des Fliegens dargestellt ist – dort ebenfalls im Zusammenhang mit Itzamná.

Im *Codex Dresden* (4b/5b) wurde Itzamná eng verbunden mit dem
Himmelsdrachen dargestellt. »Gott D« sieht aus dem weit geöffneten Rachen des kosmischen Ungeheuers hervor.

Wenn man traditionelle und akademische Vorurteile einmal beiseite
läßt, weisen die Erscheinungsformen Itzamnás in Verbindung
mit der Überlieferung deutlich auf einen »extraterrestrischen« Ursprung der Maya-Himmelskunde hin. Eine Hypothese dieser Art
öffnet natürlich gleichzeitig den weiten Raum für phantasievolle
Gedankenspiele, erlaubt aber noch keine absolute Beweisführung.
Hic haeret aqua – hier stockt es, hier ist (zunächst) kein Ausweg.
Die experimentelle Archäologie könnte jedoch eine konkrete Möglichkeit bieten, sowohl die Vorstellung der Archäo-SETI-Forscher
als auch die etablierte Lehrmeinung der Altamerikanisten zu überprüfen.

Ein Projektvorschlag

Vorzuschlagen wäre eine Erprobung im Rahmen eines Langzeitpro-
jektes, also ein Test als Mittel zur Beurteilung der tatsächlichen
Maya-Astronomie unmittelbar vor Ort. Die bei den Experimenten
benutzten Materialien und Geräte sollten selbstverständlich die
gleichen sein wie jene, von denen man vermuten darf, daß sie den alten Maya zur Verfügung standen. Deren Bestimmungsmethoden
sollen sich allein auf das Anvisieren der Himmelskörper mit ge-
kreuzten Stäben, wie sie manche mexikanischen Kodizes zeigen,
Röhren aus Jade (ohne Optik aus Glas), auf die Dreiecksberech-
nung und die Messung von Schattenlängen beschränkt haben.

Praktische Versuche, die sich mit der Maya-Astronomie beschäftigen, gibt es nur wenige, und keiner davon wurde meines Wissens
über einen Zeitraum von mehreren Jahren strikt, gründlich und objektiv durchgeführt. Auf dem gesamten Gebiet der Maya-Forschung

sind die experimentellen Arbeiten gering an Zahl und weit verstreut. Wenn auch manche Archäologen [7] versuchten, Material zur Einschätzung und Bewertung oder zu bibliographischen Zwecken zusammenzutragen, gibt es doch wenig konzentrierte Bemühungen für fortgesetzte Testreihen und problemgerichtete Versuchsabläufe.

Im Tal von Copán würde sich die Einrichtung eines Experimentalcamps anbieten. Der Erfolg dieses Unternehmens kann allerdings nicht in ein oder zwei Versuchsjahren gemessen werden, sondern nach einer langen Frist von *mindestens* vier bis sechs Jahren. Im Sinne einer größtmöglichen Objektivität sollten die eigentlichen Messungen stets von astronomisch unbefangenen Laien, denen allenfalls ein niedriges Basiswissen vermittelt werden dürfte, durchgeführt werden.

Um dem Aspekt Rechnung zu tragen, daß die Maya über Jahrhunderte hinweg systematische Himmelsbeobachtung durchführten und Daten quasi von Generation zu Generation weitergegeben und vervollkommnet wurden, liegt es nahe, die Experimentatoren von einer jährlichen Kampagne zur anderen auszutauschen, wobei jeder neue Test auf den Ergebnissen des vorhergehenden aufbauen muß. Parallel zu den alten, den Maya zugebilligten Meßmethoden könnten Resultate mit modernster Technik durch Fachleute vor Ort überprüft werden, um somit letztlich drei Vergleichswerte, bezogen auf die konkrete geographische Lage von Copán, zu erzielen: die Maya-Berechnung, Resultate durch das nachgestellte Verfahren und absolute astronomische Größen.

Die Auswertung dieses Projektes könnte die Möglichkeit, vielleicht die an Sicherheit grenzende Wahrscheinlichkeit zeigen, daß die Astronomie der Maya mit herkömmlichen »primitiven« Hilfsmitteln realisierbar war. Sie könnte aber auch ihren Niederschlag in völlig neuen, bisher nicht für möglich gehaltenen Erkenntnissen finden. Wenn auch relativ viel über mesoamerikanische Himmelskunde geschrieben wurde, wurde bisher nur sehr unzureichend getestet. Doch von derartigen Experimenten und Versuchsreihen, von Fehlschlägen und Beweisfindung könnten sowohl die Archäologie als auch die Archäo-SETI-Forschung in hohem Maße profitieren. Alte Begebenheiten könnten in ein wirklichkeitsnahes Licht gesetzt und Informationen über das tatsächliche »technische« Wissen früher Hochkulturen aufgespürt werden. Die Präastronautik in einer seriös vorgetragenen Form trägt auf hypothetischer Basis neue Elemente zu einer gezielten Studie der Vergangenheit bei, liefert ein breites Spektrum möglicher Lösungen für archäologische Interpretationsprobleme und weckt das kritische Bewußtsein für die ungeklärten Leistungen der frühen Menschen.

Das hier vorgeschlagene, nur kurz umrissene Projekt könnte auch zu einer Annäherung, unter Umständen sogar zu einer fruchtbaren Zusammenarbeit von Archäo-SETI-Forschung und etablierter Fachwelt führen. Viele haben heute den Mut, Geheimnisvolles als mögliche technische Realität zu interpretieren, die einstmals von einer außerirdischen Zivilisation initiiert wurde. Diese Auslegung ist nach dem derzeitigen Stand der Forschung nicht als Phantasterei abzutun, sie liegt im Bereich der in der Wissenschaft sehr weit abgesteckten möglichen Wahrheiten oder wahren Möglichkeiten. Die Vertreter der Archäo-SETI-Hypothese, respektive die führenden Köpfe der *Ancient Astronaut Society*, müssen andererseits meines Erachtens endlich mit Leben erfüllen, was man bislang in grauer Theorie erdacht hat. Unbegrenzte Möglichkeiten könnten sich auftun, wenn es gelingt, eine derartige Zielsetzung praktisch in eine eigene Feldforschung umzusetzen!

Das geheime Wissen der Essener

Was wußte die Qumran-Sekte
von der Manna-Maschine?

SABINE ENGERTSBERGER

In seiner zwanzigbändigen GESCHICHTE DES JÜDISCHEN KRIEGES schreibt der jüdische Historiker Flavius Josephus (37 bis 100 n. Chr.): »Es gibt nämlich bei den Juden drei Arten von philosophischen Schulen; die eine bilden die Pharisäer, die andere die Sadduzäer, die dritte, welche nach besonders strengen Regeln lebt, die sogenannten Essener ..., peinlicher als alle übrigen Juden vermeiden sie es, am Sabbat sich mit Arbeit zu befassen ..., sie wagen am Ruhetage nicht einmal, ein Gefäß von der Stelle zu rücken oder ihre Notdurft zu verrichten ... Mit Vorliebe widmen sie sich dem Studium der Schriften der Alten, besonders, um zu ergründen, was für Leib und Seele heilsam ist« [1].

Die Essener waren, im Gegensatz zu den Pharisäern und Sadduzäern, ein Geheimbund innerhalb des Judentums. Sie gliederten sich in eine Mönchsgemeinschaft und einen aus dieser Gruppe hervorgehenden »inneren Zirkel«, in den man nur durch Aufnahmeriten und Wartezeiten von mehreren Jahren aufsteigen konnte. Die Preisgabe der Geheimnisse des inneren Zirkels war bei Todesstrafe verboten (man ließ Mitglieder der Mönchssekte, die gegen diese und die anderen strengen Gesetze verstießen, verhungern). Wann sich die Essener unter ihrem »Lehrer der Gerechtigkeit« zu der Gemeinde zusammenschlossen, die Josephus beschreibt, ist noch unklar. Der Zeitraum, in dem sich die Annahmen bewegen, reicht etwa von 160 bis 76 v. Chr.

Die Essener glaubten fest daran, daß das baldige Ende der Welt und damit der Beginn des Reiches Gottes unmittelbar bevorstand. Sie riefen zu Buße und Umkehr auf und hielten den Tempeldienst in Jerusalem für verdorben. Für alle Juden, die ihrem Orden nicht angehörten, hatten sie nur Verachtung übrig.

Daneben pflegten sie für die damalige Zeit seltsame Gebräuche: »Auf eine eigentümliche Art verehren sie [die Essener] die Gottheit. Bevor nämlich die Sonne aufgeht, sprechen sie kein unheiliges Wort, sondern sie richten an das Gestirn gewisse altherkömmliche Gebete, als wollten sie seinen Aufgang anflehen. Hierauf werden sie von den Vorstehern zu dem Tagwerk entlassen, auf das ein jeder von ihnen sich versteht. Wenn sie sodann bis zur fünften Stunde [elf Uhr vormittags] fleißig gearbeitet haben, kommen sie wieder an einem bestimmten Ort zusammen, schürzen ein linnenes Tuch um und waschen sich den Leib in kaltem Wasser. Nach dieser Reinigung begeben sie sich in ein besonderes Gebäude, das kein Angehöriger einer anderen Sekte betreten darf, und versammeln sich hier, gereinigt, als ginge es in ein Heiligtum, im Speisesaal ... Ehe das Mahl beginnt, spricht der Priester ein Gebet, und vor dem Gebet darf niemand etwas verzehren. Nach dem Mahl betet er wiederum, so daß zu Anfang und zu Ende derselbe Gott als der Spender der Nahrung geehrt wird. Nachdem sie sodann ihre gleichsam heiligen Kleider abgelegt, begeben sie sich wieder an ihre Arbeit bis zur Abenddämmerung. Hierauf kehren sie zurück und speisen auf dieselbe Weise ...« [1].

Bei den Essenern handelt es sich also um eine Geheimsekte, deren Rituale sich um den Sabbat, die heiligen Mahlzeiten und um Reinigungen drehten.

Kenntnisse von der Manna-Maschine

Das alles erinnert an den viel älteren Kult um die Manna-Maschine.
George Sassoon und Rodney Dale vermochten diese aus den Texten
des Sohar, einem Buch der Kabbala, zu rekonstruieren [2]. Diese
Maschine wurde den Israeliten zu Beginn ihrer Wüstenwanderung
zur Verfügung gestellt, um das in der Bibel genannte Manna, eine
zusätzliche Nahrung während der Durchquerung des Sinai-Mas-
sivs, zu liefern. Die Maschine wird im Sohar ausführlich beschrieben: sie wurde von einer vermutlich nuklearen Energiequelle angetrieben und bestand aus einem komplexen System von Schläuchen
und Behältern, in denen eine spezielle Algenart (wahrscheinlich die
Chlorella-Alge) durch die intensive Bestrahlung mit Licht und die
Zufuhr von Wasser am Leben erhalten und zur Produktion angeregt
wurde. Der gewonnene Algenschlamm wurde mit Zusätzen versehen, hydrolisiert und als Manna abgezapft (ursprünglich diente eine
solche Maschine offensichtlich als Nahrungsproduzent an Bord von
Raumschiffen – daher auch die Bezeichnung des Mannas als »Brot
der Engel«).
Nach ihrer Wüstenwanderung wurde die Maschine aus dem heiligen
Zelt in den von Salomo errichteten Tempel gebracht und dort im Al-
lerheiligsten aufbewahrt. Immer stand sie in engem Zusammenhang
mit der Bundeslade. Um beide entwickelten sich rituelle Verehrungs-
formen, die viele Züge heutiger Cargo-Kulte erkennen lassen. Die
Beschreibung im Sohar legt nahe, daß die Maschine schon damals
nur noch ansatzweise verstanden wurde, spätere Generationen sahen in ihr ein lediglich göttliches Gebilde oder sogar ein Synonym für
Gott selbst, notwendige technische Bedienungshandhabungen wan-
delten sich in pure religiöse Rituale. So wurde zum Beispiel der Tag,
an dem die Maschine gereinigt werden mußte (einmal in der Woche)
zum Sabbat, an dem Gott ruhte, und die notwendigen Säuberungs-
arbeiten zu rituellen Reinigungen des eigenen Körpers.
Als Israel 587 v. Chr. von den Babyloniern besetzt wurde, versteckte
der Prophet Jeremias die Lade – und wahrscheinlich auch die

Manna-Maschine – am Berg Nebo. Damit endet ihre Geschichte in der Bibel und den jüdischen Schriften. Johannes und Peter Fiebag haben die Spur aber im Mittelalter wieder aufnehmen können: offensichtlich ist das Gerät nichts anderes als der »Heilige Gral« mittelalterlicher Legenden und der »Baphomet« des Templerordens [3]. Auch deren Angehörige entwickelten um das längst funktionsunfähige Gerät einen religiösen Kult, möglicherweise, weil sie sich davon Unsterblichkeit erhofften. Auch sie besaßen einen »inneren Kreis«, der – genauso wie die Gralsritter der Legende – über das in Israel entdeckte Heiligtum informiert war. Wohin die Maschine nach der Zerschlagung des Templerordens gelangte, ist nach wie vor ungeklärt.

Was nun wußten die Essener? Die von ihnen praktizierten Rituale lassen darauf schließen, daß ihnen zumindest ein Teilwissen um das Gerät gegenwärtig war. Wie uns bekannt ist, widmeten sie einen großen Teil ihrer Zeit dem Studium alter Schriften. Hatten sie spezielle Kenntnisse, die anderen Gelehrten der damaligen Zeit längst verlorengegangen waren?

Eine der verschollenen Bibliotheken der Essenermönche wurde im Frühjahr 1947 entdeckt: die berühmten Schriftrollen vom Toten Meer. Ein beliebtes Thema in diesen Texten ist das Nahen des Weltendes, und so verwundert es nicht, daß eines der wichtigsten apokalyptischen Bücher der Essener das alttestamentarische Buch Daniel war. Man nimmt heute an, daß es ungefähr um das Jahr 165 v. Chr. verfaßt wurde.

Mit diesem Buch hat es insofern eine besondere Bewandtnis, als daß sich hier die einzigen drei Stellen im gesamten Alten Testament finden, in denen vom »Alten an Tagen« oder dem »Hochbetagten« (eine Übersetzung des aramäischen Ausdrucks »attik jomin«, der aber ebenso »Der Transportierbare mit den Behältern« bedeuten kann) die Rede ist. Dieser Begriff begegnet uns auch im Sohar und ist nichts anderes als der Name für die Manna-Maschine (eben »Der Transportierbare mit den Behältern«). In Daniel 7, 9 heißt es: »Ich schaute weiter, bis Throne aufgestellt wurden und der Alte an Tagen sich setzte. Seine Kleidung war so weiß wie Schnee, und das Haar seines Hauptes war wie reine Wolle. Sein Thron waren Feuerflammen, dessen Räder waren brennendes Feuer.«

Die Beschreibungen der Manna-Maschine im Sohar sind allerdings detaillierter: »Und von diesem Schädel kommt das Weiße heraus und geht in Richtung des Schädels des Kleinen Gesichts ...« (GHV 56). Oder: »... Und jener Fluß bleibt dort, nachdem er dort aufgesammelt wird, und geht dann in jene heilige Gründung. Er ist ganz weiß und wird deshalb ›Gnade‹ genannt ...« (KHV 759). Oder: »Der Tau des weißen Kopfes tropft in den Schädel des Kleinen Gesichts und wird dort aufbewahrt« (KHV 436).

Das »Weiße«, »Tau«, »Gnade« – all dies sind Bezeichnungen für das biblische Manna im Sohar, wie auch an folgender Stelle betont wird: »Und von jenem Tau werden die oberen Heiligen getragen. Und es ist das Manna, welches für die Gerechten der kommenden Welt gemahlen wird ...« (GHV 48).

Ein spezielles Charakteristikum von Cargo-Kulten ist die im Grunde sinnentleerte, ritualisierte Übernahme einstiger sinnvoller technischer Vorgänge und Handhabungen ebenso wie die nur noch religiös-symbolische Weiterverwendung von Begriffen und Vorschriften (etwa Kleidungs- und Reinigungsvorschriften). Unter diesen Aspekten kann man weitere Zusammenhänge zwischen der Manna-Maschine und ihrer Bedienung einerseits und dem Verhalten der Essener andererseits erkennen:

- Ein Begriff für Manna war, wie wir oben gesehen haben, Gnade. Die Essener bezeichneten sich unter anderem als »Arme der Gnade«.

- Ein weiterer Begriff lautete »das Weiße«. Die Farbe Weiß spielte für die Essener eine bedeutende Rolle. Sie trugen stets weiße Gewänder.

- Die Manna-Maschine verfügte nach der Rekonstruktion von Sassoon/Dale über eine starke Lichtquelle im Inneren (»Und der Äther wird dort gesammelt für die glitzernden Dinge, die von der Hauptlampe ausgehen, die in den Eingeweiden der Mutter verborgen ist«, KHV 432, bzw.: »Und ein Schädel kommt heraus, der von allem umschlossen ist. Und die Lichtquelle ergießt sich von den zwei darin ausgehöhlten Hirnen. Und sie [die Lichtquelle] ist in Richtung auf den männlichen Teil angebracht ...«, KHV 709, bzw: »Das erste Weiß scheint und geht nach oben und unten ... Überlieferung: dieses Weiß scheint und flackert und erhellt die drei Lampen ... Und diese scheinen in Freude und Vollkommenheit. Das zweite Weiß scheint nach oben und unten und flackert und geht zu drei weiteren Lampen ... und auch sie scheinen in Freude und Vollkommenheit. Das dritte Weiß leuchtet auf und leuchtet nach oben und unten und geht aus vom verborgenen Teil des Hirns ... Und ein Weg führt hinaus zum unteren Hirn. Und alle unteren Lampen werden zum Leuchten gebracht«, GHV 123). Licht und die Sonne waren für die Essener das Zentrum ihrer religiösen Überzeugungen. Sie selbst nannten sich »Söhne des Lichts«, ein Begriff, den das Judentum sonst nicht kannte.

Der Kalender der Essener

Auch der Kalender, den die Essener verwendeten, ist eine Erwähnung wert. Sie teilten das Jahr in 364 Tage, benutzten also einen Sonnenkalender – im Gegensatz zu den übrigen Juden, die einen Mondkalender verwendeten.

Die eigentliche jüdische Sabbatzählung geht von der Überlieferung aus, Gott habe am siebten Tage seiner Schöpfungswoche geruht. Deshalb liegt der Ruhetag auf einem Samstag, d. h. er dauert von Freitagabend bis Samstagabend, da der Tag vom Einbruch der Dunkelheit an gerechnet wird. Nicht so bei den Essenern: Al Quirqisani, ein Jude, schrieb um das Jahr 950 n. Chr., es gebe eine bestimmte Sekte, die ihre Bücher in Höhlen versteckt habe. Später bezieht sich auf ihn der moslemische Autor Al Biruni, als er berichtet: jene Höhlenleute, die vor den Christen lebten, hätten einen sonderbaren Kalender gehabt. Nicht der Sabbat sei der Tag gewesen, sondern die Nacht zwischen dem dritten und vierten Tag, also die Nacht zum Mittwoch, von wo an »sie zählten die Tage und Monate – und der große Zyklus der Feste beginnt da, denn es war am vierten Tag, daß Gott die großen Gestirne schuf. Dementsprechend begann Passah am Mittwoch.« [4]

Auch in Masada fand man Essener-Schriften, die sich auf diesen für Juden doch etwas merkwürdigen Kalender beziehen: »Ich stieß auf die Zeile ›Gesang vom sechsten Sabbatopfer am Neunten des zweiten Monats‹ … Der sechste Sabbat konnte nur dann auf den Neunten des zweiten Monats fallen, wenn man den speziellen Kalender einer Sekte, und zwar der Qumransekte, zugrunde legte … Der erste Tag des ersten Monats, d. h. des Monats Nisan, fiel stets auf einen Mittwoch, den Tag der Erschaffung der Himmelskörper, die die Zeiteinteilung mit sich brachte …« [5].

Die Essener haben also nicht nur jeden Tag Gebete an die Sonne gerichtet und damit ihren Aufgang erfleht, sondern auch ihren Kalender nach den Gestirnen ausgerichtet. Ihnen scheinen die Sterne wichtiger gewesen zu sein als die mythologische Überlieferung von der »Ruhe Gottes«. Eine wach gebliebene Erinnerung daran, daß Gott und seine Engel von den Sternen kamen?

Von den Qumran-Funden wurde auch die Jesus-Forschung betroffen. Bei der Gegenüberstellung von Neuem Testament und den Essener-Texten fällt die oft fast wörtliche Übereinstimmung sofort ins Auge. Deshalb, und aus noch vielen anderen Gründen, gewinnt die Ansicht, daß Jesus selbst ein Essener war oder zumindest Kontakte zu dieser Sekte hatte bzw. Teile ihrer Lehre übernahm, zunehmend an Raum. Sollte das zutreffen, müßte er in dieser oder jener Form von der Manna-Maschine gewußt haben. Dieser Umstand könnte für die christlichen Komponenten der späteren Gralslegenden mitverantwortlich sein.

In diesem Zusammenhang taucht eine Frage auf: Besaßen die Essener nur ein elitäres Wissen über das Gerät – oder die Maschine selbst? Immerhin lag der Standort ihres Klosters in der Nähe des Berges Nebo. In einer seiner Höhlen soll nach dem Bericht im 2. Buch der Makkabäer 2, 4-8, der Prophet Jeremias die Bundeslade (samt Manna-Maschine) rechtzeitig vor dem Ansturm der Babylonier (587 v. Chr.) versteckt haben.

Nehmen wir einmal hypothetisch an, es sei den Essenern gelungen, die Maschine dort wiederzufinden und sie anschließend zum Zentrum ihrer religiösen Zeremonien zu machen. In diesem Falle gäbe es eine Erklärung für ihre Überzeugung, daß der Messias und der »neue Bund« nicht aus Jerusalem hervorgehen würden – so wie es die anderen Juden erwarteten –, sondern aus ihren eigenen Reihen. Von ihnen, von den »Söhnen des Lichts«, würde die Rettung kommen. Denn sagte nicht Jeremias (2. Makkabäer, 2, 7, 8): »Der Ort [das Versteck der Lade] soll unbekannt bleiben, bis Gott sein Volk wieder sammelt und ihm gnädig ist. Dann erst läßt der Herr diese Geräte wieder zum Vorschein kommen. Die Herrlichkeit des Herrn erscheint in der Wolke, wie sie sich zur Zeit des Moses zeigte.«

Nach dieser Hypothese hätten sie den Ort gefunden gehabt, wären sie das Volk gewesen, das Gott sammelt und ihm gnädig ist (d. h. nach der Gleichsetzung von Manna und Gnade, daß dieses Volk wieder wie einst mit Manna speist). Mit anderen Worten: Ihnen, den Essenern, würde Gott in der Wolke erscheinen und den »neuen Bund« schließen. In diesem Zusammenhang gewinnt auch wieder das von den Essenern als besonders wichtig eingeschätzte Buch Daniel eine zusätzliche Bedeutung (7, 21–22): »Ich schaute weiter, wie gerade jenes Horn Krieg gegen die Heiligen führte, und es gewann die Oberhand über sie, bis der Alte an Tagen kam und das Recht selbst zugunsten der Heiligen des Allerhöchsten gegeben wurde und die bestimmte Zeit herankam, da die Heiligen das Königreich selbst in Besitz nahmen.«

Mazadan = Masada?

War der »Alte an Tagen« wiedergekommen? Hatten *sie* ihn gefunden? Empfanden *sie* sich selbst als die in Daniel genannten »Heiligen«? Wenn es sich so verhielt, ist es nur logisch, daß sie zutiefst davon überzeugt waren, es könne nur noch eine kurze Zeitspanne dauern, bis der apokalyptische Kampf beginnen würde, an dessen Ende Jahwe ein neues Königreich errichten sollte. Daniel 7, 13: »Ich schaute weiter in die Visionen der Nacht, und siehe da, mit den Wolken des Himmels kam gerade einer wie ein Menschensohn; und er erlangte Zutritt zu dem Alten an Tagen, und man brachte ihn nahe heran, ja vor Ihn.«

Auch Jesus nannte sich »Menschensohn«. Identifizierte er sich mit der Figur aus dem Daniel-Buch? Hat er die Manna-Maschine gesehen oder zumindest von ihr gewußt oder geahnt? Ging er aus den »Söhnen des Lichts« hervor und machte sich daran, ein neues Königreich mit seinen eigenen Jüngern und Aposteln zu errichten? Verkündete er deshalb das baldige Ende der Welt? Wie wir alle wissen, scheiterte er. Das Weltende und die Rückkehr des Messias, von dem die frühen Christen genauso überzeugt waren wie die Essener, kam nicht.

Statt dessen vollzog sich der Untergang des alten Israel: Als im Jahre 66 n. Chr. der große jüdische Aufstand gegen die Römer begann, beteiligten sich auch die eigentlich friedliebenden Essener daran. Anscheinend sahen sie den von Gott befohlenen apokalyptischen Kampf angebrochen. Als Jerusalem vier Jahre später zerstört wurde und mit der Stadt auch das Kloster in Qumran, zogen sie sich, gemeinsam mit anderen Juden, auf die Bergfestung Masada zurück. Bis zum Schluß waren sie davon überzeugt, daß sich das Blatt noch wenden, daß ihr Gott eingreifen und siegen würde. Doch Jahwe kam nicht.

Im Jahre 73 n. Chr. wurde Masada von den Römern gestürmt und der Aufstand endgültig niedergeschlagen. Mit dem Ende der Essener ging auch das Wissen um die Manna-Maschine oder vielleicht sogar das Gerät selbst wieder verloren, um erst etwa 1100 Jahre später von den Templern neuerlich entdeckt zu werden. Wolfram von Eschenbach schreibt in seinem Gralsepos PARZIVAL: »So schrieb Flegetanis von diesen Dingen. Der weise Meister Kyot machte sich daran, diesen Dingen in lateinischen Büchern nachzuspüren, ob es irgendwo ein Volk gegeben hätte, das dazu imstande war, redlich zu sein und den Gral zu hüten. Er las die Chroniken der Länder in Britannien und anderswo, in Frankreich und Irland. Endlich fand er es in Anschoue. Er las die volle Wahrheit über Mazadan.« [6]

Mazadan = Masada? Unter dem Blickwinkel eines Geheimwissens der Essener über die Manna-Maschine gewinnt diese Namensähnlichkeit, die schon Johannes und Peter Fiebag aufgefallen war [3], eine weitere Bedeutung. Nur ein Zufall – oder mehr als das?

V.
Monumente

Die Tempel von Baalbek – Wohnsitz der Götter

Horst und Anke Dunkel

Einmal in den Libanon zu reisen, um die monumentale Tempelanlage von Baalbek zu sehen, war seit Jahren unser Wunsch. Doch mit Ausbruch des blutigen Bürgerkrieges wurde Baalbek zum Hauptquartier der schiitischen Hisbollah-Milizen; wahrlich keine Stätte für friedliche und unbesorgte Umschau.

Zum Jahresbeginn 1995 aber, nach Beendigung des Krieges, hatten wir die Gelegenheit. Von Damaskus aus fuhren wir Richtung syrisch-libanesische Grenze. Ein zuverlässiger Freund von uns, Edward Haladjian, der in Damaskus ein Reisebüro (*Assur Tours*) betreibt, hatte uns ein Visum für einen achtundvierzigstündigen Aufenthalt im Libanon beschafft.

Von Damaskus aus nach Baalbek zu reisen erschien uns der sicherste Weg, hält Syrien doch das Ziel unserer Fahrt, die zwischen den schneebedeckten Libanon- und Antilibanon-Gebirgen befindliche Bekaa-Ebene, noch immer besetzt. In den Ortschaften, die wir durchqueren, sehen wir überall syrische Soldaten, an den Hauswänden Bilder des Ayatollah Chomeini, daneben Porträts des syrischen Staatschefs Assad. Einige Lichterketten in den Straßen erinnern noch an das christliche Weihnachtsfest.

Und dann, auf einer 1150 Meter über dem Meeresspiegel gelegenen Anhöhe am Ostrand der fruchtbaren Ebene und schon aus weiter Ferne sichtbar, erhebt sie sich vor uns: die größte Tempelruine der antiken Welt, die gewaltige Tempelstadt von Baalbek. Monumenta-

Der sogenannte Bacchus-Tempel gilt als einer der schönsten und besterhaltenen Tempel der Antike. (Foto: Horst Dunkel)

ler wurde nirgendwo in der Antike gebaut. Deutsche Archäologen, die in den Jahren 1900 bis 1904 in Baalbek tätig waren, haben die Anlage rekonstruiert und so nachgestellt, wie sie zur Zeit der Römer ausgesehen haben könnte.

Wenn auch nur noch sechs von ursprünglich vierundfünfzig Säulen des während der Regierung Kaisers Neros (54–68 n. Chr.) begonnenen Jupitertempels zwanzig Meter hoch in den Himmel ragen, ist der Eindruck atemberaubend. Dieser einst prächtigste Tempel des römischen Reiches hatte gigantische Ausmaße. Zum Vergleich: Seine Grundfläche ist zwölfmal so groß wie die des Parthenon-Tempels der Akropolis in Athen.

Ein Bruchstück des mehr als drei Meter hohen Gesimses, das von den Säulen getragen wird, ist herabgestürzt und läßt die kunstvolle Ornamentik erkennen. Dort liegen auch, entlang der Umfassungsmauer des Jupitertempels aufgereiht, neun große Steinquader, jeder etwa zehn Meter lang, vier Meter hoch, drei Meter breit und 320 Tonnen schwer, die vielleicht einmal zum Unterbau eines früheren Tempels gehört haben.

Heute ragen noch sechs von ursprünglich 54 Säulen des Jupiter-Tempels zwanzig Meter hoch in den Himmel. (Foto: Horst Dunkel)

Baalbek ist ein Beispiel dafür, wie der sakrale Geist eines Ortes unterschiedliche Religionen jahrtausendelang überdauern kann. Durch Grabungen wurde herausgefunden, daß vor den römischen Tempeln schon andere, ältere Tempel an diesem Platz gestanden haben. Die Römer rissen sie nieder, um auf den Grundmauern neue Tempel für die eigenen Götter zu errichten, die sie wiederum aus der Götterwelt früherer Kulturen übernommen hatten. Ursprünglich wurden wohl der kanaanitische Gott Baal und die uralten semitischen Gottheiten Atargatis, die Göttin der Zeugung und Geburt, in der die Römer die Venus wiederzuerkennen glaubten, und Hadad, der große Kriegs- und Wettergott, der in Baalbek mit dem Sonnengott gleichgesetzt wurde, geehrt. Die Seleukiden (drittes bis zweites Jahrhundert v. Chr.), die keine Spuren ihrer Anwesenheit in Baalbek hinterlassen haben, gaben ihm seinen griechischen Namen Helios; und so wurde die Stadt während der gesamten griechisch-römischen Periode Heliopolis, die »Sonnenstadt«, genannt.

Die Römer veränderten den Namen noch einmal und nahmen den Gott in ihr Pantheon auf; Hadad/Helios wurde zum römischen Jupiter. Ihrem Göttertrio Jupiter, Venus und Merkur erbauten sie auch die gewaltige Kultstätte. Es wird von orgiastischen Ritualen berichtet, die möglicherweise in dem Tempel vollzogen wurden, der, wegen seiner Weinranken-Motive am Ostportal fälschlich als Bacchus-Tempel bezeichnet, wahrscheinlich der Venus geweiht war. Er gilt als einer der schönsten und besterhaltenen Tempel der Antike.

Gewaltige Blöcke

Die rätselhafte Ausstrahlung, die dieser Ort auf den Glauben der Menschen über Jahrtausende besaß, bestätigt sich auch in seiner Geschichte nach den Römern.

Schon während der ersten Jahrhunderte unserer Zeitrechnung gelangte das Christentum, von Kaiser Konstantin (306–337 n. Chr.) zur Staatsreligion erhoben, nach Heliopolis. Kaiser Theodosius (379-395 n. Chr.) beseitigte die heidnischen Kulte endgültig und verwandelte die Tempel in christliche Kirchen. Als es den Moslems 637 n. Chr. gelang, das Gebiet unter die Herrschaft des Islam zu bringen, erbauten sie zu Ehren Allahs auf dem Gelände eine Moschee, und Heliopolis erhielt wieder seinen alten semitischen Namen: Baalbek.

Das ist historisch belegt. Arabische Legenden hingegen wissen von Geschehnissen um die »Feste auf dem Berg Libanon«, die uns zum mythologischen Beginn des Menschengeschlechts zurückführen. Demzufolge ginge die Anlage auf Adam und Eva zurück, die nach der Vertreibung aus dem Paradies im Gebiet der Zedernberge gelebt haben sollen. Noch heute wird Adams Grab in dem nicht weit entfernten Ort Zebdami gezeigt, und auch Noah und Ham sind angeblich in der Umgebung von Baalbek beigesetzt.

Als Kain seinen Bruder Abel in einer Schlucht des Antilibanon-Gebirges erschlagen hatte, soll er hier vor dem Zorn Gottes Zuflucht gesucht haben. Der Mönch Johannes Maro, vom Papst 680 n. Chr. zum Patriarchen des Libanon ernannt, hat die alte Sage überliefert: »Die Feste auf dem Berg Libanon ist das älteste Gebäude der Welt. Kain, der Sohn Adams, erbaute sie im Jahr 133 der Schöpfung in einem Anfall von Wahnsinn. Er gab ihr den Namen seines Sohnes Henoch und bevölkerte sie mit Riesen, die für ihre Frevelhaftigkeit mit der Sintflut bestraft wurden.«

Offenbar müssen einige dieser »Riesen« die Katastrophe überlebt haben, denn einer anderen Legende ist zu entnehmen, daß der biblische Nimrod sie zum Wiederaufbau der Anlage herangezogen hat, nachdem die Flut vorüber war: »Nach der Sintflut, als Nimrod über den Libanon herrschte, ließ er Riesen kommen, die Feste von Baalbek wieder aufzubauen, die so heißt zu Ehren Baals, des Gottes der Moabiter, welche den Sonnengott anbeteten.«

Griechen und Römer haben ihre Tempel auf einen Unterbau gestellt, den es seit Urzeiten gegeben hat. Niemand hat bisher den Versuch gemacht, die Menge der Steinblöcke auszurechnen, die gebrochen, behauen und herbeigeschafft werden mußten, um die gigantische Plattform aufzuschichten. Besonders die drei kolossalen Monolithen der nördlichen Umfassungsmauer geben den Archäologen seit jeher Rätsel auf. Mit jeweils rund zwanzig Metern Länge, vier Metern Höhe und 3,60 Metern Breite sind sie an der Nordwestecke des Jupitertempels in sechs Metern Höhe in die Plattform eingefügt. Nach der Schätzung von Experten wiegt jeder dieser zyklopischen Fundamentblöcke, die schon im Altertum als Weltwunder angesehen wurden, etwa 775 Tonnen. Sie gelten als die größten Bausteine, die je von Menschenhand geschaffen wurden.

Noch riesiger ist ein Steinquader, der außerhalb des Ortes im Erdboden steckt. Es ist der »Midi« oder »Stein des Südens«. Man hat ihn genau vermessen: 21,36 Meter lang, 4,33 Meter hoch, 4,60 Meter breit. Sein Gewicht beträgt 1144,5 Tonnen.

Bis heute kann niemand erklären, auf welche Weise die mächtigen Steinblöcke aus dem einen Kilometer entfernten Steinbruch im Tal zum Tempelgelände transportiert werden konnten. Man hat keinerlei Hinweise auf einen Transportweg gefunden. Ungeklärt sind auch die technischen Hilfsmittel, die zweifellos für die Beförderung und die präzise Plazierung der gewaltigen Quader hoch über dem Boden zum Einsatz gekommen sein müssen. Wie sahen jene Maschinen aus, die es ermöglicht haben, solche ungeheuren Steinmassen zu bewegen und anzuheben? Vorläufig ist es unmöglich, hierauf eine zuverlässige Antwort zu geben. Kann es da verwundern, wenn in die Legenden und Überlieferungen »Riesen« als Baumeister eingegangen sind? Wie hätte man sonst erklären sollen, was unerklärbar war?

Wir glauben, daß diese unbegreifliche Leistung zu einer Zeit vollbracht wurde, die historisch nicht mehr faßbar ist. Schon das älteste Epos der Weltliteratur, das auf Tontafeln niedergeschriebene sumerische Gilgamesch-Epos, das die Geschichte eines Königs erzählt, der um 2900 v. Chr. über Uruk herrschte, wußte von dem »Berg im Zedernwald« und bezeichnete ihn als »Wohnsitz der Götter«.

Wer immer diese »Götter« auch gewesen sein mögen, sie müssen in ferner Vergangenheit bereits über technische Möglichkeiten und ein Wissen verfügt haben, das dem unsrigen zumindest ebenbürtig, wenn nicht sogar überlegen war.

Der Autor dankt Herrn Dieter Nietsche, Wolfenbüttel, für Hinweise auf Gewichtsangaben der Blöcke.

Außerhalb von Baalbek liegt der »Stein des Südens«, der größte Baustein, der je von Menschenhand geschaffen wurde. (Foto: Horst Dunkel)

Mahabalipuram –
Das Labor der Götter

Thomas Ritter

Das im Westen vor allem als Badeort bekannte Mahabalipuram liegt 58 Kilometer südlich von Madras an der herrlich leeren, weißsandigen Coromandelküste im heutigen indischen Bundesstaat Tamil Nadu. Neben ungestörten Badefreuden hat der nur fünftausend Einwohner zählende Ort zahlreiche archäologische Kostbarkeiten zu bieten, die vor allem auch unter dem Blickwinkel der Paläo-SETI-Hypothese Interesse verdienen.

Bereits vor zweitausend Jahren war Mahabalipuram phönizischen, griechischen und arabischen Händlern bekannt. Im siebten Jahrhundert n. Chr. wurde der Hafen ausgebaut und avancierte zur Hauptstadt des Pavalla-Reiches. Vom siebten bis zum zehnten Jahrhundert n. Chr. blühte die Stadt unter der Herrschaft der Pavalla-Könige. Dieses Herrschergeschlecht erlangte vor allem durch die Förderung der Künste und der sakralen Architektur Berühmtheit. Daher gilt Mahabalipuram heute als die Wiege der drawidischen Tempelbaukunst Südindiens.

Diese fruchtbare Periode endete jedoch nach etwa dreihundert Jahren übergangslos und auf mysteriöse Weise. Im zehnten Jahrhundert n. Chr. wurde Mahabalipuram von seinen Einwohnern verlassen. Die uralten architektonischen Schätze fielen bis ins siebzehnte Jahrhundert dem Vergessen anheim. Ein – meines Erachtens allerdings nicht ganz einleuchtender – Grund für diesen Rückzug der Bewohner aus dem reichen Küstenlandstrich soll nach Meinung der Ar-

Im »Labor der Götter«: Ähnlich wie in Sacsayhuaman (Peru) durchziehen auch hier scheinbar sinnlos Treppen, Linien, Furchen und Kanäle die Felsen. (Foto: Thomas Ritter)

Auch an anderen Stellen: Treppen, Terrassen, ohne System verteilt. (Foto: Thomas Ritter)

chäologen das Ansteigen des Meeresspiegels und die damit verbundene teilweise Überflutung der Stadt gewesen sein. Die Einheimischen hingegen erzählten mir, daß Mahabalipuram auf Weisung der »Götter« – insbesondere der Gottheit Shiva – aufgegeben worden sei.

Verbindungen zur indischen Mythologie und Götterwelt finden sich in der Tat in vielfältiger Weise in und um Mahabalipuram. Am bekanntesten dürften die unter der Herrschaft von Narasimhavarman I. (630–668 n. Chr.) entstandenen Tempelbauten und Reliefs sein. Der Beiname »Mamalla« (großer Ringkämpfer) dieses Herrschers führte zum ursprünglichen Namen der Stadt: Mamallapuram.

Nahe des Ortszentrums befindet sich das wohl berühmteste Basrelief aus jener Zeit, eine Darstellung von mythologischen Figuren, Pflanzen, Vögeln und Tieren, einschließlich lebensgroßer Elefanten. Archäologen und Historiker streiten noch heute darüber, ob es sich bei dem 27 Meter langen und 9 Meter hohen Fries nun um die figürliche Darstellung von Arjunas Buße oder aber um die mythologische Herabkunft des heiligen Flußes Ganges auf die Erde handelt, wie dies im Ramayana beschrieben wird. Der Ganges jedenfalls soll sich nach dieser – heute wohl herrschenden – Theorie in einer natürlichen Felsspalte manifestieren. Rechts davon sieht man Shiva, wie er sich die Fluten durch die Haare strömen läßt und somit die Zerstörung der Welt durch den Aufprall des Wassers verhindert. Welcher Theorie nun auch immer der Vorzug gegeben wird – der faszinierenden Ausstrahlungskraft dieser meisterhaften Steinmetzarbeiten vermag man sich nicht zu entziehen.

Einsatz hochentwickelter Technologie

Über den nahen Berghang verteilen sich acht Mandapams. Das sind flache, vollständig aus den harten Felsen gearbeitete Höhlentempel. In ihnen finden sich auf Basreliefs fein einziselierte Szenen der Hindumythologie. Der schönste dieser Höhlentempel ist *Krishna Mandapam*. Hier wird gezeigt, wie Krishna mit dem Berg Govar-

*»Krishnas Butterkugel«: ein natürliches Phänomen oder eine künstlich hier-
her transportierte und geschnittene Steinkugel? (Foto: Thomas Ritter)*

*Perfekt gearbeitete Ausschneidungen finden sich überall im harten Granit-
fels. (Fotos: Thomas Ritter)*

dhama als eine Art Schutzschild seine Schafherde und die Hirten vor
Indra, dem rachsüchtigen Regengott, rettet.

Zwei der Mandapams sind unvollendet geblieben. Man nimmt daher an, daß es sich hier um Modelle und Versuche für andere danach
gestaltete Tempel Südindiens handelt. Erwiesen ist, daß heutige sta-
tische Berechnungen in der Architektur nur unwesentlich von der
damaligen Praxis abweichen – ein Beispiel dazu findet sich in der
School of Sculpture in Mahabalipuram. Der Ort war also ein anti-
kes Versuchsfeld – zu diesem Ergebnis sind auch die Historiker gekommen. Außer Betracht bei ihren Untersuchungen blieben allerdings sowohl die im Zusammenhang mit den Bauten stehenden
lokalen Legenden als auch die bei der Errichtung der Anlage verwendete Technik und Technologie.

Betrachtet man den Gesamtkomplex von Mahabalipuram, so gelangt man unschwer zu der Erkenntnis, daß die Tempel der Pavalla-
Epoche auf dem Areal einer mit Sicherheit weitaus älteren Anlage
entstanden sind. Bezeichnet man schon die sakralen Bauten als Versuchsfeld, so verdient die ursprüngliche Anlage diese Bezeichnung
erst recht. Da gibt es mehrere Meter hohe Felsen, die wie mit einem
gigantischen Messer in der Mitte entzweigeschnitten sind. Selbst
unter Verwendung modernster Sprengtechnik ließe sich ein solches
Ergebnis nur schwerlich erzielen. Vielmehr scheint es, als seien die
Felsen mit modernster Technologie zerteilt worden, da die Trenn-
flächen völlig eben sind.

Andere Felsen wurden – wohl unter Verwendung derselben Bear-
beitungsmethode – planmäßig terrassiert. Sauber aus dem harten
Gestein geschnittene Treppen führen ins Nichts. Rechteckige und
quadratische Löcher von teilweise beachtlicher Tiefe sind aus dem
Fels gestanzt, auf dem Boden dazwischen finden sich Bruchstücke
größerer, mit Bohrungen versehener und wie poliert wirkender
Steinplatten. Strukturen, die wie Verglasungen erscheinen, weist jener mehrere Dutzend Tonnen schwere Granitblock auf, der »Krishnas Butterkugel« genannt wird und seit Jahrtausenden in einer allen
Gesetze der Schwerkraft hohnsprechenden Balance an einem stark
geneigten Hang nahe der Mandapams thront. Der Überlieferung

zufolge formte die Gottheit Krishna diesen Block aus Butter. Als er des Spieles überdrüssig war, ließ er die Kugel an besagtem Hang zu Stein erstarren. In der Tat wirkt dieser Stein wie ein vergessenes Spielzeug – es lassen sich an ihm bis auf die Verglasungen jedoch keine Bearbeitungsspuren finden. Ebenfalls gibt es keinen Beleg, daß der Felsblock auf künstliche Weise in die beschriebene Lage gebracht worden wäre, obwohl diese Möglichkeit jedenfalls theoretisch besteht.

Ganz anders sieht es hingegen mit dem Gefäß aus, in dem Krishna die Butter für seine Kugel gestampft haben soll. Bei diesem »Butterfaß« handelt es sich um ein exakt kreisrundes Loch von etwa 2,5 Metern Durchmesser und 2 Metern Tiefe, das aus einem gewachsenen Felsblock buchstäblich herausgeschnitten worden ist. Es fanden sich auch bei näherer Betrachtung keine Anhaltspunkte (etwa Meißelspuren), die auf eine konventionelle Bearbeitung schließen lassen. Statt dessen wirken die Wandungen des Lochs ebenfalls wie poliert. In derselben Weise ist nahe des alten Leuchtturmes eine rechteckige Wanne mit Kantenlängen von etwa 2,2 mal 3,0 Metern und einer Tiefe von schätzungsweise 2,0 Metern aus dem Granit herausgearbeitet.

Ferner ziehen sich über die gesamten Felsen des Areals Rinnen und Kanäle, die wohl einstmals der Aufnahme eines flüssigen Mediums dienten. Die Länge dieses seltsamen, zweifellos künstlichen Kanalsystems kann nur geschätzt werden und dürfte mehrere Kilometer betragen.

Erwähnenswert sind noch die fünf *Rathas*. Diese monolithischen, aus einem Felsblock gearbeiteten Tempel in Form von Prunkwagen befinden sich gut einen Kilometer südlich des Leuchtturmes. Sie gelten als die wahrscheinlich ältesten sakralen Bauten der Region und waren Vorbild für einen Großteil der späteren drawidischen Baukunst. Bemerkenswert erscheint, daß gerade bei der Errichtung dieser ältesten Gebäude eine sehr komplizierte und arbeitsintensive Methode (Herausarbeiten des gesamten Bauwerkes aus einem Felsblock) Verwendung fand, während der bei weitem jüngere, Shiva und Wishnu geweihte *Shore*-Tempel (auch Ufer-Tempel genannt) am Strand in nicht-monolithischer Bauweise errichtet wurde. Auch in diesem Fall scheint das Wissen um die prähistorische Technik, welche eine scheinbar mühelose Bearbeitung des Gesteins und somit die monolithische Bauweise ermöglichte, mit der Zeit verlorengegangen zu sein.

Von der ursprünglichen Anlage sind lediglich Reste erhalten, so daß man über ihre einstige Bedeutung und Verwendung nur spekulieren kann. Jedoch scheint es, daß die Tempel der Pavalla-Epoche an einem »Heiligen Platz« errichtet wurden, einem Ort, an dem die »Götter«, insbesondere die Gottheiten Shiva, Wishnu und Krishna, gewirkt hatten. Möglicherweise handelte es sich bei diesen Wesenheiten um nicht-menschliche, nicht-irdische Entitäten aus den Tiefen des Alls – dies ist jedoch nur eine der möglichen Hypothesen.

Als erwiesen kann hingegen gelten, daß bei der Errichtung der Anlagen in Mahabalipuram augenscheinlich hochentwickelte Technologien zum Einsatz kamen, die für uns heute kaum vorstellbare Möglichkeiten der Gesteinsbearbeitung eröffneten und nicht mit den klassischen Vorstellungen von antiken Baumethoden vereinbar sind.

Daher kann Mahabalipuram als ein weiteres Indiz für das Vorhandensein von Hochtechnologien in prähistorischen Zeiten angesehen werden.

Swayambunath –
Landeplatz der Götter

MATHIAS KAPPEL

Im März 1994 besuchte ich anläßlich einer Nepal-Reise für mehrere Tage auch die Hauptstadt Katmandu. Der Ort liegt inmitten eines weiten Tales, ebenso wie die beiden anderen alten Königsstädte Patan und Baktapur. Noch vor etwa zweihunderttausend Jahren bedeckten nach Angaben der Geologen die Wasser eines riesigen Sees das heutige Katmandu-Tal, und nur einige wenige Erhebungen dürften als Inseln über der Wasseroberfläche gelegen haben.

Genau an diesem Punkt setzen nun zur großen Überraschung der Gelehrten auch die ältesten Überlieferungen ein. Da heißt es: In alter Zeit hätte allein der Hügel von Swayambunath über den das Tal bedeckenden Wassern gelegen. Und auf diesem Hügel soll sich zu einem nicht näher bezeichneten Zeitpunkt der Urbuddha als »sich selbst entzündende Flamme« manifestiert haben [1]. Im Buddhismus findet der Urbuddha seinen bildlichen Ausdruck in der Gestalt des Stupa. Ein Stupa besteht an seinem unteren Ende aus einer Halbkugel. Darüber zeigt ein Ziegelwürfel in die vier Himmelsrichtungen. Im oberen Teil repräsentiert ein dreizehnstöckiger Turm die dreizehn Ebenen des Wissens [2, S. 132]. Die zitierte Interpretation entläßt uns nur unwesentlich klüger, und so galt es für mich, den Hügel von Swayambunath in Augenschein zu nehmen. Würde die »sich selbst entzündende Flamme« in der Gestalt eines Stupa ihr Geheimnis offenbaren?

Beim Anmarsch auf Swayambunath erhält man die Bestätigung der

Abb. 1: Die Hauptstupa – das Heiligtum vom Swayambunath. (Foto: Mathias Kappel)

uralten Überlieferung, wonach dieser Ort über den Wassern des Sees gelegen haben muß. Weit und breit existiert keine höhere Erhebung im Tal. Die Frage, wer vor zweihunderttausend Jahren am Anfang der Überlieferung gestanden haben soll, bleibt vorläufig offen (rein theoretisch wäre eine solche Augenzeugenschaft denkbar, werden die Anfänge der Menschheit doch um 200 000 vor heute datiert [3, S. 215]; wie aber eine mündliche Überlieferung über eine solch lange Zeit stabil erhalten geblieben sein soll, ist vollkommen rätselhaft).

Nach der Ersteigung von dreihundert Stufen lag der Stupa in seiner ganzen, in den Himmel strebenden Größe vor uns (Abb. 1). Wird die sichtbare Form in Gedanken mit der ihm in der Überlieferung nachgesagten Eigenschaft verbunden, als sich selbst entzündende Flamme auf dem Hügel niedergegangen zu sein, dann liegt eine Interpretation im Sinne der Paläo-SETI zumindest im Bereich des Denkbaren.

War Swayambunath in einer weit zurückliegenden Vergangenheit ein Landeplatz der außerirdischen Götter? Was bei einem Besuch des Ortes auffällt, ist der sonderbare Umstand, daß anscheinend neben den Buddhisten gleichzeitig auch die Hindus der Stätte ihre Verehrung zollen. Im Hinduismus verkörpert der Stupa den Ur-Lingam, der keinen Ursprung hat und in Eiform dargestellt wurde [1]. Diese Aussage wie auch die weitere Deutung des Lingams als Feuersäule [4, S. 200/201] geben der von uns vorgebrachten Interpretation zusätzliche Nahrung. In dieselbe Richtung zielen andere Beobachtungen auf dem Hügel von Swayambunath. Um den Hauptstupa gruppieren sich noch weitere Tempelbauten. Ohne viel Phantasie erinnern auch diese an mißverstandene Technologie (z. B. shuttleähnliche Fahrzeuge, Abb. 2). Und wie um diese Meinung zu bestätigen, sitzt im Zentralbereich des aufstrebenden Bauwerks jener Buddha, den »die sich selbst entzündende Flamme« vielleicht in Richtung Himmel befördert hat.

Abb. 2: Zahlreiche Stupa-ähnliche Gebäude auf dem Swayambunath – mißverstandene Technologie? (Foto: Mathias Kappel)

Vijayanagara –
Wo sich Götter und Könige trafen

WALTER-JÖRG LANGBEIN

Touristen verschlägt es selten dorthin, der Weg über schlechte Straßen ist mehr als beschwerlich – der Weg nach Vijayanagara. Die Stadt liegt am Tungabhadra nordöstlich von Hospet auf halbem Weg zwischen Penukonda und Bijapur in Indien.

Anno 1443 besuchte Abdul Razzaq, ein berühmter persischer Reisender, die mysteriöse Stätte. Er notierte in seinem Tagebuch: »Ich sah, daß es eine Stadt von enormer Größe mit riesiger Bevölkerung war, mit einem König von perfekter Herrschaft. Er besaß tausend Elefanten. Die Stadt von Vijayanagara findet nicht ihresgleichen in der Welt. «

Über ihre Vergangenheit, über ihre Geschichte ist wenig bekannt. Wir wissen, daß sie eine Zeit der Blüte Mitte des vierzehnten Jahrhunderts erlebte, die 1565 endete, als marodierende muslimische Armeen einfielen. Vijayanagara muß von enormer Bedeutung gewesen sein, lockte bislang aber nur wenige Archäologen oder Historiker an. Ihr geheimnisvoller Ursprung verliert sich im Dunkel der Geschichte. Einst war sie von einer gigantischen Stadtmauer umgeben, deren Ausmaße auch heute noch staunen lassen. Teilweise wurden riesige Steinquader millimetergenau aufeinandergefügt, ebenso präzise, wie dies auch bei vorgeschichtlichen Städten in Südamerika (Peru, Bolivien) oder in der Türkei der Fall war. Sollten die gleichen »Baumeister« am Werk gewesen sein? Wirkten in Indien, in der Türkei, in Bolivien und Peru die gleichen himmlischen Lehrmeister?

Hier, in dieser mysteriösen Stadt, trafen sich einst Götter und Könige. Sie war, wie ein archäologisches Werk feststellt, »a city of both kings and gods«, »eine Stadt sowohl von Königen als auch von Göttern«. So gab es keine Trennung zwischen weltlichen und religiösen Bauten, »da der König und der königliche Haushalt im täglichen Kontakt mit Göttern standen«, schreiben John M. Fritz und George Michell in ihrem Standardwerk City of Victory.

Die Überlieferungen über den Ursprung der Stadt sind eher spärlich. Eine wichtige Rolle spielte einer der bedeutendsten Götter Indiens überhaupt, Shiva. Eine junge attraktive Frau namens Pampa, Tochter des weisen Mantanga, soll Gott Shiva regelmäßig Opfer dargebracht haben. Sie heiratete schließlich Shiva, der in der örtlichen Tradition Virupaksha heißt. Der Zeremonie sollen Weise und Götter beigewohnt haben, was angesichts der hohen Stellung des Bräutigams im Götterhimmel des alten Indien nicht verwundern darf.

Fehlende Ausgrabungen

Noch heute erinnert man an diese Hochzeit: im Virupaksha-Tempel von Hampi. Anläßlich der alljährlich im Frühjahr abgehaltenen Zeremonien zur ehrenvollen Erinnerung an die Hochzeit strömen Tausende von Pilgern herbei. Wann diese Feierlichkeiten erstmals abgehalten wurden ist ungewiß. Sie gehörten ohne Zweifel schon zum festen Ritus, zum religiösen Leben, als Vijayanagara noch eine blühende Metropole war. Die ersten Herrscher von Vijayanagara jedenfalls verehrten Virupaksha alias Shiva als die große Schutzgottheit ihrer Stadt, der göttliche Name wird in den ältesten Inschriften erwähnt.

Um die Jahrhundertwende erlebte Vijayanagara kurzfristig Aufmerksamkeit und zog nicht nur das Interesse von Archäologen auf sich. Schuld daran war das Buch von Robert Sewell, A forgotten Empire (Ein vergessenes Reich), das 1900 erschien. Doch erst 1917 führte A. L. Longhurst archäologische Untersuchungen durch und versuchte den historischen Hintergrund der geheimnisvollen Stadt zu erläutern. In den zwanziger Jahren unseres Jahrhunderts beschäftigten sich Experten in Sachen Städteplanung mit der ursprünglichen, antiken Stadt, doch das Interesse ließ nach. So kam es dazu, daß zahlreiche Monumente zusehends verfielen und einstürzten, da nichts zu ihrem Erhalt unternommen wurde. Erst in den siebziger Jahren wandte sich die Wissenschaft wieder der Stadt zu. 1980 begann man mit archäologischen Arbeiten, und Forscher aus Indien, Australien, England, Deutschland und den USA versuchten, das Rätsel der Stadt zu ergründen.

Wie bei fast allen vorgeschichtlichen Ausgrabungsorten sind auch in Indien fehlende Finanzierungen der Grund für den nur schleppenden Fortschritt in der Erforschung einer mysteriösen, hochinteressanten Stätte. Der Verfall megalithischer Monumente unvorstellbaren Ausmaßes ist zu beklagen. Es muß aber auch die unbequeme Frage gestellt werden, ob von seiten der Wissenschaft überhaupt hinreichendes Interesse daran besteht, die vorzeitlichen Rätsel wirklich zu ergründen. Besteht doch unbestreitbar die Gefahr, daß man zu Erkenntnissen kommen könnte, die mit dem herkömmlichen Bild, das man von der Vergangenheit entworfen hat, nicht in Einklang gebracht werden können.

Aus den spärlichen Quellen alter Überlieferungen weiß man ja, daß sich einst in der Stadt Götter und Könige trafen, so wie im südamerikanischen Tiahuanaco einst die Götter, die von den Sternen kamen, zur Erde herabgefahren sein sollen, lange bevor es überhaupt Menschen gab. Sollten auch in Indien einst Götter herabgefahren sein? Sollte Vijayanagara ursprünglich als Landeplatz von Außerirdischen fungiert haben? Und sollte man auf seiten der Archäologie auch deshalb so zögerlich ausgraben, weil man befürchtet, tatsächlich Spuren für solche kosmischen Besuche zu finden?

Landeplatz für Ezechiels Raumschiff?

Als mein Buch DAS SPHINX-SYNDROM im Frühjahr 1995 in Druck ging, fügte ich noch – im Zusammenhang mit den Kontakten Ezechiels zu Außerirdischen – folgende Ergänzung ein: »Aktueller Nachtrag: Im Februar 1995 erfuhr ich, daß auf dem südlichen indischen Hochland, dem Dekkan, ein Tempel restauriert wird, der in verblüffender Weise dem von Ezechiel beschriebenen Tempel gleicht. Eine meiner nächsten Forschungsreisen wird mich nach Indien führen.« Gemeint war damit ein archäologisches Kuriosum, das erst kürzlich freigelegt worden ist und als »rituelles Bad« bezeichnet wird. Die Anlage, nicht zu verwechseln mit dem »Bad der Königin«, das sich gleichfalls im Gesamtkomplex von Vijayanagara befindet, ist einzigartig in Indien. Es gibt meines Wissens keine zweite auch nur annähernd ähnliche Anlage.

Das »rituelle Bad« (es findet sich bislang in fast keinem archäologischen Werk, da es erst kürzlich ausgegraben wurde) macht den Eindruck eines »Sportstadions«. Es ist vollständig im Erdreich versenkt und quadratisch angelegt und hat an der Oberkante die Ausmaße 22,50 mal 22,00 Meter. Vier Stufen, jeweils 0,90 Meter tief, führen nach unten zu einem »Quadrat« von 6,13 Metern Seitenlänge. Wie tief die letzte, fünfte Stufe ist, konnte nicht eruiert werden. Im untersten Bereich steht Wasser, am Boden befindet sich fester Schlamm. Sollte auch die letzte, fünfte Stufe die gleiche Höhe haben wie die vier oberen, dann wäre die mysteriöse »Anlage« (um ein wertneutrales Wort zu verwenden) 4,50 Meter tief. Auf allen vier Seiten sind zahlreiche, sehr schmale »Treppchen« angebracht, auf denen man nach unten steigen kann.

Die kuriose Anlage scheint als »Bad« denkbar ungeeignet. Wenn sie aber kein »Bad« war, welchem Zweck diente sie dann? Handelt es sich um ein ursprünglich technisches Bauwerk? Oder um die Kopie einer technischen Anlage, wobei die Erbauer den ursprünglichen Zweck des Baus bereits nicht mehr verstanden hatten? Schließlich stellt sich die Frage, ob dieses ins Erdreich hineingebaute, quadratische »Stadion« nur Teil eines Gesamtkomplexes war, dessen überirdisch angelegter Teil im Lauf der Zeit verfiel oder abgetragen wurde? In der gesamten Stadtanlage wurde über längere Zeiträume hinweg gebaut, anscheinend wurden dabei ältere Gebäude als Steinbruch benutzt, um Material für neue zu gewinnen. So könnte auch der zum »Stadion« gehörende Komplex irgendwann zerstört worden sein.

Größere Übereinstimmungen mit dem von Ezechiel so präzise und detailfreudig beschriebenen Tempelkomplex, bei dem es sich nach den Berechnungen von Ingenieur Hans Herbert Beier um eine Wartungsanlage für Raumschiffe von »Ezechiel-Typ« gehandelt hat, vermag ich nicht zu erkennen. Dennoch könnte ein solches oder ähnliches Flugvehikel das »Stadion« angeflogen haben, aber um sicherere Aussagen machen zu können, müßte diese Anlage genauestens mit Ezechiels Text verglichen werden. In jedem Fall verdient sie mehr Aufmerksamkeit, als ihr bislang zuteil geworden ist.

Laos und das Rätsel der »Steinkrüge«

Luc Bürgin

Wer sich die Mühe macht, archäologische Fachliteratur zum Thema »Steintransporte« zu wälzen, wird dort mit schöner Regelmäßigkeit auf regelrechte »Konjunktiv-Orgien« stoßen. Wörter wie »vielleicht« oder »möglicherweise« sind keine Seltenheit, wenn es darum geht, Bearbeitung und Transport megalithischer Steinblöcke, mit denen unser Erdball übersät ist, zu beschreiben. Tatsächlich stehen die Archäologen hier vor einem gewaltigen Rätsel. Nur mit viel Mühe und einer gehörigen Portion Phantasie können sie sich den Transport der oft gigantischen Steinriesen vor Tausenden von Jahren ausmalen.

Kaum verwunderlich, wenn wir in denselben Publikationen gelegentlich auf recht unbeholfene technische Erklärungsversuche stoßen, die – ausgehend von unserem heutigen Wissensstand – krampfhaft die damaligen Mammutleistungen zu erklären versuchen. Das ist insoweit vertretbar, wenn derartige Gedankenkonstruktionen als Spekulationen gekennzeichnet werden. Ob solche Formulierungen dagegen, wissenschaftlich gesehen, zufriedenstellend sind, ist eine andere Frage. Außerdem wird mitunter übersehen, daß es sich hier um ein globales Problem handelt. Die Paläo-SETI-Forschung hat in diesem Zusammenhang bereits auf verschiedene rätselhafte Steinartefakte in Europa, Ägypten, Libanon oder Südamerika aufmerksam gemacht, die untereinander beachtliche Parallelen aufweisen.

Die mysteriösen Steinkrüge von Laos. (Foto: A: Reinecke)

Eher wenig Beachtung fand bisher der asiatische Raum, obwohl archäologische Fundstätten auch hier Fragen aufwerfen. So befindet sich etwa zweihundert Kilometer von der laotischen Hauptstadt Vientiane entfernt die sogenannte »Ebene der Tonkrüge«. Bis zu drei Meter hohe, steinerne »Blumentöpfe« lagern dort über weite Strecken verstreut. Ihr Ursprung reicht in die Jungsteinzeit zurück. Intensiv hat sich der Forscher Andreas Reinecke vom *Deutschen Archäologischen Institut* in Bonn mit diesem Thema beschäftigt. Reinecke hält ausdrücklich fest, daß die geheimnisvollen Steingefäße nicht aus Ton gefertigt – wie uns heute so manches Lexikon oder Fachbuch in kompetentem Ton verkündet –, sondern vielmehr aus Sandstein geschlagen wurden. Sinn und Zweck der laotischen Konstruktionen liegen bis heute im dunkeln, wenngleich diverse Spekulationen und Überlegungen in dieser Sache angestellt worden sind [1, 2].

Derzeit wird den Steingefäßen ein Alter von rund zweitausend Jahren zugeschrieben, was angesichts der in der Umgebung von Laos vorhandenen Megalithstrukturen eher vorsichtig bemessen erscheint. Als ich Ende Juli 1995 mit Reinecke telefonierte, meine Zweifel an der Datierung äußerte und meiner Vermutung darüber Ausdruck verlieh, daß die Steinskulpturen womöglich weitaus älteren Datums sein könnten, mußte der Bonner Wissenschaftler denn auch einräumen, daß die Altersfrage in der Tat ein ungelöstes Problem bilde: »Zwar gibt es einige spärliche Hinweise, aber letztlich beruht die Datierung lediglich auf einer Vermutung.«

Auch sonst bleiben viele Fragen offen. Reinecke wörtlich: »Herstellung und Transport der einzelnen, teilweise über ein Dutzend Tonnen schweren Steingefäße erforderten eine Organisation und Kraftanstrengung, die mit denen der jungsteinzeitlichen Erbauer der Großsteingräber im nördlichen Mitteleuropa vergleichbar sind. Großflächige moderne archäologische Ausgrabungen, die in den nächsten Jahren mit ausländischer Hilfe in Angriff genommen werden, führen sicherlich zur Lösung einiger Rätsel um die Steingefäße in der laotischen Bergprovinz von Xieng Khoang« [3].

Ob moderne archäologische Untersuchungen die Rätsel um den

Transport der steinernen Krüge wirklich lösen werden, wage ich zu bezweifeln. Auch die französische Archäologin Madelaine Colani (sie untersuchte die archäologische Stätte bereits vor vielen Jahrzehnten, und ihre mustergültige Dokumentation gilt bis heute als einsames archäologisches Standardwerk über Laos) hatte schon Mühe, die Transportfrage zu klären, scheinen die kolossalen Steinriesen unter Überwindung beträchtlicher Höhenunterschiede doch häufig über weite Strecken hinweg transportiert worden zu sein [4]. So finden wir auch in Colanis Abhandlung viele Fragezeichen und Skizzen, mit welchen primitiven Hilfsmitteln die Transporte womöglich durchgeführt worden sein mögen: kompetente Gedanken, aber keine befriedigenden Antworten.

Pyramiden
in Chinas verbotenen Zonen

Hartwig Hausdorf

Für Julia Zimmermann, Peter Krassa und mich waren es denkwürdige Tage, die wir im März 1994 in Xian, der Hauptstadt der chinesischen Provinz Shaanxi, verbrachten. Waren wir doch die ersten Ausländer, denen damals erlaubt worden war, einige jener Pyramiden zu besichtigen und zu fotografieren, die sich in der für Touristen normalerweise gesperrten Zone Shaanxis befinden.

Bis dahin gab es – außer wenigen alten Schwarzweißbildern – keine greifbaren Beweise für diese Bauwerke. Natürlich wurde in diversen Veröffentlichungen von Krassa [2], Cathie [3], mir [4] und anderen bereits auf chinesische Pyramiden hingewiesen. Die klassische Archäologie stand jedoch auf dem Standpunkt: »Pyramiden in China – die gibt es nicht!« – obwohl Handelsreisende bereits um die Jahrhundertwende über riesige Bauwerke in den Weiten des Gelben Reiches berichtet hatten. Ihre Angaben wurden glattweg ignoriert.

Im März 1994 bekamen wir also sechs oder sieben Pyramiden zu sehen. Drei von ihnen (und eine fast nicht mehr als solche erkennbare) stehen in der Nähe der Zufahrtsstraße, die den neuen Flughafen mit der Sechs-Millionen-Stadt Xian verbindet. Entdeckt wurden sie 1991. Drei weitere befinden sich in der Nähe des Ortes Mao Ling, eine davon etwa neunzig Meter hoch. Angesteuert wurden die beiden Orte an verschiedenen Tagen, von verschiedenen Anfahrtswegen aus. Wir hätten es viel einfacher haben können ...

Am 16. Oktober war es dann soweit: Mit elf AAS-Mitgliedern

Pyramiden in Chinas »verbotener Zone«. (Fotos: Hartwig Hausdorf)

machte ich mich erneut auf den Weg in die Volksrepublik, auf den Spuren der ersten, so erfolgreichen Reise in die Sperrgebiete dieses riesigen Landes. Bereits beim Landeanflug auf *Xian Airport* glaubten zwei der Reiseteilnehmer, in der Ferne so etwas wie Pyramiden ausmachen zu können. Gut möglich – denn im Oktober war die Luft wesentlich klarer und die Sichtverhältnisse ungleich besser als damals im März.

Ich konnte es fast nicht glauben: Es waren die diesigen Luftverhältnisse, die uns im März den Ausblick auf weitere Pyramiden im wahrsten Sinne »vernebelt« hatten! Nun hingegen war es, auf einer Pyramide stehend, möglich, in der Landschaft ringsumher zahlreiche weitere zu entdecken! Wir standen auf diesem siebzig Meter hohen Bauwerk und vermochten nicht weniger als *siebzehn* Objekte in einem Umkreis von etwa drei Kilometern auszumachen. In einem anderen Fall konnten sogar *dreißig* weitere Pyramiden erkannt und auf Video gefilmt werden!

Es ist unglaublich: Inmitten einer fast ausschließlich landwirtschaftlich genutzten Ebene, jedoch bis an die Grenze der Fünfhunderttausend-Einwohner-Stadt Xianyang stoßend, erheben sich -zig Pyramiden. Einige davon sind sechzig bis siebzig Meter hoch, andere in ganzen Reihen zu dreien oder zu Gruppen von noch mehreren zusammengefaßt. Ein etwa sechzig Meter hohes Exemplar erinnert in seiner Form an die Sonnenpyramide von Teotihuacan (Mexiko).

Mit den mittelamerikanischen Pyramiden haben die chinesischen die Form gemeinsam. Wie diese sind sie oben abgeflacht [3] und vermutlich nicht minder häufig. Man kann nun – vorsichtig geschätzt – wohl von insgesamt etwa hundert Pyramiden in dieser Region ausgehen. Und das sind mehr, als im »klassischen« Land der Pyramiden, in Ägypten, zu finden sind.

Astronomische Ausrichtung

Unser Dolmetscher in Xian konnte uns erste vorsichtige Schätzungen über das Alter dieser Pyramiden nennen: mindestens zweieinhalbtausend bis dreieinhalbtausend Jahre, einige sind wahrscheinlich noch älter. Dies wäre jene geheimnisumwitterte Zeit, in der im alten China die legendären »Urkaiser« herrschten. Mit diesen Kaisern hatte es eine ganz besondere Bewandtnis, denn der Überlieferung nach hatten sie keine irdischen Vorfahren! Im Gegenteil, sie wurden nicht müde, stets hervorzuheben, von den »Himmelssöhnen« abzustammen. Und diese wiederum seien einst auf feurigen, metallenen Drachen aus dem Weltraum zur Erde gekommen!

Erinnerungen an die »vom Himmel«, die Überlieferung spricht sogar von »aus dem Weltraum« [5] gekommenen Götter? Es ist typisch für so viele alte Kulturen dieser Welt, daß sie hohe, zum Himmel weisende Bauwerke errichteten. Zeichen für die »Götter«? Wenn auch in der einen oder anderen Pyramide hochgestellte Persönlichkeiten bestattet wurden, tut dies unserer Hypothese keinen Abbruch. Im Gegenteil: in allen Kulturen behaupteten auch die Herrschergeschlechter stets, von den »Himmlischen«, den »Göttern« abzustammen [6].

Wie in den ägyptischen Pyramiden, so scheinen sich auch in den chinesischen deutliche Hinweise auf ein phänomenales Wissen zu verbergen. Bereits im März 1994 gestand uns Professor Wang Shiping, Leiter der Forschungsabteilung des Provinzmuseums von Xian, er hege keine Zweifel an einer astronomischen Ausrichtung der Shaanxi-Pyramiden.

Auf einen interessanten Umstand wies Expeditionsteilnehmer Helmut Fürnrieder hin. Als Bauingenieur achtete er insbesondere auf die Maße der riesigen Strukturen und stieß auf eine unerwartete Entdeckung: Einige der chinesischen Pyramiden bergen den berühmten »Goldenen Schnitt« in sich. Diese geometrische Maßzahl (0,618...) entsteht bei der Teilung zweier Strecken, die in einem ganz bestimmten Verhältnis zueinander stehen. Sie galt in Geometrie und Architektur des Altertums als göttliches Gesetz. Erich von Däniken hat nachgewiesen, daß sich sogar die Distanzen altgriechischer Kultorte zueinander häufig im Verhältnis des »Goldenen Schnitts« befinden [7].

Ein Beispiel: Die einzige Steinpyramide Chinas liegt in der Provinz Shandong, zwischen den Städten Tai´an und Qufu. Teilt man die Länge einer ihrer Oberkanten (9,40 Meter) durch die Länge einer ihrer schrägen Kanten (15,20 Meter), so bekommen wir als Ergebnis 0,618…, d. h. diese beiden Seiten stehen im Verhältnis des »Goldenen Schnitts« zueinander. Dasselbe gilt für die Maße der berühmten »Weißen Pyramide«. Teilt man die Höhe (ca. 300 Meter) durch die Seitenlänge an der Basis (ca. 485 Meter), erhalten wir den Wert von 0,618. Wirklich nur Zufall?

Was wir auf der neuerlichen Reise im Oktober an Pyramiden sahen, übertraf wohl unser aller Hoffnungen. Gleichwohl warten sicher noch weitere unentdeckte Pyramiden auf uns. Schon früher [1] hatte ich von der Beobachtung eines amerikanischen Astronauten geschrieben, der aus dem Erdorbit neun sehr große Pyramiden ausgemacht hatte. Diese neun Pyramiden bekamen wir leider auch dieses Mal nicht zu sehen. Sie harren weiterhin einer näheren Untersuchung. Die Entdeckungsgeschichte der Pyramiden in China bleibt also weiterhin spannend!

Im Inneren der großen Pyramide

Michael Haase

Im Frühjahr 1993 machte der Techniker Rudolf Gantenbrink im Rahmen seines UPUAUT-Projekts in den Schächten der Königinnenkammer der Cheops-Pyramide (vierte Dynastie, um 2580 v. Chr.) eine unerwartete Entdeckung. Er konnte nachweisen, daß der südliche Schacht länger ist, als man bisher vermutete. Zudem entdeckte er am Ende dieses Schachtes eine in der Ägyptologie bislang unbekannte architektonische Struktur, eine Art »Blockierung«, die vermutlich von oben in den Schacht eingelassen wurde.
Gantenbrinks Entdeckung hatte in der Fachwelt und in den Medien für Aufsehen gesorgt. Undurchsichtig und unverständlich ist jedoch bis heute die »Niederlegung« der weiteren Forschungsarbeiten geblieben. So einfach und zum Teil eindeutig, wie sich die damalige Situation in den Medien darstellte, ist sie aber wohl nicht gewesen. Übereilte Schuldzuweisungen an einzelne Personen, Gruppen oder Institutionen sowie Fehleinschätzungen gewisser Situationen haben die Bewertung der Gesamtproblematik eher vernebelt, statt sie objektiv darzustellen. Mittlerweile scheint zwischen den »Parteien« Einigkeit darüber zu bestehen, daß viele der in den Medien »breitgetretenen« gegenseitigen Anschuldigungen nichts anderes als Mißverständnisse sowie unausgesprochene und nicht zu Ende diskutierte »Meinungsverschiedenheiten« waren.
Und die weiteren Forschungen im »Gantenbrink-Schacht«? Es gibt Gerüchte, daß die Untersuchungen des Schachtes fortgesetzt wer-

Die Pyramide des Cheops vor den Toren von Kairo. Im Vordergrund Teile des Beamten- und Priesterfriedhofes. (Foto: Christine Mende/Michael Haase)

den sollen. Von offizieller Seite gab es bisher allerdings keine Stellungnahmen.

In den letzten dreieinhalb Jahren konnten insbesondere durch die Auswertungen des Videomaterials, das beim UPUAUT-Projekt erstellt wurde, einige wichtige Erkenntnisse über diesen Bereich erzielt werden. Bei seinen späteren Analysen schenkte Gantenbrink den an der Blockierung angebrachten vermutlich kupfernen Beschlägen besondere Beachtung. Hierbei standen seine Ansichten im krassen Gegensatz zu der Auffassung von Prof. Stadelmann vom *Deutschen Archäologischen Institut* in Kairo, der sich klar *gegen* eine technische Interpretation aussprach. Stadelmann plädiert für eine religiöse Sichtweise. Seiner Meinung nach stellen die Beschläge Hieroglyphenzeichen dar [1].

Gantenbrinks indirekte Analysen der beiden »Beschläge« machen plausibel, daß sie an der Blockierung anscheinend unter Verwendung von Bitumen und »Gipsmörtel« befestigt wurden [2]. Unwei-

gerlich kam man auf den Gedanken, daß es sich bei den Metall-
stücken in Wirklichkeit um »Stifte« handeln könnte, die eventuell
miteinander in Verbindung stehen. Gantenbrink würde die Fragestellung dadurch lösen, daß er an einen der »Stifte« eine Span-
nung anlegt und am anderen »Stift« prüft, ob ein Stromkreis geschlossen wird. Das Schließen oder Nicht-Schließen eines Strom-
kreises entscheidet jedoch nicht die Frage, ob hinter der Blockierung
etwas »Technisches« oder »Dekoratives« angebracht wurde. Dies
alles bleibt Spekulation.

Ein Hohlraum jenseits der Blockierung?

Eine weitere Spekulation drängt sich auf: Gibt es einen unbekannten Hohlraum jenseits der Blockierung? Gantenbrink legte im Jahr
1995 eine Reihe signifikanter Indizien vor, die die Existenz eines solchen Hohlraumes zumindest nicht ausschließen würden. Neben einer starken Bodenbeschädigung und den Sägespuren, die im staub-
und sandfreien Bereich vor der Blockierung entdeckt wurden, waren es vor allem die äußerst präzisen Bearbeitungsspuren des letzten
Schachtblockes und der Blockierung, die für diese Möglichkeit sprechen [3]. Nach wie vor bin ich zwar der Auffassung, daß man aufgrund der Architektur und Statik in der Umgebung der Blockierung
die Existenz eines *begehbaren* Kammer- bzw. Hohlraumsystems in
diesem Bereich der Pyramide ausschließen kann, jedoch bieten
Gantenbrinks Indizien genügend Spielraum für eine isolierte Hohl-
raum-Struktur [4]. Falls es diesen Hohlraum wirklich gibt und er
nicht rein bautechnisch entstanden ist, muß man wohl aufgrund der
Befunde davon ausgehen, daß er von langer Hand geplant war und
mit großer Wahrscheinlichkeit einen religiösen Zweck, der sicherlich auf die Person des toten Königs ausgerichtet war, erfüllte.
Befinden sich womöglich hinter der Blockierung ein oder mehrere
kultorientierte Gegenstände? Auch diese Spekulation ist nicht ganz
abwegig, wenn man an die religiös deutbaren Fundstücke aus dem
nördlichen Königinnenschacht denkt [5]. Zudem gibt es da noch

Die Nordostecke der Königinnenkammer in der Cheops-Pyramide. In der Bildmitte der Eingang, links davon der nördliche Schacht, in dem man bereits im vergangenen Jahrhundert einige originale Gegenstände fand. (Foto: Christine Mende/Michael Haase)

den *Serdab* an der Djoser-Stufenmastaba in Sakkara. Diese isolierte Struktur, die an der Nordseite des Djoser-Grabmals angebaut wurde, ist ein gutes Beispiel für einen abgeschlossenen und auf der Schräge liegenden Bau, der für niemanden zugänglich ist. Die beiden gebohrten Löcher auf der Nordseite des *Serdabs*, durch die eine Königsstatue des Djoser (heute steht dort eine Kopie) zum nördlichen Sternenhimmel schauen konnte, erinnern fast automatisch an die Blockierung in der Pyramide.

Hier sind in Zukunft Archäologen und Techniker gemeinsam gefordert, weiterzuforschen. Seit der Antike beschäftigt die Cheops-Pyramide die Phantasie der Menschen. Das wird auch in Zukunft so bleiben. Der »Cheops-Krimi« geht weiter ...

Spurensuche
im Schatten der Pyramiden

MICHAEL HAASE

Noch immer ist das Problem des Materialtransportes beim Pyramidenbau bis zur Höhe der Pyramidenspitze nicht zufriedenstellend gelöst. Es gibt zwar Randparameter, die die Lösungsansätze eingrenzen und konkretisieren [1], eine abschließende Bewertung steht aber noch aus. Eines jedoch scheint sicher: Es wurden beim Pyramidenbau keine Rampen verwendet, die aus größerer Entfernung direkt bis zur Spitze der Pyramide hinaufreichten. Ihre Massen hätten die der Pyramide bei weitem überschritten. Hinzu kommt, daß die Baumeister bei solchen Rampenkonstruktionen mehrere Winkel (Flanken-, Steigungs- und Auflagewinkel) beherrschen und kontrollieren mußten. Jede Änderung eines dieser Winkel während des Baus zog automatisch die Anpassung der anderen Winkel nach sich. Die so entstandene Baurampe wäre zu einem Gebilde geworden, das ungleich komplizierter als die Pyramide selbst war. Hinzu kommt im speziellen Fall der Cheops-Pyramide, daß sich die Hauptsteinbrüche, aus denen nachweislich ein Großteil des Kernmauerwerkes stammt, nur etwa vierhundert Meter südlich des Grabmals befinden [2].
Wie gelang es aber den ägyptischen Bauarbeitern, die Kalksteinblöcke bis auf eine Höhe von über 145 Meter zu transportieren? Eine Lösung für dieses Problem hat der Münchner Techniker Rudolf Gantenbrink vorgeschlagen [3]. Er vermutet, daß man beim Bau rings um die Pyramide herum eine »Anschüttung« von losem

Die Pyramide von Medum. Ein Hinweis auf Gantenbrinks Anschüttungsmodell? (Foto: Christine Mende/Michael Haase)

Material errichtet hat. So entstand eine Art Berg aus Sand und kleinen Steinen, der die Pyramide Stufe für Stufe einschloß und dessen Schüttungswinkel sich automatisch durch den Neigungswinkel der Pyramide einstellte. Diese Idee ist nicht neu und kann sicherlich nicht als endgültige Lösung für das Transportproblem betrachtet werden. Sie bietet aber in der jetzigen Version eine durchaus diskussionswürdige Alternative.

Eine solche Baustelle wäre immerhin von allen Seiten frei zugänglich gewesen. Auf Transportwegen, die auf der »Anschüttung« angelegt wurden, hätte man das Baumaterial nach oben transportieren können. Gantenbrink errechnete, daß das Volumen einer solchen »Anschüttung« durchschnittlich nur etwa das 1,2fache des Pyramidenvolumens betragen würde.

Auf der Suche nach archäologischen Hinweisen für seine Vermutung führte es Gantenbrink fast zwangsläufig zur Pyramide von Medum. Die Randparameter für sein »Anschüttungsmodell« scheinen an der südlichsten Pyramide des Alten Reiches erfüllt zu sein.

Weit sichtbar steht die Kernstruktur dieses Bauwerks inmitten eines Berges von mehr oder weniger losem Material. Techniker und Ägyptologen gemeinsam müssen sich den »Schutthaufen« am Fuße der Medum-Pyramide einmal genauer anschauen und auf Details prüfen. (Vielleicht haben wir es im Fall von Medum aber auch nur mit den Resten der abgeschlagenen Außenverkleidung oder anderen Spuren einer antiken Steinberaubung zu tun.)

Die Bohrungen von Abusir

Ein anderes »pyramidales Problem« führt uns nach Abusir: zum Ruinenfeld des Totentempels der Sahure-Pyramide. Hier findet sich eine große Anzahl von Bohrlöchern verschiedenster Durchmesser in Hartgesteinen wie Grauwacke und Granit. Die meisten Steinblöcke, die Bohrungen aufweisen, liegen zwar nicht mehr an ihren ursprünglichen Standorten, jedoch deuten die markant herausgearbeiteten Strukturen um sie herum an, daß die Bohrlöcher zeitgenössisch und zum Teil mehr als viertausend Jahre alt sind. Ihre Funktionen sind in den meisten Fällen klar ersichtlich: Die Bohrlöcher dienten einst als Riegellöcher für die Türen des Totentempels. Alte Grabungsberichte und die ägyptologische Standardliteratur bestätigen diesen Umstand eindeutig [4].

Erstaunlich an diesen Bohrungen ist nicht nur die Perfektion ihrer Ausführung, sondern vor allem ihre Struktur. Sie ähneln verblüffend genau unseren modernen Kernbohrungen, deren Entdeckung und erste industrielle Handhabung ins späte neunzehnte Jahrhundert datiert wird: Rillenmuster auf den Seitenwänden und ein stehengelassener Bohrstumpf, umgeben von einer Bohrrille!

Interessant ist in diesem Zusammenhang die chronologische Zuordnung der Befunde: Die Kernbohrungen in Ägypten scheinen ein Phänomen des Alten Reiches zu sein [5], das sich bis in die 3. Dynastie zurückverfolgen läßt. Die Ägypter mußten zu dieser Zeit über sehr genaue und differenzierte Materialkenntnisse verfügt haben, die es ihnen erlaubten, derartige Steinbearbeitungen durchzufüh-

Im Totentempel der Sahure-Pyramide in Abusir. Dieser Granitblock läßt die Türführung mit dem Loch für den Türriegel noch erkennen. (Foto: Christine Mende/Michael Haase)

ren, wie auch andere handwerkliche Bearbeitungen unzweifelhaft belegen. Die vielen Gefäße aus den verschiedensten Gesteinen, die sich heute weltweit in den Museen befinden, sind ein deutlicher Beweis dafür, daß wir es bei dem Problem der Hartsteinbearbeitung im Alten Reich mit einem alltäglichen Phänomen zu tun haben. Vor diesem Hintergrund wird klar, daß die Kernbohrbefunde in Abusir in technologischer und praktischer Ausführung eng mit den Methoden der altägyptischen Gefäßbearbeitung, insbesondere mit dem Ausbohren von Gefäßen, verbunden sind, die uns schon seit dem Beginn des alten Ägypten begegnen.

Die Techniken der Gefäßbearbeitung sind uns nicht ganz unbekannt. Noch heute können wir diese vergleichbare Handhabung des Ausbohrens auf diversen Grabreliefs nachvollziehen.

In den Darstellungen erkennt man einen Bohrer mit einer Triebstange, die sich an ihrem unteren Ende gabelt, um einen Bohrkopf aufzunehmen. Dieser bestand entweder aus einer Metallspitze oder aus einem Metallzylinder. Am oberen Ende der Triebstange war eine Kurbel angebracht, an der zwei Gewichtssteine befestigt waren, die die Schwungkraft erzeugen sollten, um den Bohrer ins Gestein zu »pressen«. Die Bohrrillen, die diese Technik hinterließ, sind z. T. noch in vielen Gefäßen erkennbar, auch wenn sie oftmals durch eine anschließende Polierung der Bohrwände beseitigt wurden.

Wir bekommen somit also einen ersten Eindruck über die zur Anwendung gekommenen Verfahren und insbesondere über die Konstruktion der einzelnen Bohrer [6]. Alles deutet darauf hin, daß wir es bei dem zur Anwendung gekommenen Werkzeug vermutlich mit einer Art »Rohrbohrer« zu tun haben [7].

Aufgrund der archäologischen Befunde wissen wir, daß als Werkstoffmaterial für derartige Bohrer nur Kupfer in Frage kommen könnte. Es ist also plausibel, davon auszugehen, daß die Kernbohrungen von Abusir mit einem zylindrischen Kupferbohrer hergestellt wurden [8]. Vom derzeitigen Wissensstand der Ägyptologie aus betrachtet, stand den Ägyptern damals als Schneide- bzw. Schleifmaterial nur kristalliner Quarz (z. B. Bergkristall) zur Verfügung [5]. Aufgrund der prägnanten spiralförmigen Kratzer- und

Rillenbildung an den Wänden der Bohrlöcher kann man eine Verbindung zwischen Bohrstange und Schneidemittel herstellen: Sehr wahrscheinlich wurde mit einem mechanisch oder metallurgisch auf einem Bohrkopf aufgesetzten Schneidematerial gearbeitet.

Das eigentliche Bohrverfahren war sicherlich sehr kompliziert und vor allem langwierig. Für diese Arbeit kamen nur Spezialisten in Frage, deren handwerkliche Nennung aus dem Alten Reich inschriftlich belegt ist. Auch die verschiedenen Bohrwerkzeuge und die Bohrtätigkeit als solche fanden Eingang in die altägyptische Sprache und belegen den normalen Umgang mit derartigen Verfahren und Praktiken.

Ist aber die Technologie dieser einfach anmutenden Werkzeuge bei der Gefäßbearbeitung auch auf die Bohrungen in Abusir anwendbar? Vielleicht, aber Zweifel sind durchaus erlaubt. Heutzutage geht man bei den Bohrungen, wie sie in Abusir vorzufinden sind, von einem »Bohrpreßdruck« in der Größenordnung von etwa zwei Tonnen aus. Dies vermochten die oben dargestellten Bohrer wohl nicht zu leisten.

Wie funktionierten die Bohrer?

Wie konnten aber die Ägypter vor vier Jahrtausenden dennoch derartige Löcher mit solcher Präzision bohren? Bestanden die Bohrer wirklich nur aus Kupfer, wurde als Schneidematerial lediglich Quarz benutzt?

Eigentlich, so der Grundtenor aller Fachleute, hätten die Ägypter ihre Bohrkronen mit Diamanten als »Schneidematerial« bestücken müssen, um Kernbohrungen zu erzeugen, wie wir sie heute vorfinden. Nur leider gibt es bis heute keinen positiven archäologischen und geologischen Befund in Ägypten, der auf die Verwendung von Diamanten hinweist. Vielleicht wurde dieser spezielle »Werkstoff« importiert, war als Handelsware üblich? Als Ursprungsländer kämen hierbei Indien und Südafrika in Frage. Beide Varianten werden allerdings von den Ägyptologen ausgeschlossen, da sich bislang keinerlei Indizien für eine Verwendung des Diamanten im alten Ägypten nachweisen lassen.

Muß man aber nicht davon ausgehen, daß die alten Ägypter, als präzise Beobachter bekannt, die besonderen Eigenschaften des Diamanten erkannt und angewandt hätten? Wäre es anachronistisch anzunehmen, daß sie dieses außergewöhnliche Mineral nicht nur als Schneidematerial, sondern – ähnlich wie wir heute auch – in der altägyptischen »Schmuckindustrie« verwendet hätten? Aber kein derartiges Schmuckstück ist uns überliefert worden. Ebensowenig läßt sich der Diamant im Alten Reich philologisch nachweisen. Zwar gibt es noch eine Reihe von Materialbegriffen, die bislang nicht gelesen werden können [9], aber die Chance, insbesondere den Diamanten als Wort in einigen altägyptischen Texten wiederzufinden, wird als sehr gering eingeschätzt. Sprechen diese »Befunde« nicht gegen den Bekanntheitsgrad und die Verwendung des Diamanten durch die Ägypter? Ist die Suche nach dem Werkstoff Diamant womöglich eine monokausale Sackgasse?

Wie sieht es mit den mineralogischen Alternativen zum Diamanten als Schneidematerial aus? Korund war im mediterranen Bereich durchaus bekannt und kam auch dort zur Anwendung. Allerdings erst in viel späteren Epochen, zur Zeit des Hellenismus. Anbieten würde sich noch der Smaragd, der in altägyptischer Zeit in der libyschen Wüste abgebaut wurde. Fachleute argumentieren jedoch, daß er den Ägyptern wohl nicht in den benötigten Mengen für eine umfangreiche Steinbearbeitungsindustrie zur Verfügung gestanden haben kann.

Genausowenig, wie man bisher das Schneidematerial definieren konnte, ist die Fragestellung gelöst, wie die Bohrkronen in das relativ weiche Kupferrohr eingebracht wurden. Dieses Problem ließe sich in Zukunft durchaus experimentell lösen, da wir alle notwendigen Parameter zur Verfügung haben.

Auch das »Spülungsproblem« beim Bohren im Hartgestein wurde bisher eher vernachlässigt. Es existieren hierbei kaum diskussionsfähige Lösungsansätze.

Insgesamt kann man leicht nachvollziehen, daß ein umfangreicher

Forschungsbedarf in Sachen »Kernbohrungen« vonnöten ist. Womöglich bringt eine gezielte Untersuchung in Abusir neue Erkenntnisse. Bis dahin aber bleibt Abusir ein ägyptologisches »Geheimnis der Wüste«.

Abusir –
Mysterium einer vergessenen Technik

THOMAS H. ALFRED FUSS

Memphis, Ägypten. Kaum etwas in dieser Region läßt heute noch ahnen, daß sich hier einst die Hauptstadt und das Regierungszentrum des alten Ägypten befand. Darüber hinaus war Memphis zur Zeit des Alten Reiches aber auch Handwerksmetropole. Ptah, der »Gott der Handwerker«, soll hier seinen Hauptsitz gehabt haben, und sein jeweiliger »menschlicher« Hohepriester hatte die Bezeichnung »Oberster Meister des Herrn des Handwerks« inne. Nur eine schöne Geschichte?

Kaum, fügt sich doch diese Überlieferung nahtlos in die weltweit existierenden Ur-Erinnerungen an göttliche Lehrmeister und menschliche Lehrlinge ein. Ob Schrift, Architektur, Landwirtschaft oder Handwerk: die göttlichen »Entwicklungshelfer« gaben ihr Wissen allerorten stets an ausgesuchte Menschen weiter. So auch hier. Und tatsächlich finden wir im Raum Memphis erste Hinweise auf ein einst »göttliches« handwerkliches Wissen.

Bereits zwischen 1902 und 1907 legten Archäologen in Abusir, nur unweit der großen Pyramiden von Gizeh, eine ungefähr viereinhalbtausend Jahre alte Tempelanlage frei. Es handelt sich um den Pyramidentempel des Königs Sahure, der zur Blütezeit des Alten Reiches während der fünften Dynastie (ca. 2475–2345 v. Chr.) regiert hatte.

Trotz eines sehr guten Erhaltungszustandes zur Zeit der Freilegung wurde die Anlage nicht wieder aufgebaut, und so präsentiert sich

Kernbohrungen (mit zum Teil noch erkennbarem, nicht völlig herausgelöstem Bohrkern) in Abusir. (Foto: Thomas Fuss)

der Pyramidentempel des Sahure auch heutigen Abusir-Besuchern größtenteils noch immer als ein Ruinenfeld aus bearbeiteten Kalksteinen, Granit- und Basaltblöcken. Doch dieses »Ruinenfeld« hat es in sich!

Daß die alten Ägypter hervorragende Handwerker und Steinmetze waren, steht außer Frage. In Abusir jedoch existieren Steinbearbeitungsspuren, die bislang allen »rationalen« Erklärungsversuchen trotzen. In vorwiegend härtestem Gestein (Granit, Basalt, Grauwacke und Diorit, Mohrshärte 8,5 von 10) finden sich präzise Aussparungen, exakte Winkel und vor allem Bohrlöcher, die es gemäß gängiger Lehrmeinung gar nicht geben dürfte. Das Rätselhafte: Die Bohrungen weisen genau die gleichen Merkmale (charakteristische Rillenbildung, Bohrstumpf) auf wie modernste industrielle Kernbohrungen. Und tatsächlich lassen sich die Bohrungen in Abusir nur mit dieser heute bekannten Technik erklären.

Hier half der beste Steinmetz nichts, denn weder die bislang bekannten Werkzeuge des Alten Reiches (Handbohrer und Meißel)
noch das angeblich einzig verfügbare Bearbeitungsmaterial (Kupfer,
ein weiches Halbedelmetall) können für die fraglichen Bohrungen
verantwortlich gewesen sein. Könnte es sich bei den Bohrlöchern in
Abusir also um, wie gelegentlich geäußert, neuzeitliche »Probeboh-
rungen« handeln? Keineswegs, da sowohl der britische Archäologe
Sir Flinders Petrie als auch der deutsche Ägyptologe Ludwig Bor-
chardt bereits Ende des vorigen und Anfang unseres Jahrhunderts
darüber berichteten.

Es geht auch nicht um die Ausnahme von vielleicht ein oder zwei
solcher unerklärlichen Bohrlöcher, sondern um eine Anzahl, die
ohne jeden Zweifel auf eine routinemäßig angewandte Technik
schließen läßt. Allein in Abusir wurden schon mehr als dreißig (!)
dieser Bohrungen mit Durchmessern von bis zu fünfzehn Zentimeter entdeckt, und auch in Sakkara und in der großen Pyramide von
Gizeh finden sich Bohrlöcher gleicher Qualität.

Auch wenn einige Ägyptologen noch immer daran festhalten – mittels Holz und Kupfer waren solche Leistungen nicht möglich. Selbst
heutzutage sind wir nur unter Zuhilfenahme besagter Kernbohr-
technik, einem Bohrpreßdruck von etwa zwei Tonnen und vor allem
Diamanten (Mohrshärte 10) als Schneidematerial in der Lage, Bohrungen in Gestein wie Granit oder Diorit durchzuführen. Fazit: So
neuzeitlich die Bohrungen in Abusir anmuten, so modern und hoch-
technisiert muß zwangsläufig auch das dafür verantwortliche »Arbeitsgerät« gewesen sein. Doch – woher nehmen …?

Der mysteriöse »Schamir«

Für den ägyptischen Raum existieren Hinweise auf Diamanten oder
gar Diamantbohrer aus der Zeit des Alten Reiches weder als Funde
noch philologisch tradiert. Eine mögliche Lösung scheinen aber
Überlieferungen eines benachbarten Kulturkreises zu bieten, nämlich des jüdischen. So stieß ich im *Talmud* auf die Beschreibung ei-

nes Gegenstandes, der dort als ein »legendäres Wesen mineralischer Natur« (*Mischna Avot* 5/9) bezeichnet wird, dessen Charakterisierung und Anwendung jedoch fast ohne Zweifel auf ein Arbeitsgerät schließen läßt. So berichten jüdische Legenden auch von einem »Wurm, der sich durch die härtesten Minerale bohren konnte« und davon, daß dieser Wurm »… in einem bleiernen und mit Werg [Stoff?] gefüllten Kasten aufbewahrt wurde« *(Legende von Schamir und Asmodäus)*.

Dieser Gegenstand, den meines Wissens als erster Hans-Werner Sachmann für die Paläo-SETI-Forschung »entdeckte«, hieß »Schamir«. Interessanterweise ist ein hebräischer Ursprung dieses Namens zweifelhaft. Statt dessen, und hier rückt Abusir in greifbare Nähe, lesen wir im Hebräischen Wörterbuch von Kautsch und Senius dazu: »Der Begriff Schamir … geht eventuell auf einen ägyptischen Wortstamm zurück.«

Im jüdischen *Talmud* wird der Schamir als »Schneidewurm« *(Pesachim* 54a) und im *Sohar* als »metallspaltender Wurm« *(Sohar* 74a,b) bezeichnet. Obwohl schon diese Namensgebung eine deutliche Sprache spricht, geht die Bibel noch einen Schritt weiter. Im Buch der Bücher bedeutet dieses Wort nämlich nichts anderes als »Diamant« (Demant): »Eingeschrieben ist Judas Sünde mit eisernem Griffel, eingegraben mit [hier hat der hebräische Text den Begriff »Schamir«) diamantener Spitze …« (Jeremia 17, 1).

Dieser »diamantene Schneidewurm« war, allen Angaben zufolge, kein alltägliches und jedermann zugängliches Gerät, sondern eine Art »göttliches Werkzeug«, das nur selten in menschliche Hände gelangte. Dies bietet auch eine mögliche Erklärung dafür, warum Edelsteine nach altorientalischer Vorstellung Materialien der himmlischen Welt repräsentierten – was in späterer Zeit zu einer kultischen Verwendung von Edelsteinen zur Bearbeitung von Götterbildnissen und -bauwerken führte. So heißt »Schamir« wörtlich übersetzt: »der Bewachte«!

Dieser Bezeichnung entsprechend berichten jüdische Schriften und die Bibel nur selten von einer Benutzung des Schamir. Auf Anordnung Gottes durfte er unter Moses Führung (man denke an den

Der Tempel Salomos in Jerusalem nach einer zeichnerischen Rekonstruktion. Bei der nur siebenjährigen Bauzeit soll vor allem die »Wundermaschine« Schamir eingesetzt worden sein. (Foto: Archiv Thomas Fuss)

Gott Ptah und seinen Hohepriester, den »Herrn der Handwerker«) nur von zwei sogenannten Steinschneidern, Bezaleel und Oholiab aus den Stämmen Juda und Dan, zum Gravieren der Edelsteine auf dem Amtsschild des Hohenpriesters benutzt werden: »... und sollen nach den zwölf Namen der Kinder Israel stehen, gegraben vom Steinschneider ...« (2. Mose 28, 21). Diese beiden waren nur zwei von vielen Handwerkern, die vor Beginn ihrer Arbeit am Bau der sogenannten Stiftshütte und ihres Zubehörs auf merkwürdige Art vorbereitet und instruiert worden waren: »... und sollst reden mit allen, die ich mit dem Geist der Weisheit erfüllt habe ...« (2. Mose 28, 3). »Da arbeiteten Bezaleel, Oholiab und alle weisen Männer, denen der Herr Weisheit und Verstand gegeben hatte, zu wissen, wie sie das Werk machen sollten zum Dienst des Heiligtums ...« (2. Mose 36, 1).

Weisheit brauchte man zur Ausführung handwerklicher Tätigkeit zu keiner Zeit, doch der »Verstand, zu wissen wie ...« war damals so wichtig wie heute – Know-how! Besser hätten uns die Überlieferer des Alten Testaments nicht übermitteln können, womit Gott die Arbeiter wirklich erfüllte. Es wären keine »göttlichen« Instruktio-

nen oder Vorbereitungen nötig gewesen, hätten beide Steinschneider von Haus aus gewußt, wie und womit man Edelsteine graviert.
Nur die Benutzung einer ihnen bis dahin unbekannten Technologie
macht spezielles Know-how überhaupt erst erforderlich. In diesem
Falle: Bedienung und Anwendung des »göttlichen« Diamantboh-
rers Schamir.

Ein Universalgerät

Daß es den Schamir in verschiedenen Größen und Ausführungen gegeben haben muß, zeigt folgender Bericht über die Benutzung eines
solchen »Schneidewurms«. Als König Salomo den »Tempel des
Herrn« bauen ließ, durften auf Anweisung Jahwes keinerlei herkömmliche Metallwerkzeuge zum Bearbeiten der erforderlichen
Steinblöcke benutzt werden: »Und Hammer und Axt und jegliches
Gerät von Eisen wurden nicht gehört. Weil der Schamir alles spaltete, so bedurfte es keines anderen Werkzeuges zur Arbeit« (Sohar I.
74a, b).
Zuvor mit einem Schamir zurechtgeschnitten, kamen auf der eigentlichen Baustelle nur Fertigteile an: »Und als das Haus gesetzt
wurde, waren die Steine zuvor ganz zugerichtet, daß man keinen
Hammer noch Beil noch irgendein eisernes Werkzeug beim Bauen
hörte« (1. Könige 6, 7). Übrigens lag auch in diesem Falle der
»Schneidewurm« nicht im Werkzeugschrank eines Menschen, sondern wurde über einen auf der Erde lebenden »Wächter des Himmels« mit Namen Asmodai beschafft. Das JÜDISCHE LEXIKON
(Band IV aus dem Jahre 1982) schreibt hierzu bestätigend: »Schamir (…, in der Bibel: Dorn, Stachel, harter Diamant), der sagenhafte
Wurm, dessen sich Salomo beim Tempelbau bedient haben soll, um
die Steine zu spalten, ohne gegen die Vorschrift zu verstoßen: ›Wenn
du mir einen Altar von Steinen errichtest, so baue ihn nicht aus behauenen Steinen; denn wenn du dein Eisen darüber geschwungen
hast, so hast du ihn entweiht…‹ Die Sage läßt deshalb den König Salomo in seiner unbegrenzten Weisheit und Naturkenntnis im Scha-

mir einen gerstenkorngroßen Wurm entdecken, dessen Gewalt die Steine schneidet ...«

Diese offenbar verschiedenen und auch verschieden großen Gravur-, Bohr- und Schneidewerkzeuge, die allgemein unter dem Begriff »Schamir« zusammengefaßt wurden, könnten die Erklärung für zahllose, scheinbar unerklärliche Steinbearbeitungen rund um den Erdball (etwa in Tiahuanaco, Puma Punku, Sacsayhuaman und Qenco Grande, in Anatolien und anderswo) sein. Schon lange vor Moses scheinen die Götter nicht nur in Israel mit solchen Geräten hantiert zu haben. Der ägyptische *Königtum-Mythos* weiß davon zu berichten, wie der Gott Seth Felsen zerschnitt, und die Bohrungen in Abusir geben ein beredtes Zeugnis für die einstige, reale Existenz dieses »Wunderwurms«.

Seth, im alten Ägypten »Herrscher der Fremdländer« (Israel?) genannt, und der biblische Urvater Henoch (der Zeit seines Lebens engen Kontakt zu den »Wächtern des Himmels« hatte) galten als Hüter geheimer Kenntnisse. Das INTERNATIONALE FREIMAURERLEXIKON schreibt hierzu: »Henoch, nach anderen Berichten auch Seth, als Lehrer geheimer Kenntnisse vielgerühmte Männer, hätten auf den Säulen Weisheiten der Urzeit des Menschengeschlechts eingegraben (-geschrieben). Auf diese Weise wurde göttliches verborgenes Wissen (hierzu gehörte auch die Kenntnis vom Schamir) über die Zeiten der Verderbnis hinübergerettet und ... an bevorzugte Erben späterer Zeiten weitergegeben.«

Waren die alten Hohepriester in Ägypten und Henoch und Mose in Israel solch »bevorzugte Erben« und gehörten zu ihnen sogar Personen wie Imhotep, Ägyptens berühmtester Baumeister, der als ein Sohn des Ptah, des »Gottes der Handwerker«, galt? Wie man es auch dreht und wendet, man stößt immer wieder auf göttliche Lehrmeister und ihr Geheimwissen. Die mit diesem Geheimwissen beschriebenen Säulen standen übrigens nirgendwo anders als im Innenhof des salomonischen Tempels! Sie wurden Jachin und Boas genannt und stammten angeblich nicht aus der Zeit des Tempels selbst, sondern aus der »Zeit vor der Sintflut«. Gibt es auch hier Beziehungen zu Henoch?

Nun gilt es, die hier »Schamir« genannte göttliche Technik auch in anderen Kulturen zu lokalisieren. An mysteriösen, nach solchen High-Tech-Geräten geradezu »verlangenden« Steinbearbeitungen mangelt es sicher nicht, ebensowenig wie an versteckten, literarischen Hinweisen (2. Mose, 31, 18): »Und da der Herr ausgeredet hatte mit Mose, gab er ihm zwei Tafeln des Zeugnisses; sie waren steinern und beschrieben mit dem Finger Gottes.«

... oder mit dem Schamir? Eine erste Spur haben wir. Ihr zu folgen wird gewiß nicht einfach sein. Denn auch die Handwerker und Baumeister unserer Tage nehmen ihr Werkzeug nach getaner Arbeit wieder mit ...

Die Kernlochbohrungen
der Hethiter

LARS BÖCK

Im ägyptischen Abusir, unweit Kairos, zeugen tiefe Kernlochbohrungen von frühen technologischen Kenntnissen der Ägypter. Der
dafür in Frage kommende Zeitpunkt wird auf etwa 2500 v. Chr.
geschätzt. In einer jüngeren Zeitepoche bestand ebenfalls dieses
Know-how. In hethitischen Tempelanlagen in Anatolien (Türkei)
finden sich Kernlochbohrungen und exakte, meist sehr verwinkelte
Großsteinbearbeitungen, was für die akkurate Arbeitsmethode der
Hethiter spricht.
Die Hethiter waren ein indoeuropäisches Volk, das in seiner Blütezeit das Gebiet der heutigen Türkei und weite Teile des heutigen Syrien beherrschte. Die Hauptstadt des Hethiter-Reiches war Hattuscha. In der Nähe des modernen Bogazkale gelegen, wurde dieser
Ort im sechzehnten Jahrhundert v. Chr. zur Hauptstadt. Er bedeckt
eine Fläche von zwei Quadratkilometern und war auf hügeligem
Gelände angelegt, so daß der Höhenunterschied innerhalb des
Stadtgebietes bis zu zweihundertfünfzig Metern entsprach.
Es waren aber nicht nur die Ruinen der Stadtanlage Hattuschas, die
mich verblüfften, sondern vor allem die Hunderte von einheitlich
gearbeiteten Löchern auf der Oberseite der Grundmauern, die in
Reih und Glied in ihrer Anordnung, ihren Maßen und ihrer Ausar-
beitung exakt identisch sind. Während diese Löcher stets ein Maß
von zirka sechs Zentimetern im Durchmesser haben, weisen Mul-
den an den Rückseiten von Pfostensteinen ein größeres Maß auf.

Bearbeiteter Stein in Hattuscha mit asymmetrischer Anordnung der Kern-
lochbohrungen und einem Kernstück. (Foto: Lars Böck)

Hierin waren einst gewaltige Türen aus Holz und Bronzeverschlä-
gen gelagert. Die kleinen Löcher dienten als Ankerpunkte für ein
Holzgestänge, das das Dach trug.

Alle bedeutsamen Gebäude wie Tempel, Königssitze und so weiter
wurden auf steinernen Grundmauern erbaut. Auf dem Weg vom
großen Tempel (Tempel 1) in Hattuscha zur königlichen Residenz
wich ich rechts vom Weg ab, um einen vermuteten Steinbruch zu be-
gutachten. Denn an mehreren Orten im Stadtareal ragt der gewachsene Kalkstein aus der dünnen, steinigen Humusschicht heraus. Es
gibt eine Reihe dieser Felsmassive, die einst in die Bebauung mit einbezogen wurden. Ferner dienten sie als günstige Steinbrüche für die
Tempel. Hier läßt sich die Vorgehensweise der Gewinnung der
Steinblöcke gut nachverfolgen.

Auf besagtem Weg stieß ich auf zwei fertig gemeißelte Steine, die
wohl keine Verwendung mehr gefunden hatten. Möglicherweise
waren sie unsachgemäß bearbeitet worden oder hatten nur als

Übungsobjekt für Lehrlinge gedient. Darauf weisen immerhin die überdurchschnittlich vielen, teils abstrus angeordneten Bohrungen auf der Oberfläche hin.

An einem dieser Steine ist meine Vermutung einer Kernbohrung besonders gut zu belegen. Eindeutig wurde es hier unterlassen, das Kernstück herauszubrechen: Es ist noch mit dem Stein verwachsen! Manche Bohrungen zeugen von Kratzspuren um Bohrlöcher, was auf ein Abrutschen des Bohrers zurückzuführen ist. Womöglich war doch nur ein Anfänger am Werk!

Der Unterschied zu Abusir liegt in der Gesteinsart: »In Abusir handelt es sich dabei um Diorit. Er gehört zur Hauptgesteinsgruppe der Magmatite (Erstarrungsgesteine), ein grauweißes Tiefengestein von ungeheurer Härte, Widerstandsfähigkeit und Verwitterungsbeständigkeit« [1]. Zur Kernlochbohrung von Diorit bedarf es eines sehr hohen Druckes und Bohrkronen aus Diamant, was in Hattuscha aufgrund des weicheren Kalkgesteins in dieser Form nicht vonnöten war. Dennoch bleibt die Feststellung, daß offenbar bereits Jahrtausende vor der offiziellen Erfindung der Kernlochbohrung durch Alfred Brandt im Jahre 1876 ihre technische Verwirklichung längst erfolgt war.

Die vergessene Kultur von Axum

Horst Dunkel

Die Veröffentlichung von Graham Hancocks DIE WÄCHTER DES HEILIGEN SIEGELS [1] hat die Stadt Axum in Äthiopien als möglichen Ort des Verbleibs der verschollenen Bundeslade in den Blickpunkt der interessierten Öffentlichkeit gerückt. Doch dies ist nicht das einzige Rätsel, das Axum aufgibt.

Am Stadtrand der uralten Hauptstadt des axumitischen Imperiums liegt der Palast König Kalebs aus dem sechsten nachchristlichen Jahrhundert. Als wir im Januar 1995 die Mauerreste der Residenz auf dem Hügel betraten, waren wir zunächst nicht sonderlich beeindruckt. Dann aber wurde es doch noch interessant: Über steile Treppen ging es hinab in die unterirdischen Gänge und Gemächer. Große Granitblöcke, die so exakt behauen sind, daß sie ohne Mörtel fugenlos zusammenpassen, bilden die Wände und Decken. Die Öffnungen zu den Räumen sind wie die »Sarkophage«, von denen man glaubt, sie hätten die mumifizierten Körper der toten Könige enthalten, aus einem einzigen Granitblock geschlagen. In einer kleinen Kammer, die nur durch ein fast rechteckiges Loch zu betreten ist, stießen wir schließlich auf eine behauene, längliche »Steinsäule«. Keine Öffnung oder Aushöhlung war an diesem Block zu sehen, und doch klang er hohl, als wir gegen ihn schlugen.

Man erzählte uns, daß sich nach der Überlieferung die unterirdischen Gänge bis zu 170 Kilometer weit ins Umland erstrecken sollen. Aber archäologische Untersuchungen haben hier schon seit langem nicht mehr stattgefunden. Bei unseren Nachforschungen über den Wahrheitsgehalt dieser Berichte stießen wir auf ein altes Manuskript der axumitischen Kultur. Darin wird von König Kaleb (495–525 n. Chr.) [2] berichtet. Er war der 134. Herrscher aus der Dynastie Menelik I. (nach der Überlieferung der Sohn König Salomos und der Königin von Saba). In die Zeit seiner Regentschaft fiel ein erstaunliches Ereignis. Er ließ seine Armee aufmarschieren, um Rache zu üben für die schlechte Behandlung eines Tsadqan (eines heiligen Mannes), der nahe des Berges Amba (bei der Stadt Metera) wohnte.

Als die Bewohner beim Anblick des königlichen Heeres in ihre festungsartige Stadt flohen, ordnete Kaleb an, einen gewaltigen Tunnel graben zu lassen. Es wird berichtet, daß die Armee plötzlich aus diesem unterirdischen Gang nahe der Stadt Metera auftauchte und die Einwohner vernichtete. Belai Giday [3] schreibt dazu: »Fakt ist, daß der Eingang zu dieser unterirdischen Passage bei Axum liegt und der Ausgang über hundert Kilometer entfernt bei Metera. Die Öffnungen der Tunnel in beiden Städten kann man bis heute sehen. Und eine kleine Kirche, die an der östlichen Flanke des Berges Amba von Metera liegt, bewahrt noch immer das Andenken an den unpopulären Heiligen.«

Ob die Gänge tatsächlich erst von König Kaleb im sechsten Jahrhundert angelegt wurden, um Rache zu üben, ist schwerlich zu sagen. Er müßte dann eine unglaubliche Technik besessen haben, um einen solch langen Gang in relativ kurzer Zeit planen, vermessen und anlegen zu lassen und eine ganze Armee durch ihn hindurchzuschicken. Im Mai 1963 fanden die letzten größeren Ausgrabungen in Axum statt. Die Archäologen stießen damals bis in fünf Meter Tiefe vor. Überraschenderweise entdeckten sie hier die Überreste einer noch älteren Stadt, auf der später das bekannte antike Axum errichtet worden war. Stammen die seltsamen Gänge vielleicht noch aus dieser frühen Periode, und wurden sie von König Kaleb für seinen erstaunlichen Feldzug nur wieder geöffnet?

Antike »Wolkenkratzer«

Der archäologisch bedeutsamste Platz Axums ist der »Park der Stelen«. Der größte dieser Monolithe hat eine Länge von 33,5 Metern, soll mehr als fünfhundert Tonnen wiegen und ist wahrscheinlich schon vor mehr als eintausend Jahren umgestürzt und in viele Teile zerbrochen. Über die Bedeutung der aus einem Stück gehauenen Obelisken, von denen die größten kunstvolle Steinmetzarbeiten in Form von bis zu dreizehngeschossigen Gebäuden aufweisen, bestehen bisher nur Spekulationen. Neuere Ausgrabungen haben aber erkennen lassen, daß unterhalb der ursprünglich einhundertdreißig Stelen ein labyrinthisches System von Tunneln und Kammern besteht. Man hat darin menschliche Skelette und Grabbeigaben aus dem ersten vorchristlichen Jahrhundert gefunden. Aber nicht unter allen Steinnadeln wurden solche Gräber entdeckt, weshalb ein eindeutiger Bezug zu Grablegungen nicht gegeben ist. Der deutsche Archäologe Daniel Krenker [4] stellte sich bereits 1913 während einer Axum-Expedition die Frage, »woher wohl die Idee des Auftürmens so vieler Geschosse stammen mag«, und er zog schon damals Berichte des alten arabischen Schriftstellers Al Hamdani über Ghumdan heran, eine legendäre Burg in San´a. Dort heißt es:

> Hoch ragt er empor zum Himmelsgewölbe
> In nicht weniger denn zehn hohen Stockwerken.
> Die Wolken sind sein Turban,
> Sein Gürtel und seine Hülle Marmorstein,
> Seine Quader sind durch glühend Erz aneinandergekettet,
> Zwischen seinen hohen Türmen sind Marmorplatten und
> edles Gestein.

Wer mag die Pläne entworfen und die architektonischen Probleme dieser antiken »Wolkenkratzer« gelöst haben, deren Abbilder wir noch heute in Form von Stelen in Axum sehen können? Das alles muß das Werk einer hochentwickelten Zivilisation gewesen sein.

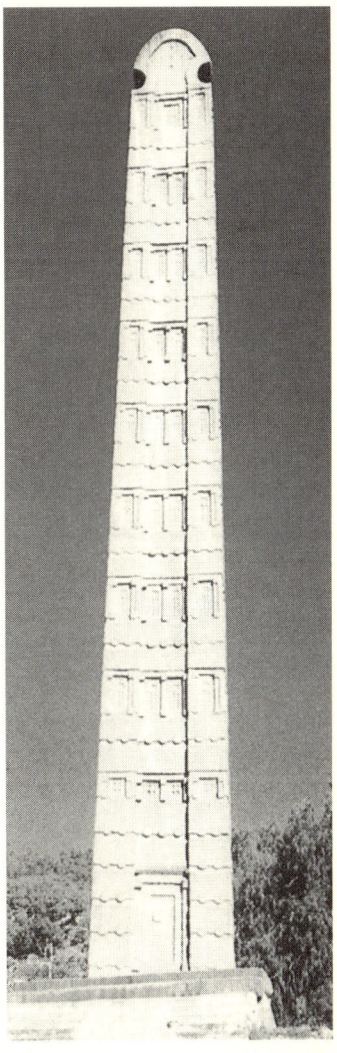

Die Obeliske von Axum gehören zu den größten behauenen Stelen der Welt. Sie bilden möglicherweise Hochhäuser der Antike nach. (Foto: Horst Dunkel)

Die Art der Steinbearbeitung, wie wir sie in den unterirdischen Gän-
gen vorgefunden haben, drängt den Vergleich mit den präinkaischen Bauten in Peru geradezu auf. Lehrten hier wie dort die gleichen Baumeister?

Und noch etwas Erstaunliches haben wir entdeckt: Metallklam-
mern, die einzelne Granitblöcke zusammenhielten – wie in Puma
Punku oder auf Java. Al Hamdani hat also völlig korrekt berichtet,
wenn er schreibt, »seine Quadern sind durch glühend Erz aneinan-
dergekettet«. Das erhöht die Glaubwürdigkeit seines Berichts über
zehn Stockwerke hohe Gebäude.

Wir sind auf die Ergebnisse der weiteren Forschungen gespannt.
Werden sie Licht in das Dunkel der vergessenen Geschichte Axums
und das »Land Gottes« bringen können, wie es von den alten Ägyptern genannt wurde?

Die Kunst der Großsteinbearbeitung im alten Griechenland

MATHIAS KAPPEL

Auf der Suche nach Spuren, die eine extraterrestrische Intelligenz bei einem Besuch unseres Planeten in der Vergangenheit hinterlassen haben könnte, richtet sich die Aufmerksamkeit unter anderem auf seltsame Methoden der Steinbearbeitung. Entsprechende, eine Reihe Fragen offenlassende Artefakte sind u. a. aus Peru (Präinka- und Inkakulturen), Ägypten (Altes Reich), der Türkei (Hethiter) und selbst von der Osterinsel bekannt.

Die einheitlichen Charakteristika dieses rätselhaften Baustils lassen sich wie folgt beschreiben: Aneinanderreihung von großen Steinen (bis dreihundert Tonnen) in mehreren Lagen, wobei jeder verwendete Stein eine Vielzahl von Ecken unter verschiedenen Winkeln aufweist; die Kanten benachbarter Steine liegen dabei selbst bei den härtesten verwendeten Gesteinsarten völlig plan aneinander (siehe dazu u. a. [1, S. 129/130 und 2, S. 291]).

Wenig bekannt ist, daß sich derartige Formen der Steinbearbeitung auch in Europa finden lassen. Peter Fiebag wies erstmals auf die monumentalen Mauern von Alatri in Italien hin [3]. Doch auch auf dem griechischen Peloponnes, hoch über der Stadt Argos, liegen die Ruinen einer Festung, wie sie auf den ersten Blick typisch sind für aus dem Mittelalter stammende Verteidigungsanlagen. Dem Besucher fällt dann aber doch deutlich der sichtbare Unterschied in der Bauweise zwischen Fundament und Aufbauten ins Auge (Abb. 1). Die Steine der Basis weisen genau jene Charakteristika auf, wie sie

Abb. 1: Monolithische Mauer bei Argos. Die aus großen Blöcken gearbeiteten Fundamente stammen aus mykenischer Zeit. (Foto: Mathias Kappel)

bei vielen anderen rätselhaften Großbauten auf der ganzen Welt anzutreffen sind. Daß die Ursprünge der Anlage bis in das mykenische Griechenland zurückreichen, beweist ein entsprechender Gesteinsverbau in den Mauern von Mykene selbst (Abb. 2).

Die eigentlichen Meister der rätselhaften Steinmetzkunst im alten Griechenland sind jedoch in Delphi tätig gewesen. Wie nicht anders zu erwarten, könnte man sagen, daß Delphi doch sogar noch im klassischen Griechenland als »Nabel der Welt« galt. Hier landete der Sage zufolge Zeus nach der siegreich bestandenen Himmelsschlacht gegen das Ungeheuer Typhon; seinem Sohn Apollo, dem Gott des Lichtes, wurde letztlich die gesamte riesige Anlage geweiht. Das wahrhaft einzigartige Delphis kommt aus meiner Sicht in den präzise eingefügten Steinen der Grundmauer des Apollo-Tempels, dem zentralen Bauwerk des Heiligtums, zum Ausdruck (Abb. 3). Im Unterschied zu Argos und Mykene sind die verwendeten Steine nicht nur bedeutend größer. Was die Anzahl ihrer verschiedenen Winkel an der Oberfläche betrifft, brauchen sie den Vergleich mit

Abb. 2: Genau eingepaßte Steinblöcke in den Mauern von Mykene. (Foto: Mathias Kappel)

Abb. 3: Grundmauer des Apollo-Tempels in Delphi. Man beachte die wie geschnitten wirkenden Oberflächenrundungen der einzelnen Blöcke. (Foto: Mathias Kappel)

ähnlichen Bauwerken, z. B. in Peru, nicht zu scheuen. Im Gegenteil, man beachte vor allem die filigran ausgeführten Rundungen, die meines Wissens nirgendwo sonst in der Welt ein Äquivalent besitzen.

Ziehen wir den Rückschluß von der Mythologie auf die heute noch sichtbaren Rätsel von Delphi, so beantwortet sich die Frage nach deren Ursprüngen nahezu von selbst.

Latium –
Zyklopenmauern in Italien

PETER FIEBAG

»Ein erstaunliches Denkmal jener Kulturepoche, ohnegleichen unter allen Städten Latiums, so daß ein so wunderbares, ägyptischen Bauten völlig zu vergleichendes Werk gesehen zu haben, eine tagelange mühevolle Reise lohnt.« In der Mitte des vergangenen Jahrhunderts schrieb einer der besten Italienkenner, der weitgereiste Historiker Ferdinand Gregorovius [1], diese Zeilen über die italienische Stadt Alatri. Was den Geschichtsforscher so tief beeindruckte, würde man in der Tat auch kaum im »Land der Römer« vermuten, sondern allenfalls im fernen Peru: gigantische antike Mauern.

Wer heute die imposanten Reste einer vergangenen, kaum bekannten Kultur sehen möchte, braucht freilich keine mühevolle Exkursion mehr anzutreten. Etwa zwei Autofahrstunden von Rom entfernt, erstreckt sich die *Ciociaria*, das »Sandalenland«, ein breites Tal des Sacco von Anagni an flußaufwärts, umrahmt von den malerischen, teils zersiedelten Nordhängen der Lepinischen Berge, der Monti Ernici und der Monti Ausoni. Die Städte dieser Gegend zählen zu den ältesten Italiens. Ihre Zentren waren in vorrömischer Zeit von zyklopischen Mauern eingegrenzt. Das besterhaltene und imposanteste Mauerwerk findet man in Alatri. Die Stadt wird noch immer auf einer Länge von zwei Kilometern von dem strengen Profil einer solchen Gigantenmauer umgeben. Triumphal thront ein trapezoider zweiter Mauerring auf der Felskuppe über der gotisch geprägten Innenstadt. Durch fünf massive, vollständig erhaltene

Tore kann man hinein in die antike Akropolis gelangen. Mit einer eindrucksvollen Höhe von 4,50 Meter und einer Breite von 2,70 Meter ist die Porta Areopago (oder Porta Maggiore) die größte unter ihnen. Das Architrav besteht aus einem einzigen, riesigen, über fünf Meter langen Monolithen. Die eiförmige Akropolis selbst umfaßt zirka 19 060 Quadratmeter, der sie umgebende Steinwall wurde bis zu 17 Meter hoch aufgetürmt [2].

Die trutzige Zyklopenmauer beeindruckt selbst weitgereiste Zeitgenossen durch ihre gewaltigen, bearbeiteten Felsblöcke. Allein die Südost-Ecke wurde aus vierzehn riesigen Pfeilern erbaut und läßt fast automatisch Assoziationen an Peru wach werden.

Auffällig sind tatsächlich zwei Parallelen zu den präinkaischen Bauten Südamerikas: Vergleicht man Alatri beispielsweise mit Sacsayhumans gigantischen Festungsmauern, so fällt auf, daß deren größte Blöcke des unteren Mauerringes ebenfalls bis zu 5 Meter hoch, 5 Meter breit und 2,5 Meter tief sind. Für sie wurde ein Gewicht von annähernd 360 Tonnen errechnet, was einem vollbeladenen Jumbojet entspricht. Damit ergibt sich hier wie dort die Frage, wie diese Monolithen transportiert wurden (selbst mit Zugtieren dürfte dies ein gigantisches Unterfangen gewesen sein). Zweitens wurden auch in Alatri die geschliffenen Felsbausteine kunstvoll miteinander verzahnt; exakt greifen kompliziert berechnete Ecken und Schrägen in die irregulär gestalteten angrenzenden Steine. Ohne Lehm oder Mörtel wurden hier wie dort imposante Bauwerke errichtet, die über die Jahrtausende hinweg dem Verfall durch Wind und Wetter, durch Erdbeben und Belagerungen trotzten; die Fugen sind in beiden Fällen noch heute so dicht, daß man kein Messer hineinschieben kann.

Zu Recht schreibt Gregorovius [1]: »Als ich diese schwarzen titanischen Steingefüge sah und umschritt, welche so wohlerhalten sind, als zählten sie nicht Jahrtausende, sondern nur Jahre, wurde ich zu weit größerer Bewunderung menschlicher Kraft hingerissen, als mir der Anblick des Kolosseums in Rom eingeflößt hatte.«

Von der Akropolis aus, diesem einzigen fast vollständig erhaltenen Bauwerk eines der im Kampf gegen Rom unterlegenen Völker Lati-

Alatri (oben) und Sacsayhuman (unten): Ähnlichkeiten auch im Detail. Die riesigen Steine wurden in Polygonalbauweise ohne Bindemittel ineinander verzahnt. (Foto: Peter Fiebag)

ums, wird einem ein herrlicher Panoramablick über die Landschaft der Ciociaria gewährt. Wenn die leuchtende Oktobersonne diese Gegend in ein goldenes Licht taucht, fahren viele Römer hier herauf: Sie haben für diesen Anblick einen eigenen Begriff geprägt: *ottobrate romane*. Ob dies der Grund war, warum das Volk der Herniker im sechsten Jahrhundert v. Chr. hier eine seiner Hauptstädte errichtete, ob es strategische oder kultische Gesichtspunkte waren, sei dahingestellt.

Viel wissen wir nicht über die Baumeister und die Geschichte der Zyklopenstadt, da die Herniker wohl keine Schriftsprache kannten. Wahrscheinlich war ihre Kultur stark durch eine bäuerliche Lebensweise geprägt. Seit Beginn der Bronzezeit (ca. 2000 v. Chr.) hatten die Völker dieses Siedlungsraumes von der latinischen Küste aus einen Seehandelsverkehr nach Sardinien und Spanien und zu den Hochkulturen des östlichen Mittelmeerraumes entwickelt. Die Lebensweise der jungsteinzeitlichen Bevölkerung wurde dadurch aber kaum beeinflußt. Erst ab der nächsten Jahrtausendwende wird der technische Standard Mittelitaliens verbessert. Der Handel indes bleibt ohne Bedeutung, von einer arbeitsteiligen Gesellschaft ist man weit entfernt, von staatlicher Organisation kann keine Rede sein. Die Menschen leben weiterhin in einfachen Lehmhütten mit Strohdächern und führen selbst zu einer Zeit noch, als die Etrusker ein erstes Herrschaftsgebilde errichten, ihr Hirten- und Bauernleben fort. Wie andere italische Stämme bilden auch die Herniker nur einen lockeren Zusammenschluß, der ausschließlich bei Kriegen und religiösen Feiern manifest wird. Ihre kulturellen Zeugnisse werden ab dem fünften bis vierten Jahrhundert v. Chr. durch die römischen Eroberer vernichtet oder assimiliert. Gleichwohl existieren noch ihre enormen Festungswerke, die eine bautechnische Planung und Organisation von großem Umfange erforderten. Was kann nomadisierende Hirten, was kann bodenständige Bauern dazu veranlaßt haben, neben ihren einfachen Hütten gigantische Mauerbezirke zu errichten? Woher bezogen sie ihr Wissen um die Bautechnik? Wieso ließen sie ihre lebenserhaltende Tätigkeit ruhen und stellten ihre Arbeitskraft in den Dienst einer solch monströsen Sache? Wer motivierte sie dazu und warum? Diese Frage stellt sich übrigens nicht nur in Alatri.

Ferentino, das die Touristen durch seine Kirchen, Klöster und malerischen Gassen anlockt und bereits seit dem vierten Jahrhundert Bischofssitz ist, war sieben Jahrhunderte zuvor in die sich ausdehnende junge römische Republik eingegliedert worden. Die Gründung der Stadt reicht aber mindestens ins fünfte bis sechste vorchristliche Jahrhundert zurück. An der Porta Sanguinaria läßt sich wie in einer geologischen Schichtung die Historie des Ortes ablesen: Der oberste Teil besteht aus Bruchsteinen, die im Mittelalter aufgesetzt wurden, der Torbogen aus Hausteinen und die Bekrönung des Tores entstammt der römischen Epoche (erstes Jahrhundert v. Chr.), zuunterst geht schließlich der mächtigste Teil, das Kolossalmauerwerk, auf die Zeit der Herniker zurück.

Auch die Nachbarn der Herniker, die Volsker, scheinen dieselbe Bautechnik gekannt zu haben. Am Hang der Lepinischen Berge liegt die mehr als zweieinhalbtausend Jahre alte Stadt Segni. Ch. Henning [3] schreibt über diesen Ort: »Im Mittelalter war Segni gelegentlich Papstresidenz. Auch heute hat der Ort noch vornehmlich mittelalterlichen Charakter. Die interessantesten Sehenswürdigkeiten stammen aber aus der Antike: Segni ist noch von einem fast vollständigen Mauerring aus unregelmäßigen, großen Steinblöcken (...) umgeben, der auf das 6.-5. Jh. v. Chr. zurückgeht.« Ebenso trifft man in den Ruinen des antiken Arpino (bei Civitavecchia) und Norba (Norma) auf die großen Zyklopenmauern der Volsker, die Tore bis zu acht Metern Höhe aufweisen. Interessant ist, daß Norba in der Zeit nach der Errichtung der Mauern architektonisch von einem System paralleler und rechtwinklig zueinander verlaufender Straßen geprägt wurde. Damit folgten die Stadtplaner dem im fünften Jahrhundert v. Chr. von Hippoamos von Milet [4] schriftlich niedergelegten Prinzip der Stadtanlage. Offenbar verfügten die Volsker zu diesem Zeitpunkt über Kontakte zu griechischen Stadtstaaten. Ein legitimer Schluß.

Was für die innere Stadtplanung gilt, sollte das im Analogieschluß nicht auch für die Errichtung der Zyklopenmauern Gültigkeit besitzen? Mit einiger Berechtigung läßt sich die Frage von Erich v. Däniken [5] wiederholen, die er angesichts der Felsverarbeitung und Mauerung der hethitischen Stadt Hattuscha in der Türkei stellte, die »genausogut in Peru stehen könnte. Gleiche Lehrmeister = gleiches Produkt?« Doch hier wird jeder Archäologe entsetzt abwinken. Es sei denn, er hieße Prof. Marcel Homet [6]. Dieser hatte sich schon ab den fünfziger Jahren die Frage gestellt, welches fehlende Verbindungsglied die Gigantik der Weltkulturen erklären könne. Sein Indizienbeweis führte ihn schließlich zu der Überlegung, daß außerirdische Wesen auf die Völker einer »dunklen Zeit« eingewirkt haben müßten. Das Know-how für die Errichtung der Zyklopenmauern der Volsker und Herniker scheint im Sinne Marcel Homets und Erich von Dänikens ein weiterer Mosaikstein auf der Suche nach globalen vorgeschichtlichen Verbindungslinien zu sein.

Für Hinweise und Bildmaterial danke ich Frau Ursula Schori.

Literaturverzeichnis

Vorwort

[1] Crick, F. H. und Orgel, L. E.: *Directed Panspermia*. In ICARUS, Nr. 19, London 1973.

[2] Hoyle, Fred und Wickramasinghe, N. C.: *Die Lebenswolke*. Frankfurt am Main 1979.

[3] Crick, Francis: *Das Leben selbst. Sein Ursprung, seine Natur.* München und Zürich 1981.

[4] Merkle, Ralph, C.: *Molecular Nanotechnology.* FRONTIERS OF SUPERCOMPUTING II: A NATIONAL REASSESSMENT. University of California Press, 1992.

[5] – ders.: *Two types of Mechanical Reversible Logic.* NANOTECHNOLOGY 4, 1993, Seiten 114–131.

[6] Drexler, Eric K.: *Molecular Engineering: an approach to the development of general capabilities for molecular manipulation.* NATIONAL ACADEMY OF SCIENCES, USA, 1978, Seiten 5275–5278.

[7] Merkle, Ralph, C.: *A Proof About Molecular Bearings.* NANOTECHNOLOGY, Vol. 4, 1993, Seiten 86–90.

[8] – ders.: *Self Replicating Systems and Molecular Manufacturing.* JOURNAL OF THE BRITISH INTERPLANETARY SOCIETY, Vol. 45, 1992, Seiten 407–413.

[9] Wertz, J. R.: *The Human Analogy and the Evolution of Extraterrestrial Civilisations.* JOURNAL OF THE BRITISH INTERPLANETARY SOCIETY, Vol. 29, Nr. 7–8, 1976.

[10] Fogg, M. J.: *Temporal Aspects of the Interaction among the First Galactic Civilisations. The Interdict Hypothesis.* ICARUS, Vol. 69, 1987.

[11] *Der Mensch stammt doch vom Affen ab.* FOCUS, Nr. 44, 1996.

[12] *Darwin ja – aber Gott sorgte für den Urknall.* DER BLICK, Interview von Susanne Stettler. 28 Oktober 1996.

Walter-Jörg Langbein und Hans-Werner Sachmann: *Charles Hoy Fort – Der Chronist des Unerklärlichen*

[1] Fort, C. H.: *The Book of the Damned.* Deutsche Ausgabe: *Das Buch der Verdammten.* Zweitausendeins Verlag, Frankfurt 1995 (dt. *Neuland*, Zweitausendeins Verlag, Frankfurt 1996).

[2] Fort, C. H.: *Wild Talents* (Zitate aus: *The Complete Books of Charles Fort.* Dover Publ. Inc., New York, 1974).

[3] Fiebag, J.: *Die Mimikry-Hypothese.* In: E. v. Däniken, NEUE KOSMISCHE SPUREN. Goldmann Verlag, München 1992.

[4] *Rätsel über Rätsel.* In: RÄTSELHAFTE PHÄNOMENE, 86, Thema Verlag, München 1994.

Klaus Richter: *Fremde Welten unter fernen Sonnen*

[1] Richter, K.: *Außerirdische Intelligenz in unserer Galaxis: Der Stand der Dinge*, ANCIENT SKIES 5/96.

[2] Herrmann, J.: *dtv-Atlas zur Astronomie*, München 1996; Kippenhahn, R.: *100 Milliarden Sonnen*, München 1993; Störig, H. J.: *Knaurs moderne Astronomie*, München 1985; Friedman, H.: *Der Blick in die Unendlichkeit*, München 1994; Asimov, I.: *Die Schwarzen Löcher*, Köln 1988; Sagan, C.: *Unser Kosmos*, München 1982.

[3] Sagan, C.: *Unser Kosmos*, München 1982; Kippenhahn, R.: *100 Milliarden Sonnen*, München 1993.

[4] Kippenhahn, R.: *100 Milliarden Sonnen*, München 1993.

[5] Buttlar, J. v.: *Die Einstein-Rosen-Brücke*, Frankfurt/M. u. a. 1985.

[6] Störig, H. J.: *Knaurs moderne Astronomie*, München 1985.

[7] Boss, A. P.: *Begleiter junger Sterne*, SPEKTRUM DER WISSENSCHAFT DI-
GEST: Astrophysik, S. 26-33; Lammer, H., Sidla, O.: *UFO-Geheimhaltung*,
München 1995.

[8] *Welten aus Feuer und Eis*, FOCUS 48/1996.

[9] Miller, R., Hartmann, W. K.: *The Grand Tour*, New York 1993.

[10] Kallas, P., Jewitt, D.: *A candidate dust disk surrounding the binary stellar
system BD +31 643*, NATURE 386, 52 (1997).

[11] Noyes, R., JHA, S., Korzennik, S., Krockenberger, M., Nisenson, P.,
Brown, T., Kennelly, E., Horner, S.: *A planet orbiting the star Rho Corona
Borealis*, ApJ (in Vorbereitung).

[12] Sagan, C.: *Unser Kosmos*, München 1982.

[13] Baliunas, S., Henry, G. W., Donahue, R. A., Fekel, F. C., Soon, W. H.: *Properties of sun-like stars with planets. II rho CNC, tau BOO and ups AND*,
ApJ LETTERS, 474, L119, 1997; Butler, P., Marcy, G., Williams, E., Hauser,
H., Shirts, P.: *Three new "51 Peg-type" planets*, ApJ LETTERS, 474, L115,
1997.

[14] Cochran, W., Hatzes, A., Hancock, J.: *Constraints of the Companion Ob-
ject to HD 114762*, ApJ LETTERS, 380, L35, 1991; Hale, A.: *On the nature
of the companion to HD 114762*, PASP, 107, 22, 1995; Henry, G., Baliunas, S., Donahue, R. A., Soon, W., Saar, S.: *Properties of sun-like stars with
planets: 51 Pegasi, 47 Ursae Majoris, 70 Virginis and HD 114762*, ApJ
LETTERS, 474, 503, 1996.

[15] Hartmann, W. K., Miller, Ron: *Cycles of Fire*, New York 1987.

[16] Angaben aus dem EXTRASOLAR PLANETS CATALOG von Jean Schneider,
http://www.obspm.fr:80/departement/darc/planets/catalog.html

[17] *Welten aus Feuer und Eis*, FOCUS 48/1996.

[18] Powell, C. S.: *Die Entdeckung von Planeten sonnenähnlicher Sterne*, SPEK-
TRUM DER WISSENSCHAFT 6, 1996.

[19] Fiebag, J., Sasse, T.: *Mars – Planet des Lebens*, Düsseldorf 1996; Gold-
smith, D.: *Die Jagd nach Leben auf dem Mars*, Bern u. a. 1996; Kargel, J.
S., Strom, R. G.: *Die Klimageschichte des Mars*, SPEKTRUM DER WISSEN-
SCHAFT 1, 1997.

[20] *Zerfurchter Europa*, STAR OBSERVER 1, 1997; *Im Himmel und auf Erden*,
BILD DER WISSENSCHAFT 1, 1997; Fiebag, J., Sasse, T.: *Mars - Planet des
Lebens*, Düsseldorf 1996.

[21] Gentes, L.: *Die Wirklichkeit der Götter*, Essen 1996; Gentes, L.: *Die Wirklichkeit der Götter*, in: Dopatka, U. (Hrsg.), Sind wir allein?, Düsseldorf 1996; Gentes, L.: *Raumschifflandungen im frühen Indien*, in: Fiebag, J. (Hrsg.): Das UFO-Syndrom, München 1996.

[22] Koch, J., Kyborg, H. J.: *Neue Entdeckungen in Betty Hills Sternenkarte*, in: Fiebag, J. (Hrsg.): Das UFO-Syndrom, München 1996.

[23] Feix, W.: *Stonehenge als Zeichensystem*, in: Däniken, E. v. (Hrsg.), Neue kosmische Spuren, München 1992.

Ulrich Dopatka: *Eins und eins addieren lernen*

Bonwetsch, G. N.: *Die Bücher der Geheimnisse Henochs*. Leipzig 1922.

Däniken, E. v.: *Der Götter-Schock*. München 1992.

Däniken, E. v.: *Däniken total*. Buchclub-Edition. Gütersloh 1994.

Däniken, E. v.: *Der jüngste Tag hat längst begonnen*. München 1995.

Dillmann, A.: *Das Buch Henoch*. Leipzig 1853.

Dopatka, U.: *Die außerirdischen Phänomene*. Bindlach 1992. Neudruck mit aktualisierter Bibliographie der Ausg.: *Lexikon der Präastronautik*. Düsseldorf, Wien 1979.

Dopatka, U. (Hrsg.): *Sind wir allein?* Düsseldorf-Wien 1996.

Fiebag, J.: *Die Anderen*. München 1993.

Fiebag, J.: *Kontakt*. München 1995.

Gentes, Lutz: *Die Wirklichkeit der Götter*. Essen 1996.

Kautzsch, E.: *Die Apokryphen und Pseudepigraphien des Alten Testaments*. Tübingen, Freiburg i. Br. 1900.

Johannes Fiebag: *Das Mimikry-Verhalten der »Anderen«*

[1] Fiebag, J.: *Die Mimikry-Hypothese*. Ancient Skies, 4, 1990. Ancient Astronaut Society, Feldbrunnen, Schweiz (jetzt: Beatenberg, Schweiz). Auch in: E. v. Däniken (Hrsg.), Neue kosmische Spuren. Goldmann Verlag, München 1992.

[2] Fiebag, J. und P.: *Himmelszeichen*. Goldmann Verlag, München 1991. Neu herausgegeben unter dem Titel *Zeichen am Himmel*, Ullstein 1995.

[3] Blumrich, J.: *Da tat sich der Himmel auf*. Econ, Düsseldorf-Wien 1973. Neu herausgegeben bei Ullstein, Berlin 1995.

[4] Beier, H. H.: *Kronzeuge Ezechiel*. Ronacher Verlag, München 1995. Neu herausgegeben bei Ullstein, Berlin 1996.

[5] Sassoon, G. und Dale, R.: *Die Manna-Maschine*. Pabel Verlag, Rastatt 1979. Neu herausgegeben bei Ullstein, Berlin 1995.

[6] Gentes, L.: *Die Wirklichkeit der Götter*. Bettendorfsche Verlagsanstalt, Essen 1996.

[7] Risi, A.: *Gott und die Götter*. Govinda Verlag, Zürich und Bern 1996.

[8] Thompson, R.: *Begegnungen mit Außerirdischen*. Bettendorfsche Verlagsanstalt, Essen 1997.

[9] Fiebag, P.: *Der Götterplan*. Langen Müller Verlag, München 1996.

[10] Fiebag, J.: *Die Anderen*. Herbig Verlag, München 1993.

[11] Fiebag, J.: *Kontakt*. Langen Müller Verlag, München 1994.

[12] Fiebag, J.: *Sternentore*. Langen Müller Verlag, München 1996.

[13] Fiebag, J.: *Das Entführungsphänomen im deutschsprachigen Raum*. In: J. Fiebag (Hrsg.): DAS UFO-SYNDROM. Droemer Knaur, München 1996.

[14] Fiebag, J.: *Von Aliens entführt*. Econ Verlag, Düsseldorf 1998.

[15] Talbot, M.: *Das holografische Universum*. Droemer Knaur, München 1992.

[16] Strieber, W.: *Die Besucher*. Heyne Verlag, München 1990.

[17] Ferris, T.: *Das intelligente Universum*. Byblos Verlag, Berlin 1992.

[18] Swords, M.: *Does the ETH Make Sense?* INTERNATIONAL UFO REPORTER, Chicago 1992.

[19] Jacobs, D.: *Geheimes Leben*. Kopp Verlag, Rottenburg 1996.

[20] Thompson, K.: *Engel und andere Außerirdische*. Droemer Knaur, München 1996.

[21] Mack, J.: *Entführt*. Bettendorfsche Verlagsanstalt, Essen 1995.

Reinhard Habeck: *Maskentanz und Stammeskult*

Becker-Donner, E.: *Brasiliens Indianer*. Katalog Museum für Völkerkunde, Wien ohne Jahresangabe.

Bodgroi, T. (Hrsg.): *Stammeskunst*. Band 1 und 2, Budapest 1982.

Burenhult, G. (Hrsg.): *Naturvölker heute*. Hamburg 1994.

Cavendish, R.: *Die Welt des Übersinnlichen*. Wien 1995.

Chase, M.: *Mein Freund Harvey*. Theaterprogramm, Kammerspiele Wien 1993.

Dopatka, U.: *Lexikon der außerirdischen Phänomene*. Bindlach 1992.

Fiebag, J. (Hrsg.): *Das UFO-Syndrom*. München 1996.

Fiebag, J.: *Sternentore*. München 1996.

Knappert, J.: *Lexikon der afrikanischen Mythologie*. München 1995.

Kohlenberg, K. F.: *Enträtselte Vorzeit*. München 1970.

Krassa, P. und Habeck, R.: *Die Palmblattbibliothek*. München 1993.

Ryle, J.: *Krieger des Weißen Nils – Die Dinka*. Amsterdam 1982.

Swoboda, O.: *Lebendiges Brauchtum*. Salzburg 1970.

Tedlock, B.: *Über den Rand des tiefen Canyon*. München 1978.

Theisen, H. (Hrsg.): *Außereuropäisches Schauspiel*. Katalog Museum für Völkerkunde, Wien 1976.

Gottfried Bonn und Hans-Werner Sachmann: *Das Sirius-Rätsel – Für und Wider*

[1] Hitching, F.: *Die letzten Rätsel unserer Welt*. Frankfurt 1982.

[2] Temple, R.: *Das Sirius-Rätsel*. Frankfurt 1977.

[3] Hermann, D.: *Rätsel um Sirius*. Berlin 1985.

[4] Zajonc, A.: *Die gemeinsame Geschichte von Licht und Bewußtsein*. Reinbek 1993.

[5] Lurker, M.: *Götter und Symbole der alten Ägypter*. Bern und München 1991.

[6] Paturi, F.: *Von der Weisheit des Universums*. Frederking & Taler 1994.

[7] Bauval, R. und Gilbert, A.: *Das Geheimnis des Orion*. München 1994.

Anke und Horst Dunkel:
Indien: »Geflügelte Wagen« und »kosmisches Feuer«

[1] Kanjilal, D. K.: *Fliegende Maschinen und Weltraumstädte im antiken Indien.* In: J. und P. Fiebag (Hrsg.), AUS DEN TIEFEN DES ALLS. Tübingen-Zürich-Paris 1985, S. 119–175. Tb-Ausgabe 1995, Berlin.

[2] Däniken, E. v.: *Habe ich mich geirrt?* München 1985.

[3] Gentes, L.: *Der Krieg gegen Dvârakâ: Beschreibung eines Luftangriffs im altindischen Mahâbhârata und Bhâgavata-Purâna.* SCIENTIFIC ANCIENT SKIES, 2, S. 29–37, 1995.

[4] Gentes, L.: *Die Wirklichkeit der Götter – Luft und Raumfahrt im frühen Indien.* In: U. Dopatka (Hrsg.), SIND WIR ALLEIN? Düsseldorf-Wien 1996.

[5] Gentes, L.: *Raumschifflandungen im frühen Indien.* In: J. Fiebag (Hrsg.): *Das UFO-Syndrom.,* S. 81–115, München 1996.

[6] Keilhauser, A. und P.: *Die Bildersprache des Hinduismus.* Köln 1990.

[7] Jagannathan, Sh.: *Hinduism – An Introduction.* Bombay 1995.

[8] Kanjilal, D. K.: *Vimâna in Ancient India.* Calcutta 1985, Bonn 1991.

[9] Keith, A. B.: *History of Sanskrit Literature.* London 1920.

Gisela Ermel: *Shambhala – Reich in den Sternen?*

Bernbaum, E.: *Der Weg nach Shambhala.* Hamburg 1982.

Däniken, E. v.: *Der jüngste Tag hat längst begonnen.* München 1995.

Wolfgang Siebenhaar: *Fliegende Pferde in alten Mythen*

Märchen aus Tausendundeiner Nacht. Gondrom Verlag. Bayreuth 1979.

Guter, J.: *Chinesische Märchen.* Fischer Taschenbuchverlag. Frankfurt 1973.

Krassa, P.: *Als die gelben Götter kamen.* Bardtenschlager Verlag, 1973.

Breuer, H.: *Kolumbus war Chinese.* Societäts-Verlag. Frankfurt 1970.

Däniken, E. v.: *Reise nach Kiribati.* Econ Verlag, Düsseldorf 1981.

Horst Dunkel: *Das Geheimnis um die Königin von Saba*

Bezold, C. (Hrsg.): *Kebra Nagast – Die Herrlichkeit der Könige*. Abhandl. der Philosoph.-Philol. Klasse der Königl.-Bay. Akad. d. Wiss., 23. Bd., 1. Abt., München 1905.

Däniken, E. v.: *Prophet der Vergangenheit*. Düsseldorf-Wien 1979.

Dunkel, H.: *Die vergessene Kultur von Axum*. ANCIENT SKIES, 4, 1995.

Frank Tanner: *Der Manichäismus*

[1] Koenen, L.-R. C.: *Mani*. Freiburg im Breisgau 1993.

[2] Roché, D.: *Die Katharer-Bewegung*. Stuttgart 1992.

[3] Markale, J.: *Die Katharer von Montségur*. München 1990.

[4] Stemberger, G.: *2000 Jahre Christentum*. Erlangen 1990.

[5] Die Gnosis: *Der Manichäismus*. Zürich 1995.

[6] Lammer, H. und Sidla, O.: *UFO-Nahbegegnungen*. München 1996.

[7] Allen, J. P. und Martin, R.: *Vorstoß ins All*. Basel-Boston-Stuttgart 1984.

[8] Fiebag, J.: *Die Anderen*. München 1993.

[9] Mack, J.: *Entführt von Außerirdischen*. München 1995.

Peter Fiebag: *Die Verwendbarkeit von Mythologie und kulturellem Gedächtnis für die Paläo-SETI-Hypothese, untersucht und erläutert am Kachina-Mythos der Hopi-Indianer, USA*

Anmerkungen:

1. Die Aussage dieses Satzes gilt jedoch nur, wenn, wie der deutsche Professor H. O. Ruppe [52] feststellte, die nachfolgenden Bedingungen mindestens erfüllt sind. 1. Das Weltall ist endlich und gleichzeitig unendlich, d. h. in die vierte Dimension gekrümmt. 2. Im Kosmos herrschen überall die gleichen physikalischen Gesetzmäßigkeiten. 3. Es gibt Leben auf der Erde, also kann Leben, unter gleichen Bedingungen, überall im Weltraum entstehen. 4. Raumfahrt ist möglich. Auch große Entfernungen können über-

wunden werden (schnell oder sehr langsam). 5. Auf anderen Welten kann Leben sich früher (resp. schneller) entwickelt haben (Fortschrittsprämisse). 6. Ein zufälliger oder gezielter Kontakt von ETH mit intelligenten Lebewesen anderer Planeten (einschließlich der Erde) ist möglich. 7. Ein solcher Kontakt kann auf – mindestens – einer der drei Zeitebenen (Vergangenheit, Gegenwart, Zukunft) stattfinden.

2. Ein weiteres wichtiges Problemfeld zeigt P. Burke auf: Wenn Erinnerungsgemeinschaften innerhalb gegebener Gesellschaftssysteme untersucht werden, so ist die Frage wichtig, wer von wem und warum zu erinnern verlangt, wessen Vergangenheitsvision aufgezeichnet und konserviert wird [53].

3. Bei dem Begriff des Mythos schließe ich mich der Argumentation Assmanns [32] an: »*Fundierende Geschichten nennen wir ›Mythos‹. Diesen Begriff stellt man gewöhnlich der ›Geschichte‹ gegenüber und verbindet mit dieser Gegenüberstellung zwei Oppositionen: Fiktion (Mythos) gegen Realität (Geschichte) und wertbesetzte Zweckhaftigkeit (Mythos) gegen zweckfreie Objektivität (Geschichte). Beide Begriffspaare stehen seit längerem zur Verabschiedung an ... Vergangenheit, die zur fundierenden Geschichte verfestigt und verinnerlicht wird, ist Mythos, völlig unabhängig davon, ob sie fiktiv oder faktisch ist ... Diese Bezeichnung bestreitet in keiner Weise die Realität der Ereignisse, sondern hebt ihre die Zukunft fundierende Verbindlichkeit hervor als etwas, das auf keinen Fall vergessen werden darf.*«

4. Das Dinggedächtnis fasse ich hier nicht in seiner engen Verwendung von J. Assmann [32] auf, sondern möchte es um den für Symbole, Ikonen, Repräsentationen überschreitenden Zeit- und Identitätshorizont postulierten Bereich erweitern (vgl. »kulturelles Gedächtnis«).

5. Allerdings ist es gerade auch die Sprache, die ein Verständnis des Denkens der Hopi so schwer macht. B. L. Whorf [54] hat in seiner bahnbrechenden metalinguistischen und sprachphilosophischen Arbeit über die Zusammenhänge von Sprache, Denken und Wirklichkeit präzise belegt, wie ver-

schiedene Sprachwelten die Wahrnehmung der Welt beeinflussen. Hier sei nur ansatzweise darauf hingewiesen, wie problematisch es ist, einen Satz von Weißer Bär (im Englischen) als wirklich korrekt wiedergegebenen Inhalt dessen zu verstehen, was er tatsächlich denkt, obwohl dieser an der Universität von Kansas studierte. Das Hopi kennt beispielsweise keine Unterscheidung zwischen Substantiven und Verben, ja selbst Zeit in unserem Sinne von Vergangenheit, Gegenwart und Zukunft ist den Hopi unbekannt, genauso unterscheidet sich ihre Sichtweise von Bewegungen im Raum. Sagt also ein Hopi in »lupenreinem« Englisch: »Die Kachinas können sich sehr schnell fortbewegen. Während ich diesen Satz spreche, legen sie weite Strecken zurück, sie brauchen nur Sekunden« [55], welchen (Übersetzungs-)Wert hat dann diese Aussage überhaupt?

Dennoch können wir – trotz einiger wahrscheinlicher Hürden – den Grundgehalt wohl erkennen, müssen uns andererseits verstärkt auch auf diese Schwierigkeiten einstellen.

Literatur:

[1] vgl.: Wilson, R. A.: *Die neue Inquisition*. Frankfurt 1992.

[2] vgl.: Siebenhaar, W.: »*Gesichertes Wissen*« und »*Realitätstunnel*«. In: E. v. Däniken (Hrsg.), FREMDE AUS DEM ALL, München 1995.

[3] Fichant, M. und Pécheux, M.: *Überlegungen zur Wissenschaftsgeschichte*. Frankfurt 1977.

[4] vgl.: Stegemüller, W.: *Probleme und Resultate der Wissenschaftstheorie und Analytischen Philosophie*. In: WISSENSCHAFTLICHE ERKLÄRUNG UND BEGRÜNDUNG, Bd. 1, Berlin 1969.

[5] Becker, W. und Hübner, K. (Hrsg.): *Objektivität in der Natur- und Geisteswissenschaft*, 1978.

[6] vgl. Rehork, J.: *Sie fanden, was sie kannten*. Mönchengladbach 1989.

[7] Blumrich, J. F.: *Kasskara und die sieben Welten*. Wien, Düsseldorf 1979.

[8] Kunze, A. (Hrsg.): *Hopi und Kachina*. 1988.

[9] Curlander, H. und Dömpke, S. (Hrsg.): *Hopi – Stimmen eines Volkes*. München 1986.

[10] Läng, H.: *Kulturgeschichte der Indianer Nordamerikas*. Bindlach 1993.

[11] Waters, F.: *Das Buch der Hopi*. Düsseldorf 1980.

[12] Burland, C.: *Mythologie der Indianer Nordamerikas*. Wiesbaden 1970.

[13] Leach, E. R.: *Ritual*. In: THE INTERNATIONAL ENCYCLOPAEDIA OF THE SCIENCES, Bd. 13, S. 520–526, 1968.

[14] vgl. hierzu die Sichtweise Skorupskis, J.: *Symbol and Theory. A Philosophical Study of Theories and Religion in Social Anthropology*. Cambridge 1979.

[15] vgl. ebenso: Kippenberg, H. G.: *Zur Kontroverse über das Verstehen fremden Denkens*. In: MAGIE, Frankfurt 1987.

[16] Fiebag, P.: *Der Götterplan. Außerirdische Zeugnisse bei Maya und Hopi*. München 1995.

[17] Navia, L. E.: *Präastronautik und Wissenschaft*. In: J. und P. Fiebag (Hrsg.), AUS DEN TIEFEN DES ALLS, Tübingen 1985 und Berlin 1995.

[18] Crick, F. H. C.: *Gelenkte Panspermie*. In: J. und P. Fiebag (Hrsg.), AUS DEN TIEFEN DES ALLS, Tübingen 1985 und Berlin 1995.

[19] Hoyle, F. und Wickramasinghe, C.: *Leben aus dem All*. In: J. und P. Fiebag (Hrsg.), AUS DEN TIEFEN DES ALLS. Tübingen 1985 und Berlin 1995.

[20] Ruppe, H. O.: *Zur Möglichkeit interstellarer Raumfahrt*. In: J. und P. Fiebag (Hrsg.), AUS DEN TIEFEN DES ALLS. Tübingen 1985 und Berlin 1995.

[21] Ruppe, H. O.: *Die grenzenlose Dimension Raumfahrt*. Bd. 1 und II, Düsseldorf 1980/1982.

[22] Hoyle, F. und Wickramasinghe, C.: *Die Lebenswolke*. Frankfurt 1981.

[23] Fiebag, J.: *SETI und Paläo-SETI*. In: E. v. Däniken (Hrsg.): FREMDE AUS DEM ALL, München 1995.

[24] Grün, K.: *Auf den Schwingen der Silbervögel. Möglichkeiten und Perspektiven interstellarer Raumfahrt*. In: E. v. Däniken (Hrsg.), NEUE KOSMISCHE SPUREN, München 1992.

[25] Peiniger, H.-W.: *Außerirdische Lebensspuren in Meteoriten*. In: E. v. Däniken (Hrsg.), NEUE KOSMISCHE SPUREN, München 1992.

[26] Fiebag, J.: *Welten jenseits des Sonnensystems. Extrasolare Planeten und ihre Bedeutung für die Frage nach außerirdischer Intelligenz*. In: E. v. Däniken, NEUE KOSMISCHE SPUREN, München 1992.

[27] Bruke, B. F.: *Detection of Planetary Systems and the Search for Evidence of Life*. NATURE, S. 322, S. 304-341, 1986.

[28] vgl. Casper, B. (Hrsg.): *Phänomenologie des Idols*. Freiburg, München 1981.

[29] Halbwachs, M.: *Das Gedächtnis und seine sozialen Bedingungen.* Frankfurt 1985.

[30] Halbwachs, M.: *Das kollektive Gedächtnis.* Frankfurt 1985.

[31] Girard, R.: *Das Ende der Gewalt.* Freiburg 1983.

[32] Assmann, J.: *Das kulturelle Gedächtnis. Schrift, Erinnerung und politische Identität in frühen Hochkulturen.* München 1992.

[33] Schneider, W.: *Wörter machen Leute. Magie und Macht der Sprache.* Hamburg 1983.

[34] Buschenreiter, A.: *Unser Ende ist euer Untergang. Die Botschaft der Hopi an die Welt.* Göttingen 1991.

[35] Yates, F.: *Gedächtnis und Erinnerung.* Weinheim 1990.

[36] Strehlow, T. G. H.: *Totemic Landscapes.* London 1970.

[37] Assmann, J. und Hölscher, T. (Hrsg.): *Kultur und Gedächtnis.* Frankfurt 1988.

[38] *Brief an den Präsidenten der USA, J. Carter, vom 19. Oktober 1977.* Kahtsimkiwa 1, 3, S. 1, 1989.

[39] Fewkes, J. W.: JOURNAL OF AMERICAN ETHNOLOGY AND ARCHAEOLOGY. Vol. IV, 1984, S. 106–110.

[40] Kaiser, R.: *Im Einklang mit dem Universum. Aus dem Leben der Hopi-Indianer.* München 1992.

[41] vgl. Vester, F.: *Denken, Lernen, Vergessen.* Stuttgart 1978.

[42] Yates, F.: *Gedächtnis und Erinnerung.* Weinheim 1990.

[43] Blum, H.: *Die antike Mnemotechnik.* Dissertation 1964, Spudasmata 15.

[44] Eickelmann, F.: *The Art of Memory: Islamic Education as Social Reproduction.* COMPARATIVE STUDIES IN SOCIETY AND HISTORY. 20, S. 485–516, 1978.

[45] Gamkrelidse, T. und Iwanow, W. W.: *Die Frühgeschichte der indoeuropäischen Sprachen.* SPEKTRUM DER WISSENSCHAFT, 5, S. 130-137, 1990.

[46] Shevoroshkin, V. (Hrsg.): *Reconstructing – Languages and Cultures: Interdisciplinary Symposium on Language and Prehistory.* Ann Arbor (Michigan), 1988/1989.

[47] Gill, S. D.: *Native American Religions: An Introduction.* Belmont 1982.

[48] Wyman, L. C.: *The Windways of the Navaho.* Colorado Springs 1962.

[49] Koselleck, R.: *Moderne Sozialgeschichte und historische Zeiten.* In: P. Rossi (Hrsg.): THEORIE DER MODERNEN GESCHICHTSSCHREIBUNG, S. 173ff, Frankfurt 1987.

[50] Topolski, J.: *Die Wissenschaftlichkeit der Geschichtsschreibung und ihre Grenzen*. In: Rossi, P. a. a. O., S. 191–218.

[51] Rossi, P.: (Hrsg.): *Theorie der modernen Geschichtsschreibung*. Frankfurt am Main 1987.

[52] Ruppe, H. O.: *Philosophische Gedanken zur AAS-Hypothese*. ANCIENT SKIES, 6, Feldbrunnen 1983.

[53] Burke, P.: *Geschichte als soziales Gedächtnis*. In: A. Assmann und D. Harth (Hrsg.): *Mnemosyne. Formen und Funktionen der kulturellen Erinnerung*. Frankfurt a. M. 1991.

[54] Whorf, B. L.: *Sprache Denken Wirklichkeit. Beiträge zur Metalinguistik und Sprachphilosophie*. Hamburg 1963.

[55] Blumrich, J. F.: *Die Suche*. In: J. und P. Fiebag (Hrsg.): AUS DEN TIEFEN DES ALLS, Tübingen 1985 und Berlin 1995.

Rudolf Eckhardt: *Der Mythos von der aztekischen »Lade«: Kulturhistorischer Hintergrund und Möglichkeiten einer Suche*

[1] Sahagún, Bernardino de: *Historia general de las cosas de Nueva España*. Editor: Angel Maria Garibay, Mexico-City 1985, S. 191f.

[2] Seler, Eduard Georg: *Lienzo de Jucatacato, Mexico* in: GESAMMELTE ABHANDLUNGEN, III: 45.

[3] Durán, Diego: *Historia de las Indias de Nueva España e Islas de Tierra Firme*. Bd. II der unter dem gleichen Titel von Angel Maria Garibay herausgegebenen Werke Duráns. Mexico-City 1984, S. 21ff.

[4] vgl. dazu: Krickeberg, Walter: *Altmexikanische Kulturen*, Berlin 1956, S. 61f.

[5] Haberland, Wolfgang: *Amerikanische Archäologie*, Darmstadt 1991.

[6] Fiebag, Johannes und Peter: *Die Entdeckung des Grals*, Goldmann 1989, S. 290ff.

[7] siehe dazu: Dendl, Jörg: *Der Weg der Bundeslade*, in G. R. A. L., Nr. 5, Berlin 1992, S. 101.

[8] Diaz del Castillo, Bernal: *Wahrhafte Geschichte der Entdeckung und Eroberung von Mexico*, Hrsg. A. Narciß, Frankfurt 1982.

[9] Cervantes de Salazar, Francisco: *Crónica de Nueva España*. Madrid, 1914, Lib. IV, cap. xxxi.

[10] Oviedo y Valdes, Gonzalo Fernández de: *Historia general y natural de las indias*. 14 vols. Asunción, 1944. VIII, Lib. xiv, cap. x.

[11] Barca, Frances Calderón de la: *Life in Mexico*. London 1954, S. 127.

[12] Tylor, Edward B.: *Anahuac*. London 1861, S. 223.

[13] Prescott, W. H.: *History of the conquest of Mexico*. London 1922.

[14] rekonstruiert nach: *Proceso del Santo Oficio de la Inquisicíon contra Miguel, indio*. 20. Juni 1539, Tomo 37, expediente 3. AGN: Inq. Mex. 37/3.

[15] vgl. z. B.: Sassoon, George und Dale, Rodney: *Die Manna-Maschine*. Rastatt 1979 und Berlin 1995.

Allgemein:

Icazbalceta, Joaquim Garcia: *Biografia de Fray Juan Zumárraga*. Madrid 1921.

Gisela Ermel: »*Himmlische Phänomene*« *in alten Tiroler Überlieferungen*

[1] Ritter von Alpenburg, J. N.: *Mythen und Sagen Tirols*. Zürich 1857.

[2] Zingerle, I. V.: *Sagen, Märchen und Gebräuche aus Tirol*. Innsbruck 1859.

[3] Ritter von Alpenburg, J. N.: *Deutsche Alpensagen*. Wien 1861.

Gisela Ermel: *Die* »*Luftfahrt mit dem Wilden Jäger*«

Arnold Büchli: *Sagen aus Graubünden*. Aarau-Leipzig, 1935–1993.

Kammerhofer-Aggermann, U.: *Sagenhafter Untersberg*. Salzburg 1991/1992.

Kühn, D.: *Sagen und Legenden aus Thüringen*. Jena 1995.

Meisen, K.: *Die Sagen vom Wütenden Heer und Wilden Jäger*. Münster-Aschaffendorff, 1935.

Ritter von Alpenburg, J. E.: *Mythen und Sagen Tirols*. Zürich 1857.

Röterz, H. G.: *Sagen*. Bamberg 1982.

Zaunert, P.: *Hessen-Nassauische Sagen*. Jena 1929.

Andreas von Rétyi:
Das »Taos-Summen«: Eine neue Spur in den Kosmos?

Garner, W. L.: *Mystery Sound is Newest Addition to UFO Enigma.* UFO-ENCOUNTERS, 1/10, 1993.

Keel, J.: *Those Mysterious Hummers.* FATE, 8, 1993.

Long, G.: *Machinelike Underground Sounds.* INTERNATIONAL UFO REPORTER, 11/12, 1989.

Pearson, R.: *Searching for Heigh Weirdness in New Mexico.* FAR OUT, Winter 1993.

Rétyi, A. v.: *Wir sind nicht allein.* Langen Müller, München 1994.

Johannes Fiebag: *Die Bilder der »Anderen«*

[1] Sperlich, W.: *Die Bilderrätsel des Himalaya – Felszeichnungen aus fünf Jahrtausenden im Indus-Tal.* BILD DER WISSENSCHAFT, 5, S. 72–80, Heidelberg 1995.

[2] Fiebag, J.: *Neue Entdeckungen in Bolivien und Peru.* ANCIENT SKIES, 3, 10–13, CH-Beatenberg 1995.

[3] Fiebag, J.: *Die Mimikry-Hypothese.* ANCIENT SKIES, 4, 3-6, Feldbrunnen 1990. (Auch in: E. v. Däniken, Hrsg., NEUE KOSMISCHE SPUREN, Goldmann Verlag, München 1992.)

Lutz Gentes: *Der Krieg gegen Dvârakâ*

Anmerkungen:

[1] Entgegen dem indologischen Brauch subsumiere ich hier auch das Purâna zur epischen Literatur, da sich die graduellen Unterschiede zum eigentlichen Epos in bezug auf die für uns relevanten Kampfszenen nicht entsprechend auswirken.

[2] Dasselbe gilt auch im Hinblick auf die Stadt Dvârakâ, die das Ziel des Luftangriffs gewesen sein soll. Zunächst einmal ist dieses Dvârakâ nicht

identisch mit der im Westzipfel der Kâthiâwâr-Halbinsel gelegenen heutigen Stadt gleichen Namens. Obwohl sie als eine der sieben heiligen Städte
Indiens gilt und ein wichtiges Zentrum des Krishna-Kults bildet, wurde sie
aber erst im fünften oder sechsten Jahrhundert n. Chr. gegründet, und ihre
Lage paßt auch nicht zu den Angaben des Mbh. und der Purânas. Gemeint
ist vielmehr das dieser Stadt vorangegangene ursprüngliche Dvârakâ, das
nahe der Kleinstadt Kodinar an der Südspitze Kâthiâwârs lag und später
offenbar im Meer versank. Aber auch dieser Ort kann nicht der des Luftangriffs gewesen sein. Wie meine Untersuchungen ergeben haben, mußte
es sich vielmehr um einen bereits lange zuvor dort existierenden Stütz-
punkt jener außerirdischen »Götter« gehandelt haben.

[3] Anm. L. G.: Bei diesem hier von Tagare eher verharmlosend mit »Luftwagen« (aerial car) wiedergegebenen Sanskritausdruck *vimâna* handelt es
sich um den in der klassischen Literatur Indiens für »Flugmaschine« meist-
verwendeten Begriff. An anderer Stelle meines Buches wird erstmals in einer eingehenden Analyse gezeigt, welch eine überragende – und bis heute
völlig übersehene – geschichtliche Bedeutung den indischen Tempelge-
bäuden zukommt, insofern, als diese ebenfalls als Vimânas aufgefaßt werden, und zwar im Sinne einer Nachbildung jener vorangegangenen Flug-
maschinen-Vimânas!

[4] Die Schilderung der Abwehrbereitschaft Dvârakâs gegenüber den feindlichen Bodentruppen umfaßt im Epos nicht weniger als zwanzig Verse und
nimmt damit, gemessen an der Gesamtlänge der Saubha-Erzählung, einen
erstaunlich breiten Raum ein (Vers 5–24; v. B., a. a. O.; Mbh. 3(31)16). Es
handelt sich dabei um eine zusammenfassende, systematische Übersicht
über die getroffenen Abwehrmaßnahmen und Vorsichtsmaßregeln,
einschließlich der in Stellung gebrachten Waffen. Überraschenderweise ist
jedoch im weiteren Verlauf der Handlung von alldem mit keiner Silbe
mehr die Rede. Offenbar haben wir es hier mit einer Art lehrbuchmäßiger
Aufzählung der Elemente einer idealen Abwehrbereitschaft zu tun, die mit
der übrigen Handlung in keiner authentischen Beziehung steht. Das zeigt
sich auch darin, daß die Epen bei der Beschreibung anderer Städte, wie
zum Beispiel Ayodhyâs oder Lankâs, zu ganz ähnlichen, wenn nicht identischen Formulierungen greifen. Es sind dies, worauf bereits Hopkins hingewiesen hat, modellhafte, standardisierte Beschreibungsmuster einer

idealen Stadt und deren Abwehrmaßnahmen (Hopkins 1889, S. 118 Fn.).
Die in all diesen Beschreibungen miterwähnten Feuerwaffen sind für uns
daher ebenso gegenstandslos wie die übrigen der genannten Waffen. Dazu
zählen unter anderem auch »Flammenwerfer« (*bushundis*), denen wir
dann später noch in Gestalt von Brandbomben begegnen, die von Saubha
abgeworfen werden.

Um nun aber keine Mißverständnisse aufkommen zu lassen: Der dogmatische Charakter der aufgezählten Abwehrmaßnahmen besagt nicht, daß
Dvârakâ nicht etwa abwehrbereit gewesen sei, sondern nur, daß keine sicheren Rückschlüsse auf die tatsächlichen Abwehrmaßnahmen mehr möglich sind. Daß aber alle Anstrengungen zur Abwehr unternommen wurden, leidet keinen Zweifel, denn das Herannahen der Truppen Shâlvas
wurde ja bereits von weitem beobachtet. Offenbar ersetzten die Redakteure des Epos einen authentischeren Wortlaut durch die jetzige Fassung.

[5] Die von einigen Paläo-SETI-Autoren – darunter Erich von Däniken und
David W. Davenport – aufgestellte Behauptung, im alten Indien seien
Kernwaffen eingesetzt worden, hält, wie in meinem Buch ausführlich dar-
gelegt wird, genauer Nachprüfung nicht stand.

[6] Erwähnt sei hier noch ein weiterer, eine extreme Druckwelle erzeugender
Bombentyp, der in den achtziger Jahren in den USA und in der BRD entwickelt wurde und der im Zusammenhang mit dem Golf-Krieg von 1991
von sich reden machte: die »BLU-73 Luft-Benzin-Bombe« (Fuel Air Ex-
plosive – FAE), deren Vernichtungspotential ihr auch den Namen einer
»Atombombe des kleinen Mannes« eingebracht hat: »Der Bombenkörper
enthält drei getrennte, mit einem hochbrennbaren Benzingemisch gefüllte
Sprengsätze, die einzeln an Fallschirmen zu Boden sinken. Etwa zehn Meter über der Erde zerstäubt ein Sprengsatz das Benzingemisch zu einer weiten, aber dichten Benzin-Luft-Wolke, die weiter zum Boden sinkt. Diese
Wolke wird von einem zweiten Sprengsatz zu einem Feuerball entzündet.
Die Druckwelle zerlegt Häuser und zündet Minen, während der Feuerball
selbst allen Sauerstoff in der Umgebung aufsaugt und die Menschen förmlich ersticken.« (*F. R.*, a. a. O., 19. 2. 91).

Die Wucht der Explosion, die amerikanischen Tests zufolge fünfmal
größer ist als bei Zündung einer äquivalenten TNT-Ladung, ist so stark,
daß sie im Umkreis mehrerer Kilometer schwerste Zerstörungen anrichtet

und alles Leben tötet. Mit dieser Waffe lassen sich zum Beispiel Schneisen in bebaute Gebiete schlagen, durch die Panzerfahrzeuge ungehindert bis in den Ortskern vorstoßen können, große Minenfelder räumen, oder sie läßt sich gegen Flugzeuge und Truppen in den Flugzeugen einsetzen. Konventionelle Feldbefestigungen verlieren ihren Wert völlig; nur rundum druckdichte Wände vermögen gegen diese entsetzliche Waffe einen Schutz zu bieten (Leyendecker und Rickelmann, S. 97f; *F. R.* a. a. O., 3. 12. 90, *Der Spiegel*, 6/91, S. 147).

[7] Einen knapp gefaßten, systematischen Abriß der Cargo-Kult-Phänomenologie, einschließlich einer synoptischen Gegenüberstellung deckungsgleicher, aus den verschiedensten Kulturkreisen stammender altüberlieferter Aussagen, enthält meine vorangegangene Arbeit (Gentes 1979, S. 11ff). Es handelt sich dabei um ein von mir entwickeltes »Verhaltenspsychologisches Vergleichsverfahren«, dessen Durchführung eine unerwartet hohe Bestätigung der Hypothese ehemaliger extraterrestrischer Eingriffe erbrachte. Diese grundlegende Abhandlung ist leider seit langem vergriffen und bedarf dringend der Überarbeitung; ihre Neuherausgabe ist beabsichtigt.

[8] So zum Beispiel von dem in Freiburg/Schweiz lehrenden Othmar Keel, der mit einer geradezu elitär-herablassenden Attitüde gegenüber v. Däniken und dessen Leserschaft auftritt (Keel, S. 10., Einl.). Er selbst behauptet allen Ernstes, daß der Feuer und Schwefel auf Sodom und Gomorrha herabregnen lassende Jahwe auf die Vorstellung eines richtenden Sonnengottes zurückzuführen sei, der die von den Menschen in der Nacht begangene Freveltat bei seinem Erscheinen am Morgen durch seinen »Gluthauch« bestraft (a. a. O., S. 16f). Von einer realen Katastrophe, gleich welcher Art, will Keel – im Gegensatz zu anderen Alttestamentlern, wie etwa Zimmerli oder Westermann – nichts wissen (vgl. Westermann, S. 358ff). Diese mit allem gelehrten Aufwand vorgetragene Deutung erscheint jedoch mitnichten beweiskräftiger als diejenige v. Dänikens, der für die Vernichtung der beiden Städte eine Kernexplosion verantwortlich macht (v. Däniken 1968, S. 62ff).

Literatur:

Av. W.: AVIATION WEEK & SPACE TECHNOLOY, New York.

Brunswig, H.: *Feuersturm über Hamburg.* Stuttgart 1978.

Buitgen, J. A. B. van: *The Mahâbhârata,* Übers. u. ed.: Buch 2 und 3, Bd. 2, Univ. of Chicago Press, Chicago/London 1975.

Däniken, E. v.: *Erinnerungen an die Zukunft.* Düsseldorf/Wien 1968.

DER SPIEGEL – DAS DEUTSCHE NACHRICHTEN-MAGAZIN. Hamburg.

Dikshitar, V. R. R.: *War in Ancient India.* 2. Aufl., Madras, Bombay, Calcutta/London 1948 (Reprint Delhi u. a. 1987).

Domarus, M.: *Der Untergang des alten Würzburg.* 4. erw. Auflage, Würzburg 1978.

Flume, W.: *Flugzeugbewaffnung.* WT 6/1981, S. 71ff.

F. R.: FRANKFURTER RUNDSCHAU, Frankfurt a. M.

Gentes, L.: *Die Wirklichkeit der Götter – Raumfahrt im frühen Indien.* 504 S., Bettendorfsche Verlagsanstalt, München-Essen 1996.

Gentes, L.: *Zur Frage der Tatsächlichkeit von Kontakten zu Außerirdischen in Altertum und Vorzeit – Ein neuer Weg der Beweisführung anhand eines Vergleichsverfahrens zur Psychologie plötzlicher Kontakte sowie altindischer Schriften zur Luft- und Raumfahrt.* Ergänzungsband zur MUFON-Tagung 1977 in Ottobrunn, München 1979.

Gunston, B.: *Militärflugzeuge 2000.* Dietikon-Zürich/Stuttgart 1986.

Hopkins, E. W.: *The Social and Military Position of the Ruling Caste in Ancient India.* Reprint Varanasi 1972; Orig. Ausg.: JOURNAL OF THE AMERICAN ORIENTAL SOCIETY, Bd. 13, S. 57ff, New Haven 1889.

Hünecke, K.: *Das Kampfflugzeug von heute – Technik und Funktion.* Stuttgart 1984.

Keel, O.: *Wer zerstörte Sodom?* THEOLOGISCHE ZEITSCHRIFT, Jg. 35, H. 1, S. 10ff, Basel, Jan./Feb. 1979.

Leyendecker, H. und Rickelmann, R.: *Exporteure des Todes – Deutscher Rüstungsskandal in Nahost.* Göttingen 1990.

Phantom II. McDonnell Douglas »Phantom II«, 2. erw. Auflg., Steinbach bei München 1971.

Piekalkiewicz, J.: *Luftkrieg 1939–1945.* München 1978.

Roy, P. C. (Übers.): *The Mahabharata of Krishna-Dwaipayana Vyasa.* 12 Bde., Calcutta 1884 ff.; spätere Neuausgabe ebd. o. J.

Sörensen, S.: *An index to the names in the Mahâbhârata.* London 1904.

Tagare, G. V. (Übers. und Einl.): *The Bhâgavata-Purâna.* 4 Bde. (Teil I–IV); ANCIENT INDIAN TRADITION AND MYTHOLOGY SERIES, Bd. 7-11, Delhi/Varanasi/Patna 1976-78.

Weiss, M.: *Abstandsflugkörper.* WT 9/1985, S. 84ff.

Westermann, C.: *Biblischer Kommentar, Altes Testament, Bd. I, 15, Genesis.* Neukirchen 1979.

Peter Krassa: *Ezechiel – Der unverstandene Prophet*

[1] Krassa, P.: *Gott kam von den Sternen.* Freiburg 1973 und Essen 1993 (IPE e.V.).

[2] Blumrich, J. F.: *Da tat sich der Himmel auf.* München 1973. Tb-Ausgabe Berlin 1994.

[3] Beier, H.-H.: *Kronzeuge Ezechiel.* München 1985, Tb-Ausgabe Berlin, 1996.

[4] Vanoni, G.: *Kein Mensch kann mich schauen.* WEITE WELT, 1/9, 1993, St. Gabriel, Mödling.

Willi Grömling: *Biblisches Verwirrspiel*

[1] *Das Alte Testament doch aus einer Hand,* in: DAS NEUE ZEITALTER, Nr. 43, 19. 10. 1988, S. 17. – *Bibel nicht von Menschenhand geschrieben? Computeranalysen mit außerordentlichen Ergebnissen.* SEMIT – DIE UNABHÄNGIGE JÜDISCHE ZEITSCHRIFT, Nr. 1, Januar/Februar 1990, S. 80.

[2] *Die Heilige Schrift des Alten und Neuen Bundes.* Mainz 1958, Kapitel 40 bis 42, S. 1112–1116.

[3] Beier, H. H.: *Kronzeuge Ezechiel.* München 1985.

[4] SEMIT, Nr. 1, a. a. O., S. 80.

[5] Krassa, P.: *Rabbi Moses, schreiben Sie!* In: DIE PALMBLATTBIBLIOTHEK. München 1993, S. 191-200. – Bürgin, L.: *Götterspuren.* München 1993, S. 227–231.

[6] Krassa Peter, a. a. O., S. 197.

[7] Krosney, M. S. und Shmueloff E. M.: *Wer hat die Bibel verfaßt? Israelische Wissenschaftler weisen die Theorie von menschlicher Urheberschaft zurück*. Hrsg. von der Botschaft des Staates Israel, Presse- und Informationsabteilung, ohne Ort, ohne Jahr, S. 1.

[8] SEMIT, Nr. 1, a. a. O., S. 80.

[9] Krosney, M. S. und Shmueloff E. M, a. a. O., S. 1.

[10] Dimde, M.: *Nostradamus Jahrbuch*. München 1994 ff – Dimde, M.: *Nostradamus Report*. München 1995 ff.

Wolfgang Malek, Dr. Katharina Kötter und Dr. Georg Petroianu: *Die Katze auf dem heiligen Blechtisch* oder *Kannten die Ägypter die »Oesophageal Detector Device«?*

[1] Ocklitz, A.: *Das Mundöffnungsritual der alten Ägypter*. ANCIENT SKIES 19/1, S. 8–11, 1975.

[2] Andrews, C.: *Egyptian Mummies*. 5th Edition, British Museum, S. 56–57, 1988.

[3] Westhorpe, R.: *Magill's Laryngoscopes*. ANAESTHESIA INTENSIVE CARE, 20, S. 133, 1992.

[4] Orr, R. B.: *A New Laryngoscope Blade Designed to Facilitate Difficult Tracheal Intubation*. Anesthesiology, 31, S. 377–378, 1969.

[5] Lotz, P., Ahnefeld, F. W. und Hirlinger, H. W.: *Systematisch intubieren lernen*. 1. Auflage, S. 22, Atelier Flad, Eckenthal 1984.

[6] Kötter, K., Maleck, W., Herchet, J., Altmannsberger, S., Petroianu, G. und Frimberger, E.: *Balg oder Beutel? 10 Handbeatmungsgeräte im Test*. Deutscher Anästhesiekongreß 1995, Freier Vortrag 11. 1. 1995. ANAESTHESIST, 44, S. 77, 1995.

[7] Nunn, J. F.: *The oesophageal detector device*. ANAESTHESIA, 43, S. 804, 1988.

[8] Petroianu, G., Maleck, W., Bergler, W.F., Ellinger, K., Osswald, P.M. und Rüfer, R.: *Prälinische Kontrolle von Tubuslage und Beatmung*. ANAESTHESIST, 44, 1995 (im Druck).

[9] Calderwood, H. W. und Ravin, M. B.:*The Cat as a Teaching Model for

Endotracheal Intubation. ANESTHESIA ANALGESIA, 51, S. 258–259, 1972.

[10] Stratton, S. J., Underwood L. A., Whalen S. M. und Gunter C. S.: *Prehospital Pediatric Endotracheal Intubation: A Survey of the United States.* PREHOSPITAL AND DISASTER MEDICINE, 8, S. 323–326, 1993.

[11] Terndrup, T. E., Cherry, R. A., Madden, C. M., Cantor, R. M. und McCabe, J. B.: *The impact of a didactic session on the success of feline - endotracheal intubation by paramedics.* PEDIATRIC EMERGENCY CARE, 5, S. 153–157, 1989.

[12] Rowling, J. T.: *Some speculations on the rise and decline of surgery in dynastic Egypt.* SCIENCE IN EGYPTOLOGY, Manchester University Press, S. 399–412, Manchester 1986.

[13] Roth, A. M.: *The PSS-KF and the ›opening of the mouth‹ ceremony: a ritual of birth and rebirth.* JOURNAL OF EGYPTIAN ARCHAEOLOGY, 78, S. 113–147, 1992.

[14] Roth, A. M.: *Fingers, stars, and the ›opening of the mouth‹: the nature and function of the NTRWJ-blades.* JOURNAL OF EGYPTIAN ARCHAEOLOGY, 79, S. 57–79, 1993.

[15] Harer, W. B.: *Peseshkef: the first special-purpose surgical instrument.* OBSTETRICS & GYNECOLOGY, 83, S. 1053–1055, 1994.

[16] Pahl, W. M.: *The ritual of opening the mouth: arguments for an actual-body-ritual from the viewpoint of mummy research.* SCIENCE IN EGYPTOLOGY, Manchester University Press, S. 212–217, Manchester 1986.

[17] Stetter, C.: *Denn alles steht seit Ewigkeit geschrieben. Die geheime Medizin der Pharaonen.* 1. Aufl. Quintessenz, , S. 43, München 1990.

Horst Dunkel: *Die Schriftzeichen vom Titicaca-See*

[1] Däniken, E. v.: *Reise nach Kiribati.* Düsseldorf-Wien 1981.

[2] Cieza de Leon, P.: *La Chronica del Peru.* Anvers 1554.

[3] Tschudi, J. J. v.: *Reisen durch Südamerika.* Leipzig 1869.

[4] Posnansky, A.: *Tiahuanaco – The Cradle of American Man.* Vol. I und II., New York 1945.

Thomas H. A. Fuss: *Nazca und das Alte Testament*

Beier, H. H.: *Kronzeuge Ezechiel.* Berlin 1996.

Däniken, E. v.: *Außerirdische! – Kehren sie zurück?* ABC-TV-Produktion, RTL am 26. 11. 1996 und 1. 5. 1997.

Die Bibel (übers. von Martin Luther). Stuttgart 1912.

Die Heilige Schrift (übers. von Naftali Herz Tur-Sinai), Neuhausen-Stuttgart 1993.

Die Schrift (übers. von M. Buber und F. Rosenzweig), Gerlingen 1976.

Ercivan, E.: *Das Sternentor der Pyramiden.* Essen 1997.

Fuss, T. H. A.: *Spezies Adam* (bislang unveröff. Manuskript).

Gespräch mit Dr. Menge, Ibero-amerikanisches Institut, Berlin, 19. 1. 1997.

Rohrbach, C.: *Botschaften im Sand.* München 1992.

Stingl, M.: *Die Inkas.* Wien und Düsseldorf 1978.

Hartwig Hausdorf: *Ma Wang Dui und die »Satelliten der Götter«*

Fu, J. und Chen, S.: *The Cultural Relics Unearthed from the Han Tombs at Ma Wang Dui.* Hunan, China 1992.

Zhongguo Da bai Ke Quan Shu (Kao Gujan). Großes Lexikon der Volksrepublik China, Sonderband Archäologie. Bejing 1992.

Phänomene – Die Welt des Unerklärlichen. Erlangen 1993.

Hausdorf, H.: *Die Weiße Pyramide.* München 1994.

Däniken, E. v.: *Meine Welt in Bildern.* Düsseldorf 1973.

Klaus Strenge: *Antike Fraktale – Botschaften oder Erinnerungen?*

[1] Tóth, L.: *Ein Fraktal auf einem keltischen Spiegel.* ANCIENT SKIES, 4, S. 6, Beatenberg 1996.

[2] Francis, Sir F. (Hrsg.): *Schätze des Britischen Museums.* S. 264, Leipzig 1983.

[3] Briggs, J. und Peat, F. D.: *Die Entdeckung des Chaos.* S. 164, München 1990.

[4] Peitgen, H.-O. und Richter P.: *The Beauty of Fractals – Images of Complex Dynamical Systems*. Berlin 1986.

[5] *Public Domaine Programm FRACTINT* ©, Stone Soup Group. (In vielen Shareware-Samplern und über Compuserve.)

[6] Mandelbrot, B.: *Die fraktale Geometrie der Natur*. Berlin 1987.

[7] Stanley, H. E.: *Fractals and Multifractals: The Interplay of Physics and Geometry*. In: A. Bunde und S. Havlin, FRACTALS AND DISORDERED SYSTEMS, S. 1, Berlin 1991.

Gottfried Bonn: *Die »Visionen« der Hildegard von Bingen*

[1] vgl. hierzu *Die Bibel*, München 1993, Ezechiel 1, 1–28.

[2] Blumrich, J. F.: *Da tat sich der Himmel auf*. Düsseldorf-Wien 1973 und Berlin 1994.

[3] Hildegard von Bingen: *Scivias – Wisse die Wege*. Freiburg im Breisgau 1992.

[4] *Das Buch Mormon*. Frankfurt am Main 1982.

[5] Vallée, Jacques: *Dimensionen*. Frankfurt am Main 1994.

[6] Fiebag, Johannes und Peter: *Zeichen am Himmel*. Berlin 1995.

[7] Mack, John: *Entführt von Außerirdischen*. New York 1994.

[8] Dopatka, Ulrich: *Kontakt mit dem Universum*. CD-ROM, München 1996.

[9] Drury, Nevill: *Lexikon des esoterischen Wissens*. München 1988.

[10] Jung, Carl Gustav: *Ein moderner Mythos*. Zürich 1958.

[11] Hildegard von Bingen: *Welt und Mensch*. Salzburg 1965.

[12] Fiebag, Johannes: *Sternentore*. München 1996.

[13] Fiebag, Johannes: *Die Anderen*. München 1993 und 1995.

Klaus-Ulrich Groth: *Präastronautische Artefakte im Ägyptischen Museum von Kairo*

[1] Eine offizielle Expertise gibt es nicht. Die Information stammt jedoch von einem dem Verfasser persönlich bekannten und im Nationalmuseum täti-

gen Ägyptologen, der nicht genannt werden möchte, um in Kollegenkreisen nicht diskreditiert zu werden. Klärungsbedürftig wären allerdings einige deutlich sichtbare Einschlüsse, die allein vom optischen Eindruck her nicht zu definieren sind.

[2] Munro und Boltin: *Tutanchamun*. 1980.

[3] Vgl. Runde, I., S. 102ff, und Furduj, S., S. 106ff, beide in: E. v. Däniken (Hrsg.), KOSMISCHE SPUREN. 2. Aufl., München 1989.

[4] Sollner, C.: *In Abusir stimmt etwas nicht*. ANCIENT SKIES 1/93, S. 12ff.

[5] O. Fn. 2.

[6] Der Informant ist wiederum der in Fn.1 erwähnte Ägyptologe.

[7] Vgl. Joshua 6, 20.

[8] Vgl. Dopatka, U.: *Lexikon der außerirdischen Phänomene*. Bindlach 1992, zum Stichwort »UFO«.

Hartwig Hausdorf: *Sensationeller Fund in Rußland*

[1] Fiebag, J.: *Das Rätsel der Ediacara-Fauna*. In: E. v. Däniken (Hrsg.), KOSMISCHE SPUREN, München 1988.

[2] Fiebag, J.: *Das Genesis-Projekt*. In: U. Dopatka (Hrsg.), SIND WIR ALLEIN? Düsseldorf 1996.

[3] Hausdorf, H.: *Wenn Götter Gott spielen*. München 1997.

[4] Ouvarov, V.: Persönliches Schreiben an H. Hausdorf vom 2. 10. 1996.

Jörg Dendl: *Das Geheimnis der Steinscheiben von Baian Kara Ula: Fiktion oder Wirklichkeit?*

Charroux, R.: *Die Meister der Welt*. Düsseldorf/Wien: Düsseldorf 1972; zit. n. München 1980.

Creighton, G.: *But I read it in a book!* FLYING SAUCER REVIEW o. J.

Däniken, E. v.: *Zurück zu den Sternen*. Düsseldorf/Wien 1969.

Däniken, E. v.: *Aussaat und Kosmos*, Düsseldorf/Wien 1972.

Dendl, J.: *Die Steinscheiben von Baian Kara Ula*. G. R. A. L. 6, S. 375–377, 1996.

Hain, W.: *Irrwege der Geschichte*, Wien 1981.

Harrer, H.: *Sieben Jahre in Tibet*. Frankfurt a. M./Berlin 1984 (1966).

Dorf der Zwerge: Rätsel gelöst. BZ, 27. 1. 1997, S. 75.

Hausdorf, H.: *Die weiße Pyramide*, München 1994.

Hausdorf, H. und Krassa, P.: *Satelliten der Götter*. München 1995.

Hausdorf, H.: *Sensationelle Entdeckung in China*. UFO-Nachrichten, Nr. 321, Jan. 1996, S. 13.

Herrmann, D. B.: *Rätsel um Sirius*, Berlin 1985.

Kolosimo, P.: *Sie kamen von einem anderen Stern*. Wiesbaden 1968.

Krassa, P.: *Tunguska*. Frankfurt a. M./Berlin 1995.

Kretschmar, M.: *Erzählungen und Dialekt der Drokpas aus Südwest-Tibet*. Sankt Augustin 1986.

Langbein, W.-J.: *Das Sphinxsyndrom*. München 1995.

Lexikon der Astronomie (=LdA). 2 Bde., Freiburg i. Br. 1990.

Mohren, H. und Ertelt, A.: *Sie kommen von anderen Welten*. Luxemburg 1982.

Peissel, M.: *Cavaliers of Kham*. London 1972.

Robin-Evans, K.: *Sungods in Exile*. Suffolk 1978.

Sensation! 42 sprechende Scheiben in China entdeckt. BZ, 1. 6. 1978.

Temple, R.: *Das Sirius-Rätsel*. Frankfurt a. M. 1976.

Williams, L.: *Für Experten ein Rätsel: Das chinesische Dorf der Zwerge*. Täglich Alles, Nr. 1300, Wien 9. 11. 1995

Die wichtigsten Veröffentlichungen zu den Steinscheiben von Baian Kara Ula in der Reihenfolge ihres Erscheinens:

UFOs in der Vorzeit? Das Vegetarische Universum, 15. Jg., Folge 7, Juli 1962, S. 10.

UFOs in der Vorzeit. UFO-Nachrichten, Nr. 95, Juli 1964, S. 3.

Des UFO's dans la Prehistoire? BUFOI, No. 4, März-April 1965, S. 8–10.

Wjatscheslaw Saizew: *Wissenschaft – oder Phantasie?* Sputnik 1/1968, S. 46–49.

Peter Kolosimo: *Sie kamen von einem anderen Stern*. Wiesbaden, Limes 1968, S. 238–239.

Erich von Däniken: *Zurück zu den Sternen*. Düsseldorf/Wien, Econ 1969, S. 170–175.

Karl F. Kohlenberg: *Enträtselte Vorzeit*. München/Wien, Langen Müller Verlag 1970, S. 48–49.

Rudolf Elmayer von Vestenbrugg und H. S. Bellamy: *Eingriffe aus dem Kosmos*. Freiburg i. Br., Verlag Hermann Bauer 1971, S. 413–414.

Johannes von Buttlar: *Schneller als das Licht*. Düsseldorf/Wien, Econ 1972, S. 35.

Robert Charroux: *Die Meister der Welt*. Düsseldorf/Wien, Econ 1972; zit. n. München, Knaur 1980, S. 189–191.

Peter Krassa: *Als die gelben Götter kamen*. München, Barthenschlager 1973, S. 135–158.

Robert Charroux: *Das Rätsel der Anden*. München, Goldmann 1979 (1974), S. 82.

Bill Barry: *Ultimate Encounter*. New York 1978, S. 193–194.

Walter Hain: *Irrwege der Geschichte*. Wien, Selbstverlag 1981, S. 289–290.

Herbert Mohren und Axel Ertelt: *Sie kommen von anderen Welten*. Luxemburg, 2000 John Fisch 1982, S. 136–145.

Peter Krassa: *… und kamen auf feurigen Drachen*. Wien, Scheriau 1984, S. 136–149.

Peter Krassa: *Ich fand meine »Fata Morgana«*. In: KOSMISCHE SPUREN, Erich von Däniken (Hrsg.), München, Goldmann 1989, S. 113–117.

Hartwig Hausdorf: *Die Weiße Pyramide*. München, Langen Müller 1994, S. 39–56.

Walter-Jörg Langbein: *Das Sphinxsyndrom*. München, Langen Müller 1995, S. 68–79.

Hartwig Hausdorf und Peter Krassa: *Satelliten der Götter*. München 1995, S. 147–191.

Jörg Dendl: *Die Steinscheiben von Baian-Kara-Ula – Der erste Bericht wiederentdeckt*. G. R. A. L. 6/1995, S. 375–377.

Jörg Dendl: *Die Steinscheiben von Baian-Kara-Ula: Der erste Bericht*. ANCIENT SKIES (dt.) 1/1996, S. 7–9.

Jörg Dendl: *The first Report of the Stone Disks of China*. ANCIENT SKIES (U. S.), Vol. 23, No. 2, May-June 1996, S. 2.

Rudolf Eckhardt: *Zur Astro-Archäologie des Tales von Copán*

[1] Stephens, J. L. und Catherwood, F.: *Incidents of Travels in Central America, Chiapas, and Yucatán*. New York. Neuauflage: New York 1968 (dt. Ausgabe: *Reiseerlebnisse in Centralamerika, Chiapas und Yucatán*, übersetzt von E. Hoepfner, Leipzig, 1854; *In den Städten der Maya*, Köln 1980).

[2] Riese, B.: *Notes on the Copán Inscriptions*. On file in the archives of the Proyeto Arqueologia de Copán, Copán, Honduras, o. J. (vgl. Grundlagen zur Entzifferung der Maya-Hieroglyphen. Hamburg 1971).

[3] Kelley, D.: *Deciphering the Maya Script*. Austin, University of Texas Press, 1976.

[4] Däniken, E. v.: *Der Tag, an dem die Götter kamen*. München 1984.

[5] Thompson, J. E. S.: *Grandeza y Decadencia de los Mayas*. Fondo de Cultura Económica, México 1985.

[6] Landa, D. de: *Relcióres des cosas de Yucatán*. Pomúa, México 1959.

[7] Closs, M.: *Venus in the Maya World: Glyphs, Gods and Associated Phenomena*. In M. G. Robertson und D. C. Jeffers (Hrsg.): Tercera Mesa Redenda de Palenque, Vol. IV, S. 147–172. Palenque: Pre-Columbian Art Research and Monterey, 1979.

Sabine Engertsberger: *Das geheime Wissen der Essener*

[1] Flavius Josephus: *Geschichte des jüdischen Krieges*, 2. Buch, Kapitel 8. Zit. nach J. Lehmann, Das Geheimnis des Rabbi J., München 1990.

[2] Sassoon, G. und Dale, R.: *Die Manna-Maschine*. Berlin 1995.

[3] Fiebag, J. und P.: *Die Entdeckung des Grals*. München 1989.

[4] Allegro, J.: *Die Botschaft vom Toten Meer*. Zit. nach J. Lehmann, Das Geheimnis des Rabbi J., München 1990.

[5] Yadin, Y.: *Masada. Der letzte Kampf um die Festung des Herodes*. Zit. nach J. Lehmann, Das Geheimnis des Rabbi J., München 1990.

[6] Wolfram von Eschenbach: *Parzival*. In der Übersetzung von Wilhelm Stapel. Langen Müller, München 1982.

Thomas Ritter: *Mahabalipuram – Das Labor der Götter*

Ellis, K.: *Indien.* Bern 1991.

Rausch, B. und Meyer, P: *Indien – Nepal.* Wetzlar 1992.

Mathias Kappel: *Swayambunath – Landeplatz der Götter*

[1] Rausch, B., Meyer, P.: *Reiseführer: Indien - Nepal.* Wetzlar 1992.

[2] Burbank, J.: *Nepal.* München 1993.

[3] Däniken, E. v.: *Wir alle sind Kinder der Götter.* München 1987.

[4] Däniken, E. v.: *Habe ich mich geirrt?* München, 1985.

Walter-Jörg Langbein: *Vijayanagara – Wo sich Götter und Könige trafen*

Beier, H. H.: *Kronzeuge Ezechiel. Sein Bericht, sein Tempel, seine Raumschiffe.* München 1995. Tb-Ausgabe Berlin 1996.

Fritz, J.: *City of Victory.* New York 1991.

Langbein, W.-J.: *Das Sphinx-Syndrom – Die Rückkehr der Astronautengötter.* München 1992.

Langbein, W.-J. *Astronautengötter – Die Chronik unserer phantastischen Vergangenheit.* Berlin 1995.

Langbein, W.-J.: *Bevor die Sintflut kam.* München 1996.

Luc Bürgin: *Laos und das Rätsel der »Steinkrüge«*

[1] Reinecke, A.: *Die »Blumentöpfe« vom Tranh-Ninh-Plateau.* DAMALS, 2/1994, S. 35.

[2] Reinecke, A.: *Brief an den Autor von 13. 12. 94*

[3] Reinecke, A.: *Die Steingefäße in der Hochebene von Xieng Khoang in Laos.* DAS ALTERTUM, Vol. 40, 1994, S. 57–62.

[4] Colani, M.: *Mégalithes du Haut-Laos.* Paris 1935.

428   LITERATURVERZEICHNIS

Hartwig Hausdorf: *Pyramiden in Chinas verbotenen Zonen*

[1] Hausdorf, H.: *Auf Göttersuche in China.* ANCIENT SKIES, 4, S. 3-6, Feldbrunnen 1994.

[2] Krassa, P.: *... und kamen auf feurigen Drachen.* Wien-München 1990.

[3] Cathie, B.: *The Bridge to Infinity.* Boulder, USA 1989.

[4] Hausdorf, H.: *Die weiße Pyramide.* München 1994.

[5] Ferguson, J. G.: *Chinese Mythology.* New York 1964.

[6] Dopatka, U.: *Lexikon der Präastronautik.* Düsseldorf 1979.

[7] Däniken, E. v.: *Die Steinzeit war ganz anders.* München 1991.

Michael Haase: *Im Inneren der großen Pyramide*

[1] Interview mit Torsten Sasse am 16. 2. 1996, Kairo.

[2] Haase, M.: *Randbetrachtungen.* G. R. A. L. 1/1995, S. 22–23.

[3] Haase, M.: *Jenseits des Horizonts.* G. R. A. L. 2/1995, S. 112–119.

[4] Haase, M.: *Im Schatten des Cheops.* In: U. Dopatka (Hrsg.): SIND WIR ALLEIN?, Düsseldorf 1996, S. 124f.

[5] Haase, M.: *Die Objekte aus dem nördlichen Schacht der Königinnenkammer.* G. R. A. L. 4/1995, S. 230–232.

Michael Haase: *Spurensuche im Schatten der Pyramiden*

Anmerkungen und Literatur:

[1] Haase, M.: *Im Schatten des Cheops.* In: U. Dopatka (Hrsg.): SIND WIR ALLEIN? S. 120f., Düsseldorf 1996.

[2] Haase, M.: *Bemerkungen zum Bau der Cheops-Pyramide.* SCIENTIFIC ANCIENT SKIES, 2, S. 54ff, 1995.

[3] Haase, M.: *Im Schatten der Pyramiden.* G. R. A. L., 3, S. 208, 1996.

[4] Borhardt, L.: *Das Grabmal des Königs Sahure,* Bd. 1. S. 38, Leipzig 1910. Einige Bohrlöcher dienten als Aufhängungen der Türen bzw. als »Stiftvor-

richtungen für die Verbindungselemente« bei vielen Säulen. Ein Türriegel aus Holz wurde in Abusir gefunden.

[5] Interview mit dem Geologen Prof. D. Klemm von T. Sasse am 28. 1. 1996 in München. Klemm schließt den Verlust einer altägyptischen Bohrtechnologie nicht aus. Im speziellen Fall von Abusir muß man allerdings noch klären, inwieweit die Einrichtung eines Kultes im Totentempel in der Spätzeit zu bautechnischen Veränderungen geführt haben kann.

[6] z. B. in der Mastaba des Ti (5. Dynastie) in Sakkara.

[7] Bei Ausgrabungen in Abusir wurden auch Bohrkerne entdeckt. Siehe z. B. ein Granit-Bohrkern in der Ausstellung des Kestner-Museums in Hannover, Ägypt. Abtl., Raum I, Vitrine: Vor- und Frühgeschichte, Inv.-Nr. 1957.70.

[8] Ob die Ägypter durch das »Kalthärten« von Kupfer bzw. durch Beimengen von Arsen oder Mangan kurzfristig den Härtegrad erhöhen konnten, muß die weitere Experimentalforschung zeigen.

[9] Klemm, R.: Interview von T. Sasse am 28. 1. 1996 in München.

Thomas H. A. Fuss: *Abusir – Mysterium einer vergessenen Technik*

Buber, M. und Rosenzweig, F.: *Die Schrift*. Gerlingen 1958.

Der Sohar. Übersetzt von Ernst Müller, München 1982.

Der Talmud. Übersetzt von R. Meyer, München 1963.

Die Bibel. Stuttgart 1912.

Goldstein, D. (Hrsg.): *Das Judentum und seine Legenden*. Klagenfurt 1990.

Haase, M.: *Spurensuche im Schatten der Pyramiden*. ANCIENT SKIES, 5, S. 12–15, 1996.

Ercivan, E.: *Das Sternentor der Pyramiden*. Essen 1997.

Fuss, T. H. A.: *Spezies Adam*. Bislang unveröffentl. Manuskript.

Dr. R. Meyer, Brief vom 1. 11. 1996.

Dr. Oswald (FU Berlin), Gespräch am 21. 10. 1996.

Sachmann, H.-W.: *Außerirdische Aspekte im Leben Salomos*. In: J. Fiebag, P. Fiebag und H.-W. Sachmann: GESANDTE DES ALLS, S. 45-73. IPE é.V., Essen 1993.

Lars Böck: *Die Kernlochbohrungen der Hethiter*

[1] Erich von Däniken/Ulrich Dopatka: *Kontakt mit dem Universum*. CD-ROM, Markt & Technik, München 1995.
Die ursprüngliche Fassung dieses Textes erschien in Ancient Skies; die hier wiedergegebene überarbeitete Version stammt aus CHALLENGE, Heft 8, 2/97.

Horst Dunkel: *Die vergessene Kultur von Axum*

[1] Hancock, G.: *Die Wächter des heiligen Siegels*. Bergisch-Gladbach 1992.
[2] Gasparini, A.: *Ethiopian History*. Asmara o. J.
[3] Giday, B.: *Ethiopian Civilization*. Addis Abeba 1992.
[4] Krenker, D. und Littmann, E.: *Deutsche Aksum-Expedition*. Berlin 1913.

Mathias Kappel: *Die Kunst der Großsteinbearbeitung im alten Griechenland*

[1] Däniken, E. v.: *Die Spuren der Außerirdischen*. München 1990.
[2] Däniken, E. v.: *Die Augen der Sphinx*. München 1989.
[3] Fiebag, P.: *Latium: Zyklopenmauern in Italien*. ANCIENT SKIES, 2, S. 3–6, 1996.

Peter Fiebag: *Latium – Zyklopenmauern in Italien*

[1] Gregorovius, F.: *Wanderjahre in Italien (1852–1888)*. München 1967.
[2] *Alatri. Arti Grafiche Tofani*. Alatri o. J.
[3] Hennig, C.: *Latium. Das Land um Rom*. Köln 1993.
[4] Irmscher, J. (Hrsg.): *Lexikon der Geschichte*. Leipzig 1986.
[5] Däniken, E. v.: *Die Spuren der Außerirdischen*. München 1990.
[6] Homet, M. F.: *Nabel der Welt – Wiege der Menschheit*. Freiburg 1976.